REVISTA TRIMESTRAL DE DIREITO PÚBLICO

14/1996

MALHEIROS EDITORES

Revista Trimestral de Direito Público

Órgão do

INSTITUTO GERALDO ATALIBA —
IDEPE — INSTITUTO INTERNACIONAL
DE DIREITO PÚBLICO E EMPRESARIAL

INSTITUTO DE DIREITO ADMINISTRATIVO PAULISTA
IDAP

REVISTA TRIMESTRAL
DE DIREITO PÚBLICO
publicação trimestral de
MALHEIROS EDITORES LTDA.
Rua Paes de Araújo, 29, cj. 171
CEP 04531-940
São Paulo, SP - Brasil - Tel. 822-9205
Fax: 829-2495

Assinaturas e comercialização:
CATAVENTO DISTRIBUIDORA DE LIVROS S.A.
Rua Conselheiro Ramalho, 928
CEP 01325-000
São Paulo, SP - Brasil - Tel. 289-0811
Fax: 251-3756

Diretor Responsável: Álvaro Malheiros
Diretora: Suzana Fleury Malheiros
Supervisão Gráfica: Vânia Lúcia Amato

Composição: PC Editorial Ltda.
Impressão: Gráfica e Editora FCA
(Fundação de Ciências Aplicadas)

SUMÁRIO

DOUTRINA

REGIME CONSTITUCIONAL DA CORREÇÃO MONETÁRIA
Carlos Ayres Britto 5

SOBRE A SÚMULA VINCULANTE
Cármen Lúcia Antunes Rocha 19

MEDIDAS CAUTELARES E MEDIDAS ANTECIPATÓRIAS: TÉCNICAS DIFERENTES, FUNÇÃO CONSTITUCIONAL SEMELHANTE
Teori Albino Zavascki 35

INTERVENÇÃO DO ESTADO NA ECONOMIA
Dinorá Adelaide Musetti Grotti 52

AÇÃO CIVIL PÚBLICA, CONSTITUIÇÃO FEDERAL E LEGITIMIDADE PARA AGIR
Sérgio Monte Alegre 67

CONCEITOS JURÍDICOS INDETERMINADOS
Celso Luiz Moresco 78

PARECERES

EXIGIBILIDADE DE ATESTADOS DE CAPACIDADE TÉCNICO-OPERACIONAL
Toshio Mukai 96

EXONERAÇÃO OU DEMISSÃO DE SERVIDOR INDICIADO EM PROCESSO ADMINISTRATIVO DISCIPLINAR
Maria Lúcia Jordão Ortega 102

CONTRIBUIÇÕES PREVIDENCIÁRIAS — NÃO-RECOLHIMENTO — ART. 95, "D", DA LEI N. 8.212/91 — INCONSTITUCIONALIDADE
Clèmerson Merlin Clève 106

PROGRAMA DE ASSENTAMENTO DO DISTRITO FEDERAL
Sérgio Carvalho 135

INCONSTITUCIONALIDADE DA ATUALIZAÇÃO DO VALOR DE PRECATÓRIOS JUDICIAIS
Eros Roberto Grau 152

CONSTRUÇÃO E OPERAÇÃO DO GASODUTO PARA IMPORTAÇÃO DO GÁS BOLIVIANO: O EXERCÍCIO DO MONOPÓLIO DO GÁS PELA UNIÃO
Luiz Gastão Paes de Barros Leães 160

CONSÓRCIO PARA CONSTRUÇÃO E EXPLORAÇÃO DE USINA ELÉTRICA
Adílson Abreu Dallari 171

ESTUDOS E COMENTÁRIOS

O PROCESSO DO MOLEIRO ARNOLD E SUAS LIÇÕES PARA A ATUALIDADE
Carlos David S. Aarão Reis 182

A RESPONSABILIDADE CIVIL DO ESTADO PELA INTEGRIDADE FÍSICA E MORAL DOS DETENTOS: UMA ANÁLISE DO EPISÓDIO DA REBELIÃO DO PRESÍDIO DO CARANDIRU
Paulo Magalhães da Costa Coelho 190

REGIMES JURÍDICOS DOS SERVIDORES PÚBLICOS: APLICAÇÃO DO REGIME GERAL DOS EMPREGADOS À ADMINISTRAÇÃO PÚBLICA
Maria Paula Dallari Bucci 197
REGIME JURÍDICO ÚNICO — LEI MUNICIPAL QUE DETERMINA APLICAÇÃO DA CLT — NATUREZA DO VÍNCULO — INCOMPETÊNCIA DA JUSTIÇA DO TRABALHO
Cristiano Paixão Araujo Pinto 207
MANDADO DE SEGURANÇA, AÇÃO POPULAR E AÇÃO CIVIL PÚBLICA E AS TENDÊNCIAS ATUAIS DO DIREITO ADMINISTRATIVO
Maria Cristina Dourado 211
PODER LEGISLATIVO E TRIBUNAL DE CONTAS: NATUREZA DE SUAS RELAÇÕES
Hilda Regina Silveira Albandes de Souza 217
CONVITE — CARACTERÍSTICAS E PROCEDIMENTO
Yara Darcy Police Monteiro 226
REFORMA ADMINISTRATIVA E DIREITO ADQUIRIDO AO REGIME DA FUNÇÃO PÚBLICA
Paulo Modesto 232
A COMPETÊNCIA EM MATÉRIA URBANÍSTICA NA CONSTITUIÇÃO FEDERAL DE 1988
Ubirajara Costódio Filho 239

CONFERÊNCIAS E DEBATES

A DEMORA NA ENTREGA DA PRESTAÇÃO JURISDICIONAL — RESPONSABILIDADE DO ESTADO — INDENIZAÇÃO
José Augusto Delgado 248
CARTA DE CURITIBA — X CONGRESSO BRASILEIRO DE DIREITO ADMINISTRATIVO 267

JURISPRUDÊNCIA ANOTADA

LIMITE DE IDADE EM CONCURSO PÚBLICO
Jacintho de Arruda Câmara 271

JURISPRUDÊNCIA

CONCURSO PÚBLICO — EDITAL — NOMEAÇÃO 278
DIREITO À OTENÇÃO DE CERTIDÕES 284
MANDADO DE SEGURANÇA — AGENTE DE POLÍCIA — ALTURA IGUAL OU SUPERIOR A 1,60M — DISCRÍMEN INCONSTITUCIONAL — RECURSO IMPROVIDO 286

DOUTRINA

REGIME CONSTITUCIONAL DA CORREÇÃO MONETÁRIA

CARLOS AYRES BRITTO

Professor de Direito Constitucional e Teoria do Estado da Universidade Federal de Sergipe e ex-integrante da Comissão de Estudos Constitucionais da OAB Federal

1. A correção monetária como expressão vernacular da Constituição. 2. A correção monetária como instituto de Direito Constitucional. 3. Uma dada obrigação de pagamento em dinheiro como fato-condição de incidência da correção monetária. 4. A correção monetária como agravação quantitativa de uma dada obrigação de pagamento em dinheiro. 5. A correção monetária como revisão, atualização ou reajuste periódico da moeda. 6. A correção monetária como instrumento de preservação do valor real da moeda ou do próprio bem redutível a pecúnia. 7. A correção monetária como fator de eliminação da defasagem entre valor nominal e valor real da moeda. 8. A correção monetária como fator de equilíbrio econômico-financeiro ou instrumento impeditivo de dano material e de correlato enriquecimento sem causa. 9. A correção monetária e sua comparação com o instituto da indenização. 10. A desvalorização da moeda no plano dos fatos e a desvalorização no plano jurídico. 11. A correção monetária e sua obrigatória aplicabilidade nas hipóteses constitucionalmente previstas. 12. A correção monetária como elemento do direito subjetivo ao recebimento de uma dada prestação obrigacional em dinheiro. 13. A correção monetária e sua aplicabilidade por inteiro ou sem redutor percentual. 14. O "processo" de licitação como paradigma do regime constitucional da correção monetária. 15. O papel da lei, na preservação das condições efetivas da proposta vencedora em procedimento licitatório.

1. A correção monetária como expressão vernacular da Constituição

1.1 Do acervo lingüístico da Constituição de 1988 faz parte a direta expressão "correção monetária", como faz parte a variante expressional "corrigidos monetariamente". A primeira locução aparece no elenco das disposições constitucionais transitórias. A segunda, no rol das normas permanentes.

1.2 A título de amostragem, é de se ler:

"São sujeitos à *correção monetária* desde o vencimento, até seu efetivo pagamento, sem interrupção ou suspensão, os créditos junto a entidades submetidas aos regimes de intervenção ou liquidação extrajudicial, mesmo quando esses regimes sejam convertidos em falência" (art. 46, cabeça, do ADCT, sem grifo);

"É assegurada aposentadoria, nos termos da lei calculando-se o benefício sobre a média dos trinta e seis últimos salários de contribuição, *corrigidos monetariamente* mês a mês, e comprovada a regularidade dos reajustes dos salários de contribuição de modo a preservar seus valores reais e obedecidas as seguintes condições: (art. 202, *caput*, da parte constitucional permanente, também sem grifo).

2. *A correção monetária como instituto de Direito Constitucional*

2.1 De ambos os dispositivos ressai a compreensão de ser a correção monetária algo mais do que simples palavreado ou signo lingüístico de que se vale o legislador constituinte para compor, morfologicamente, uma dada figura de direito. Ela é, em si mesma, essa figura ou instituto de direito, na medida em que versada como o próprio objeto da norma. O quê do comando em que a norma consiste.

2.2 Do exposto resulta, portanto, ser a correção monetária o tema específico ou a própria matéria de algumas normas constitucionais, tracejadoras de um peculiar regime jurídico para ela. Se se prefere, cuida-se de um ser jurídico ou entidade que se dota de contornos normativos próprios, a significar algo predisposto a cumprir, por si mesmo, uma função relacional ou comportamental-humana (que é bem mais importante que uma função meramente lingüística ou vernacular, como a da preposição "perante", ou a do verbo "emanar", ou a do substantivo "participação", ou a do advérbio "também" — entre outros exemplos —, que bem podem ser trocados por palavras de igual conteúdo semântico, sem a menor alteração de substância jurídica).

2.3 Em verdade, o Direito legislado é compelido a se utilizar de palavras idiomáticas, porque o típico da norma legal é se vazar numa estrutura de linguagem escrita. Mas ele pode sacar de vocábulos que terão o mero papel instrumental de servir a uma norma, ou, ao contrário, de ter a própria norma ao seu serviço, por serem tais vocábulos o próprio conteúdo empírico da norma jurídica.

2.4 Pela segunda alternativa, dá-se que a palavra escrita ganha densidade técnica, no sentido de que seu conteúdo semântico já não é necessariamente o coloquial, mas o que lhe empresta o direito positivo. É o que sucede com a correção monetária, fraseado que salta do dicionário da língua portuguesa para se tornar parte viva do vocabulário jurídico, sob as vestes de um novo instituto de direito constitucional. É falar: sob as vestes de uma individualizada entidade legislativo-constitucional, porque detentora de regime jurídico inconfundível com o de qualquer outra figura de direito positivo.[1]

3. *Uma dada obrigação de pagamento em dinheiro como fato-condição de incidência da correção monetária*

3.1 Ainda com base nos dois dispositivos transcritos, toma corpo a compreensão de que o instituto da correção monetária tem por fato-condição de incidência uma dada obrigação de pagamento em dinheiro. Mas é claro que estamos a utilizar "fato-condição" como palavreado equivalente a "fato jurídico", significativo de tudo aquilo a que o Direito atribui um determinado efeito, pouco importando a clássica

1. Também se fala de instituto na linha de entendimento perfilhada por De Plácido e Silva: "expressão usada para designar o conjunto de regras e princípios jurídicos que regem certas entidades ou situações de direito" (in *Vocabulário Jurídico*, vol. III, p. 841, Editora Forense).

distinção entre eventos naturais e ações humanas. É que a Lei Maior fala de correção de crédito, na primeira hipótese, e de correção dos salários de contribuição previdenciária, na segunda, e o certo é que os créditos em geral e os salários de contribuição previdenciária em particular se exprimem em dinheiro, que é sinônimo perfeito de moeda corrente nacional ou moeda oficial do País. E nem é preciso esforço mental para se compreender que é justamente esse dinheiro vivo ou moeda nacional que se torna objeto de uma obrigação de pagamento em favor dos titulares dos créditos, naturalmente, ou em prol da entidade mantenedora do sistema de previdência.

3.2 Noutros termos, então, os créditos e os salários de contribuição, por se traduzirem em pecúnia, hão de ser pagos por alguém. E é esse alguém, assim colocado na situação jurídica passiva de devedor, que vai suportar o gravame da correção monetária.

3.3 Outras normas constitucionais confirmam que existe mesmo esse vínculo funcional entre correção monetária e obrigação de pagamento em dinheiro, da mesma forma como atestam a existência de um laço operativo entre obrigação de pagar e agravamento dessa obrigação, por efeito da incidência da própria correção. É que a correção monetária é constitucionalmente concebida para sobrecarregar o pagamento devido, ou, se se prefere, para tornar maior a quantidade de moeda a que faz jus o beneficiário desse pagamento. Uma coisa puxa outra, como passamos a demonstrar.

4. *A correção monetária como agravação quantitativa de uma dada obrigação de pagamento em dinheiro*

4.1 A lembrança instantânea que nos ocorre, em reforço daquele juízo inicial de que o fato-condição de incidência da correção monetária é uma determinada obrigação de pagamento em dinheiro, está no conteúdo significante do artigo constitucional transitório de n. 33, assim verbalizado:

"Ressalvados os créditos de natureza alimentar, o valor dos precatórios judiciais pendentes de pagamento na data da promulgação da Constituição, incluído o remanescente de juros e correção monetária, poderá ser pago em moeda corrente, com atualização, em prestações anuais, iguais e sucessivas, no prazo máximo de oito anos, a partir de 1º de julho de 1989, por decisão editada pelo Poder Executivo até cento e oitenta dias da promulgação da Constituição".

4.2 Por outro lado, o que nos autoriza a afirmar que a incidência da correção monetária acarreta uma agravação do dever de pagar? Uma modificação para cima no valor nominal — falemos assimt— da prestação financeira do devedor?

4.3 Bem, primeiramente, veja-se que a nossa Lei das Leis fala de "isenção de correção monetária" (§ 3º do art. 47 do ADCT), a propósito da liquidação de débitos contraídos junto a bancos e demais instituições financeiras, e é claro que só se pode falar de isenção, na sistemática da Lei Maior, para liberar alguém de um compromisso ou encargo financeiro.[2]

4.4 Pode-se dizer um pouco mais, porque uma nova regra constitucional se põe como suporte lógico do sentido invariavelmente ascendente da correção monetária, que é a norma veiculada pelo art. 37, inci-

2. Particularmente elucidativa é a distinção constitucional entre isenção, redução e diferimento de tributos, feita pelo inciso III do art. 43, para mostrar que isenção é caracteristicamente um dispensa de pagamento de obrigação financeira. No caso, liberação da parte adicionada ao principal da dívida, pois o que se isentou não foi o débito originário, mas a respectiva agravação; isto é, a parcela financeira acoplada ao débito, por efeito, justamente, da correção monetária.

so X. Tal norma, dispondo sobre "a revisão geral da remuneração dos servidores públicos", só pode ser concebida como impositiva de uma revisão para o alto, uma vez que ela vem seguida pela regra impeditiva da irredutibilidade dos vencimentos dos mesmos servidores (inciso XV do mesmo art. 37). É deduzir: se os vencimentos são garantidos com a cláusula da irredutibilidade, é porque "a revisão geral da remuneração dos servidores públicos" só pode ter por efeito o aumento dessa remuneração. Nunca a diminuição.

4.5 É óbvio que, na hipótese trabalhada, estamos a sinomizar "revisão" e "correção monetária" dos estipêndios a que fazem jus os servidores. Mas, se o fazemos, é porque o pano de fundo das revisões estipendiárias gerais é a cultura inflacionária brasileira das últimas décadas, geradora da necessidade de preservação do valor aquisitivo dos salários e vencimentos. Tanto é assim, que nenhum dispositivo constitucional permanente fala de proposta de lei para redução estipendiária dos servidores. Ao contrário, o de que sempre cuida a Lei Fundamental é de "aumento" remuneratório, como se percebe da normação alusiva à competência privativa do Presidente da República para iniciar o processo legislativo (alínea "a" do inciso II do § 1º do art. 61), tanto quanto da regra veiculada pelo parágrafo único do art. 169, já agora referente às despesas globais com pessoal ativo e inativo da União, dos Estados, do Distrito Federal e dos Municípios.

4.6 Nessa vertente de pensamento, ainda é de se trazer à ribalta o § 2º do art. 201 da CF, que manda reajustar todos os benefícios previdenciários, na pressuposição da necessidade de manutenção dos respectivos valores reais. Ora, como tal dispositivo jaz antecedido pela regração que faz da irredutibilidade do valor de todo e qualquer benefício da Seguridade Social um dos objetivos do respectivo sistema (inciso IV do art. 194), é evidente que o citado reajustamento só pode operar para cima.

4.7 Não se pense, porém, que esse operar para cima consubstancie um *gravame qualitativo*. Ele não corresponde a uma sobrepaga, no sentido de constituir obrigação nova que se adiciona à primeira, com o fito de favorecer uma das partes da relação jurídica e desfavorecer a outra. Ao menos no plano dos fins a que visa a Constituição, na matéria, ninguém enriquece e ninguém empobrece por efeito de correção monetária, porque a dívida que tem o seu valor nominal atualizado ainda é a mesma dívida.

4.8 Os capítulos seguintes propiciarão um mais claro visual da temática, mas que fique desde logo retida a noção de que, com a correção monetária, a Constituição manda que as coisas mudem..., para que nada mude; quer dizer, o objetivo constitucional é mudar o valor nominal de uma dada obrigação de pagamento em dinheiro, para que essa mesma obrigação de pagamento em dinheiro não mude quanto ao seu valor real. Daí averbar Marçal Justen Filho, a propósito do reajustamento do preço das propostas ofertadas em procedimento licitatório:

"O princípio do equilíbrio da equação econômico-financeira da contratação acarreta a necessária recomposição do valor real da moeda. A inflação deve ser compensada com a elevação nominal da prestação devida. Não há benefício para o particular na medida em que o reajustamento do preço tem natureza jurídica similar à da correção monetária. Nada se acrescenta ao particular, na acepção de que o único efeito do reajuste é retornar ao equilíbrio acertado entre partes. (...)

"Se fosse possível prever não apenas a ocorrência da inflação mas também os índices correspondentes, o reajuste de preço seria desnecessário. Bastaria o interessado definir o montante de sua proposta e efetivar os acréscimos correspondentes aos índices da inflação prevista. Vê-se, assim, que a simples ocorrência da inflação não é o único pressuposto da aplicação do reajuste de preços. Os pressupostos do reajuste são dois, a saber:

— previsível ocorrência de inflação durante o período que medeia entre a formulação da proposta e o pagamento;

— imprevisibilidade dos índices inflacionários no período" (em *Comentários à Lei de Licitações e Contratos Administrativos*, Aide Editora, 1ª edição, 1993, p. 222).

5. *A correção monetária como revisão, atualização ou reajuste periódico da moeda*

5.1 Pois bem, considerando-se o conteúdo dos mencionados inciso X do art. 37 e § 2º do art. 201, e fazendo-se de modo invertido a afirmativa de que a revisão remuneratória e de benefícios previdenciários só pode ser feita para o alto, toma assento o juízo de que "o aumento da remuneração dos servidores e dos benefícios previdenciários é sempre o resultado da alteração processada no valor financeiro ou na quantidade de moeda em que toda remuneração e todo benefício consistem". Noutros termos, alterar o *quantum* originário sobre que incide a revisão ou o reajuste (correção monetária), outra coisa não é senão promover a respectiva majoração.

5.2 Daqui se segue que o instituto da correção monetária é mesmo elevação (alteração para mais) da quantia em que se exprime uma caracterizada obrigação constitucional de pagamento. Elevação, que, em se tratando de remuneração dos servidores públicos, é designada por "revisão". Esta, à sua vez, traduzindo-se: I) em *atualização*, quando incidente sobre os "débitos constantes de precatórios judiciários" (§ 1º do art. 100 da CF), ou sobre os benefícios previdenciários de prestação continuada, mantidos pela previdência social na data da promulgação do Texto Magno (art. 58, cabeça, do ADCT); II) em "reajustes periódicos", quando utilizada para manter o poder aquisitivo do salário mínimo (inciso IV do art. 7º da mesma Carta de Outubro).

5.3 O que estamos a enunciar, destarte, é que a Lei Maior não falaria de "revisão", ou de "reajustes periódicos", ou ainda de "critérios de atualização", em contextos assim evocativos de obrigação de pagamento em dinheiro, senão como termos representativos de correção monetária.

5.4 Deveras, não há correção monetária que não signifique revisão, ou reajuste, ou atualização de um valor financeiro, a períodos certos, e dessa periodicidade revisional bem dá conta a nossa Magna Carta, *verbis*:

"salário mínimo, fixado em lei, nacionalmente unificado, capaz de atender a suas necessidades vitais básicas e às de sua família com moradia, alimentação, educação, saúde, lazer, vestuário, higiene, transporte e previdência social, com reajustes periódicos que lhe preservem o poder aquisitivo, sendo vedada sua vinculação para qualquer fim" (inciso IV do art. 7º).

"Os proventos da aposentadoria serão revistos, na mesma proporção e na mesma data, sempre que se modificar a remuneração dos servidores em atividade, sendo também estendidos aos inativos quaisquer benefícios ou vantagens posteriormente concedidos aos servidores em atividade, inclusive quando decorrentes da transformação ou reclassificação do cargo ou função em que se deu a aposentadoria, na forma da lei" (§ 4º do art. 40);

"É assegurado o reajustamento dos benefícios para preservar-lhes, em caráter permanente, o valor real, conforme critérios definidos em lei" (§ 2º do art. 201).

6. A correção monetária como instrumento de preservação do valor real da moeda ou do próprio bem redutível a pecúnia

6.1 Com este último dispositivo, chegamos à percepção literal de que o reajuste periódico em que se elementariza a correção monetária (no plano das normas constitucionais permanentes) é instrumento de preservação do valor real de um determinado bem, constitucionalmente protegido e redutível a pecúnia. Bem constitucional, que, nas hipóteses já comentadas, toma o nome de salário mínimo, salário de contribuição, proventos, benefícios previdenciários e créditos objeto de precatórios judiciários ou perante entidades submetidas aos regimes de intervenção ou liquidação extrajudicial.

6.2 São esses bens jurídicos, e outros mais à frente referidos, que têm por condição material de gozo uma específica obrigação de pagamento, a cargo, evidentemente, de outrem que não o titular desses bens. Obrigação, como tantas vezes dito, a ser quantitativamente agravada com a parcela que já sabemos ser a correção monetária.

6.3 Cabe perguntar, então, sobre a justificativa lógica dessa invariável agravação. E a resposta já nos foi ministrada pelo último dispositivo transcrito (o § 2º do art. 201): "dá-se a agravação da originária obrigação de pagamento em dinheiro, para que se preserve o valor real do bem constitucionalmente protegido". É o mesmo que responder: dá-se a agravação, para que se mantenha inalterado o valor real da própria moeda em que se exprime o bem constitucionalmente amparado.

6.4 Esse valor real a preservar é sinônimo de poder de compra ou "poder aquisitivo", tal como visto na redação do inciso IV do art. 7º da CF, atinente ao instituto do salário mínimo. E se se coloca assim na tela da Constituição a imagem de um poder aquisitivo a resguardar, é porque a expressão financeira do bem juridicamente protegido passa a experimentar, com o tempo, uma deterioração ou perda de substância, por efeito, obviamente, do fato econômico genérico a que se dá o nome de inflação.

7. A correção monetária como fator de eliminação da defasagem entre valor nominal e valor real da moeda

7.1 De fato, a ocorrência da inflação é coisa que se faz sentir, ao menos no cotidiano brasileiro, pela desvalorização da moeda. E com tal desvalorização, os credores de prestações obrigacionais em dinheiro (são eles o alvo destes escritos) já não podem adquirir o que antes adquiriam. O valor nominal *ou valor impresso* da moeda já não corresponde ao originário valor real que ela possuía, e para a eliminação desse descompasso (defasagem) entre um valor nominal que se mantém inalterado e um valor real que se deprecia... é que tem específica prestimosidade a correção monetária.

7.2 Tércio Sampaio Ferraz Júnior bem revela essa modificação no valor da moeda, operada pelo instituto da correção monetária e como efeito específico das situações objetivas de inflação, ao ensinar que:

"Na correção monetária, ainda que conteúdo de uma cláusula contratual, estamos diante de um dado "objetivo", fixado por critérios oficiais ou paraoficiais, que formulam uma variação no valor da moeda" (artigo publicado no caderno 1-3 do jornal *Folha de S. Paulo*, edição de 25.7.95, sob o título "A burocracia inflacionária").

7.3 Faz sentido, portanto, um discurso constitucional do tipo "com cláusula de preservação do valor real" (art. 184, cabeça), sempre que utilizado em contexto representativo de obrigação de pagamento em dinheiro, ainda que diferidamente (caso dos títulos da dívida agrária, também constitucionalmente referidos). E deixar de assegurar a continuidade desse valor real, é, no fim das contas, desequilibrar a equação econômico-financeira entre devedor e credor de uma dada obrigação de pagamento, em desfavor do último.

8. A correção monetária como fator de equilíbrio econômico-financeiro ou instrumento impeditivo de dano material e de correlato enriquecimento sem causa

8.1 Neste ponto de compreensão das coisas, nota-se que a correção monetária se caracteriza, operacionalmente, pela citada aptidão para manter um equilíbrio econômico-financeiro entre sujeitos jurídicos. E falar de equilíbrio econômico-financeiro entre partes jurídicas é, simplesmente, manter as respectivas pretensões ou os respectivos interesses no estado real em que primitivamente se encontravam.

8.2 Não se trata, portanto, de favorecer ou beneficiar ninguém. O de que se cuida é impedir que a perda do poder aquisitivo da moeda redunde no empobrecimento do credor e no correlato enriquecimento do devedor de uma dada obrigação de pagamento em dinheiro (no particular, o § 4º do art. 40 faz nítida distinção entre simples revisão de proventos (correção monetária) e benefícios ou vantagens funcionais, que já são acréscimos reais de estipêndio).

8.3 Agora já se pode compreender melhor que a agravação no *quantum* devido pelo sujeito passivo da relação jurídica não é propriamente qualitativa, *mas tão-somente quantitativa.* A finalidade da correção monetária, enquanto instituto de direito constitucional, não é deixar mais rico o beneficiário, nem mais pobre o sujeito passivo de uma dada obrigação de pagamento. É deixá-los tal como qualitativamente se encontravam, no momento em que se formou a relação obrigacional (no caso dos contratos administrativos, esse momento é o da formulação da proposta do contratado, como argutamente observa Celso Antônio Bandeira de Mello. Só que (releve-se a cacofonia) a permanência da pureza da relação passa a exigir um aumento na quantidade da moeda para cujo pagamento a mesma relação se constituiu.

9. A correção monetária e sua comparação com o instituto da indenização

9.1 Tudo isto ganha em clareza de sentido, quando se faz a comparação entre a correção monetária e o instituto igualmente constitucional da indenização. As duas entidades têm ontologia ou perfil normativo parecido, mas não propriamente igual, e da comparação entre elas ainda mais resplende o elemento eidético da correção monetária.

9.2 É que a indenização tem por função jurídica reparar, monetariamente, um dano ou prejuízo, como bem retratam os seguintes dispositivos constitucionais:

"é assegurado o direito de resposta, proporcional ao agravo, além da indenização por dano material, moral ou à imagem";

"são invioláveis a intimidade, a vida privada, a honra e a imagem das pessoas, assegurado o direito a indenização pelo dano material ou moral decorrente de sua violação";

"no caso de iminente perigo público, a autoridade competente poderá usar de propriedade particular, assegurada ao proprietário indenização ulterior, se houver dano".

9.3 Nestas e em outras passagens constitucionais, avulta a natureza jurídica da indenização, que tem por fato-condição de incidência um dano já ocorrido num determinado bem ou direito subjetivo. Dá-se primeiramente o dano, para depois se verificar o ressarcimento em que a indenização consiste. Com o que transparece a função corretiva ou reparadora do instituto.

9.4 Não é exatamente o que sucede com a figura da correção monetária, *que não visa a reparar ou ressarcir um dano*. O que ela tem em mira é evitar ou impedir que o dano se materialize. Ela vem antes do dano, como se fosse um espantalho dele. Sem ela, é que o dano ocorreria, com o que se revela um remédio do tipo preventivo, a despeito do nome *correção*... monetária.

9.5 A título de ilustração, remarque-se que o inciso IV do art. 7º da Constituição resguarda de prejuízo o salário mínimo, na medida em que manda a lei comum protegê-lo "com reajustes periódicos que lhe preservem o poder aquisitivo". Fale-se o mesmo quanto aos benefícios previdenciários, aquinhoados com cláusula de reajuste "para preservar-lhes, em caráter permanente, o valor real. É a mesma cláusula de "preservação" (a Constituição insiste no termo, como se vê do art. 184, cabeça) do valor real dos títulos da dívida agrária.

9.6 Ora bem, essa preservação do poder aquisitivo do salário mínimo, do valor real dos benefícios previdenciários e dos títulos da dívida agrária só pode significar aquilo que o verbo preservar semanticamente comunica: *uma continuidade a salvo de qualquer mal*. Algo que prossegue intangível quanto à respectiva substância financeira, exatamente porque acobertado com a cláusula de um reajuste periódico; isto é, com a cláusula garantidora de que, em havendo descompasso entre o valor nominal e o valor real da moeda, nenhum prejuízo sobrevirá para o beneficiário da respectiva obrigação de pagamento.

10. A desvalorização da moeda no plano dos fatos e a desvalorização no plano jurídico

10.1 Não se ignora que, no plano dos fatos, cada dia de efetiva desvalorização da moeda já vai deteriorando o respectivo poder de compra ou de troca e isto significa um dano material que se vai consumando. Entretanto, no plano das normas — único a servir de referencial para uma análise técnica —, a desvalorização somente se torna uma realidade jurídica no instante mesmo em que oficialmente reconhecida, e esse reconhecimento pode não ser diário (tudo depende de previsão legal). É a partir da data de publicação desse oficial reconhecimento da corrosão no poder aquisitivo da moeda, que opera de pleno direito o reajuste. *E com o reajuste, empiricamente aplicado, evita-se a consumação do prejuízo.*

10.2 Se, no mundo do ser (plano dos fatos), o prejuízo material vem antes do reajuste, no mundo do dever-ser (plano das normas), o reajuste é que vem antes do prejuízo material.

10.3 Acresça-se que tal reajuste será sempre de aplicabilidade mensal, para as obrigações de pagamento que se vençam a cada mês. Será de aplicabilidade proporcional a uma quinzena, ou a uma semana, ou ainda a cada dia, conforme os respectivos vencimentos da prestação em dinheiro. Logo, um dia que seja de possibilidade ou risco de dano material já rende ensejo à incidência do reajuste. Motivo pelo qual, aliás, o inciso XIV do art. 40 da Lei federal n. 8.666, de 21.6.93, ao dispor sobre as condições de pagamento como cláusula editalícia de procedimento licitatório, introduziu na sua alínea "c" o critério de que a atualização financeira dos valores devidos pela Administração Pública se faria desde a data final do período de cumprimento de cada parcela dos encargos do contratado até o dia do efetivo pagamento por parte do órgão ou entidade contratante.

10.4 Ainda por comparação com o instituto da indenização, vê-se que o reajuste monetário é de objetividade simplificada, nas hipóteses até aqui versadas, por resultar apenas de uma aferição do crescimento percentual da inflação. Donde sua validez para todos os casos (o que varia é o número de dias transcorridos entre a data inicial e a data final da mensuração inflacionária). Já o valor da indenização, este depende de cada caso concreto, tantas e variadas são as circunstâncias que a faticidade das situações comporta.

10.5 Em resumo, é por duas formas que o dano se torna conteúdo de norma constitucional: a primeira, enquanto fato consumado, ensejador da indenização; a segunda, enquanto fato a evitar, ensejador da atualização monetária.

11. A correção monetária e sua obrigatória aplicabilidade, nas hipóteses constitucionalmente previstas

11.1 Assim de avanço em avanço na apropriação intelectual do tema, chega-se à percepção de que é rigorosamente obrigatória a incidência da correção monetária como ferramenta de preservação do valor dos institutos pela Constituição mesma nominados.

11.2 A Constituição não reza que a atualização do valor real, nos três institutos com que vimos mentalmente operando, se fará por discricionariedade da União Federal. Bem ao contrário, reza que o salário mínimo, os benefícios previdenciários e os títulos da dívida agrária devem receber um tipo de reajuste que opere como instrumento de preservação dos respectivos valores reais. Donde a ilação de que o legislador federal, ou erige os critérios de reajuste no próprio momento em que edita a lei de fixação do valor do salário mínimo, do valor de cada benefício previdenciário e do valor e volume de títulos da dívida agrária a emitir, ou deve fazê-lo por lei em separado. Caso o critério de reajuste seja indicado na própria lei de fixação do valor do salário mínimo, ou de um dado benefício previdenciário, ou mesmo quanto ao valor e volume dos títulos da dívida agrária (§ 4º do art. 184 da Carta Federal), é claro que uma nova lei de alteração desse valor somente surgiria para promover um aumento real. Não simplesmente para atualizá-lo em termos nominais, porque dessa atualização já cuidaria a lei anterior.

11.3 Não é suficiente, pois, estabelecer um salário mínimo para o trabalhador, como não basta dispor sobre os benefícios previdenciários e a emissão de títulos da dívida agrária. É preciso ainda guarnecer cada um desses institutos contra o ácido — assim nos permitimos falar — da desvalorização da moeda em que eles se exprimem.

11.4 Se o legislador federal deixa de se pronunciar sobre o direito constitucional ao reajuste — pois o fato é que não se pode obrigar o Poder Legislativo a legislar —, nem por isso "tudo fica como dantes no quartel de Abrantes". O Sistema Normativo contém mecanismos de preenchimento da lacuna legislativa, que são o mandado de injunção e a ação direta de inconstitucionalidade por omissão. O primeiro, no caso concreto, a segunda, em tese, tudo conforme os expressos dizeres do inciso LXXI do art. 5º e do § 2º do art. 103 da Carta de Outubro.

12. A correção monetária como elemento do direito subjetivo ao recebimento de uma dada prestação obrigacional em dinheiro

12.1 Esta nossa referência ao mandado injuntivo já introduz na análise do tema da correção monetária a perspectiva de um direito subjetivo, porque o mandado de injunção pressupõe direito referido a um sujeito que o titularize ("exercício dos direitos e liberdades constitucionais e das prerrogativas inerentes à nacionalidade, à soberania e à cidadania", para repetirmos a parte final do inciso LXXI do art. 5º).

12.2 Realmente, o contraponto da obrigação de pagar é o direito ao recebimento. Não se institui a correção monetária, senão para habilitar alguém a exigir que se atualize aquele valor a receber de um terceiro. E é justamente esse titular do direito ao recebimento de um valor financeiro quem tem legitimidade processual para a impetração de um mandado injuntivo que assegure o prometido reajuste constitucional (sempre que a falta de lei sobre tal reajuste inviabilize o respectivo gozo, como dantes anotado).

12.3 Mas não se julgue ser a correção monetária uma nova categoria de direito subjetivo, superposta àquele de receber uma prestação obrigacional em dinheiro. O direito mesmo à percepção da originária paga é que só existe em plenitude, *se monetariamente corrigido*. Logo, a atualização ou correção monetária é um elemento do direito subjetivo à percepção de uma determinada paga integral em dinheiro.

12.4 Não há dois direitos, assim, mas um único direito de receber, corrigidamente, um valor em dinheiro. Pois que, sem a correção, o titular do direito só o recebe mutilada ou parcialmente. Enquanto o sujeito passivo da obrigação, correlatamente, dessa obrigação apenas se desincumbe de modo reduzido. O que nos leva a pensar que, do ângulo do titular do direito, a correção monetária realiza ou densifica o princípio constitucional da justiça, genericamente proclamado no inciso II do art. 3º do Texto Magno ("construir uma sociedade livre, justa e solidária"). Do prisma do titular da obrigação, ela é um dos modos de densificação ou realizabilidade do princípio constitucional da moralidade, na medida em que evita o locupletamento sem causa e à custa de outrem.

13. A correção monetária e sua aplicabilidade por inteiro ou sem redutor percentual

13.1 De outra parte, fica evidente que o reajuste há de corresponder ao preciso índice de desvalorização da moeda, ao cabo de um certo período; quer dizer, conhecido que seja o índice de depreciação do valor real da moeda — a cada período legalmente estabelecido para a respectiva medição, como visto —, é ele que por inteiro vai recair sobre o valor financeiro do instituto jurídico protegido com a cláusula de permanente atualização monetária.

13.2 É o mesmo que dizer: medido que seja o tamanho da inflação num dado período, tem-se, naturalmente, o percentual de defasagem entre o valor nominal e o valor real da moeda. Pois é precisamente esse percentual de defasagem ou de efetiva perda de poder aquisitivo da moeda que vai servir de critério matemático para a necessária preservação do valor real do bem ou direito constitucionalmente protegido.

13.3 Qualquer idéia de incidência mutilada da correção monetária, isto é, qualquer tentativa de aplicá-la a partir de um redutor percentual, implica fraude à Constituição. Afinal, o que jaz à disponibilidade do legislador não é o percentual da inflação, *porque esse percentual, seja qual for, já estará constitucionalmente recepcionado como o próprio reajuste nominal da moeda*. O que fica à mercê da lei é a indicação de providências viabilizadoras de uma isenta aferição do crescimento inflacionário, tais como: I) o lapso temporal em que se fará a medida da inflação, compreendendo a data-base e a periodicidade; II) as mercadorias ou os bens de consumo que servirão de objeto de pesquisa para o fim daquela aferição, com o que se terá um índice geral, ou, então, um índice setorial de preços; III) o órgão ou entidade encarregada da pesquisa de mercado.

13.4 Uma vez que o típico da correção monetária é incidir assim em cheio ou na totalidade do respectivo percentual, ela não deixa de se aplicar nos casos de atraso no cumprimento das obrigações de pagamento em moeda. É inferir: atualizado que seja o valor do salário mínimo, ou de um benefício previdenciário, *verbi gratia*, mas retardado o respectivo pagamento, *aquela primeira atualização não impede a segunda*. Antes, serve de marco temporal (data-base) para o segundo cálculo da variação percentual da inflação, até o dia do efetivo adimplemento da obrigação de pagar.

13.5 O que importa é sempre a eliminação do fosso entre o valor nominal da moeda — no ponto de começo da relação entre partes — e o valor real a menor que ela possa vir a ter no curso da mesma relação obrigacional.

13.6 Enfim, é de se reforçar estas idéias com a segura doutrina de Marçal Justen Filho (ob. cit., p. 223), que, a respeito do dever de a Administração Pública atualizar o valor da proposta do licitante contratado, na data em que este se desincumbiu de cada etapa da respectiva prestação material, assim se pronuncia: "(...) isso não elimina o dever de atualizar monetariamente o valor devido ao particular para compensar inflação verificada após a data do adimplemento da prestação. Isso se impõe por força do art. 37, XXI, da CF/88".

14. O "processo" de licitação como paradigma do regime constitucional da correção monetária

14.1 Estamos nos aproximando do final do presente estudo e convém deixar consignado que o regime constitucional da correção monetária, tal como aqui interpretado, tem na legenda do inciso XXI do art. 37 uma veemente confirmação. É que se trata de um dispositivo paradigmático, na medida em que mais luminosamente revelador: primeiro, daquela obrigação de pagamento em dinheiro, já visualizada como fato-condição de incidência da correção monetária; segundo, do equilíbrio econômico-financeiro a que visa o instituto. Atentemos para a redação do texto:

"ressalvados os casos especificados na legislação, as obras, serviços, compras e alienações serão contratados mediante processo de licitação pública que assegure igualdade de condições a todos os concorrentes, com cláusulas que estabeleçam obrigações de pagamento, mantidas as condições efetivas da proposta, nos termos da lei, o qual somente permitirá as exigências de qualificação técnica e econômica indispensáveis à garantia do cumprimento das obrigações".

14.2 De imediato, vê-se que o dispositivo tem em mira institucionalizar a licitação como "processo" de observância obrigatória para a Administração Pública de todas as pessoas estatais de base territorial e na órbita de todos os poderes orgânicos a tais pessoas pertencentes (a cabeça do art. 37 assim dispõe), somente dispensável ou inexigível "nos casos especificados na legislação". Processo, antecipatório dos contratos administrativos de obras, serviços, compras e alienações, além de assecuratório da igualdade de condições a todos os concorrentes. Mais ainda, processo que se instaura "com cláusulas que estabeleçam obrigações de pagamento, mantidas as condições efetivas da proposta".

14.3 Pronto! No aspecto que mais nos interessa, o dispositivo contém a prescrição de que, no processo licitatório (mais técnico seria dizer "procedimento") é preciso embutir uma cláusula que assegure ao particular o direito de receber o pagamento pela desincumbência de sua prestação material em favor da Administração, mas não apenas isso. É preciso ainda uma outra cláusula que assegure ao mesmo particular o direito de ter esse pagamento atualizado em sua real expressão pecuniária, de sorte a que se mantenham as condições efetivas da proposta vencedora do certame.

14.4 São duas cláusulas, portanto, e o uso da palavra no plural ("com cláusulas") já é revelador do intuito de se alcançar uma dupla funcionalidade normativa. A primeira, para se fazer da onerosidade ou obrigação de pagamento em dinheiro uma característica nodular dos contratos administrativos, em garantia da contraparte privada. A segunda, para instituir uma equação ou equilíbrio econômico-financeiro entre remuneração estatal e encargos privados, em garantia do particular e até da própria Administração (que se não pode pagar aquém, também não pode pagar além dos marcos em que se dá a modificabilidade financeira real da proposta).

14.5 É a última das duas funcionalidades, exatamente, a que confirma a tese de que a Lei das Leis trabalha com os olhos postos no fenômeno da instabilidade econômica do País, gerada pela inflação, e por isso trata de eximir de prejuízo financeiro a proposta vencedora da licitação (como trata de impedir cômodos ou vantagens não decorrentes da corrosão do poder aquisitivo da moeda). Esta a função do verbo "manter", utilizado na conhecida acepção de "preservar" o equilíbrio ou a equação econômico-financeira de um contrato que se formaliza a partir de uma proposta, o que se consegue pela atualização ou correção monetária da moeda em que tal proposta foi originariamente apresentada.

14.6 Já a segunda dimensão funcional da norma (onerosidade contratual à base do desembolso de moeda), ela se presta para confirmar o juízo de que a atualização monetária de berço constitucional tem por fato-condição uma obrigação de pagamento em dinheiro. Não toda e qualquer obrigação de pagamento em dinheiro, lógico, mas somente aquelas obrigações constitucionalmente contempladas.

14.7 Outras obrigações de pagamento em dinheiro, mas sem direta regração constitucional quanto à incidência da correção monetária, *estas ficam na dependência de expedição de lei federal*, pois cabe ao Congresso Nacional legislar sobre "matéria financeira, cambial e monetária, instituições financeiras e suas operações" (inciso XIII do art. 48 da CF). Mas é claro que a lei infraconstitucional sobre correção monetária não tem a mesma liberdade impositiva que assiste ao Código Supremo, porque não pode ignorar o amparo constitucional à produção agropecuária e às atividades das microempresas, por exemplo, assim como aos programas de construção de moradias e às atividades próprias do turismo, sem falar na proteção especial que o Poder Público deve aos núcleos familiares (ver, especialmente, os arts. 23, 179, 180, 187 e 226). Tudo isto a legitimar a adoção de medidas oficiais de crédito subsidiado, dentre outras, *que bem podem incluir a redução ou até mesmo a dispensa de correção monetária*.

14.8 Resta perguntar sobre os modos pelos quais se dá a correção da moeda, ou modos pelos quais se mantêm as condições efetivas da proposta, e, no particular, a resposta nos parece intuitiva: tudo depende do critério estabelecido em lei, pois o fato é que a Magna Carta contém a expressão idiomática "nos termos da lei", imediatamente após falar da manutenção das condições efetivas da proposta.

14.9 Antes, porém, do enfrentamento desse novo desafio temático, fazemos entrar em cena um dos mais prestigiados publicistas brasileiros de todos os tempos, que é o professor Celso Antônio Bandeira de Mello, de cuja consistente doutrina pinçamos o seguinte trecho:

"Mas o certo é que dita exigência resulta diretamente do próprio Texto Constitucional. É que a Lei Magna — como anteriormente se disse — impõe de modo incontendível o respeito ao citado equilíbrio. E o faz tanto de forma implícita como através de regra explícita.

"Com efeito, de um lado erige como um dos princípios da Administração Pública direta, indireta ou fundacional, o princípio da moralidade (art. 37). Ora, a moralidade administrativa não se compadeceria com intuitos de a Administração sacar vantagens de um negócio em detrimento da outra parte, isto é, de obter ganhos não previstos nem consentidos pelo contratado quando do travamento da avença.

"De outro lado, o art. 37, em seu inciso XXI, refere que obras, serviços, compras e alienações governamentais serão contratados com obediência a cláusulas de pagamento "mantidas as condições efetivas da proposta". Parece óbvio, pois, que há uma correlação entre estas obrigações de pagamento e as condições efetivas da proposta. Vale dizer, como ambos se obrigaram à face daquelas condições efetivas, são elas que presidem, por uma parte, a obrigação de prestar fielmente o convencionado para fazer jus ao correspectivo e, por outra parte, a obrigação de pagar em correlação com as condições efetivas que residiram na proposta. Posto que esta é feita na presença de certas condições efetivas, para que as obrigações de pagamento se façam com mantença delas, obviamente é necessário que conservem a correlação inicial entre prestações e remuneração.

"A não ser assim, haveria, como é de solar clareza, um enriquecimento ilícito, um locupletamento beneficiado auferido a expensas do lesado" (em "O Equilíbrio nos Contratos Administrativos", figurante da coletânea *Perspectivas do Direito Público*, Editora Del Rey, p. 128, 1985, coordenação de Cármen Lúcia Antunes Rocha).

15. O papel da lei, na preservação das condições efetivas da proposta vencedora em procedimento licitatório

15.1 Pois bem, a lei já existe, em tema de licitação e contrato administrativo, como precedentemente indicado (Lei 8.666/93). O que a ela incumbe é optar por um critério de reajuste que se preste para acobertar de prejuízo (ou de sobrepagas descabidas) a proposta vencedora da licitação e geradora do subseqüente vínculo contratual com a Administração licitante.

15.2 Tal critério de reajuste, na lei em causa, foi o da "variação efetiva do curso de produção, admitida a adoção de índices específicos ou setoriais" (inciso XI do art. 40), válido, obviamente, para aquele tipo de proposta e se monta a partir dos custos ou das despesas a arcar para a prestação material objeto da licitação. E conhecido que seja o índice de variabilidade de tais custos ou despesas, basta aplicá-lo aos valores originários da proposta, para que esta se mantenha substancialmente integra. Mas, para isso, é preciso ainda que a medição do percentual de variabilidade se faça no lapso de tempo a que se refere o dispositivo: "desde a data prevista para a apresentação da proposta, ou do orçamento a que essa proposta se referir, até a data do adimplemento de cada parcela" (parcela do encargo do sujeito contratado).

15.3 Cuidando-se, no entanto, de proposta que não se baseie no levantamento de despesas a realizar durante a execução do futuro contrato — como é o caso do serviço de elaboração de um parecer, entre outros —, é claro que a proporcionalidade econômico-financeira se mantém pela simples aplicação do percentual inflacionário aos primitivos valores, do dia da apresentação da proposta à data da conclusão do encargo.

15.4 A oportunidade é boa para lembrar que a lei faculta à Administração um prazo de até trinta dias para conferir e avaliar a execução de cada parcela da prestação obrigacional do particular, tanto quanto para processar os trâmites burocráticos do pagamento devido (inciso XIV, alínea "a"). Mas sem prejuízo da atualização monetária desse pagamento; quer dizer, sem deixar de corrigir o valor a ser pago, "desde a data final do período de adimplemento de cada parcela até a data do efetivo pagamento" (alíena "c" do inciso XIV), a revelar que o equilíbrio econômico-financeiro da avença ainda exige a atualização do próprio valor eventualmente reajustado, mas não pago na própria data do cálculo matemático desse reajustamento.

15.5 Mesmo que o edital de licitação não venha a consagrar o direito à correção plena, este é de ser reconhecido e satisfeito, pois defluente da própria vontade constitucional direta, assim como da Lei 8.666. Razão por que Marçal Justen assim preleciona:

"A ausência de cláusula prevendo reajuste não importa proibição de sua concessão. Não têm validade dispositivos regulamentares que condicionavam o reajuste à autorização correspondente no edital. O direito ao reajuste não deriva da cláusula do edital. Decorre da própria garantia constitucional à mantença do equilíbrio econômico-financeiro das contratações administrativas. A concessão do reajuste não é faculdade para a Administração. Nem haverá discricionariedade para a Administração inserir ou dispensar a cláusula no edital; nem haverá discricionariedade para a Administração conceder ou negar o reajuste, no curso da contratação" (ob. cit., p. 223).

15.6 A título de remate, aduza-se que, em tese, a redação do dispositivo constitucional (inciso XXI do art. 37) comporta exegese que implique redução dos custos operacionais do proponente, e, assim, reajuste para baixo quanto ao pagamento final. O que não invalida o enunciado de que, também nesta passagem, o pano de fundo ou a inspiração dos textos pertinentes à correção monetária foi, desenganadamente, a práxis inflacionária nacional.

DOUTRINA

SOBRE A SÚMULA VINCULANTE

CÁRMEN LÚCIA ANTUNES ROCHA
Professora Titular de Direito Constitucional da Pontifícia Universidade Católica de Minas Gerais e Membro da Comissão de Estudos Constitucionais do Conselho Federal da OAB

Introdução. I — Súmula vinculante. II — A súmula vinculante na Proposta de Reforma Constitucional. III — Críticas e proposta de alternativa. IV — Conclusão.

Introdução

Todas as discussões atuais da comunidade jurídica passam por duas preocupações básicas: a imperiosidade de se assegurar, concreta e universalmente, o acesso de todos à justiça, nos termos determinados na Constituição da República, e a necessidade de se dotar o Estado de uma organização, material e formal, voltada à prestação jurisdicional rápida, eficiente e eficaz. Daí porque a proposta constitucional de Reforma do Poder Judiciário põe-se como núcleo central de todas as discussões da comunidade jurídica especialmente e da sociedade brasileira, de maneira geral.

É que a reforma do Poder Judiciário mostra-se a todos necessária e urgente. Essa necessidade e urgência é atestada pelos próprios membros do Poder Judiciário, pelos advogados e pelos membros do Ministério Público, congregando, assim, todos os operadores do Direito, e, principalmente, pelos cidadãos, que se têm ressentido das falhas havidas na prestação jurisdicional e, conseqüentemente, na garantia dos seus direitos fundamentais.

O Estado mudou, a sociedade mudou, o Direito mudou. Não se teria como manter apenas um dos poderes do Estado — e, em especial, aquele que se ressente mais diretamente da transformação havida na sociedade e na cidadania, que busca os seus direitos segundo o sistema jurídico atual — à margem das mudanças havidas e com os mesmos contornos e organização de um século atrás. Por isso há concordância de todos quanto à urgência da reforma do Poder Judiciário e das formas de prestação da jurisdição (aplicação garantidora do direito previsto no art. 5º, inciso XV, da Constituição da República), ficando as discussões havidas apenas quanto ao conteúdo e à forma das mudanças a serem processadas.

Não é que a chamada "crise do Poder Judiciário" seja novidade ou, pelo menos, recente. Desde a década de quarenta, no mínimo, há a referência contundente e reiterada quanto a essa crise. Se se atentar, é de se verificar que nos últimos cento e vinte anos, vale dizer, desde as últimas décadas do Império Brasileiro, o Poder Judiciário tem sido considerado inadequado à prestação da jurisdição como esperado, necessitado e desejado pela sociedade. A reiteração desta identificação da "crise do Poder Judiciário" neste século, especialmente desde a década de quarenta, no Brasil, pode ser arrolada pela pletora de trabalhos sobre este tema e decorre da constatação do desequilíbrio entre a demanda social da jurisdição e a resposta do Estado quanto à oferta e garantia desse serviço. Também o "excesso de serviço" dos juízes, tantas vezes apresentado como causa da "crise do Poder Judiciário", não é causa única nem compreende toda a "crise" referida na expressão, conquanto seja certo que é um dos motivos da carência de prestação jurisdicional ao indivíduo no Estado Contemporâneo em geral e no Brasil, em particular, onde a demanda jurisdicional pela sociedade em níveis elevados tem estado além do quanto respondido o Estado. Essas observações conduzem a uma diferença na postura adotada pelo crítico em relação à questão da alternativa a ser oferecida para superação do atual e inadequado modelo de prestação jurisdicional adotado no sistema constitucional.

E, então, não por serem esses debates travados "apenas quanto ao conteúdo das mudanças a serem processadas" são as diferenças de posições pequenas ou de efeitos leves.

As mudanças apresentadas, por exemplo na Proposta de Emenda Constitucional e, mais especialmente, no substitutivo do Deputado Jairo Carneiro, sobre o tema da reforma constitucional do Poder Judiciário, dão margem a discussões sérias e com alternativas muito diferentes entre os debatedores da matéria.

Não são poucos os pontos que mereceriam uma análise aprofundada naquele substitutivo, o que vem sendo repetidamente feito e divulgado amplamente.

Todavia, cabe-nos, aqui, fundamentalmente, a análise e críticas de dois temas especificamente: a questão denominada "da súmula vinculante" e o "incidente de inconstitucionalidade".

I — Súmula vinculante

1.1 Em dois sentidos se tem empregado a palavra súmula no direito positivo brasileiro: no primeiro, tem-se a súmula como sendo o resumo de um julgado, enunciado formalmente pelo órgão julgador; no segundo, constitui ela o resumo de uma tendência jurisprudencial adotada, predominantemente, por determinado tribunal sobre matéria específica, sendo enunciada em forma legalmente definida e publicada em número de ordem.

No primeiro significado a súmula nasce de um julgamento, enquanto no segundo, ela nasce de uma repetição de julgamentos que cristalizam ou direcionam a interpretação de uma norma ou de uma matéria contida no Direito Positivo em determinado sentido.

A súmula predominante, especialmente aquela oriunda do Supremo Tribunal Federal, é que constitui objeto de preocupação desse brevíssimo estudo, pelo que apenas quanto a ela serão tecidas as observações seguintes.

1.2 A denominada "súmula de jurisprudência predominante do Supremo Tribunal Federal" foi introduzida no Brasil em 1963 e entrou em vigor em 1964 como resultado de uma proposta encabeçada, fundamentalmente, por Victor Nunes Leal, então Ministro daquela Corte.

Naquela ocasião, ponderava aquela autoridade que a súmula consistia em "método de trabalho, instituído pelo STF, por emenda ao Regimento publicada em 30.08.63". Tida como "repertório oficial de jurisprudência da Alta Corte" salientava Victor Nunes Leal que com a sua introdução na organização dos trabalhos do Supremo Tribunal buscava-se uma solução aos problemas de excesso de serviço de que ele se via acometido, sem que para tanto se buscasse repetir a sugestão anteriormente muito utilizada de para se alcançar aquele objetivo buscar-se "reduzir a nossa competência (que) tem sido, durante muito tempo, a solução preferida pelos juristas".[1]

1.3 A definição de uma orientação interpretativa predominante em determinado tribunal não era desconhecida no Brasil quando foi implantada na década de 60.

Mais que apenas uma orientação quanto à interpretação predominante, conheceu-se no Direito adotado no Brasil o instituto dos "assentos", que se impunham como única hermenêutica aos órgãos jurisdicionais.

Os antecedentes portugueses do Direito brasileiro é que por primeiro dão notícia dos *assentos*, que eram firmados pela Casa da Suplicação, nos termos das Ordenações Manuelinas, com a finalidade precípua de extinguir dúvidas jurídicas suscitadas em causas submetidas a julgamento. As soluções dadas aos casos que se constituíssem objeto de dúvida por aquela Casa e definidas nos *assentos* convertiam-se em normas, tendo sido adotada essa figura pelas Ordenações Filipinas. Se entre os juízes da Casa da Suplicação não se chegasse a uma deliberação quanto à dúvida em razão de sua extensão a todos eles, a matéria seria encaminhada para a solução do Rei, que a sanaria mediante lei, alvará ou decreto.

Na seqüência desta prática e enfatizando a competência da Casa da Suplicação, a Lei da Boa Razão, de 18.8.1769, em seu § 8º, excluiu das Relações do Porto, do Rio de Janeiro e da Bahia, tal atribuição, mantida apenas para aquela. Tal exclusão veio a ser superada em 1808, quando à Relação do Rio de Janeiro foi outorgada essa competência.

1. Leal, Victor Nunes, "Atualidade do Supremo Tribunal Federal", in *Ver. Forense*, vol. 208, ano 1964, p. 15.

Os assentos da Casa da Suplicação e, posteriormente, da Relação do Rio de Janeiro tinham natureza normativa, mas não constituíam óbice ao conhecimento de casos e recursos contra decisões judiciais neles fundamentadas.

Em 1828, a Lei de 18 de setembro instituiu o Supremo Tribunal de Justiça, criado pela Constituição Imperial, e definiu, em seu art. 19, a competência desse órgão máximo do Poder Judicial do Império para enviar "todos os anos ao Governo uma relação das causas, que foram revistas, indicando os pontos sobre que a experiência tiver mostrado vício, ineficiência da legislação, as suas lacunas e incoerências, para o Governo propor ao Corpo Legislativo, a fim de se tomar a resolução que for conveniente".

Significa tanto que, não obstante as decisões tomadas e que poderiam ter caráter genérico, as deliberações que merecessem mudanças eram encaminhadas aos órgãos e poderes competentes e que elas não determinavam supressão do acesso e discussão em ocasiões posteriores.

A República extinguiu o debate e a prática sobre os assentos.

Conheceu-se e adotou-se, entretanto, desde 1891 (mesmo ano da primeira Constituição Republicana), o prejulgado, primeiramente em matéria processual civil (art. 861, do Código de Processo Civil, de 1939) e, posteriormente, em matéria trabalhista. Em qualquer dos casos, o prejulgado contém um pronunciamento prévio quanto à interpretação de uma norma diante de um real ou iminente conflito na hermenêutica a ser produzida em face de situações concretamente postas à decisão judicial.

1.4 A súmula de jurisprudência predominante do Supremo Tribunal Federal foi introduzida, como salientado antes, na década de 60, no Direito brasileiro, como resposta à chamada "crise do Supremo Tribunal Federal", e, conforme sublinhou então o seu principal fautor, Ministro Victor Nunes Leal, surgiu com base em "razões práticas, inspiradas no princípio da igualdade, (que) aconselham que a jurisprudência tenha relativa estabilidade. Os pleitos iguais, dentro do mesmo contexto social e histórico, não devem ter soluções diferentes. A opinião leiga não compreende a contrariedade dos julgados, nem o comércio jurídico a tolera, pelo seu natural anseio de segurança... a sua finalidade não é somente proporcionar maior estabilidade à jurisprudência mas também facilitar o trabalho dos advogados e do Tribunal, simplificando o julgamento das questões freqüentes".[2]

Para atingir as finalidades a que se propunha com a adoção das súmulas é que os seus criadores tiveram o cuidado de dotála da condição de "orientação predominante e segura", mas sem força vinculativa obrigatória e definitiva para todos os órgãos do Poder Judiciário. Esse tem entre as garantias dos indivíduos outorgadas aos magistrados o da independência. Tal garantia é do indivíduo e das instituições democráticas e por isso mesmo não poderia ficar tolhida, atacanhada, talvez mesmo excluída, se não pudesse o juiz interpretar e julgar segundo a interpretação dada a determinada norma de Direito caso submetido à sua competência decisória.

Por isso é que Victor Nunes Leal acentuava, em escólios sobre o tema e em citação muitas vezes transcrita, que "a 'súmula' realizou o ideal do meio-termo, quanto à estabilidade da jurisprudência..., ela ficou entre a dureza implacável dos antigos assentos da Casa da Suplicação, 'para a inteligência geral e perpétua da lei', e a virtual inoperância dos prejulgados. É um instrumento flexível, que simplifica o trabalho da Justiça em todos os graus, mas evita a petrificação, porque a 'súmula' regula o procedimento pelo qual pode ser modificada... Firmar a jurisprudência de modo rígido não seria um bem, nem mesmo seria viável. A vida não pára, nem cessa a criação legislativa e doutrinária do Direito. Mas vai uma enorme diferença entre a mudança, que é freqüentemente necessária, e a anarquia jurisprudencial, que é descalabro e tormento. Razoável e possível é o meio-termo, para que o STF possa cumprir o seu mister de definir o direito federal, eliminando e diminuindo os dissídios da jurisprudência".[3]

Não se repetiu, assim, na experiência republicana o instituto dos assentos, que petrificava a jurisprudência e tornava-se fonte de norma jurídica, sem que o Poder de que ela emanava obedecesse ao princípio democrático representativo, que se tem na base do sistema adotado no Brasil.

1.5 A súmula da jurisprudência predominante nos tribunais e, inclusive, no Supremo Tribunal Federal não tem, pois, natureza normativa vinculativa, obrigatória e definitiva.

De José de Moura Rocha é a lição sobre a súmula da jurisprudência predominante no Supremo Tribunal Federal no sentido de que "súmula não é, simplesmente, a jurisprudência dominante ou predominante. *É a jurisprudência predominante possuidora de caráter... 'quase normativo'*".[4]

Nesse sentido é que o próprio Victor Nunes Leal, em preleção acima relembrada, enfatizava não ser "um bem" dotar a súmula de natureza impositiva definitiva e efeito normativo obrigatório.

O próprio Supremo Tribunal Federal não descurou o tema. Em voto no Recurso Extraordinário n. 104.898 — RS, o Ministro Oscar Corrêa relatava o caso e a condição da súmula afirmando que "não se infere daí a obrigatoriedade formal de obe-

2. Idem, ibidem.

3. Idem, ibidem.

4. Rocha, José de Moura, "Súmulas Jurisprudenciais", in *Enciclopédia Saraiva*, p. 325.

diência às súmulas do STF, nem isso pretendeu a Corte: dar caráter normativo cogente à sua orientação, que não é lei... Essas considerações objetivam relembrar a necessidade de assegurar-se o respeito à jurisprudência sumulada da Corte, o que não importa em impedir o livre pronunciamento de Juízes e Tribunais, mas busca efetivar a uniformidade jurisprudencial — essencial à boa distribuição da justiça".[5]

No mesmo sentido Álvaro Melo Filho observa que "O Direito Sumular condensando entendimento jurisprudencial já consagrado *exerce uma função diretiva, de orientação, apesar de não ter força vinculante*".[6]

Também Victor Nunes Leal foi enfático ao esclarecer que "Nem a súmula ficou com efeitos que se pudessem comparar com os da lei, nem a adoção de novos enunciados se faz de modo automático, pela só razão da maioria qualificada ou da reafirmação de julgados".[7]

Ainda que a observância da súmula predominante no Supremo Tribunal Federal e nos demais Tribunais constitua fonte de orientação que acaba por definir a conduta julgadora dos magistrados, não têm eles a obrigatória insuperável de adequar o seu entendimento ao quanto nela definido, nem têm eles deixado de assim agir, inclusive determinando-se, com essa independência de atuação, a modificação do quanto nela se definiu inicialmente.

Por não ser vinculativa, não basta ao magistrado a simples referência à súmula para que a sua decisão não necessite de fundamentação, pois essa é que identifica a correção da interpretação e aplicação da norma jurídica à espécie em julgamento.

Assim, a súmula não pretendeu dotar-se de natureza normativa, nem se desejou, conforme expressa e reiteradamente o alegou Victor Nunes Leal quando da criação do instituto, arvorar-se o Poder Judiciário em legislador de segundo grau ou em constituinte derivado.

1.6 Não têm faltado, contudo, tentativas de se restabelecer o vetusto instituto português.

1.6.1 Em 1964, Haroldo Valladão sugeriu, inicialmente em 1946, em proposta apresentada pelo Instituto dos Advogados Brasileiros à Constituinte da qual resultou a Constituição da República daquele ano e, posteriormente, no Anteprojeto de Lei Geral de Aplicação das Normas Jurídicas, a "resolução unificadora da jurisprudência do STF". Essa resolução teria natureza obrigatória para os juízes e tribunais. A sugestão não logrou resultado positivo em qualquer das duas ocasiões.

1.6.2 No início da década de 70 nova apresentação da "jurisprudência obrigatória" veio a ter lugar com o Projeto de Código de Processo Civil. Alfredo Buzaid, no anteprojeto daquele documento, apresentava a reintrodução dos assentos vinculantes da legislação portuguesa, o que, afinal, não foi acatado pela contundente crítica contra tal proposta, que, segundo se afirmou então, colidiria com o princípio da separação dos poderes, porquanto por ela se estaria a expedir norma jurídica.

A Comissão Revisora rejeitou a proposta assim apresentada, adotando-se no Código de Processo Civil a edição de súmula para uniformização de jurisprudência.

5. In *Revista Trimestral de Jurisprudência*, vol. 113, p. 452.

6. Mello Filho, Álvaro, "Direito Sumular Brasileiro", in *Revista de Processo*, vol. 43, p. 245.

É certo que não se pode deixar de anotar opiniões conflitantes, como a que emite Paulo Emílio Ribeiro de Vilhena, segundo o qual "a súmula goza pois de força heteronômica. Constitui uma regra de direito, conquanto de origem interpretativa, que opera eficácia no Tribunal que a editou ou sobre um juízo hierarquicamente inferior. ... As súmulas têm efeito normativo. Se carecem de força obrigatória e formal, intrinsecamente elas obrigam, pois a sua inobservância importa em sanção específica que é a reformulação do julgado que não as atendeu". ("Os prejulgados, a súmula e o TST", in *Direito do Trabalho*, São Paulo, LTr, 1978, p. 257)

7. Ob. e loc. cits., p. 290.

1.6.3 Volta-se, agora, ao tema em duas empreitadas paralelas: a primeira contida no Projeto n. 3.804-A/93, pelo qual se alterariam os arts. 478 e 479 do Código de Processo Civil e a segunda contida na Proposta de Emenda Constitucional n. 96/92.

A primeira tentativa foi rejeitada pela Comissão de Constituição, Justiça e Redação da Câmara, cujo relator, Deputado Paes Landim, entendeu contrário à Constituição o estabelecimento de mecanismos cerceadores do acesso à Justiça pelos interessados, o que ocorreria com a redação adotada.

A segunda, em tramitação no Congresso Nacional, é que será objeto de maiores cuidados no presente estudo.

II — A súmula vinculante na Proposta de Reforma Constitucional

A minuta de Parecer à Proposta de Emenda Constitucional n. 96, de 1992, pela qual se modifica o capítulo III ("Do Poder Judiciário") do Título IV ("Da Organização dos Poderes"), contém a seguinte sugestão:

"Art. 98. O Supremo Tribunal Federal, sem prejuízo no disposto no art. 107, parágrafo 2º, e os Tribunais Superiores, após reiteradas decisões da questão e mediante o voto de três quintos dos seus membros, poderão editar súmula com efeito vinculante em relação aos demais órgãos do Poder Judiciário submetidos a sua jurisdição e à administração pública direta e indireta, da União, dos Estados, do Distrito Federal e dos Municípios, bem como proceder a sua revisão ou cancelamento.

"§ 1º. A súmula vinculante terá por objeto a validade, a interpretação e a eficácia de normas determinadas, acerca das quais haja controvérsia atual entre órgãos judiciários ou entre esses e a administração pública que acarrete grave insegurança jurídica e relevante multiplicação de processos sobre questão idêntica.

"§ 2º. A aprovação, alteração ou cancelamento da súmula poderão ocorrer de ofício ou por proposta de qualquer tribunal competente na matéria, pelo Ministério Público da União ou dos Estados, pela União, os Estados ou o Distrito Federal; pelo Conselho Federal da Ordem dos Advogados do Brasil e pela entidade máxima representativa da magistratura nacional, reconhecida pelo Supremo Tribunal Federal.

"§ 3º. Do ato administrativo ou decisão judicial que contrariar a súmula vinculante aplicável ou que indevidamente a aplicar, caberá reclamação para o Tribunal que a houver editado, o qual, julgando-a procedente, anulará o ato administrativo ou cassará a decisão judicial reclamada e determinará que outra seja proferida com ou sem a aplicação da súmula, conforme o caso.

"§ 4º. O reiterado descumprimento de súmula com efeito vinculante, ou a desobediência às decisões de que tratam o parágrafo anterior e o § 2º do art. 106, configurará crime de responsabilidade para o agente político e acarretará a perda do cargo para o agente da Administração, sem prejuízo de outras sanções."

A minuta de Parecer analisada traz, ainda, a competência do Supremo Tribunal Federal para julgar "a reclamação para preservação de sua competência e garantia da autoridade de suas decisões e súmulas vinculantes" (art. 107, I, *r*).

Essa norma reintroduz, assim, no Direito brasileiro, e inova a tradição jurídica republicana com a súmula obrigatória, vinculante.

Tal como está na minuta de Parecer, a ser objeto de apreciação e decisão do Congresso Nacional, o Poder Judiciário editará súmula que terá a mesma obrigatoriedade e generalidade da norma jurídica. Essa qualificação da súmula não a dotaria apenas de "força de lei", aqui tomada em sentido formal, a dizer, ato emanado do Poder Legislativo segundo processo próprio definido constitucionalmente, mas de "força de constituição", pois a matéria a ser o seu objeto pelo Supremo Tribunal Federal seria, exatamente, a Lei Magna.

Daí o extremo cuidado e atenção a ser dada à análise da matéria.

III — Críticas e proposta de alternativa

1. Pretende-se, conforme posto expressamente na Minuta de Parecer da PEC n. 96/92, atribuir-se à súmula editada pelo Supremo Tribunal Federal e demais Tribunais Superiores natureza vinculativa, vale dizer, obrigatória para todos.

Não se afirme que a vinculação é apenas para o Poder Judiciário e para o Poder Executivo. Antes se afirme que a vinculação ressalva a possibilidade de modificação da "norma" criada, havida e "positivada" (posta à obrigatória observância de todos) pelo Poder Legislativo. Se fosse incluído esse Poder, o Direito seria única e exclusivamente obra do Poder Judiciário, sem condições de ser contrastado nem por lei...

2. Muitas vezes se buscou vislumbrar na súmula da jurisprudência predominante no Supremo Tribunal Federal, especialmente, uma "paralegislação".[8]

Se a súmula for aceita no Direito brasileiro, segundo a fórmula proposta na Minuta ora em foco, a modificação do sistema constitucional será substancial e com graves conseqüências, que devem ser assinaladas.

2.1 A súmula não terá apenas "força de lei", mas "força de norma constitucional" somente modificável pelo Poder Legislativo por Emenda Constitucional. O Supremo Tribunal Federal estaria transformado em verdadeiro "poder constituinte de segundo grau", ou "poder constituinte reformador".

Deveras. A denominada "súmula vinculante" obrigará os órgãos do Poder Judiciário submetidos à jurisdição do autor da edição à sua imprescindível observância, bem como "à administração pública direta e indireta, da União, dos Estados, do Distrito Federal e dos Municípios".

Significa dizer que a "súmula vinculante" tem a mesma natureza obrigatória, genérica e abstrata que caracteriza a lei em sentido material. E lei nesse sentido será a "súmula vinculante".

Posta a "súmula vinculante" à obrigatória obediência de todos, excluído apenas o Poder Legislativo pela natureza de suas funções, ou, dito de outra forma, positivada a norma nela contida, o que se tem, então, é uma modificação do sistema constitucional brasileiro em sua raiz, em seus fundamentos e em sua forma de aplicação.

Assim:

a) O art. 1º da Constituição da República estabelece que:

"A República Federativa do Brasil, formada pela união indissolúvel dos Estados e Municípios e do Distrito Federal, constitui-se *em Estado Democrático de Direito*, e tem como fundamentos:

"I — a soberania,

"II — a cidadania;

"III — a dignidade da pessoa humana;

"IV — os valores sociais do trabalho e da livre iniciativa;

"V — o pluralismo político.

"Parágrafo único. Todo o poder emana do povo, que o exerce por meio de representantes eleitos ou diretamente, nos termos desta Constituição."

O art. 14 da Lei Maior, à sua vez, reza:

"A soberania popular será exercida pelo sufrágio universal e pelo voto direto

8. Nessa direção apontava José Pereira Lira ao afirmar que "tais 'enunciados' (das súmulas) marcam, com efeito, uma fase nova na história da Jurídica Pátria. Foram eles joeirados, classificados e 'assentes' com força de lei, pela cúpula do nosso Poder Judiciário. Constituem uma espécie de 'paralegislação', em que é o Supremo Tribunal Federal 'um legislador', verdadeiro e real, com a faculdade de, condicionadamente, 'criar' a norma, de alterá-la, e, mesmo, de revogá-la". In Apresentação ao livro de Roberto Rosas, *Direito Sumular*, p. VIII.

e secreto, com valor igual para todos e, nos termos da lei, mediante:

"I — plebiscito;

"II — referendo;

"III — iniciativa popular."

O art. 44 do mesmo Documento Magno define:

"*O Poder Legislativo é exercido pelo Congresso Nacional*, que se compõe da Câmara dos Deputados e do Senado Federal".

Na esteira de tal definição, que torna a competência para legislar, a dizer, criar o Direito, inovar a ordem jurídica, determinar as restrições ao direito fundamental à liberdade exclusiva do Congresso Nacional, por ter sido apenas a ele entregue tal competência, determina-se no art. 48, da Constituição da República que:

"Cabe ao *Congresso Nacional*, com a sanção do Presidente da República, não exigida esta para o especificado nos arts. 49, 51 e 52, dispor sobre todas as matérias de competência da União, especialmente sobre:

"..."

O Congresso Nacional é eleito pelo povo, na forma do art. 1º, parágrafo único, e o é para o exercício da sua função precípua — a de criar o Direito a ser acatado pela sociedade.

Por isso mesmo não pende dúvidas no Brasil sobre o princípio da democracia adotada no constitucionalismo pátrio: tem-se, aqui, a democracia semidireta, sendo que o exercício das funções políticas de governo e administração e de legislação são entregues aos órgãos titularizados por representantes do povo eleitos e que contam com a participação direta do povo. Especialmente no que concerne à criação do Direito, que é o que se tem com a legislação, com a criação de normas jurídicas, o sistema constitucional estabeleceu que o cidadão tem o direito de participar ativa e diretamente, seja por meio de iniciativa popular de leis (art. 14, III, acoplado ao art. 61, § 2º), seja por meio de plebiscito ou referendo.

Essa previsão do modelo e fundamento do Estado Constitucional Democrático Brasileiro estaria sendo, radicalmente, alterado com a introdução da "súmula vinculante", pela qual se impõe uma norma jurídica judicial ao lado dos demais modelos legislativos havidos e previstos no art. 59, da Lei Magna.

É que o exercício da representação popular direta, seja pelo representante eleito e que tem o compromisso político-partidário e social está sendo restringido.

Em efeito. O cidadão não terá como participar, direta ou indiretamente, da elaboração da norma contida na súmula, vendo-se marginal do processo de sua formação e positivação e sendo-lhe retirado, assim, um dos direitos fundamentais, qual seja, o de poder vir a participar diretamente, inclusive, pela iniciativa popular, do processo de sua elaboração.

Note-se que mesmo para a medida provisória, que tem a sua previsão constitucional no art. 59, da Constituição da República, firma-se a sua remessa ao Congresso Nacional, exatamente por se ter ali o foro próprio e democrático do amplo debate da formação do Direito. Sem a apreciação, votação e apreciação do Congresso Nacional a medida provisória é rejeitada, retirada do mundo jurídico e desfeitas as conseqüências por ela provocadas.

Mais ainda, é de se notar que a exceção posta no sistema para a formação de norma "com força de lei", como se tem na espécie da medida provisória, tem condicionantes constitucionais específicas e insuplantáveis.

Ao contrário de todos os princípios e direitos políticos fundamentais postos no sistema constitucional, a instituição da "súmula vinculante" não tem a) a fonte legítima da representação popular; b) o respeito à possibilidade constitucionalmente prevista como direito fundamental do cidadão de participar da formação do Direito (art. 14); c) a garantia do processo legislativo democrático, discutido, aberto e participativo (arts. 59 e seguintes) para a criação de norma jurídica.

A "quase-normatividade" da súmula da jurisprudência predominante, hoje encontrada no sistema jurídico, teria sido substituída com a "normatividade e definitividade" que o próprio Victor Nunes Leal, autor da idéia e instituidor da figura não aceitou quando de sua obra.

b) Mais grave, contudo, é a "súmula vinculante do Supremo Tribunal Federal".

É que a esse órgão máximo do Poder Judiciário da República compete "precipuamente a guarda da Constituição" (art. 102).

O objeto, pois, do pronunciamento do Supremo Tribunal Federal é exatamente a matéria constitucional. Como a súmula terá, na fórmula proposta, vinculatividade, obrigatoriedade e definitividade, ela não terá, quando editada pelo STF "força de lei", mas "força de norma constitucional".

Ocorre que a própria Constituição, no resguardo de sua garantia, fixou que ao Poder Judiciário compete uma das atuações que a salvaguarda de atentados e de fraudes, qual seja, a de exercício do controle da constitucionalidade. Entrega-se, contudo, a outro dos poderes do Estado, e ainda assim por um processo específico e rígido, o processo de sua modificação, qual seja, a emenda constitucional pela qual se veicula a sua reforma. Essa é controlada em sua correção e validade pelo Poder Judiciário, que não é e nem pode ser autor de modificação constitucional formal (sendo certo e aceitável que a mutação constitucional pode-se dar pela interpretação levada a cabo pelos órgãos desse Poder).

Com a introdução da "súmula vinculante do STF" no sistema constitucional, o que é uma mutação constitucional (mudança informal pela via da interpretação) passa a ser reforma constitucional, vale dizer, mudança formal, pois a interpretação se converterá, então, em norma de vigor constitucional em razão da matéria e do órgão judicial da qual emana, a saber, o Supremo Tribunal Federal.

Para a modificação dessa norma apenas a Emenda Constitucional poderá sobrevir. E essa não apenas tem competência única no sistema hoje adotado no Brasil, como tem um processo de elaboração previamente traçado no art. 60, da Lei Fundamental da República.

Nesse sentido, ter-se-á inovado o sistema constitucional com uma transformação maior do que se pretenderia anotar numa primeira análise, pois o cidadão não será apenas excluído da criação de norma legal, mas de norma constitucional...

O Supremo Tribunal Federal terá sido erigido à condição de órgão reformador da Constituição, com a possibilidade de criar normas constitucionais, sem qualquer participação do cidadão, sem qualquer possibilidade sequer de sua mudança pelo processo legislativo infraconstitucional.

c) A finalidade que se afirma ser a buscada com a adoção do instituto da "súmula vinculante" é a de diminuição do serviço dos tribunais, especialmente os superiores.

Ocorre que se há uma pletora de recursos extraordinários que têm como fundamento ou argumento o descumprimento de norma constitucional e se a súmula é o instrumento de uma norma que precisa de ter o seu controle aperfeiçoado, há que se dotar o cidadão da possibilidade de ir ao Poder Judiciário contra a lesão ou ameaça que para ele decorra do seu desacato, como se dá com qualquer outra norma. Nem poderia ser diferente, aliás, por força do disposto no art. 5º, inciso XXXV, da Constituição da República.

Ciente de tal condição, a própria minuta de Parecer sobre a Proposta de Reforma Constitucional n. 96/92 introduz uma nova competência do Supremo Tribunal Federal e que se estenderá a outros órgãos do Poder Judiciário encarregados de editar "súmula vinculante": cuida-se da "reclamação para preservação de sua competência e garantia da autoridade de suas decisões *e súmulas vinculantes*".

Se a finalidade é diminuir, desbastar os tribunais do excesso, a súmula vinculante é o único fator e verdadeiro fator voltado à garantia desse resultado?

2.2 A "súmula vinculante" torna o Poder Judiciário não mais apenas autor de uma pretensa "paralegislação", a que se referia José Pereira Lira, mas autor de uma "legislação".

A questão que aqui se põe é: não haveria aqui uma ruptura do princípio da separação dos poderes adotado no art. 2º, da Constituição da República, o qual, por caracterizar em seu fundamento, a matriz do modelo democrático acolhido dota-se de uma super-rigidez que não pode ser abolido sequer por emenda constitucional (art. 60, § 4º, III)?

Críticas constantes e contundentes têm sido feitas quanto às medidas provisórias, quer pelo abuso cometido no curso destes oito anos de vigência da Constituição de 1988, quer pela sua natureza dita mais "parlamentarista" que presidencialista, e que de alguma forma atinge o coração daquele princípio da separação de poderes. O que dizer então da "súmula vinculante", que não constituiu objeto de acolhimento do constituinte originário de 87/88 e permite a um dos poderes passar a criar as normas que serão por ele mesmo aplicadas nos casos concretos? Como conciliar tal situação com o princípio que está na base do modelo constitucional brasileiro e que não pode ser alterado pelo constituinte reformador?

Mais ainda. O Poder Judiciário tem como característica de sua função fundamental a de julgar a necessidade de ser provocado.

No caso da competência para editar "súmula vinculante", entretanto, ele poderá atuar independentemente de qualquer provocação, quebrantando-se, assim, não apenas a sua natureza hoje adotada de agir quando convocado por membro da sociedade, mas a condição constitucional da forma de seu exercício.

2.3 É de se examinar, ainda, um outro ponto nodular do sistema constitucional sujeito a substancial alteração com o advento da "súmula vinculante". Cuida-se da sua criação e da conciliação de seus efeitos com os princípios e garantias fundamentais que configuram o estatuto constitucional da magistratura nacional.

Positivada a súmula como norma vinculante e vinculada para o magistrado teria sido relativizado, por essa norma sumular, a sua independência ao julgar. É de se indagar se tanto pode ser admitido, por emenda constitucional, no sistema brasileiro.

O art. 95, da Constituição da República, dispõe que os juízes gozam das seguintes garantias: vitaliciedade, inamovibilidade e irredutibilidade de vencimentos. Tais garantias são postas para que o cidadão possa ter a segurança de ter a sua situação jurídica posta a exame e decisão de juízes que exercem o seu mister com independência. Para tanto, vê-se ele desembaraçado de submissão ao pensamento, raciocínio ou interpretação de outrem, caso em que já não mais se teria, na hipótese, independência, mas também que não se teria o juiz a emitir juízo decisório, mas a repetir julgamento feito por outro órgão judicial e aplicável à causa sem o acesso aos dados de cada ação.

Nem a matéria é inédita nos debates havidos sobre o tema no Brasil, nem a sua solução foi, até o presente, aceita na maneira que ora se propõe.

O caso mais divulgado e consagrado quanto à interpretação vinculante imposta ao magistrado teve lugar no início da República e nele atuou como advogado, em defesa do juiz e da sua independência necessária à garantia dos direitos dos jurisdicionados Ruy Barbosa, que considerou criado — se prevalecesse a vinculação imposta então e submetida a julgamento — o "crime de hermenêutica".

Em 1895, lei estadual do Rio Grande do Sul, deixou de ser aplicada pelo juiz Alcides de Mendonça Lima, que foi, por isso, denunciado e julgado.

Na oportunidade da defesa asseverava Ruy Barbosa que "não era só a defesa de um magistrado que neste rápido improviso se empreende, mas a dos dois elementos que, no seio das nações modernas, constituem a alma e o nervo da Liberdade: o Júri e a independência da magistratura". Noticiando tal julgamento, Edgard Costa assinala que "na segunda parte das suas razões, que intitulou '*novum crimen e o crime de hermenêutica*', (...) desenvolveu Ruy a defesa da atitude do juiz recorrente...". Coube ao maior advogado brasileiro naquela defesa alegar: "Se o tribunal reprova a decisão inferior, qual o corretivo do erro cometido pelo magistrado inferior? A reforma da sentença? Ou a punição do juiz? Se, além da reforma da sentença, se houvesse de proceder a acusação do magistrado, uma jurisprudência tal negaria à consciência do juiz singular os direitos, que reconhece, no seu próprio seio, a todos os seus membros... Não há delito de interpretação. Por interpretação injurídica só é responsável o juiz quando ela ferir disposição *literal*; e, ainda nesse caso, não é o *erro*, que se reprime, é o *dolo*, a saber: a sentença dada por afeição, ódio, contemplação ou para promover interesse pessoal seu... A teoria do Superior Tribunal do Rio Grande convertia o dissídio entre os julgadores em crime, para os membros da minoria vencida, ou para os magistrados inferiores, na escala da autoridade judiciária. E o delito, então, resulta simplesmente de estar em minoria a opinião estigmatizada, ou exercer o acusado a sua jurisdição numa instância menos alta. Nunca se atribuíram em parte nenhuma, à magistratura este gênero de responsabilidade".[9]

Tal como previa e temia Ruy Barbosa, a Proposta de Reforma Constitucional em questão *cria o crime de hermenêutica*. Fosse pouco a sua criação constitucional — pois é a própria norma proposta que tipifica a conduta do magistrado como apenável nos termos ali fixados —, ainda se estende a toda a Administração Pública o seu acatamento sem possibilidade de discutir a súmula vinculante e a sua validade.

Do crime de hermenêutica ao crime da liberdade é um passo.

Se ao próprio membro do Poder Judiciário ao qual se atribui a competência para interpretar e aplicar a norma retira-se tal garantia e impõe-se o acatamento da norma sumular, impondo-lhe que não exerça qualquer liberdade de interpretação, quem está garantido que amanhã não será tipificado como crime também a liberdade do cidadão de pensar sobre outro tema, especialmente aquele jurídico-constitucional? E a quem, senão aos onze ministros do Supremo Tribunal Federal, terá sido então garantido efetivamente o exercício da liberdade?

Note-se que o que se tem com a "súmula vinculante" não é uma restrição, é a exclusão da independência do magistrado, pois não é sobre matérias afetas exclusivamente ao Supremo Tribunal Federal que se impõe o não pensar em interpretação diversa, mas a qualquer matéria que seja submetida ao seu julgamento.

Ao contrário da maior facilidade do trabalho da jurisprudência, pretendida com a criação da súmula, o que se busca com a súmula vinculante é a supressão da jurisprudência criadora atingida pelo silêncio imposto ao juiz.

Para se evitar tal silêncio subserviente e dependente que se imporia ao magistrado é que a súmula da jurisprudência predominante é que Prado Kelly enfatizava que "o rigor da emenda aprovada a 28.8.1963 foi

9. Barbosa, Ruy, apud Costa, Edgard, *Os Grandes Julgamentos do Supremo Tribunal Federal*, Rio de Janeiro, Editora Civilização Brasileira, 1964, vol. 1, pp. 70 e 72.

mitigado, na prática, pelo cômputo dos votos dissidentes na assentada de julgamento das espécies em que tenha lugar invocação da Súmula. *Nem poderia ser de outro modo, pois então estaria vulnerada a competência constitucional dos membros de colégio judiciário, como o desta elevada instância para 'julgar', segundo a sua consciência, os feitos que lhes são submetidos*".[10]

Julgar impõe decidir. A "súmula vinculante" impede a decisão do magistrado. Ele não mais pode decidir, porquanto decidida terá sido a matéria previamente pelo órgão judiciário superior e contra ela não poderá ele atuar, mesmo se a sua consciência jurídica assim o determinar, pena de responder por isso.

Victor Nunes Leal acentuou, sempre, como antes visto, que "a 'súmula' não é norma autônoma, não é lei, é uma síntese de jurisprudência...".[11]

No mesmo sentido adverte Evandro Lins e Silva que "Na verdade, a Súmula é um valioso elemento de persuasão, mas não obriga nem vincula nem mesmo os juízes de Primeiro Grau... A Súmula não é lei e não pode ter força vinculante para os demais órgãos de qualquer grau de jurisdição subordinados ao Tribunal. Salvo o Supremo Tribunal Federal, que pode julgar, em tese, ação direta de inconstitucionalidade de lei ou ato normativo federal ou estadual, nenhum outro tribunal pode julgar, em *tese ou previamente*, questões que ainda se encontram em outras instâncias. Sua competência só se afirma no momento em que a causa lhe é aforada. Os tribunais têm competência originária e recursal definida na Constituição... Parece claro que o Regimento (de que faz parte a Súmula), não pode ter essa força impositiva. Só a lei".[12]

10. Kelly, Prado, "Súmula I", in *Enciclopédia Saraiva*, p. 315.

11. Ob. e loc. cits., p. 295.

12. Silva, Evandro Lins e, "A questão do efeito vinculante", in *Revista do Conselho Federal da OAB*, n. 61, p. 54.

2.4 Também quanto aos direitos fundamentais do indivíduo haverá repercussões pela introdução do instituto da "súmula vinculante", se for o caso ou se a tanto se chegar.

A Constituição da República expressa como um dos direitos fundamentais individuais e coletivos o da jurisdição.

Nem é esse, aliás, um direito reconhecido apenas no Direito interno.

O art. 10, da Declaração dos Direitos do Homem, afirmada pela ONU, em 1948, estabelece: "Toda pessoa tem direito, em plena igualdade, a que a sua causa seja ouvida eqüitativamente e publicamente por um tribunal independente e imparcial, que decidirá seja de seus direitos e obrigações, seja da legitimidade de toda acusação em matéria penal dirigida contra ela".

O art. 5º, da Constituição da República dispõe que "a lei não excluirá da *apreciação* do Poder Judiciário lesão ou ameaça a direito" (inciso XXXV); "aos litigantes, em processo judicial ou administrativo, e aos acusados em geral são assegurados o contraditório e ampla defesa, com os meios e recursos a ela inerentes" (inciso LV).

A apreciação da lesão ou ameaça a direito alegado pela pessoa e encaminhada ao Poder Judiciário não se aperfeiçoa pela única repetição de uma decisão, independentemente do exame e julgamento de razões e fundamentos alegados pela parte. A *apreciação* não é mera referência constitucional, é direito fundamental individual e coletivo. E se sobrevier a "súmula vinculante" ao magistrado estará vedada a *apreciação* no sentido largo previsto constitucionalmente, pois independentemente do quanto ele aprecie, segundo tal apreciação não poderá ele, livremente, emitir qualquer julgamento quando destoe a sua conclusão do quanto sumulado.

Note-se que a independência do magistrado, posto na base do sistema constitucional adotado, encontra o seu fundamento mais nobre no direito fundamental do acesso à Justiça constitucionalmente assegurado. Tolhido aquele, restrito estará esse. Compatível com o preceito do art. 60, § 4º, IV, da Constituição essa definição assim feita?

Poder-se-ia talvez pretender afirmar que o "efeito vinculante" outorgado, constitucionalmente, à decisão do Supremo Tribunal Federal nas decisões emitidas na Ação Declaratória de Constitucionalidade e tido como válido por esse mesmo Tribunal é um antecedente da "súmula vinculante".

Assim não me parece, porque a competência para o julgamento da matéria constitucional em abstrato (quer pela ação direta de inconstitucionalidade, quer pela ação declaratória de constitucionalidade) é exclusivamente outorgada (e a primeira o foi pelo próprio constituinte originário de 87/88) ao Supremo Tribunal Federal. Não se altera competência dos demais magistrados, nem eles se acham tolhidos, porque não há norma criada, como se o teria com a "súmula vinculante", mas uma decisão judicial em matéria de competência exclusiva do próprio Tribunal. A ele compete "precipuamente a guarda da Constituiçao", na forma ditada no art. 102.

Não há confusão, na natureza, entre o efeito vinculante "para os demais órgãos do Poder Judiciário" dado à decisão exarada na Ação Declaratória de Constitucionalidade e a "súmula vinculante", que agora se pretende instituir.

3. Tem-se afirmado, freqüentemente, que a "súmula vinculante" é uma alternativa para "a crise do Poder Judiciário". O que aqui se apelida "a crise" é, basicamente, o excesso de processos que se amontoam principalmente nos Tribunais Superiores e impedem o julgamento constitucionalmente garantido a todos. De resto, na pletora de processos que são conduzidos às instâncias superiores, e na estrutura por elas ostentada e com a qual não conseguem fazer face à demanda social, não se tem, efetivamente, o cumprimento daquele direito constitucional a que a lesão e ameaça a direitos sejam apreciadas pelo Poder Judiciário. Acaba-se por não se ter apreciação nesses casos, mas decisão que se impõe e que, ainda assim, pela mora em sua emissão, compromete o sentido da Justiça desejada e a confiança e respeito às instituições.

A questão da validade, inclusive operacional e não apenas jurídica, da "súmula vinculante" passa por uma indagação prévia, a saber, a "súmula vinculante", tal como se contém na Proposta ora em questão, é uma solução válida, eficaz e eficiente para o problema do excesso de serviço dos Tribunais Superiores? Principalmente, se o for, a "súmula vinculante" é a única alternativa para aquele problema? E, supondo-se que a primeira resposta venha a ser positiva, de sua adoção não podem advir outros e mais graves problemas, como o do cerceamento do direito do indivíduo de ter acesso à Justiça?

a) Quanto à primeira indagação, como antes já afirmado, não se tem como certo seja a "súmula vinculante" uma resposta definitiva à questão do excesso de serviço.

Não representa "solução" para problema de "excesso de serviço" extinguir-se o serviço para aqueles que o pleiteiam...

De resto, mister é que se enfatizem dois pontos que têm sido reiterados em nossa história: o primeiro, é aquele que demonstra que sempre que cresce a cidadania ou estendem-se os direitos do cidadão (e o direito de se ter assegurado o acesso à Justiça é uma demonstração da vitalidade da cidadania) no Brasil, e sempre que isso acarreta uma maior efetividade da busca pelo direito, inclusive, o que se busca primeiro é restringir-se esse exercício, ao invés de se ampliarem as possibilidades de prestação do serviço jurisdicional pelo Estado.

Tem sido um triste ponto repetido em nossa história que sempre que cresce a cidadania e isso implica desempenho igualmente maior por parte do Estado, ao invés de repensar-se o Estado em sua forma de atuação, de modo a alargá-lo para atender à demanda social, procura-se, sempre, manter-se a mesma estrutura do Estado e (para fazer face à "crise" provocada pelo aumento da demanda) diminuir-se o cidadão.

Isso não é solução de crise. Isso é extermínio de direitos.

O cidadão brasileiro vai muito pouco a juízo.

Quem abusa dos meios de indagação judicial e de pleitos repetidos não é o cidadão, mas o próprio Estado. É a ele que se deve dirigir a solução, é contra os excessos não de demanda do Poder Judiciário, mas de pedidos e recursos do Poder Executivo especialmente que se tem que orientar.

A "súmula vinculante" constrange mais o cidadão que a própria entidade pública, pois este, mesmo que se veja impedido de questionar a decisão judicial, pode praticar novos atos com outra roupagem que venham a ter que ser objeto de demanda judicial.

Daí porque, à primeira indagação, é de se responder negativamente. Não é a "súmula vinculante" uma resposta eficaz socialmente para a denominada "crise (do excesso de serviço) do Poder Judiciário" para os brasileiros, mas uma amputação de possibilidades judiciais que se deve voltar, direta e objetivamente, ao próprio Poder do Estado.

b) À segunda questão — e sobre não ser a "súmula vinculante" uma garantida solução para o excesso de serviço — é de se verificar se ela seria "a única solução" havida para a questão.

É de se trazer a voz do próprio autor da súmula da jurisprudência predominante, Ministro Victor Nunes Leal, quando verberava, candente, que "... a missão relevantíssima que ao STF incumbe, para dar maior agilidade e desafogo ao seu serviço, não se esgota nas normas que venha a receber, passivamente, do Congresso. Nem isso é hoje necessário... Não cabe, aqui, sequer, a enumeração de algumas providências que, tomadas por ele, teriam imediata difusão sobre toda a estrutura judiciária. Recorde-se, contudo, além da computação eletrônica... a urgente necessidade de manter sempre atualizado um índice dos temas jurídicos pendentes no STF. Por ele, seu Presidente e os Presidentes das Turmas poderão, com os demais Ministros, programar as pautas das sessões. E assim se conseguiria muito maior produtividade, qualitativa e quantitativamente, pela proximidade do julgamento de temas congêneres.

"A retomada da atualização da 'Súmula' é outra tarefa inadiável para a qual... me aventuro a proclamar..." [13]

No último decênio não houve, no Supremo Tribunal Federal, atualização das súmulas da jurisprudência predominante. Por que, então, se chegar diretamente à "súmula vinculante"?

Ademais, a solução da denominada "crise (por excesso de serviço) do Poder Judiciário" não se inicia, nem termina nos Tribunais Superiores, únicos dotados de competência, segundo a Proposta de emenda constitucional, para editar a "súmula vinculante".

O Poder Judiciário tem o seu papel mais intenso nas instâncias inferiores e a "súmula vinculante" configura para esses apenas um "cabresto normativo", que não impede que o juiz tenha que atuar, ainda que apenas como um repetidor de decisão alheia.

b.2) Principalmente, é de se observar que, para se chegar à solução das repetições de ações que se acumulam nos Tribunais Superiores e que têm como principal provocador o Estado, a hipótese seria de se revogar Decreto expedido ainda no Governo Médici (Decreto n. 73.529, de 21 de

13. Ob. e loc. cits., p. 299.

janeiro de 1974), pelo qual se obrigou a entidade pública a não estender a outros casos pendentes de decisão administrativa o que judicialmente tinha sido julgado quanto a um interessado, e modificar-se a definição processual de coisa julgada, por meio de norma infraconstitucional, pela introdução de um parágrafo ao art. 468, do Código de Processo Civil, pelo qual se defina que a decisão judicial tem força de lei extensiva aos demais casos em que seja parte a pessoa jurídica que componha Administração Pública Direta ou Indireta da União, dos Estados, do Distrito Federal e dos Municípios, para a qual já tenha o Poder Judiciário decidido, terminativamente, a matéria e deliberado sobre os fundamentos apresentados.

Note-se que tal norma atingiria inclusive os atos do Poder Público emanados do Poder Legislativo de qualquer das entidades, quando fossem eles exarados no exercício de função administrativa, o que está sendo deixado ressalvado de controle judicial pela Proposta de Emenda Constitucional quanto às "súmulas vinculantes".

b.3) O aumento do número de magistrados nos Tribunais Superiores, exceção feita exclusivamente ao Supremo Tribunal Federal, por sua competência de "guarda da Constituição", o que demanda uma unidade difícil de se chegar com número muito grande de juristas, é uma alternativa para a maior eficiência do serviço judicial.

A manutenção de um número de magistrados, nos órgãos colegiados, inferior ao que faria face à demanda, é um embaraço para a presteza maior do serviço judicial. O aumento desse número como uma, conquanto não, evidentemente, única, alternativa para a celeridade do serviço judicial faz-se necessária e teria que ser adotada, antes de se partir para solução como a da "súmula vinculante".

b.4) A especialização de varas e turmas nas diferentes instâncias e órgãos do Poder Judiciário impõe-se também e pode conduzir a um melhor aproveitamento e eficiência dos magistrados.

A gama de disciplinas e matérias cuidadas pelo Direito, na atualidade, impede que alguém possa ter igual agilidade intelectual e profissional em qualquer tema submetido a seu juízo, mormente na qualidade de julgador de uma causa, o que importa em solução de problemas de vidas humanas.

Assim, quanto mais afeito em profundidade no tema trazido a seu conhecimento, mais o magistrado poderá entrever melhores e mais rápidos resultados em seu compromisso judicial.

b.5) A criação dos juizados especiais, e o seu aprimoramento à medida que a experiência for demonstrando os pontos de aperfeiçoamento é uma das alternativas a se apegar.

b.6) A diminuição dos períodos de férias forenses ou o revezamento de turmas, câmaras e juízes nesses períodos, com competência para dar seguimento contínuo ao serviço judicial, impõe-se, igualmente, como uma das alternativas para a rapidez das soluções.

O serviço público tem na continuidade de sua prestação uma de suas características predominantes.

A jurisdição é o único serviço público que tem o seu aparelho estatal paralisado durante um período longo — sessenta dias no ano —, o que é causa de morosidade.

Sessenta dias sem audiência — ressalvados os casos especiais definidos legalmente — modifica a natureza e os efeitos da prestação judicial iniludivelmente.

b.7) Finalmente, muito há a fazer, ainda, na legislação processual brasileira, que perdeu a sua finalidade de modo de fazer para dar segurança jurídica e passou a se configurar em modo de criar a insegurança jurídica, tantos e tamanhos os seus meandros e melindres a que pode conduzir em sua aplicação.

IV — Conclusão

A "crise do Poder Judiciário" tem muito pouco de atual. E a ninguém é dado pensar que ela começa e termina no "excesso de serviço judicial", conquanto esse seja um ponto de inegável problema para a eficiente prestação da jurisdição.

A adoção de "súmula vinculante" rompe a tradição constitucional republicana brasileira, princípios constitucionais atuais brasileiros, tolhe direitos dos cidadãos, compromete o princípio da legitimidade democrática e o princípio da separação de poderes, segundo o modelo adotado na Lei Fundamental da República, afronta o princípio da independência do juiz, sem o qual o direito fundamental à jurisdição vê-se restringido e não é dado como certo para a correção de rumos na eficiente e tempestiva prestação jurisdicional que é buscada.

O Poder Judiciário é, hoje, o baluarte das garantias constitucionais fundamentais. Sem o juiz ao qual se confiar a garantia contra as lesões e ameaças praticadas todos os direitos são ilusões legais.

Tanto quanto ao cidadão, a "súmula vinculante" compromete, enrijece e tolhe o próprio Poder Judiciário, tomado na inteireza de sua composição. O momento é de crescimento responsável do Poder Judiciário, não de seu tolhimento. O momento é de cidadania, não de mordaça. A Justiça, tenho dito, fala pelo juiz. Calar o magistrado silencia o homem. O bom juiz, disse antes, mal abre a voz, a Justiça fala. A "súmula vinculante" é, no Direito, o "silêncio obsequioso" imposto nas religiões sem democracia. E o momento não é dos mudos. A palavra é a senha do Direito. O silêncio, a sua morte.

DOUTRINA

MEDIDAS CAUTELARES E MEDIDAS ANTECIPATÓRIAS: TÉCNICAS DIFERENTES, FUNÇÃO CONSTITUCIONAL SEMELHANTE

TEORI ALBINO ZAVASCKI

Juiz do TRF-4ª Região e Professor de Processo Civil na UFRGS

1. Poder geral de cautela e medidas antecipatórias. 2. Antecipação da tutela após a reforma processual de 1994. 3. Função constitucional: o elemento de identidade entre cautela e antecipação. 4. Os fenômenos de tensão entre segurança e efetividade 5. A tutela provisória (cautelar e antecipatória) como instrumento de harmonização de direitos fundamentais em conflito. 6. Cautelar é garantia, antecipação é satisfação. 7. Antecipa-se a eficácia social, não a jurídico-formal. 8. Relação de pertinência entre tutela definitiva e medida antecipatória. 9. Ordens de abstenção: cautelares ou antecipatórias? 10. Conclusões.

1. Poder geral de cautela e medidas antecipatórias

Na estruturação do Código de Processo Civil brasileiro de 1973, ficou reservado Livro próprio para o "Processo Cautelar" e nele o legislador, além de disciplinar diversos procedimentos especiais — alguns, inclusive, sem natureza genuinamente cautelar — atribuiu ao juiz o que se convencionou denominar poder geral de cautela, ou seja, o poder de "determinar as medidas provisórias que julgar adequadas quando houver fundado receio de que uma parte, antes do julgamento da lide, cause ao direito da outra lesão grave e de difícil reparação" (art. 798 do CPC). A interpretação desse instituto sempre foi controvertida na doutrina, especialmente no que respeita ao alcance e conteúdo das tais "medidas provisórias adequadas". No cerne da polêmica situou-se a questão de se saber se essas medidas eram apenas consistentes de garantias ou se, ao revés, poderiam comportar também providências que representassem a própria antecipação do direito material afirmado pelo interessado. Enfim: questionou-se largamente sobre a legitimidade ou não, no âmbito do processo cautelar, das chamadas *medidas cautelares satisfativas*.

Várias correntes de opinião se formaram a respeito. Houve quem sustentasse, como Galeno Lacerda, que "no exercício desse imenso e indeterminado poder de ordenar 'as medidas provisórias que julgar adequadas' para evitar dano à parte[1] pode-

1. Galeno Lacerda, *Comentários ao Código de Processo Civil*, Rio de Janeiro, Forense, 3ª ed., 1987, vol. VIII, tomo I, p. 135.

ria o juiz inclusive antecipar provisoriamente a própria prestação jurisdicional objeto da ação de conhecimento, espécie de cautela essa que, em seu entender, está compreendida na finalidade do processo cautelar: "A finalidade do processo cautelar consiste em obter segurança que torne útil e possível a prestação jurisdicional de conhecimento e de execução. Nesta perspectiva, três necessidades podem surgir: a de garantir-se a prova, a de assegurar-se a execução quanto aos bens e a de outorgar-se desde logo a antecipação provisória".[2] Nessa última espécie estaria abrangida "grande parte das cautelares inominadas",[3] campo em que "essa antecipação se estende em dimensões notáveis, praticamente a todos os setores do direito."[4]

Em linha oposta situaram-se os que, como Humberto Theodoro Júnior, consideram bem mais limitado o poder geral de cautela. Para ele, "a melhor doutrina não mais reconhece à tutela cautelar o caráter de antecipação provisória da satisfação do direito material".[5] As liminares antecipatórias, que já apresentam "decisão satisfativa do direito, embora precária", previstas em certos procedimentos especiais (interditos possessórios, mandado de segurança), não têm natureza cautelar. Com as medidas cautelares, isto, de antecipar a entrega da prestação de direito, "jamais ocorrerá, pois são neutras diante do resultado do processo principal".[6] No seu entender, o poder geral de cautela teria a seguinte conformação: "Seu fito é apenas garantir a utilidade e eficácia da futura prestação jurisdicional satisfativa. Não pode, nem deve, a medida cautelar antecipar a decisão sobre o direito material, pois não é da sua natureza autorizar uma espécie de execução provisória".[7]

Posição intermediária foi defendida por J. J. Calmon de Passos: "O que se perquire é a possibilidade de o juiz, no silêncio da lei, antecipar a tutela, por conseguinte criar liminares não expressamente autorizadas pelo legislador. Contra isso me oponho. A liminar é uma antecipação de tutela e só o legislador pode deferi-la, em nosso sistema. A cautelar é um expediente técnico assegurador da futura tutela. E só a isso o juiz está autorizado. Indaga-se: entretanto, como fazer, se para resguardar o resultado útil do processo outro expediente inexiste fora da antecipação da própria tutela, ainda que em caráter provisório? Nestas circunstâncias, responde-se, a antecipação (liminar) é a própria cautela, identificando-se ambas. E assim, a antecipação estaria autorizada, por força de sua função cautelar".[8]

Ao admitir, como admite, que o poder geral de cautela compreende, excepcionalmente, também o de antecipar a própria tutela de mérito quando inexistente outra medida apta a garantir o resultado útil do processo, Calmon de Passos, nesse ponto, parece aproximar-se mais de Galeno Lacerda do que de Theodoro Júnior. Também para Galeno Lacerda, as cautelares inominadas, notadamente as antecipatórias — que, no seu entender, têm natureza discricionária— não podem ser concedidas arbitrariamente. "Discrição não significa arbitrariedade, mas liberdade de escolha e de determinação dentro dos limites da lei", sustenta ele.[9] E acrescenta: "se discrição se traduz na liberdade de escolha dentro da finalidade legal, não significa, porém, arbítrio subjetivo, deformador do justo e exato valor objetivo dos fatos submetidos

2. Ob. cit., pp. 15-16.
3. Ob. cit., p. 15.
4. Ob. cit., p. 17.
5. Humberto Theodoro Jr., *Processo Cautelar*, São Paulo, Ed. Universitária de Direito, 11ª ed., 1989, p. 65.
6. Ob. cit., p. 67.
7. Ob. cit., p. 109.
8. J. J. Calmon de Passos, *Comentários ao Código de Processo Civil*, São Paulo, Ed. RT, 1984, p. 112.
9. Ob. cit., p. 138.

à apreciação do agente público, juiz ou administrador. Não há liberdade para estes, quanto ao dever de descobrir e definir a melhor solução imposta pelos fatos, dentro do critério genérico legal".[10] Para Galeno Lacerda "o poder genérico e inominado não cabe se existirem no ordenamento jurídico outros meios típicos de tutela, previstos para a espécie",[11] e, *mutatis mutandis*, essa opinião coincide com a de Calmon de Passos, sobre os limites, impostos pelo sistema, à concessão de liminares satisfativas.

Nesta brevíssima síntese das posições doutrinárias sobre o poder geral de cautela é importante que se mencione a opinião de Ovídio A. Baptista da Silva, para quem são substancialmente inconfundíveis as medidas cautelares (que representam, simplesmente, medidas de *segurança para a execução*), e as medidas antecipatórias (medidas de *execução para segurança*). Aquelas são cautelares. Estas, "de cautelares apenas têm o nome e a forma procedimental",[12] o que não significa, entretanto, serem elas ilegítimas. Pelo contrário: "A legitimidade deste tipo de tutela jurisdicional é manifesta, tendo-se em vista a supressão, determinada por nosso direito atual, dos demais instrumentos de sumarização de demandas, tornando o procedimento ordinário a via praticamente exclusiva para a solução de conflitos".[13] E mais: "Se, nestas circunstâncias, indagarmos a respeito da freqüência com que podem ocorrer, em nosso direito, as liminares 'satisfativas-provisionais', ou a respeito de sua natural potencialidade para expandirem-se numericamente, em nossa prática judiciária, a resposta deverá mostrar que não há limites possíveis que impeçam o seu crescimento, dado que, sendo elas apenas e exclusivamente liminares que antecipam a sentença final de procedência, em tese, qualquer demanda que contenha eficácias executiva ou mandamental — ou demandas condenatórias em mandamentais transformadas, como naquelas hipóteses mencionadas há pouco — podem produzir decisões liminares de tipo interdital".[14]

Esta dessintonia doutrinária refletiu-se, como era de se esperar, na jurisprudência. Todavia, o que ocorreu nos Tribunais, de um modo geral, foi a gradual passagem de uma linha de orientação nitidamente radical, de rejeitar medidas cautelares *satisfativas*, para outra exatamente oposta. A ação cautelar passou a ser aceita, não apenas como instrumento para a obtenção de medidas para garantia do resultado útil do processo, mas também para alcançar tutela de mérito que reclamasse solução urgente. Esse movimento pendular acompanhou, aliás, um movimento mais amplo, sentido também em outros países com sistema semelhante ao nosso, de expansão da tutela provisória. Na onda expansiva, vieram abusos, como, por exemplo, o da concessão de liminares, mais que satisfativas, irreversíveis, cuja execução inviabilizava o retorno da situação fática ao estado anterior, comprometendo irremediavelmente a garantia do contraditório e da defesa, bem como, obviamente, a efetividade prática de eventual sucesso do réu na sentença final.

Preocupado com o fenômeno, que atingiu especialmente as entidades da administração pública, o legislador buscou alternativas para contê-lo em padrões razoáveis, e para isso editou várias normas limitadoras da tutela provisória *satisfativa*, proibindo-a em certos casos e, em outros, submetendo sua concessão a requisitos mínimos de contraditório. Exemplos signifi-

10. Ob. cit., p. 139.
11. Ob. cit., p. 159.
12. Ovídio A. Baptista da Silva, *Curso de Processo Civil*, Porto Alegre, Sérgio Antonio Fabris Editor, 1993, vol. III, p. 17.
13. Ob. cit., p. 60.
14. Ob. cit., p. 67.

cativos de preceitos com essa finalidade são os da Lei n. 8.437, de 30.6.92, que "dispõe sobre a concessão de medidas cautelares contra atos do Poder Público". Ao assim proceder, ou seja, ao impor limites à sua concessão, o legislador, implicitamente, acabou por reconhecer a possibilidade, ainda que restrita, de medidas antecipatórias no âmbito do poder cautelar geral.

2. *Antecipação da tutela após a reforma processual de 1994*

Nesse contexto sobreveio a reforma processual de 1994: dando nova redação ao art. 273 do Código de Processo Civil, o legislador consagrou a possibilidade de o juiz, atendidos certos requisitos, antecipar, em qualquer processo de conhecimento, os efeitos da tutela definitiva de mérito. Essa mudança, generalizando a concessão da tutela antecipatória, teve relevantes conseqüências não apenas no campo do processo cautelar, mas também no de conhecimento e no de execução, conseqüências muito mais profundas do que à primeira vista pode parecer. A orientação do legislador foi clara: admitiu explicitamente a possibilidade de concessão de medidas de antecipação do próprio direito material afirmado pelo autor, mas deu a tal espécie de tutela uma disciplina processual e procedimental própria, diversa da prevista para as medidas cautelares.

Assim, após a reforma, já não se pode mais questionar da legitimidade de *medidas provisórias satisfativas*, providência cabível, agora, em qualquer ação de conhecimento. No entanto, sua concessão está sujeita a regime próprio, inconfundível e em alguns aspectos mais rigoroso que o das medidas cautelares, a saber: a) a antecipação da tutela se dá, invariavelmente, na própria ação de conhecimento, mediante decisão interlocutória, enquanto as medidas cautelares continuam sujeitas à ação própria, disciplinada no Livro do Processo Cautelar, b) a antecipação da tutela está sujeita a pressupostos e requisitos próprios, estabelecidos pelo art. 273 do CPC, substancialmente diferentes dos previstos no art. 798 do CPC, aplicável este apenas às medidas genuinamente cautelares. Inconcebível, desde então (salvo expressa lei autorizadora, como é o caso do art. 852 do CPC), pensar-se em antecipação da tutela como pretensão apta a ser deduzida em ação autônoma, ainda que *preparatória* a uma *ação principal*.

O que se operou, inquestionavelmente, foi a *purificação* do processo cautelar, que assim readquiriu sua finalidade clássica: a de instrumento para obtenção de medidas adequadas a tutelar o direito, sem satisfazê-lo. Todas as demais medidas assecurativas, que constituam satisfação antecipada de efeitos da tutela de mérito, já não caberão em ação cautelar, podendo ser, ou melhor, *devendo* ser reclamadas na própria ação de conhecimento, exceto nos casos, raros, em que a lei expressamente prevê ação autônoma com tal finalidade, como, *v.g.*, nos alimentos provisionais (CPC, art. 852). Postulá-las em ação cautelar, onde os requisitos para a concessão da tutela são menos rigorosos, significará fraudar o art. 273 do CPC, que, para satisfazer antecipadamente, supõe cognição em nível mais aprofundado, pois exige verossimilhança construída sobre *prova inequívoca*.

Bem se vê, com isso, que a inovação introduzida no sistema não eliminou o significado da distinção entre medidas cautelares e medidas antecipatórias. Pelo contrário: o tema ganhou absoluta atualidade. Antes da reforma do Código, a pergunta que se fazia era se as medidas antecipatórias podiam ser consideradas medidas cautelares e, assim, ser incluídas no poder geral de cautela do art. 798 do CPC. Depois da reforma, a indagação cabível é outra: a de como identificar as medidas sujeitas ao regime do processo cautelar e as subordinadas ao regime do art. 273. O antigo questionamento continua aceso, portanto, deslocado tão-somente seu enfoque: a razão de distingui-las, está em que cada uma das espécies de tutela provisória tem regime próprio, inconfundível e, por assim dizer, "infungível", insuscetível de substituição pelo regime da outra.

3. *Função constitucional: o elemento de identidade entre cautela e antecipação*

No direito brasileiro, o poder que tem o juiz de conceder medidas provisórias (o "poder geral de cautela", ou "poder geral acautelatório", nele incluídas medidas cautelares e antecipatórias) tem sua origem, sua fonte de legitimidade e seu âmbito de eficácia demarcado diretamente pela Constituição. É, em suma, um fenômeno de estatura constitucional e não simplesmente legal. Em nosso direito, caracterizado pela supremacia da Constituição e pela viabilidade ampla de controle difuso dessa supremacia, todo e qualquer preceito normativo sofre inafastável relação de coordenação e de subordinação para com os preceitos constitucionalizados. É a Constituição que dá unidade ao sistema, que estabelece seus princípios básicos, que fixa as diretrizes e os limites do conteúdo da legislação ordinária.

Essa advertência é especialmente relevante quando se está em face de instituto jurídico que o legislador ordinário importou do direito estrangeiro, ou nele se inspirou para criá-lo. Também nesse caso, a nova ordem legislativa deve receber interpretação e aplicação tais que a ponha em harmonia com os princípios da Constituição, de modo que passe a representar a mais fiel concretização dos valores constitucionais. Daí resulta que nem sempre o instituto jurídico importado tem, aqui, conformação semelhante à que tem no sistema de origem, pois o que dá a ele seu exato contorno é o sistema constitucional em que se acha inserido.

Veja-se, a propósito, o que ocorre com o já mencionado artigo 798 do CPC, com base no qual, vale repetir, o juiz está autorizado a "determinar as medidas provisórias que julgar adequadas quando houver fundado receio de que uma parte, antes do julgamento da lide, cause ao direito da outra lesão grave e de difícil reparação". Trata-se de dispositivo processual praticamente idêntico ao do art. 700 do "Códice de Procedura Civile" italiano, sua fonte inspiradora, segundo o qual "Fuori dei casi regolati nelle precedenti sezioni di questo capo, chi ha fondato motivo de temere che durante il tempo occorrente per far valere il suo diritto in via ordinária, questo sia minacciato da um pregiudizio imminente e irreparabile, può chiedere con ricorso al giudice i provvedimenti d'urgenza, che appaiono, secondo le circonstanze, piu idonei ad assicurare provvisoriamente gli effetti della decisionel sul mérito". Interpretados em sua estrita literalidade, isolados do respectivo sistema constitucional, os dois dispositivos deveriam conduzir o intérprete a retirar deles resultados semelhantes, a saber: tanto no Brasil, como na Itália está o Juiz investido de poderes que lhe facultam larga margem de atuação na seara das medidas provisórias.

Não é assim, contudo, segundo opinião de respeitável doutrina italiana. Escrevendo sobre o processo cautelar na Itália, após a reforma operada em 1990 no direito italiano, e comparando-o com o sistema brasileiro, Giovanni Verde deixou claro que em seu País "ancora oggi non esiste un potere cautelare generali dei giudici"[15] e isso em virtude dos empecilhos de ordem sistemática e ideológica existentes na Itália à outorga de tão amplos poderes ao Juiz, o que não ocorre no Brasil, onde o sistema constitucional, inspirado no direito norte-americano, confere aos juízes inclusive

15. Giovanni Verde, "Il Processo Cautelare (Osservazioni saparse sui Codici di Procedura in Itália e in Brasile)", *Revista de Processo* n. 79, 1995, p. 37.

poderes para deixar de aplicar lei que considere incompatível com a Constituição. "Di conseguenza, potremo ritenere che mentre in Itália si è fatta sentire e continua a farsi sentire l'influenza dell'idealismo quale si esprime nel primato della lege (che ingloba in sè la giustizia), nel Brazile si è accettata como naturale l'idea che il parâmetro irrinunciabile al quale deve essere rapportato l'ordinamento, e quindi anche la legge, resta la giustizia. Sul piano concreto la diferenza è immediatamente percepibile".[16]

Portanto, insista-se: é imprescindível que os institutos de direito processual, ainda quando tenham semelhança com os do direito estrangeiro, recebam aqui, não necessariamente as vestes que a doutrina e a jurisprudência estrangeira lhes dão, mas a roupagem própria e adequada ao nosso sistema constitucional. É preciso que as leis processuais sejam compreendidas, interpretadas e aplicadas segundo os princípios constitucionais aos quais servem e para cuja efetivação exercem função concretizadora.

E com esta justificação preliminar, examinemos o tema proposto, ou seja, a fundamentação constitucional das medidas cautelares e das medidas antecipatórias, que, por ser comum às duas, constitui o mais relevante ponto de identidade entre essas espécies de providências jurisdicionais.

Freqüentemente se afirma que a tutela cautelar, e, por certo, também a antecipatória, é espécie de tutela *preventiva*, cuja matriz constitucional estaria no inciso XXXV do art. 5º da Carta, que assegura proteção jurisdicional não apenas em caso de lesão, mas também em caso de *ameaça* a direito. Esta, porém, não é justificação suficiente, até porque, no regime constitucional anterior, a cláusula que garantia a inafastabilidade de acesso ao Judiciário não continha referência à hipótese de *ameaça* (art. 163, § 4º, da Constituição de 1969) e nem por isso se poderia duvidar da legitimidade constitucional da tutela cautelar. Na verdade, a tutela *preventiva* assegurada pela Constituição, é tutela *definitiva* (isto é, formada à base de cognição exauriente e apta a produzir coisa julgada material, ou seja, semelhante à tutela conferida para o caso de direito já lesado) e não *provisória*, como o é a tutela cautelar e a antecipatória. Diferentemente dessas, a tutela preventiva, como enfatizou Barbosa Moreira, "visa proteger de maneira direta a situação material em si, razão porque a providência judicial descansará no prévio acertamento do direito (lato sensu) e jamais assumirá feição de provisoriedade, nem podendo qualificar-se de instrumental senão no sentido genérico em que o é todo o processo, mas apresentando em qualquer caso caráter definitivo — ou, se quisermos usar uma linguagem tipicamente carneluttiana, 'satisfativo'".[17]

Na verdade, a função jurisdicional acautelatória — chamemo-la assim para englobar as várias espécies de tutela provisória — justifica-se constitucionalmente como mecanismo de concretização e de harmonização de direitos fundamentais em conflito. Sua origem, sua importância, sua indispensabilidade, sua legitimidade enfim, decorrem, não de um ou outro dispositivo específico, e sim do próprio sistema constitucional organicamente considerado, conforme já sustentamos em outros estudos,[18] por fundamentos a seguir sintetizados.

16. Ob. cit., p. 40.

17. José Carlos Barbosa Moreira, "Tutela Sancionatória e Tutela Preventiva", in *Temas de Direito Processual — 2ª série*, São Paulo, Saraiva, 1980, p. 25.

18. Teori Albino Zavascki, "Restrições à concessão de liminares", *RT*, vol. 718, p. 54, *Revista Jurídica*, n. 125, p. 28, *Revista de Informação Legislativa*, n. 125, p. 125. "Antecipação da Tutela e Colisão de Direitos Fundamentais", *Ajuris*, n. 64, p. 395.

4. *Os fenômenos de tensão entre segurança e efetividade*

A Constituição, especialmente em seu art. 5º, assegura aos indivíduos, explícita e implicitamente, um significativo conjunto de direitos e garantias fundamentais, que, observados abstratamente em sua sede normativa, guardam entre si perfeita compatibilidade, estando todos igualmente aptos a receber aplicação a mais plena e eficaz. Todos os direitos constitucionais, sem exceção, devem ser respeitados e cumpridos, de modo a que produzam integralmente os seus efeitos, mesmo porque têm aplicação imediata por expressa determinação da Carta Política (§ 1º do art. 5º). Embora pareça por demais óbvio isso que se acabou de dizer, o certo é que, na prática, o atendimento absoluto e simultâneo das garantias constitucionais nem sempre é possível. Figurem-se, como exemplo, as freqüentes dificuldades — e, não raro, a impossibilidade mesmo — de assegurar-se convivência plena e *simultânea* entre o direito à intimidade da vida privada e o direito à liberdade de informação jornalística, ou da proibição de censura com o direito à qualidade da educação, e assim por diante. Esses são apenas exemplos dos muitos possíveis *fenômenos de tensão* entre direitos fundamentais, dos quais se originam as chamadas *colisões de direitos* ou *conflitos de direitos*.[19]

A concordância prática entre direitos fundamentais eventualmente tensionados entre si é obtida mediante regras de conformação oriundas de duas fontes produtoras: há a regra criada pela via da legislação ordinária e há a regra criada pela via judicial direta, no julgamento de casos específicos de conflito. A primeira (solução pela *via legislativa*) pode ocorrer sempre que forem previsíveis os fenômenos de tensão e de conflito, sempre que for possível intuí-los, à vista do que comumente ocorre no mundo dos fatos. Quanto à construção de regra pela *via judicial* direta, ela se tornará necessária em duas hipóteses: ou quando inexistir regra legislada de solução, ou quando esta (construída que foi à base de *mera intuição*) se mostrar insuficiente ou inadequada à solução do conflito concretizado, que não raro se apresenta com características diferentes das que foram imaginadas pelo legislador. Em qualquer caso, considerada a inexistência de hierarquia, no plano normativo, entre os direitos fundamentais conflitantes, a solução do impasse há de ser estabelecida mediante a devida ponderação dos bens e valores concretamente tensionados, de modo a que se identifique uma *relação específica de prevalência* de um deles.

Ora, no rol dos direitos fundamentais, a Constituição Federal, como se sabe, elencou número bem representativo de direitos fundamentais em beneficio de quantos têm necessidade de litigar em juízo, direitos esses que constituem cláusulas do que genericamente se denomina *devido processo legal*, e que podem ser agrupados em dois grandes conjuntos: primeiro, o conjunto de direitos fundamentais identificados, globalmente, como *direito à efetividade da jurisdição*; depois, os direitos formadores do conjunto que poderia denominar-se *direito à segurança jurídica*.

O direito à efetividade da jurisdição — que se denomina também, genericamente, *direito de acesso à justiça* ou *direito à ordem jurídica justa* — consiste no direito de provocar a atuação do Estado, detentor do monopólio da função jurisdicional, no sentido de obter, em prazo adequado, não apenas uma decisão justa, mas uma decisão *com potencial de atuar eficazmente no plano dos fatos*.

Por outro lado, é da Constituição que "ninguém será privado da liberdade ou de

19. Sobre o tema: J. J. Gomes Canotilho, *Direito Constitucional*, 5ª ed. Coimbra, Almedina, 1992, p. 657; Karl Larenz, *Metodologia da Ciência do Direito*, 2ª ed., Lisboa, Fundação Calouste Gulbenkian, pp. 413 e 490.

seus bens sem o devido processo legal" (art. 5º, LIV), como tal entendido o processo que assegura aos litigantes "o contraditório e ampla defesa, com os meios e recursos a ela inerentes" (inc. LV). Nesse conjunto de garantias está inserido o *direito à segurança jurídica*, de cuja densidade se pode extrair que não apenas a liberdade, mas também os bens em sentido amplo (inclusive, pois, os direitos subjetivos de qualquer espécie) hão de permanecer sob a disposição de quem os detém e deles se considera titular, até que se esgote o devido processo legal. É, pois, direito constitucional do demandado (como o é, também, do litigante demandante) o direito à chamada *cognição exauriente*, vale dizer, a que submete as soluções definitivas dos conflitos a procedimentos prévios com possibilidade de contraditório, ampla defesa e interposição de recursos.

Por se tratar de direitos fundamentais de idêntica matriz constitucional, não há hierarquia alguma, no plano normativo, entre o direito à efetividade da jurisdição e o direito à segurança jurídica, pelo que hão de merecer, ambos, do legislador ordinário e do juiz, a mais estrita e fiel observância. Todavia, a exemplo do que se passa em relação a outros direitos fundamentais, também entre esses podem ocorrer, no plano da realidade, fenômenos de tensão. Há, com efeito, um elemento fático especialmente habilitado a desencadeá-los: é o fator *tempo*. O decurso do tempo, todos o sabem, é inevitável para a garantia plena do direito à segurança jurídica, mas é, muitas vezes, incompatível com a efetividade da jurisdição, notadamente quando o risco de perecimento do direito reclama tutela urgente. Sempre que se tiver presente situação dessa natureza — em que o direito à segurança jurídica não puder conviver, harmônica e simultaneamente, com o direito à efetividade da jurisdição — ter-se-á caracterizada hipótese de colisão de direitos fundamentais dos litigantes, a reclamar solução harmonizadora. Ora, a harmonização — porque supõe *pluralidade* de elementos a serem harmonizados — não pode se dar, simplesmente, à custa da eliminação de um dos direitos colidentes. Isto não seria uma solução *harmonizadora* (= conciliadora, congraçadora, conformadora) dos elementos em conflito, mas sim uma solução de *desarmonização*, se assim se pode dizer, pois equivaleria a excluir do sistema jurídico, como se dele não fizesse parte, um dos direitos conflitantes. A solução conformadora deve ocorrer, isto sim, de modo a que *todos* os direitos colidentes sobrevivam, senão de modo absoluto, pelo menos relativizados, tendo-se sempre presente que "o intérprete ou o concretizador da Constituição deve limitar-se a uma tarefa de concordância prática que sacrifique no mínimo necessário ambos os direitos".[20] Conforme observou Giuseppe Tarzia, "il conflito, che definirei brutale, del nostro tempo tra l'esigenza di efficienza e quela di garanzia, ...non si può comporre, evidentemente, con l'eliminazione della giustizia ordinaria o della giustizia sommaria, ma con il contemperamento di quelle due esigenze, all'interno del sistema stesso della giurisdizione provvisoria".[21]

5. *A tutela provisória (cautelar e antecipatória) como instrumento de harmonização de direitos fundamentais em conflito*

Em nosso sistema, como em muitos outros, a fórmula para viabilizar a convivência entre segurança jurídica e efetividade da jurisdição é a da outorga de medidas de caráter provisório, que sejam aptas a superar as situações de risco de pereci-

20. J. J. Gomes Canotilho e Vital Moreira, *Fundamentos da Constituição*, Coimbra Editora, 1991, p. 136.

21. Giuseppe Tarzia, "Considerazioni comparative sulle misure provvisorie nel processo civile", *Rivista di Diritto Processuale*, 1985, p. 252.

mento de qualquer um desses direitos. Em muitos casos, de ocorrência corriqueira e, portanto, previsível, o próprio legislador se encarregou de estabelecer o modo de solucionar o conflito, indicando expressamente a providência que para tanto julgou oportuna. São exemplos disso as situações descritas no CPC de cabimento de arresto, de seqüestro, de busca e apreensão e das demais medidas cautelares típicas. Assim também procedeu o legislador quando disciplinou certos casos específicos de antecipação da tutela, como nas ações possessórias e na de alimentos provisionais. Em todos esses casos, o Poder Legislativo, atuando em plano geral e abstrato, descreveu situações de fato que reclamam tutela imediata e diferenciada e, desde logo, formulou a solução que considerou a mais conveniente para atender a urgência.

Mas a vida oferece, não raro, certas combinações de circunstâncias e acontecimentos que nem a mais fértil imaginação conseguiria prever, o que torna impossível antecipar disciplina por via legislativa. Isso ocorre também em relação às situações de conflito entre efetividade e segurança e para elas não há, nem poderia haver, solução previamente estabelecida. Presente situação fática com tais características, caberá ao Juiz a tarefa de criar topicamente a regra conformadora. Para isso tem arrimo constitucional e, embora desnecessariamente, também autorização expressa da lei processual ordinária. É o que claramente consta nos artigos 798 e 273 do CPC. Utilizando terminologia fluida e de conteúdo genérico ("fundado receio", "lesão grave", "difícil reparação", "dano irreparável", "abuso do direito de defesa", "manifesto propósito protelatório") aqueles dispositivos nada mais fazem senão descrever situações de possível confronto entre efetividade e segurança, abrindo campo para que o juiz formule ele próprio, caso a caso, a solução mais adequada a manter vivos e concretamente eficazes os dois direitos fundamentais. Está aí a via judicial de criação da regra conformadora, convindo anotar que, como parece intuitivo, tal via somente será legítima na inexistência ou na insuficiência de regra legislada. A via legislativa, sempre que houver, é a preferencial e deve ser adotada com exclusão de qualquer outra.[22]

No mister de formular a solução conformadora, tem o juiz à sua disposição duas técnicas distintas, que utilizará segundo a natureza do caso concreto: a cautelar e a antecipatória. Com a primeira, assegura a efetividade do processo por meio de medida de garantia (medida genuinamente cautelar, fundada no art. 798 do CPC); com a outra, assegura essa efetividade mediante a antecipação, total ou parcial, de efeitos executivos da própria tutela definitiva pretendida na inicial (medida antecipatória, disciplinada no art. 273 do CPC).

O que sustentamos, em suma, é que o poder jurisdicional de decretar medidas provisórias cautelares ou antecipatórias, representa, simplesmente, o poder de formular regras de solução para os fenômenos concretos de conflito entre direitos fundamentais que formam o devido processo legal. Trata-se de poder que nasce, não propriamente do art. 5º, inc. XXXV da Constituição, como tutela preventiva, mas do sistema constitucional organicamente considerado: configurados, como inevitavelmente se configuram na realidade prática, fenômenos de colisão entre segurança jurídica e efetividade da jurisdição, tornar-se-á inafastável a necessidade de formular solução harmonizadora, tarefa que, na omissão da lei, deve, por imposição do sistema constitucional, ser assumida necessariamente pelo Juiz. Com efeito, por ser inerente à função de decidir conflitos, é poder que decorre, não da lei, mas diretamente da Constituição. Dele estaria in-

22. Nesse sentido, a doutrina (Galeno Lacerda, ob. cit., p. 159) e a jurisprudência (*RSTJ* 53/1.556).

vestido o Juiz mesmo que não existisse, na legislação ordinária, autorização semelhante a dos artigos 798 e 273 do CPC, até pela singela razão de que "o Juiz não se exime de sentenciar ou despachar alegando lacuna ou obscuridade da lei" (CPC, art. 126).

Conclui-se, do acima exposto, que as medidas antecipatórias e as medidas cautelares têm um objetivo e uma função constitucional comuns: são instrumentos destinados a, mediante a devida harmonização, dar condições de convivência simultânea aos direitos fundamentais da segurança jurídica e da efetividade da jurisdição. E é nesta função instrumental concretizadora que ditas medidas legitimam-se constitucionalmente. Ademais, por constituírem instrumento destinado a atuar em situações de urgência — vale dizer, em situações em que a falta de agilidade da prestação jurisdicional pode levar ao perecimento do direito, nas quais, por isso mesmo impõe-se providência imediata, a ser tomada em tempo menor que o dispendido para a entrega da tutela definitiva — as medidas cautelares e as antecipatórias têm em comum outras características: são formadas à base de cognição sumária (isto é, cognição menos aprofundada, no plano vertical, que a cognição prevista para a tutela definitiva); são precárias (isto é, podem ser revogadas ou modificadas a qualquer tempo, uma vez constatada a modificação do fato, ou de sua prova, caracterizador da situação de urgência) e estão invariavelmente referenciadas a uma pretensão de tutela definitiva.

6. Cautelar é garantia, antecipação é satisfação

Apesar das suas características comuns e da sua identidade quanto à função constitucional que exercem, as medidas cautelares e as antecipatórias são tecnicamente distintas, sendo que a identificação de seus traços distintivos ganha relevo em face à autonomia de regime processual e procedimental que lhes foi atribuída pelo legislador.

Tomando por base o artigo 273 do CPC, podemos definir medida antecipatória como a medida através da qual o juiz antecipa, "total ou parcialmente, os efeitos da tutela pretendida no pedido inicial". Se pudermos identificar, no conjunto das medidas de tutela provisória, as que apresentam essas características, poderemos, ainda que por exclusão, distingui-las das demais, sujeitas ao regime do Processo Cautelar.

Como ponto de partida, convém atentar para as várias espécies de perigo que podem comprometer a efetividade da função jurisdicional. Ao classificar as medidas cautelares (nelas incluídas, na sua linha de orientação, as antecipatórias), Piero Calamandrei as dividiu em quatro grupos: medidas de instrução antecipada, medidas para garantir a execução forçada, medidas de antecipação provisória e, finalmente, medidas de caução processual.[23] Com exceção das do último grupo (cujo exame aqui não interessa, dado que constituem medidas de contracautela), esta é também a classificação adotada, entre nós, por Galeno Lacerda, que as dividiu em medidas de "segurança quanto à prova", "segurança quanto aos bens (execução)" e "segurança mediante antecipação provisória da prestação jurisdicional".[24] Como parâmetro de tal classificação, seus autores tiveram em mente as várias situações de perigo a ser debelado com a medida. Realmente, no dizer de Calamadrei, as providências de segurança da prova (primeiro grupo) são cabíveis "cuando, antes de que el proceso se inicie, existe motivo para te-

23. Piero Calamandrei, *Introducción al Estúdio Sistemático de las Providencias Cautelares*, trad. de Santiago Sentis Melendo, Buenos Aires, Ed. Bibliografica Argentina, 1945, p. 51.

24. Ob. cit., p. 15.

mer que, si la providencia instructoria tardase, sus resultados prodrían ser menos eficaces";[25] já as providências do segundo grupo (segurança para a execução) "sirven para facilitar el resultado práctico de una futura ejecución forçada, impidiendo la dispersión de los bienes que puedan ser objeto de la misma",[26] e no terceiro grupo, estão as providências "mediante las quales se decide interinamente, en espera de que a través del proceso ordinário se perfeccione la decisión definitiva, una relación controvertida, de la indecisión de la qual, si ésta perdurase hasta la emanación de la providencia definitiva, podrían derivar a una de las partes daños irreparables".[27]

Tem-se, destarte, que, as situações de risco à efetividade da prestação da tutela definitiva são essencialmente três. Há situações em que a *certificação* do direito material é que está em risco, já que a prova de sua existência encontra-se ameaçada em face da demora de sua coleta pelos meios ordinários. Nesses casos será urgente *medida para antecipar a produção da prova*, que, todavia, não importa qualquer antecipação de efeitos da futura sentença. Por outro lado, há situações em que o perigo ameaça, não a certificação, mas a futura *execução forçada* do direito certificado, com a dissipação das suas indispensáveis bases materiais. Nestes casos, urgente será *medida para garantir a execução*, o que, igualmente, não significa antecipar efeitos da tutela definitiva. Mas, finalmente, há situações em que a certificação do direito pode não estar sob risco, como podem não estar sob risco de dissipação os bens destinados à execução do direito certificado: o perigo de dano ao direito decorre, unicamente, da demora na sua efetiva fruição. Em casos tais, será *urgente medida para propiciar a própria satisfação do direito afirmado* e tal medida, por certo, representará antecipação de um efeito típico da tutela definitiva, própria da futura sentença de procedência.

Em suma: há casos em que apenas a certificação do direito está em perigo, sem que sua satisfação seja urgente ou que sua execução esteja sob risco; há casos em que o perigo ronda a execução do direito certificado sem que a sua certificação esteja ameaçada ou que sua satisfação seja urgente. Em qualquer de tais hipóteses, garante-se o direito, sem satisfazê-lo. Mas há casos em que, embora nem a certificação e nem a execução estejam em perigo, a satisfação do direito é, todavia, urgente, dado que a demora na fruição constitui, por si, elemento desencadeante de dano grave. Essa última é a situação de urgência legitimadora da medida antecipatória.

7. *Antecipa-se a eficácia social, não a jurídico-formal*

Antecipar, portanto, significa satisfazer, total ou parcialmente, o direito afirmado pelo autor e, sendo assim, não se pode confundir medida antecipatória com antecipação *da sentença*. O que se antecipa não é propriamente a certificação do direito, nem a constituição e tampouco a condenação porventura pretendidas como tutela definitiva. Antecipam-se, isto sim, os efeitos executivos daquela tutela. Em outras palavras: não se antecipa a eficácia jurídico-formal (ou seja, a eficácia declaratória, constitutiva e condenatória) da sentença, antecipa-se a eficácia que a futura sentença pode produzir no campo da realidade dos fatos.

Na linguagem jurídica, quando se fala em eficácia das normas, é possível dar a essa expressão dois sentidos bem distintos.[28] Vista como fenômeno puramente

25. Ob. cit., p. 53.
26. Ob. cit., p. 56.
27. Ob. cit., p. 58.

28. Discorremos sobre o tema in "Eficácia Social da Prestação Jurisdicional", *Revista de Informação Legislativa*, n. 122, p. 291; *Revista Trimestral de Direito Público*, n. 8, p. 107.

normativo, eficácia é a aptidão da norma jurídica para gerar efeitos no mundo jurídico. Nesse sentido, "a eficácia da norma jurídica é a sua incidência" e esta "se passa no mundo dos pensamentos", ensina Pontes de Miranda.[29] "Eficácia jurídica é a que se produz no mundo do direito como decorrência dos fatos jurídicos e não", segundo ele, "a mudança que atua nas relações jurídicas".[30]

Mas há um segundo sentido para a expressão: o que designa a aptidão da norma jurídica para produzir efeitos na realidade social, ou seja, para produzir, concretamente, condutas sociais compatíveis com as determinações constantes do preceito normativo. Aqui, a eficácia é fenômeno que se passa, não no plano puramente formal, mas no mundo dos fatos, e por isso mesmo é denominada eficácia social ou efetividade. Miguel Reale, que definiu eficácia como sendo a "aplicação ou execução da norma jurídica, ou, por outras palavras, é a regra jurídica enquanto conduta humana", sustenta que "o Direito autêntico, não é apenas declarado mas reconhecido, é vivido pela sociedade, como algo que se incorpora e se integra na sua maneira de conduzir-se".[31]

Também a eficácia das sentenças, que são preceitos normativos para conflitos concretizados, permite aquele duplo sentido. Há, nas sentenças, aptidão para produzir efeitos no plano jurídico-formal, como são os efeitos de declarar, constituir, desconstituir, condenar. É a sua eficácia jurídica em sentido estrito. E há nelas aptidão para produzir efeitos na realidade dos fatos, vale dizer, para impor condutas compatíveis com a eficácia jurídica. É a sua eficácia social, a sua efetividade.

Pois bem, conforme antes se afirmou, a medida antecipatória é medida que se destina a atender uma situação de urgência, a afastar um perigo de dano ao direito de alguém, em função da demora da prestação da tutela definitiva. Ora, quando se fala em *urgência*, em *dano*, em *periculum in mora*, está-se falando em *fatos* e não em abstrações. Perigo é fenômeno concreto e não formal. No plano jurídico-formal, ou seja, no mundo dos pensamentos, a eficácia da sentença não se sujeita a perigo algum. A mora jamais será empecilho a que a sentença definitiva produza seus efeitos no plano abstrato. Não há perigo que possa comprometer a tutela jurisdicional no que tange a declarar direitos, ou a constituir e desconstituir relações jurídicas, ou a impor condenações. O perigo, quando existe, diz respeito à eficácia social da sentença, ou seja, à sua aptidão para tornar concreta sua eficácia jurídico-formal. É nesse plano que se instala o *periculum in mora*, e é a eficácia nesse plano, conseqüentemente, a que deve ser antecipada.

Daí a razão de se reafirmar: antecipar efeitos da tutela definitiva não é antecipar a sentença, mas, sim, antecipar os efeitos executivos que a futura sentença poderá produzir no plano social.

8. Relação de pertinência entre tutela definitiva e medida antecipatória

Como elemento próprio e característico da medida antecipatória — e, pois, como requisito negativo da tutela cautelar[32] — identificamos, portanto, este: é medida que se destina a antecipar efeitos da tutela definitiva, ou, mais precisamente, antecipar efeitos que a futura sentença definitiva de procedência poderá produzir no plano concreto.

29. Pontes de Miranda, *Tratado de Direito Privado*, Ed. RT, 4ª ed., tomo I, pp. 16-17.
30. Idem: ob. cit., p. 4
31. Miguel Reale, *Lições Preliminares de Direito*, São Paulo, Saraiva, 7ª ed., 1980, pp. 112-113.

32. Luiz Guilherme Marinoni, *Tutela Cautelar e Tutela Antecipatória*, São Paulo, Ed. RT, 1992, p. 75.

Tutela definitiva é a tutela-padrão prometida pelo Estado, formada no âmbito de um processo contraditório, com garantia de meios adequados de defesa para as partes, e coberta, ao final, pela marca da coisa julgada. Tutela definitiva é, pois, tutela imutável, apta a perpetuar seus efeitos enquanto não exauridos integralmente. Tutela definitiva é a que consolida a situação jurídica almejada pelo autor na petição inicial.

A noção de tutela definitiva constitui um elemento de fundamental relevância para quem busca traçar a linha que divide as espécies de tutela provisória. Com efeito, se a medida antecipatória é a que adianta efeitos da tutela definitiva, os efeitos antecipáveis são os mesmos que o demandante quer ver consolidados definitivamente, isto é, *por tempo maior que o da duração do processo*, são aqueles que se quer perpetuados pelo tempo afora, até serem inteiramente exauridos. Medida antecipatória, portanto, é a que contém providência apta a assumir contornos de definitividade pela simples superveniência da sentença que julgar procedente o pedido. No dizer de Mandrioli, a técnica antecipatória é aquela "il cui elemento strutturale é dato dal fatto che un provvedimento, da pronunciarsi prima della sentenza di primo grado, investe, almeno in parte, la medesima matéria che constituirà oggeto di quela sentenza".[33]

Já a tutela cautelar tem conteúdo próprio, diverso do da tutela definitiva. Seu objeto não é satisfazer o direito afirmado, mas promover garantias para sua certificação ou para sua futura execução forçada. Na antecipação, "coincidem a providência a ser ordenada pelo tribunal e a conseqüência jurídica resultante do direito material",[34] o que significa dizer que os efeitos antecipáveis são os mesmos que se operariam se o demandado, espontaneamente, se conduzisse segundo o ditame do direito material afirmado pelo autor. Conseqüentemente, não terá natureza antecipatória, mas sim cautelar, a providência que não puder ser identificada, no todo ou em parte, como coincidente com as do atendimento espontâneo do direito, ou seja, com as da realização natural da situação jurídica que o autor quer ver definitivamente consolidada.

Assim, numa ação reivindicatória, terá natureza antecipatória a medida que, no curso do processo, propiciar a retirada do bem da posse do réu para entregá-lo ao autor, pois a transferência da posse seria uma das providências naturais do demandado que se dispusesse a, espontaneamente, satisfazer o direito reclamado. A consolidação da posse sobre o bem vindicado é, no caso, *providência coincidente com a conseqüência jurídica resultante do direito material*, sendo, portanto, conteúdo da tutela definitiva. Terá, porém, natureza cautelar o eventual seqüestro do bem litigioso, dado que o seqüestro, isto é, a retirada do bem da posse do réu e sua entrega a um depositário, não é certamente situação que se pretende ver perpetuada, nem é providência compatível com as que decorreriam do cumprimento espontâneo da obrigação. É, isto sim, mera providência para garantir a execução, tendo necessariamente caráter temporário, isto é, não sendo apta a converter-se em situação consolidada pelo advento da tutela definitiva. Mesmo quando o depositário for o próprio autor, ainda nesse caso o seqüestro não perderá sua natureza cautelar, já que a situação jurídica a ser consolidada como tutela definitiva é a que enseja a entrega do bem ao autor-proprietário, não ao autor-depositário.

Aliás, por falar em caráter temporário das medidas cautelares, este é um ponto que merece consideração especial. É usual na linguagem jurídica qualificar como tutela *provisória*, tanto a genuinamente cau-

33. Crisanto Mandrioli, "Per una nozione strutturale dei provvedimenti anticipatori o interinali", *Rivista di Diritto Processuale*, Padova, 1964, p. 558.

34. Baur, Fritz. *Tutela Jurídica Mediante Medidas Cautelares*, tradução de Armindo Edgar Laux, Porto Alegre, Sérgio Antonio Fabris Editor, 1985, p. 50.

telar, quanto a tipicamente satisfativa. No entanto, bem o demonstrou Ovídio A. Baptista da Silva,[35] se formos mais precisos na conceituação, verificaremos que *provisória* é apenas a antecipação da tutela. A medida genuinamente cautelar não é provisória, e sim *temporária*, sendo esse mais um ponto a distinguir as duas espécies. Realmente, conforme escreveu Calamandrei, "*temporal* es, simplesmente, lo que no dura siempre; lo que, independientemente de que sobrevenga otro evento, tiene por si mismo duración limitada; *provisório* es, en cambio, lo que esta destinado a durar hasta tanto que sobrevenga un evento sucesivo, en vista y en espera del cual el estado de provisoriedad subsiste durante *el tiempo intermédio*".[36] Ora, a medida cautelar (a) consiste sempre numa providência diversa da que constitui o objeto da tutela definitiva, e (b) dura apenas enquanto durar o estado de perigo em face do qual serve de garantia, não sendo, portanto, nem substituída e nem sucedida por outra (garantia) de igual conteúdo. Já a medida antecipatória, (a) tem conteúdo semelhante ao que decorre da tutela definitiva, de tal modo que (b) a sentença de procedência virá para substituí-la, transformando em definitivo o que até então era provisório.

Com base nessa linha de idéias, sustenta Ovídio A. Baptista da Silva, também, que "se a medida cautelar deve durar enquanto existir o estado perigoso, então a exigência fundamental é que ela não crie uma situação fática definitiva, ou uma situação cujos efeitos sejam irreversíveis. Quer dizer, a medida cautelar deverá ser em si mesma temporária, e igualmente temporária em seus efeitos". O mesmo, segundo ele, não ocorre com a situação de provisoriedade, "que — enquanto antecipa os efeitos de procedência — pode produzir conseqüências práticas definitivas e imodificáveis, como se dá, por exemplo, com os alimentos provisionais. Quem recebe os provisionais, mesmo que seja declarado depois com direito a eles, não os devolverá".[37] É de se anotar, quanto a esta sua última conclusão, que a irreversibilidade, embora possível, há de ser entendida como exceção, não como regra nas medidas antecipatórias. Em regra, assim como a cautelar, também a medida antecipatória não terá legitimidade se produzir situação fática irreversível. É o que consta, aliás, do § 2º, do art. 273 do CPC, segundo o qual não se concede antecipação da tutela "quando houver perigo de irreversibilidade do provimento antecipado". Na verdade, provimentos antecipatórios irreversíveis, concedidos que são à base de cognição sumária — e, às vezes, antes mesmo da citação ou da contestação do réu — são incompatíveis com as garantias asseguradas pelo art. 5º, inc. LV, da Constituição. Somente em caráter absolutamente excepcional é que poderiam ser admitidos, quando indispensáveis para que não pereça, definitivamente, outro direito constitucional que, na hipótese, venha a ser considerado prevalente. É o caso dos alimentos provisionais, que constituem uma destas hipóteses de excepcionalidade. São um direito reiteradamente privilegiado pela Constituição — arts. 5º, inc. LXVII, 100 e 229 — e sua concessão é apenas em favor de quem deles efetivamente necessita e "na proporção das necessidades" (Código Civil, art. 400). Ora, quem realmente necessita de alimentos dificilmente terá condição de devolvê-los, presumindo-se frustradas as medidas tendentes a obter a repetição, razão pela qual o princípio da sua irreversibilidade, nesse aspecto, tem também um sentido prático. Conforme decidiu o STJ, "a jurisprudência e a doutrina assentaram entendimento no sentido de que os valores atinentes à prestação alimentícia são incompensáveis e irrepetí-

35. Ob. cit., pp. 38-43.
36. Ob. cit., p. 36.
37. Ob. cit., p. 43.

veis, porque restituí-los seria privar o alimentado dos recursos indispensáveis à própria mantença, condenando-o assim a inevitável perecimento".[38] Porém, tal princípio certamente não prevaleceria se, por exemplo, além de demonstrado que o autor não é titular do afirmado direito a alimentos, ficasse também comprovado que ele, ao pleiteá-los provisionalmente, agira de má-fé, dado que deles não era necessitado e, ademais, detinha condições econômicas muito mais privilegiadas que as do seu alimentante.

9. Ordens de abstenção: cautelares ou antecipatórias?

À base dos critérios diferenciadores enunciados será possível dar resposta às controvérsias doutrinárias a respeito da natureza das medidas contendo ordens de abstenção, que, segundo Fritz Baur, constituem, na atualidade "os casos de aplicação mais freqüentes de toda tutela jurídica temporária"[39] afirmação que é plenamente confirmada também pelo nosso cotidiano forense. Ora, tais espécies de medida desafiam a argúcia dos juristas, notadamente quando concedidas, como freqüentemente ocorre, em ações constitutivas e em ações declaratórias, as quais, segundo entendimento predominante,[40] a rigor, não comportam execução. Sobre os provimentos de abstenção, sustentamos o seguinte: "A carga de declaração — que consta de todas as sentenças e que é preponderante nas ações declaratórias e bem significativa nas ações constitutivas — tem eficácia de preceito. Daí dizer-se que a ação declaratória é uma ação de preceito e que a sentença nela proferida é uma sentença com efeito de preceito. Preceito é norma, é prescrição, é regra de conduta, obrigatória a seus destinatários. O preceito, na sentença, constitui a essência do que se costuma chamar de 'lei entre as partes'. Como toda a norma, como toda a lei, o preceito da sentença tem, pois, a eficácia (positiva) de prescrever, estabelecendo certeza sobre o conteúdo da relação jurídica litigiosa, mas tem também a eficácia (que se poderia chamar de eficácia negativa) de impedir, de proibir, de vedar, futuros atos ou comportamentos do réu contrários ou incompatíveis com o conteúdo do preceito emitido. Daí a observação, sempre apropriada, de Pontes de Miranda, de que 'o réu, na ação declarativa, está 'preceitado', razão pela qual 'o autor pode ir contra o réu com o preceito, se o réu tem algo a fazer em contrário ao declarado, ou se algo fez em contrário. Não se precisa da propositura de ação nova'. Ora, essa eficácia negativa é, certamente, passível de antecipação, o que se dá, necessariamente, mediante ordens de não fazer contra o preceito, ou seja, ordens de abstenção, de sustação, de suspensão, de atos ou comportamentos. Isso explica o que para muitos é um contra-senso: a concessão de medidas 'cautelares' em ações declaratórias e explica também certas medidas 'cautelares' em ações constitutivas".[41]

Efetivamente, se a ação declaratória comporta, como também observou Pontes de Miranda, "mandado de *non offendendo* ... posterior à sentença, como efeito sentencial mediato",[42] é certo que o mesmo mandado, quando expedido antes da sentença, constituirá antecipação daquele efeito, e não uma medida cautelar.

Sendo assim, e na linha de entendimento antes desenvolvida, podemos afirmar

38. Theotonio Negrão, *Código de Processo Civil e Legislação Processual em Vigor*, Saraiva, 26ª ed., p. 781.

39. Ob. cit., p. 83.

40. Fernando Tourinho Neto, defende com bons argumentos orientação em outro sentido, in "A eficácia executiva da sentença declaratória", *Revista de Informação Legislativa*, n. 115, pp. 557-570.

41. In "Antecipação da Tutela e Colisão de Direitos Fundamentais", ob. cit., p. 410.

42. In *Tratado das Ações*, Ed. RT, 2ª ed., 1972, t. I, p. 149.

que o mandado de abstenção terá natureza antecipatória sempre que a abstenção seja um comportamento que o réu terá de adotar em caráter definitivo se a sentença julgar procedente o pedido do autor, ou, em outras palavras, sempre que a abstenção constituir comportamento correspondente ao da satisfação espontânea do direito pleiteado. Ou, ainda, para usar a expressão de Fritz Baur, será antecipatório quando a abstenção "coincida com a conseqüência jurídica material a ser declarada no processo principal".[43] Por conseguinte, tal mandado somente terá natureza cautelar quando, entre abstenção e satisfação do direito, não houver nenhuma relação de pertinência, ou seja, quando a abstenção for simplesmente destinada a garantir execução, e, portanto, a viger apenas pelo tempo de duração do processo.

Os exemplos ilustrarão essas conclusões. Em demandas, freqüentíssimas até algum tempo, propostas por mutuários do Sistema Financeiro de Habitação, objetivando ver o reajuste de suas prestações declarado devido em percentual menor que o exigido pela instituição financiadora, o Poder Judiciário concedeu medida liminar, à época postulada em *ação cautelar*, determinando que a credora, desde logo, se abstivesse de exigir prestação por valor maior que o estabelecido pelo provimento concessivo. Tal mandado certamente não tem natureza cautelar, mas sim antecipatória, eis que (a) é medida que não se destina a garantir execução (até porque, a rigor, execução não haverá, já que a ação é de natureza declaratória — declaração do conteúdo de uma relação jurídica) e (b) o conteúdo da providência determinada (não exigência da prestação por valor maior) está contido na situação jurídica que o autor quer ver consolidada definitivamente pela sentença que julgar a causa, vale dizer, é coincidente com a conseqüência de direito material.

43. Ob. cit., p. 83.

Da mesma forma, em demandas objetivando anulação de título de crédito, costuma-se postular, como medida *cautelar*, ordem para que o demandado se abstenha de levar o título a protesto. Aqui também se está diante de providência de natureza antecipatória, e não cautelar. Não é cautelar porque não se destina nem a garantir a certificação do direito, nem a sua execução. E é antecipatória porque o não protesto do título (a) é comportamento que o réu assumiria naturalmente se se dispusesse a atender o direito afirmado pelo autor; (b) é resultante material do direito certificado pela sentença, (c) é efeito de uma situação jurídica que o autor da demanda quer ver como eficaz não apenas pelo tempo de duração do processo, mas consolidada definitivamente.

10. Conclusões

Em síntese, as medidas cautelares e as antecipatórias: a) identificam-se por desempenhar função constitucional semelhante, qual seja, a de propiciar condições para a convivência harmônica dos direitos fundamentais à segurança jurídica e à efetividade da jurisdição; b) sujeitam-se, contudo, a regimes processual e procedimental diferentes: a cautelar é postulada em ação autônoma, disciplinada no Livro do Processo Cautelar; a antecipatória é requerida na própria ação destinada a obter a tutela definitiva, observados os requisitos do art. 273 do CPC; c) a medida cautelar é cabível quando, não sendo urgente a satisfação do direito, for urgente, no entanto, garantir sua futura certificação ou sua futura execução; a medida antecipatória tem lugar quando urgente é a própria satisfação do direito afirmado; d) na cautelar há medida de *segurança para a certificação* ou *segurança para futura execução* do direito; na antecipatória há adiantamento, total ou parcial, da própria fruição do direito, ou seja, há, em sentido lato, execução antecipada, como um meio para evitar que o direito pereça ou sofra dano (*execução para segurança*); e) na antecipatória há coincidência entre o conteúdo da medida e a conseqüência jurídica resultante do direito material afirmado pelo autor; na cautelar o conteúdo do provimento é autônomo em relação ao da tutela definitiva; f) o resultado prático da medida antecipatória é, nos limites dos efeitos antecipados, semelhante ao que se estabeleceria com o atendimento espontâneo, pelo réu, do direito afirmado pelo autor; na cautelar, o resultado prático não tem relação de pertinência com a satisfação do direito e sim com sua garantia; g) a cautelar é medida habilitada a ter sempre duração limitada no tempo, não sendo sucedida por outra de mesmo conteúdo ou natureza (ou seja, por outra medida de garantia), razão pela qual, a situação fática por ela criada será necessariamente desfeita ao término de sua vigência; já a antecipatória pode ter seus efeitos perpetuados no tempo, pois destinada a ser sucedida por outra de conteúdo semelhante, a sentença final de procedência, cujo advento consolidará de modo definitivo a situação fática decorrente da antecipação.

INTERVENÇÃO DO ESTADO NA ECONOMIA

DINORÁ ADELAIDE MUSETTI GROTTI
Ex-Procuradora do Município de São Paulo e Professora da Pontifícia Universidade Católica de São Paulo

1. Tratamento constitucional conferido à ordem econômica: princípios

1.1 Histórico

A inserção de normas destinadas a disciplinar a atividade econômica nos textos constitucionais decorre de uma evolução histórica, qual seja, a da substituição do Estado liberal para o Estado intervencionista.

"A idéia de Constituição que o século XVIII consagra como imprescindível à reta organização do Estado descura do elemento econômico. Sua preocupação é com o "político", com a estruturação do Poder e sua limitação, a bem da liberdade individual. Visa a estabelecer uma organização limitativa do poder político que sirva para garantir contra o abuso à liberdade, e às liberdades individuais. Abuso este que, a juízo dos pensadores da época, somente proviria do governo, ou melhor, do rei e seus ministros, como era então o caso. As Constituições que formam a primeira geração do constitucionalismo não contém, por isso, normas destinadas a disciplinar a atividade econômica. Tal omissão, ademais, se ajusta perfeitamente ao pensamento econômico liberal, segundo o qual a regra de ouro seria o *laissez faire, laissez passer*, devendo o Estado abster-se de ingerência na órbita econômica. Melhor do que ele, mais sabiamente do que ele, a "mão invisível" de que fala Adam Smith regularia a economia".[1]

"Havia, é certo, nessas constituições e, mormente, nas declarações de direitos que as precediam ou acompanhavam, normas de repercussão econômica" (por exemplo, afirmação do direito de propriedade, reconhecimento expresso da liberdade de trabalho, indústria e comércio, essencial para a livre iniciativa etc). "Não havia nelas, contudo, uma disciplina sistemática, ou consciente, da atividade econômica."[2]

Entretanto, os profundos abalos da ordem econômica, causados sobretudo por guerras e outras crises na economia, levaram as Constituições a trazerem dispositivos traçando as linhas mestras da estruturação econômica do Estado. Desta forma, pode-se afirmar que só a partir deste século as Constituições passaram a conter dispositivos sobre a organização da economia.

A Constituição alemã de 11 de agosto de 1919, conhecida como a Constituição de Weimar, foi a precursora, fixando um

1. Adam Smith, *Da riqueza das nações*, trad. port., São Paulo, abril, 1983, v. 1, p. 379, in Manoel Gonçalves Ferreira Filho, *Curso de Direito Constitucional*, pp. 299-300.

2. Manoel Gonçalves Ferreira Filho, *Curso de Direito Constitucional*, Saraiva, 1992, pp. 299-300.

modelo que teve repercussão instantânea e profunda, tanto na Europa como fora dela.

No Brasil, foi a partir da Constituição de 1934 que se abriu espaço para o tratamento da ordem econômica e social. A Constituição de 1988, por sua vez, inova abrindo um título, o sétimo, para a "Ordem econômica e financeira".

Na história da economia mundial destacaram-se dois modelos ou sistemas fundamentais que vêm disputando o privilégio de serem adotados na organização da vida econômica dos países: o *sistema socialista*, calcado na propriedade coletiva dos meios de produção e implantado sobretudo no leste europeu; e o *sistema capitalista de produção*, também denominado "economia de mercado", fundado na propriedade privada dos meios de produção, na iniciativa privada e na livre concorrência, de um modo geral aceito pelos países que não optaram por uma economia coletivizada.

A nossa ordem econômica segue este último sistema.[3] Isto se verifica nos diversos princípios econômicos informadores da atual Constituição. Logo no art. 1º, de manifesto caráter preambular, a *livre iniciativa* é apresentada como um dos fundamentos de nosso Estado Democrático de Direito.

Depois, no título VII, ao tratar da Ordem Econômica e Financeira, no Capítulo I — Dos Princípios Gerais da Atividade Econômica, o artigo 170, em seu *caput*, volta a referir-se à *livre iniciativa* como um dos valores fundamentais da ordem econômica, com o acréscimo de, no inciso IV, elevar a *livre concorrência* à posição de princípio constitucional, o que é reforçado pelo parágrafo único que estabelece que a todos é livre o exercício de qualquer atividade econômica, independentemente de autorização de órgãos públicos, salvo os casos excepcionados em lei.

3. Cfr. Celso Ribeiro Bastos, *Curso de Direito Constitucional*, Saraiva, 15ª ed., pp. 377-378.

Adota-se, portanto, em nosso país, o regime da livre empresa, pelo qual a todos é permitido lançar-se na atividade econômica por sua conta e risco, de acordo com as leis que presidem esta atividade, ou seja, as leis de mercado.[4]

A propósito, o professor Celso Antônio Bandeira de Mello, após mencionar que a *liberdade de iniciativa* (*caput* do art. 170) é um dos principais fundamentos da Ordem Econômica e que a *livre concorrência* (inciso IV do artigo 170) constitui um dos seus princípios obrigatórios, assinala:

"Isto significa que a Administração Pública não tem título jurídico para aspirar reter em suas mãos o poder de outorgar aos particulares o direito ao desempenho da atividade econômica tal ou qual; evidentemente, também lhe faleceria o poder de fixar o montante da produção ou comercialização que os empresários porventura intentem efetuar. De acordo com os termos constitucionais, a eleição da atividade que será empreendida assim como o *quantum* a ser produzido ou comercializado resultam de uma decisão livre dos agentes econômicos. O direito de fazê-lo lhes advém diretamente do Texto Constitucional e descende mesmo da própria acolhida do regime capitalista, para não se falar dos dispositivos constitucionais supramencionados."[5]

Alguns esclarecimentos se impõem.

1.2 Livre iniciativa e livre concorrência: distinção

Como observa o insigne jurista brasileiro Miguel Reale: "livre iniciativa e livre concorrência são conceitos complementares, mas essencialmente distintos. A pri-

4. Cfr. Celso Ribeiro Bastos, ob. cit., pp. 377-378.

5. Celso Antônio Bandeira de Mello, *Curso de Direito Administrativo*, 6ª ed., Malheiros Editores, p. 386.

meira não é senão a projeção da liberdade individual no plano da produção, circulação e distribuição das riquezas, assegurando não apenas a livre escolha das profissões e das atividades econômicas, mas também a autônoma eleição dos processos ou meios julgados mais adequados à consecução dos fins visados. Liberdade de fins e meios informa o princípio de livre iniciativa, conferindo-lhe um valor primordial, como resulta da interpretação conjugada dos citados arts. 1º e 170.

Já o conceito de livre concorrência tem caráter instrumental, significando o "princípio econômico" segundo o qual a fixação dos preços das mercadorias e serviços não deve resultar de atos de autoridade, mas sim do livre jogo das forças em disputa de clientela na economia de mercado".[6]

Por sua vez, o professor Celso Ribeiro Bastos registra que a *liberdade de iniciativa*: "é uma manifestação dos direitos fundamentais, rol em que devia estar incluída (...). A liberdade de iniciativa com conotação econômica equivale ao direito que todos têm de lançarem-se ao mercado da produção de bens e serviços por sua conta e risco. Aliás, os autores reconhecem que a liberdade de iniciar a atividade econômica implica a de gestão e a de empresa.

"A liberdade de iniciativa e de empresa pressupõem o direito de propriedade, da mesma sorte que é, de certa forma, uma decorrência deste. O seu exercício envolve uma liberdade de mercado, o que significa dizer que são proibidos os processos tendentes a tabelar os preços ou mesmo a forçar a sua venda em condições que não sejam as resultantes do mercado. A liberdade de iniciativa exclui a possibilidade de um planejamento vinculante. O empresário deve ser o senhor absoluto na determinação do que produzir, quanto produzir e por que preço vender. Esta liberdade, como todas as outras, de resto, não pode ser exercida de forma absoluta. Há necessidade de alguns temperamentos. O importante, contudo, é notar que a regra é a liberdade. Qualquer restrição a esta há de decorrer da própria Constituição ou de leis editadas com fundamento nela.

"O consectário natural deste princípio é que a *atuação do Estado na economia é sempre subsidiária*. O Estado não está habilitado a retirar dos particulares, transferindo para a responsabilidade da comunidade, atribuições que estejam em condições de cumprir por si mesmos. A ação das coletividades públicas no âmbito da economia só se justifica, pois, onde os particulares não possam ou não queiram intervir."[7]

Mais adiante pontua que: "A livre concorrência é indispensável para o funcionamento do sistema capitalista. Ela consiste essencialmente na existência de diversos produtores ou prestadores de serviços. É pela livre concorrência que se melhoram as condições de competitividade das empresas, forçando-as a um constante aprimoramento dos seus métodos tecnológicos, dos seus custos, enfim, na procura constante de criação de condições mais favoráveis ao consumidor. Traduz-se portanto numa das vigas mestras do êxito da economia de mercado".[8]

É por isso que a Constituição determina que, por lei competente, o Estado deve punir quaisquer modalidades de distorção da livre concorrência, tais como monopólio, oligopólio e cartelização, pelas quais os agentes econômicos procuram evadir-se do mercado da livre concorrência, assegurando para si uma fatia cativa desse mercado ou, até mesmo, o mercado na sua totalidade.[9]

6. Miguel Reale, *Aplicações da Constituição de 1988*, Forense, 1990, p. 14.

7. Celso Ribeiro Bastos, *Curso de Direito Administrativo*, Saraiva, 1994, pp. 243-244.

8. Ob. cit., pp. 246-247.

9. Ob. cit., p. 247.

1.3 Necessidade de autorização de órgãos públicos

Dispõe o parágrafo único do artigo 170 da Constituição Federal: "É assegurado a todos o livre exercício de qualquer atividade econômica, independentemente de autorização de órgãos públicos, salvo nos casos previstos em lei."

Esta garantia constitui uma reafirmação da liberdade individual em matéria de empreendimento econômico. Não confere ao legislador o poder de decidir quais atividades estariam abrangidas por esta liberdade, nem deixa ao seu arbítrio a determinação da amplitude em que estas atividades podem ser exercidas pelos particulares.

Este parágrafo reforça as determinações do *caput* do artigo 170 e do seu inciso IV, pois determina que quaisquer atividades poderão ser exercidas sem a necessidade de autorização para tanto. Ao mesmo tempo, estabelece a única restrição possível, que é a possibilidade de alguma lei vir a exigir a autorização de órgão público para o exercício de atividade econômica específica.

A não ser assim, as expressões *independentemente de autorização de órgãos públicos* seriam totalmente inúteis. E na lei não há palavras inúteis.[10]

Importa frisar: a lei poderá vir a exigir autorização para o exercício de certa atividade; nunca, porém, restringir a liberdade de empreendê-la. Por isso, referida autorização (ou denegação), evidentemente, nunca poderá se referir aos aspectos econômicos — à livre decisão de atuar nos vários setores tais ou quais, à amplitude pretendida —, mas ao ajuste do empreendimento às exigências de salubridade, segurança, higidez do meio ambiente, qualidade mínima do produto em defesa do consumidor etc.

Os diversos bens jurídicos protegidos nas leis de "polícia administrativa", para garantia da sociedade e dos consumidores, são a razão determinante da submissão do início da atividade econômica a uma "autorização", cuja expedição tomará em conta a consonância do empreendimento com o bem jurídico que a lei em questão haja se proposto a resguardar liminarmente.

As leis freqüentemente prevêem uma fiscalização após o início da atividade e aplicam sanções sempre que, no exercício da atuação econômica, haja transgressão às regras condicionadoras de seu regular desenvolvimento. Contudo, há casos em que a lei estabelece — e pode fazê-lo nos termos do parágrafo único do art. 170 — uma prévia aquiescência administrativa ("autorização") dos órgãos competentes. Ex.: produção ou comercialização de determinados bens, como os agrotóxicos, medicamentos ou alimentos industrializados.

Vale a pena transcrever os ensinamentos de Celso Antônio Bandeira de Mello: "É fundamental realçar — repita-se — que tais autorizações não dizem respeito, nem podem dizer respeito, aos *aspectos econômicos* do empreendimento, pois no que a isto concerne os agentes econômicos são livres. Têm assegurados pela Constituição seus direitos à liberdade de iniciativa, à liberdade de concorrência e à garantia de que o planejamento econômico que o Poder Público faça apresentar-se-lhes-á com caráter meramente indicativo, não podendo implicar sujeição ou cerceio algum à liberdade econômica que lhes é reconhecida pela Lei Magna. A não ser assim, o art. 170, o inciso IV do mesmo preceptivo e o art. 174 seriam palavras vãs, juridicamente inexistentes".[11]

10. Celso Antônio Bandeira de Mello, ob. cit., p. 387.

11. Celso Antônio Bandeira de Mello, ob. cit., pp. 388-389.

1.4 Atividades privadas sob regime especial

Como já foi dito, a regra geral é a de que as atividades econômicas regem-se pelos princípios da livre iniciativa e da livre concorrência, independentemente de autorização de órgãos públicos. Mais ainda, já se ressaltou que a excepcional autorização de órgãos públicos nunca poderá referir-se a critérios econômicos.

No entanto, há atividades econômicas desenvolvidas por entidades privadas que são regidas por um regime constitucional especial. Somente essas atividades submetem-se a restrições de caráter econômico que limitam a *livre iniciativa*. É o que foi previsto para as atividades financeiras, de seguro e capitalização (art. 192, I e II) e para os empreendimentos privados no setor de ensino (art. 209, II) que se submetem às normas restritivas referentes ao cumprimento das normas gerais da educação nacional, e a autorização e avaliação de qualidade pelo Poder Público.

2. Atuação do Estado na ordem econômica

Os modos de interferência do Estado na ordem econômica estão substancialmente consagrados nos arts. 173 e 174 da Constituição de 1988, quais sejam: a) o próprio Estado, em casos excepcionais, atua empresarialmente no setor, mediante pessoas que cria para tal fim; b) o Estado como agente normativo e regulador da atividade econômica, exercendo as funções de fiscalização, incentivo e planejamento.

2.1 Atividade empresarial do Estado

Reiterando a orientação privatista do texto constitucional anterior, a Constituição de 1988 declara que: "Art. 173. Ressalvados os casos previstos nesta Constituição, a exploração direta de atividade econômica pelo Estado só será permitida quando necessária aos imperativos da segurança nacional ou a relevante interesse coletivo, conforme definidos em lei".

2.1.1 A expressão "atividade econômica"

O art. 173 cuida da exploração direta pelo Estado da atividade econômica. O fato é que o Texto Constitucional não define o que seja "atividade econômica". Resta saber o que é *atividade econômica* para os fins da Constituição. O prof. Fábio Konder Comparato assinala: "até hoje, ninguém ainda conseguiu definir, precisamente, em que consiste a matéria econômica. Todos concordam, sem dúvida, com o fato de que a economia tem a ver com a produção e a distribuição da riqueza, a formação de preços, a determinação da renda nacional e o nível de emprego. A dificuldade principia, porém, quando se pensa que o próprio conceito de "riqueza" — básico na história do pensamento econômico (lembre-se o título da célebre obra de Adam Smith) — tem evoluído e compreende hoje, além dos bens materiais, certos bens culturais, ademais de condições sociais de vida, tais como a educação, a saúde ou a segurança pública".[12]

Celso Ribeiro Bastos, por sua vez, diz que a resposta à indagação "(...) é dada pelos princípios que a informam. Se estamos diante de um sistema que consagra a primazia da livre iniciativa é porque a esta cabe o desenvolvimento das atividades de natureza econômica. Portanto, por tais atividades deve entender-se toda função voltada à produção de bens e serviços, que possam ser vendidos no mercado, ressalvada aquela porção das referidas atividades que a própria Constituição já reservou como próprias do Estado, por tê-las definido como serviço público nos termos dos

12. Fábio Konder Comparato, "Ordem Econômica na Constituição Brasileira de 1988", *RDP* 93, p. 263.

incs. XI e XII do art. 21 do Texto Constitucional. Ou então quando forem reservadas a título de monopólio da União (CF, art. 177). Tal circunstância é que justifica a inserção da cláusula "ressalvados os casos previstos nesta Constituição".[13]

Já o professor Celso Antônio Bandeira de Mello registra que à falta de uma definição constitucional sobre o que sejam "atividades econômicas": "(...) há de se entender que o constituinte se remeteu ao *sentido comum da expressão*, isto é, ao prevalente ao lume dos padrões de cultura de uma época, das convicções predominantes na sociedade".[14]

E, enfatiza mais adiante que: "A noção de atividade econômica certamente não é rigorosa; não se inclui entre os conceitos chamados teoréticos, determinados. Antes, encarta-se entre os que são denominados conceitos práticos, fluidos, elásticos, imprecisos ou indeterminados. Sem embargo, (...) embora tais conceitos comportem uma faixa de incerteza, é certo, entretanto, que existe uma zona de certeza positiva quanto à aplicabilidade deles e uma zona de certeza negativa quanto à não aplicabilidade deles. Vale dizer, em inúmeros casos ter-se-á certeza de que induvidosamente estar-se-á perante "atividade econômica", tanto como, em inúmeros outros, induvidosamente, não se estará perante "atividade econômica".[15-16]

2.1.2 Casos de intervenção do Estado na atividade econômica ressalvados pela própria Constituição

Acredita-se, juntamente com o prof. Fábio Konder Comparato,[17] que são os casos de monopólio da União expressamente elencados no art. 177 da CF (convém notar que a atual Constituição não autoriza a criação de monopólios além dos contemplados nela mesma).

É inequívoco que o art. 173 dá à iniciativa privada a primazia no plano econômico. Ela é a regra, a iniciativa estatal, a exceção. A iniciativa estatal só será permitida nas duas hipóteses elencadas no referi-

13. Celso Ribeiro Bastos, *Comentários à Constituição do Brasil*, v. 7, p. 75.

14. Celso Antônio Bandeira de Mello, ob. cit., p. 384.

15. Celso Antônio Bandeira de Mello, ob. cit., p. 393.

16. São elucidativas as lições do professor Celso Antônio Bandeira de Mello: "O reconhecimento há de ser feito ao lume dos critérios e padrões vigentes em dada época e sociedade, ou seja, em certo tempo e espaço, de acordo com a intelecção que nela se faz do que sejam a "esfera econômica" (âmbito da livre iniciativa) e a esfera das atividades existenciais à sociedade em um momento dado e que, por isto mesmo, devem ser. prestadas pelo próprio Estado ou criatura sua ("serviços públicos").

"Que assim seja não deve causar surpresa alguma, pois o Direito se vale de palavras: é uma linguagem; um meio de comunicação. Como em toda linguagem, há um emissor (o legislador) e um receptor (a sociedade), o qual lhes apreende a significação segundo a conotação e a denotação que as palavras têm em dado tempo e espaço. Esta significação está obviamente influída pelos fatores que influem nos homens, a saber, seus condicionantes políticos, morais, sócio-econômicos, psicológicos e psicossociais. Este fenômeno é comum e inevitável.

"A norma jurídica, com suas palavras, persiste no mundo do "dever-ser"; os fatos e comportamentos assistem no mundo do "ser", cada qual pertencendo a um plano lógico irredutível ao outro, como ensinou Kelsen.

"Sem embargo, a norma existe para ser aplicada e, para tanto, necessita ser entendida. É o problema da "interpretação", que necessariamente precede a aplicação. A interpretação é feita por homens, que entendem as normas em função dos condicionantes aludidos. Assim, é a interpretação que especifica o conteúdo da norma. Já houve quem dissesse, em frase admirável, que o que se aplica não é a norma, mas a interpretação que dela se faz. Talvez se pudesse dizer: o que se aplica, sim, é a própria norma, porque o conteúdo dela é pura e simplesmente o que lhe resulta da nterpretação. De resto, Kelsen já ensinara que a norma é uma "moldura". Deveras, quem lhe outorga, afinal, o conteúdo específico, em cada caso, é o intérprete ubicado no mundo do "ser" e, por isto, circunstanciado pelos fatores que daí advém" (ob. cit., pp. 393-394).

17. Fábio Konder Comparato, ob. cit., p. 263.

do artigo: "Art. 173. Ressalvados os casos previstos nesta Constituição, a exploração direta de atividade econômica pelo Estado só será permitida quando necessária aos imperativos da *segurança nacional* ou a *relevante interesse coletivo*, conforme definidos em lei."

Há de se observar que as causas que determinam a intervenção deverão ser periodicamente revistas, a fim de verificar se ainda subsistem. De fato, por motivo de segurança nacional (art. 144, CF) pode o Estado assumir, em um dado momento, determinada atividade, considerando que o setor privado não tem condições de realizá-la.

Ocorre, no entanto, que a evolução do próprio setor privado nas suas diversas variáveis econômicas, tecnológicas e financeiras poderá, num segundo momento, deixar de justificar a assunção daquela atividade por parte do Estado. Neste caso, deverá ser devolvida aos particulares, por falta de suporte constitucional.[18]

É forçoso reconhecer que as expressões "segurança nacional" e "relevante interesse coletivo" demandam uma legislação que lhes confira uma definição precisa. É claro que a esta legislação não é dado atuar de forma arbitrária e caprichosa, deverá ater-se à significação mínima constitucional que ambas expressões já possuem. É imperioso, pois, que a capitulação dos casos caracterizadores de "segurança nacional" ou de "relevante interesse coletivo" guarde estreita pertinência com o sentido constitucional das expressões.

2.1.3 Que Lei será esta referida no final do art. 173?

Há divergências doutrinárias. Há os que entendem, como o professor Toshio Mukai,[19] que a legislação deveria ser, no caso de "segurança nacional", federal, e, na hipótese de "relevante interesse coletivo", federal, estadual ou municipal.

Já o professor Celso Ribeiro Bastos entende que só à União cabe pronunciar-se sobre a "segurança nacional" Por outro lado, afirma também que a União tem um papel privilegiado no caso do "relevante interesse coletivo", pois tal sorte de interesse sempre que possível deve ser aferido em função do mercado nacional. Se, nos casos de repercussão nacional, tal competência passasse a ser dos Estados, esta transformar-se-ia em fonte de fortes tensões interestaduais, pois permitira decisões das mais variadas.

Por outro lado, o insigne professor explica que esta regra pode admitir exceções, pois há casos em que a amplitude do interesse não transcende o âmbito estadual ou municipal. Assim, pode o Estado ou o Município manifestar-se sobre o "relevante interesse coletivo" quando este estiver circunscrito aos seus limites político-administrativos.[20]

Ainda, há os que sustentam, como o professor Eros Roberto Grau, que a lei que defina "segurança nacional", há de ser, sem nenhuma dúvida, federal (art. 22, XXVIII da Constituição Federal). Quanto ao "relevante interesse coletivo", como se trata de direito econômico, tanto poderá ser federal quanto estadual, pois cabe à União e aos Estados legislar, concorrentemente sobre esta matéria (art. 24, I, da Constituição Federal).[21]

Por último, os professores Fábio Konder Comparato[22] e Celso Antônio Bandei-

18. A respeito, remetemos o leitor aos *Comentários à Constituição do Brasil*, v. 7, Ed. Saraiva, p. 82, de autoria do prof. Celso Ribeiro Bastos.

19. Conferir *Administração Pública na Constituição de 1988*, Ed. Saraiva, 1989, p. 131.

20. Conferir Celso Ribeiro Bastos, *Comentários à Constituição do Brasil*, v. 7, p. 76.

21. Conferir Eros Roberto Grau, *A Ordem Econômica na Constituição de 1988 — interpretação e crítica*, Ed. RT, 2ª ed., p. 275.

22. Fábio Konder Comparato, ob. cit., p. 271.

ra de Mello[23] entendem que esta lei deverá ser *complementar*, especialmente pela abrangência da matéria.

Salienta, neste sentido, o professor Celso Antônio Bandeira de Mello: "se a exigência de prévia definição legal de tais hipóteses se satisfizesse com lei ordinária, sua valia seria nenhuma. Isto porque, de um lado, a exigência de lei específica para criar entidades estatais (exploradoras ou não de atividade econômica) já estava prevista no art. 37, XIX e XX, e tornaria despicienda a parte final do art. 173, se este estivesse reportado a uma lei ordinária; qualquer lei específica expedida para criar entidade estatal, *ipso facto*, estaria qualificando-a como de relevante interesse coletivo ou necessária aos imperativos da segurança nacional e, pois, alterando a extensão da lei (se ordinária fosse) que precedentemente houvesse caracterizado as hipóteses configuradoras de situação permissiva da criação delas. Eis por que a lei a que se refere a parte final do art. 173 terá de ser necessariamente lei complementar".[24]

2.1.4 Criação de novas empresas estatais

Diante disso, cabe a seguinte indagação: poderia o Poder Público, nas três esferas (União, Estados Federados e Municípios), criar novas empresas estatais para exercerem atividades econômicas, na ausência da referida lei do art. 173?

O professor Fábio Konder Comparato diz que não tem dúvidas em afirmar que sim, levando em conta que tais empresas somente podem ser criadas por lei (art. 37, inc. XIX); ou seja, a interpretação sobre a ocorrência de um imperativo de "segurança nacional" ou de "relevante interesse coletivo", competirá sempre ao Legislativo e não ao Executivo.[25]

23. Celso Antônio Bandeira de Mello, ob. cit., p. 390.

24. Celso Antônio Bandeira de Mello, ob cit., p. 390.

25. Ob. cit., p. 271.

Por sua vez, o professor Celso Antônio Bandeira de Mello opina que enquanto não for editada a lei complementar não podem ser criadas empresas públicas, sociedades de economia mista ou quaisquer modalidades de pessoas estatais exploradoras de atividade econômica.

2.1.5 Manutenção das atuais empresas estatais

Outra questão delicada é a de saber se haveria inconstitucionalidade na manutenção em funcionamento das empresas estatais, cuja existência já não corresponde aos critérios estabelecidos pelo art. 173.

A questão é de *inconstitucionalidade institucional* e não de *inconstitucionalidade normativa* (lei pré-constitucional *versus* Constituição, a qual se resolve pela revogação de pleno direito da lei ou norma anterior à Constituição).

Neste caso, ocorre uma contrariedade entre uma instituição social ou econômica existente e o sistema constitucional superveniente. Sobre isto, a doutrina constitucionalista é geralmente omissa, porque se trata de um problema novo, totalmente inexistente à época do Estado liberal, cujas Constituições limitavam-se a regular a produção do Direito e não a realização de políticas públicas, ou programas de ação estatal.

Para Fábio Konder Comparato esta nova forma de inconstitucionalidade ou ilegitimidade constitucional há de ser sempre reconhecida, porque as situações econômicas e sociais contrárias ao novo regime constitucional não podem coexistir com este. Mas entende que a solução jurídica não é de efeitos automáticos, como no caso da revogação de norma. Uma eventual decisão judicial teria, nesse particular, apenas efeitos declaratórios, não constitutivos. Competiria, isto sim, ao Legislativo ou ao Executivo tomar as decisões competentes, a fim de adaptar ao novo regime constitucional as situações sociais e econômicas anteriores. Caso não fossem tomadas estas medidas, estar-se-ia diante de uma inconstitucionalidade por omissão.[26]

2.1.6 Mecanismos jurídicos para fazer cumprir o disposto no art. 173

Cabe também perguntar: quando o Estado resolve entrar no domínio econômico, fora dos pressupostos constitucionais, quais os meios, os mecanismos jurídicos de que terceiros poderiam se valer para impedir isso? Ação popular? Ação direta de inconstitucionalidade? Enfim, quais os mecanismos jurídicos para bloquear a entrada do Estado em áreas de atuação que não lhe são próprias ou obrigá-lo a se retirar de setores que ocupa sem o amparo na Constituição?

Sem dúvida que uma das formas de retirar o Estado do lugar onde não mais lhe cabe, em razão de uma mudança constitucional, é a *privatização*.

Tenha-se presente que a *privatização* não é um mero mecanismo de obtenção de receitas, ou de combate à ineficiência do Estado em setores onde sua atuação foi predatória: trata-se de uma imposição constitucional, já que os limites de intervenção do Estado na ordem econômica estão traçados na Lei Maior.

Urge que se corrija a anomalia do gigantismo do Estado e este é o objetivo primordial da *privatização*: devolver à iniciativa privada um espaço que, em situação de normalidade, lhe compete, retornando o Estado aos limites constitucionalmente aceitos, a fim de que possa exercer mais adequada e eficientemente as suas funções essenciais e precípuas. Se as empresas estatais estão fora dos pressupostos constitucionalmente fixados, devem ser privatizadas, ainda que seu desempenho seja eficiente e rentável. Afinal, não é o lucro o que está em jogo, mas uma restrição constitucional traçada para a atuação estatal interventiva. O desrespeito a esses limites é a negação do próprio Estado de Direito.

Pode-se afirmar que, na atual conjuntura, a *privatização* é uma medição da aplicação da nossa Constituição. O intruso envolvimento do Estado em setores estranhos às suas atividades gera seu próprio imobilismo, burocratiza, cria privilégios e distorções econômicas difíceis de serem corrigidas a curto prazo.

2.1.7 Regime jurídico das empresas estatais exploradoras de atividade econômica

O professor Celso Antônio Bandeira de Mello assinala que o Estado, ao desenvolver qualquer ação exploradora de atividade econômica, está realizando um serviço governamental e não um serviço público. Afirma que as atividades econômicas monopolizadas não se confundem com serviços públicos, estas constituem "serviços governamentais" e estão sujeitas às regras do direito privado. Correspondem, pura e simplesmente, a atividades econômicas subtraídas do âmbito da livre iniciativa privada. Assim, as pessoas jurídicas que o Estado criar para desenvolver estas atividades não serão prestadoras de serviço público.[27]

O ordenamento constitucional brasileiro foi explícito ao reconhecer à empresa privada o direito de organizar e explorar, em caráter preferencial, as atividades econômicas.

A atuação do Estado, como protagonista da cena econômica rege-se pelo princípio da subsidiariedade, inscrito no art. 173, *caput*, da Carta Federal. Conseqüentemente, quando atue o Estado nessa área, deverá submeter-se ao regime próprio das

26. Ob. cit., p. 271.

27. Celso Antônio Bandeira de Mello, ob cit., pp. 390 e 392.

empresas privadas (art. 173, § 1º). Não pode gozar de vantagens ou de privilégios tributários que possam colocá-lo em situação de desigualdade em relação aos particulares (art. 173, § 2º), sob pena de frustar os postulados da *liberdade de iniciativa* e da *livre concorrência* (art. 1º, inc. IV, art. 170, *caput*, incs. II e IV e parágrafo único).

Cumpre observar que há um certo exagero na dicção do § 1º do art. 173 da Lei Magna, pois ela mesma, em inúmeros outros artigos, se encarrega de desmentir-se.

A verdade é que o regime jurídico disciplinador das empresas estatais — sejam elas prestadoras de serviço público ou exploradoras de atividade econômica — é peculiar. Ambas modalidades, embora criadas com personalidade de direito privado, sofrem o influxo de regras de direito público; só que as primeiras são atingidas por estes preceitos com uma carga mais acentuada do que ocorre com as segundas, o que é perfeitamente compreensível.

As entidades privadas concebidas para o desempenho de serviços públicos ou desenvolvimento de atividade tipicamente pública (como a realização de obras públicas) podem e devem ter um regime muito mais assemelhado ao das entidades públicas.

Já as *empresas estatais exploradoras de atividade econômica* têm um regime jurídico muito mais próximo daquele aplicável às empresas particulares. Por tratar-se de um campo que compete essencialmente aos particulares, pode o Poder Público atuar nessa área apenas em hipóteses excepcionais, muito estritas, e sem privilégios. Seus contratos não serão contratos administrativos. Sua responsabilidade, contratual ou extracontratual, estará sob a mesma disciplina aplicável às empresas privadas. A lei das S/A (Lei n. 6.404/76, art. 242) não exclui as sociedades de economia mista exploradoras de atividade econômica da sujeição à falência, assim como não estabelece responsabilidade subsidiária do Poder Público em relação aos débitos que não tenham como solver.

Não é feita qualquer referência às *empresas estatais que prestam serviços públicos* pelo art. 173 da CF. Este artigo não cuida de maneira alguma, nem indiretamente, da prestação de serviços públicos, posto que essa é uma atividade imanente ao Estado, é um campo próprio, típico e específico do Poder Público.

A seu turno, uma série de dispositivos constitucionais cuida de situações que se aplicam às empresas estatais em geral, de qualquer espécie, indistintamente, evidenciando a peculiaridade de seu regime. Vejamos:

• O art. 5º, LXXIII, confere a qualquer cidadão legitimidade para propor ação popular que vise anular atos lesivos ao patrimônio público ou a entidade de que o Estado participe, à moralidade administrativa, ao meio ambiente e ao patrimônio histórico ou artístico.

• O art. 14, § 9º, dispõe que a lei complementar estabelecerá casos de inelegibilidade e os prazos de sua cessação para prevenir a possibilidade de abuso no exercício de cargo, função ou emprego, "na administração direta ou indireta".

• O art. 37 impõe, tanto à administração direta, quanto à indireta ou fundacional, da União, dos Estados, do Distrito Federal e dos Municípios, submissão aos princípios da legalidade, impessoalidade, moralidade, publicidade, assim como às disposições arroladas nos vários incisos subseqüentes:

– obrigatoriedade de concurso público para admissão de pessoal (inc. II);

– proibição de acumular cargo, função ou emprego (inc. XVII). Exceções (inc. XVI);

– criação mediante lei específica (inc. XIX);

– exige autorização legislativa, em cada caso, para a criação de subsidiárias de tais entidades ou para a sua participação em empresa privada (inc. XX).[28]

• seus contratos devem ser precedidos de procedimentos licitatórios (art. 37, inc. XXI e art. 22, inc. XXVII).

• o art. 49, inc. X, submete à fiscalização e controle do Congresso Nacional os atos do Poder Executivo, incluídos os da administração indireta.

• o art. 52, inc. VII estabelece a fixação pelo Senado Federal de limites para endividamento.

• o art. 54 estabelece vedação a que deputados e senadores, em certos casos desde a diplomação e em outros desde a posse, aceitem ou exerçam cargos, funções ou empregos e firmem ou mantenham contratos com pessoas de direito público, autarquias, empresas públicas ou sociedades de economia mista ou concessionários de serviço público, ou que proporcionem causas em que tais pessoas sejam interessadas, sob pena de perderem o mandato, conforme dispõe o art. 55, I.

28. O preceito do inc. XX é uma novidade em relação ao regime constitucional anterior.

Embora a Constituição, no inciso XIX do art. 37, repetindo o mesmo erro do Decreto-lei n. 200, fale em criação por lei, na realidade a lei apenas autoriza a criação (como consta do art. 236 da Lei das Sociedades Anônimas), pois essas pessoas jurídicas, como todas as demais do direito privado, só entram no mundo jurídico com a transcrição de seus atos constitutivos no órgão de registro público competente.

Sustenta o professor Celso Antônio Bandeira de Mello que a autorização legal para que o Poder Público, ou entidade de sua administração indireta, assuma o controle acionário votante de alguma pessoa preexistente equivale à criação por lei específica, pois, nessa hipótese, ficará patenteado o desígnio do Poder Legislativo de convertê-la em instrumento de ação do Estado.

Uma vez que empresas públicas e sociedades de economia mista são criadas por lei, simetricamente, *só podem ser extintas por lei ou na forma da lei*, a qual pode conferir ao Executivo autorização específica para a dissolução da ou das empresas tais ou quais. Ressalte-se que o artigo 178 do Decreto-lei 200 foi revogado em face da nova Constituição (art. 84, inciso VI, da Constituição Federal).

• o art. 70 fixa que o Congresso Nacional e o controle interno de cada Poder exerçam a "fiscalização contábil, financeira, orçamentária, operacional e patrimonial da União e das entidades da administração direta e indireta, quanto à legalidade, legitimidade, economicidade", bem como sobre "aplicação das subvenções e renúncia de receitas".

• o art. 71, incs. II, III e IV, respectivamente, submetem ao julgamento do Tribunal de Contas as contas dos administradores e demais responsáveis por bens e valores públicos da administração direta e indireta, incluídas as fundações e as sociedades instituídas e mantidas pelo Poder Público; determinam que pelo referido Tribunal sejam examinados quanto à legalidade, para fins de registro, os atos de admissão de pessoal a qualquer título, bem como as concessões de aposentadoria, reforma e pensões.

Tais normas, aplicam-se, *mutatis mutandi*, nas esferas estaduais e municipais e do Distrito Federal, no que concerne ao âmbito fiscalizatório dos respectivos Tribunais ou Conselhos de Contas.

• o art. 165, § 5º, estabelece a inclusão de seus orçamentos na lei orçamentária anual da pessoa de direito público a que estejam jungidos.

• o art. 169, parágrafo único, dispõe sobre a suficiência prévia de dotação orçamentária para atender às projeções de despesa de pessoal e aos acréscimos dela decorrentes.

Este rol de dispositivos demonstra, à saciedade, que as empresas estatais, quer sejam *exploradoras de atividade econômica* ou *prestadoras de serviços públicos*, por imperativo da própria Lei Maior, se submetem a um regime jurídico que apresenta diferenças profundas em relação à disciplina própria das empresas privadas, já que a esta última não se aplica nenhum dos preceitos referidos.

De resto, como bem observou Fritz Fleiner, se as sociedades de economia mista ou empresas públicas fossem pessoas submissas a um regime jurídico idêntico ao que é aplicado à generalidade das pessoas de direito privado, não existiriam como categoria jurídica autônoma.[29]

2.1.8 Repressão ao abuso do poder econômico

O domínio econômico gera poder para os seus detentores. Esse poder econômico há de ser utilizado normalmente para assegurar a todos uma existência digna, conforme os ditames da justiça social (CF, art. 170). No entanto, quando o uso desborda em abuso, a própria Constituição impõe a sua repressão (art. 173, § 4º).

Destaca José Afonso da Silva, com pertinência, que o texto que embasa a legislação reprimidora do abuso do poder econômico deveria ser um parágrafo do art. 174 e não do art. 173.[30]

O abuso do poder econômico pode assumir as mais variadas modalidades, visando sempre à dominação dos mercados, à eliminação da concorrência e ao aumento arbitrário dos lucros, neste caso mediante um injustificável e excessivo aumento de preços.

As formas usuais de dominação dos mercados são os trustes e cartéis. O truste é a imposição das grandes empresas sobre os concorrentes menores, visando afastá-los do mercado ou obrigá-los a concordar com a sua política de preços; o cartel é a composição voluntária dos rivais sobre certos aspectos do negócio comum, como por exemplo sobre o preço e a margem de lucro.

Diante dessa realidade e do preceito constitucional foi editada a Lei federal n. 8.884, de 11 de junho de 1994, chamada lei antitruste. Essa lei transforma o antigo CADE — Conselho Administrativo de Defesa Econômica — em autarquia, reservando-lhe o papel de julgador dos casos que lhe são encaminhados pela Secretaria de Direito Econômico — SDE, e atribui a esta última a investigação e a instrução dos mesmos.

É preciso esclarecer que o CADE foi criado em 1962, passando a operar em 1963, porém, na época, o seu campo de atuação ficou reduzido em virtude do forte incentivo dado pela Comissão de Fusão e Incorporação às atividades de concentração de empresas, e do rígido monitoramento da economia, exercido principalmente pelo CIP — Conselho Interministerial de Preços.

A partir da Constituição de 1988, especialmente com a abertura do mercado nacional — provocada pelo início das privatizações — e com a desregulamentação da economia, este panorama mudou. E, neste contexto nasce a nova lei antitruste, consolidando um novo modelo de liberdade econômica e de não-ingerência nos preços, a fim de atingir o maior grau de concorrência possível — pois sabe-se que a concorrência perfeita é uma utopia que já está esquecida.

Dentre os aspectos relevantes desta nova lei, pode-se elencar os seguintes:

• o *compromisso de cessação*, que por não mais implicar numa confissão, como antigamente, torna-se aplicável em toda a sua extensão;

• as *medidas preventivas*, que agilizam a ação do órgão controlador na medida em que impedem a continuidade de qualquer prática lesiva;

• os *processos de associação e concentração de empresas* não são mais vistos como ilícitos *per se*. Assim, devem ser evitadas apenas as concentrações que não atendam ao mínimo exigido pela lei concorrencial;

29. *Principes Généraux du Droit Administratif Allemand*, 1933, trad. francesa de Ch. Einsemann, pp. 82-83.

30. José Afonso da Silva, *Curso de Direito Constitucional Positivo*, Malheiros Editores, 8ª ed., p. 685.

• o *compromisso de desempenho*, que permite ao CADE o acompanhamento pós-concentração;

• o cerne da nova lei é, na opinião de muitos, o art. 54, que fixa os parâmetros do que deve ou não ser aprovado pelo CADE em uma determinada operação que resulte em maior concentração econômica.

2.2 O Estado como agente normativo e regulador da atividade econômica

O art. 174 da Constituição Federal determina que o Estado, como agente normativo e regulador da atividade econômica, exerce, na forma da lei, as funções de *fiscalização*, *incentivo* e *planejamento*, sendo este último determinante (obrigatório) para o setor público e indicativo para o setor privado.

Tais funções assinalam formas de intervenção do Estado na economia, ao lado da função empresarial. Portanto, o Estado está autorizado a exercer *fiscalização*, é dizer, exercitar o seu poder de *polícia administrativa* mediante leis e atos administrativos.

O Estado pode ainda intervir para propiciar *incentivo*, aliás, a mais moderada forma da presença do Estado na economia, na feliz observação do eminente jurista Geraldo de Camargo Vidigal.[31]

A propósito, destaca Celso Ribeiro Bastos que o Estado "pode incentivar a determinados ramos da economia que para um mais rápido desenvolvimento estejam a demandar uma política de fomento e estímulo. É o que acontece, sobretudo, nas regiões norte e nordeste, onde há muito aplica-se uma política visando à redução das desigualdades regionais (art. 170, inc. VII). O próprio objetivo da busca do pleno emprego (art. 170, inc. VIII) também serve de respaldo a um sistema de subsídio, isenções e outros meios de incentivo" (*Curso de Direito Constitucional*, cit., pp. 378-379).

Salienta José Afonso da Silva que "*planejamento* é um processo técnico instrumentado para transformar a realidade existente em objetivos previamente estabelecidos.

"O *planejamento econômico* consiste, assim, num processo de intervenção estatal no domínio econômico com o fim de organizar atividades econômicas para obter resultados previamente colimados. É, como diz Eros Grau, a forma de ação estatal, caracterizada pela previsão de comportamentos econômicos e sociais futuros, pela formulação explícita de objetivos e pela definição de meios de ação coordenadamente dispostos, mediante a qual se procura ordenar, sob o angulo macroeconômico, o processo econômico, para melhor funcionamento da ordem social, em condições de mercado. O planejamento econômico é, assim, um instrumento de racionalização da intervenção do Estado no domínio econômico, ou como dispõe a Constituição: a lei estabelecerá as diretrizes e bases do planejamento do desenvolvimento nacional equilibrado (art. 174, § 1º). É uma técnica de intervenção, na lição de Washington Peluso Albino de Souza. Essa doutrina foi acolhida pela Constituição no art. 174, que inclui o *planejamento* entre as funções do Estado como agente normativo e regulador da atividade econômica.

"O processo de planejamento se instrumenta mediante a elaboração de plano ou planos. É o processo técnico que se traduz juridicamente em planos. Isso está consignado na Constituição em mais de uma oportunidade, ao dizer que o planejamento incorporará e compatibilizará os planos nacionais e regionais (art. 174, § 1º), ao estatuir que é função da lei dispor sobre planos e programas nacionais, regionais e setoriais de desenvolvimento (art. 49, IV) e que estes devem ser elaborados em con-

31. Geraldo de Camargo Vidigal, *A Constituição brasileira*, Forense Universitária, 1988, p. 381.

sonância com o plano plurianual (arts. 49, III, e 165, § 4º), consubstanciando aí (...) os princípios do *planejamento estrutural*".[32]

A Constituição estatui que o planejamento será determinante para o setor público e indicativo para o setor privado (art. 174). Assim, enfatiza Celso Antônio Bandeira de Mello: "a dicção categórica do art. 174 deixa explícito que, a título de planejar, o Estado não pode impor aos particulares nem mesmo o atendimento às diretrizes ou intenções pretendidas, mas apenas incentivar, atrair os particulares, mediante planejamento indicativo que se apresenta como sedutor para condicionar a atuação da iniciativa privada".[33]

2.2.1 Tratamento diferenciado às microempresas e às empresas de pequeno porte

Os princípios da *livre iniciativa* e *livre concorrência* nem sempre levam à ótima disposição dos fatores de produção. Não basta que o Estado tenha a função normativa de repressão às formas imperfeitas de mercado, assim como ao abuso do poder econômico, é preciso também, e assim fez o texto constitucional, proteger e incentivar o cooperativismo (art. 174, §§ 3º e 4º), o associativismo e as pequenas e microempresas (art. 179).

O art. 179 da Constituição dá aplicação ao disposto, em nível principiológico, no art. 170, IX (com redação dada pela EC n. 6, de 15.8.95), que manda que se proporcione tratamento favorecido para as empresas de pequeno porte constituídas sob as leis brasileiras e que tenham sua sede e administração no País.

Note-se que o referido princípio não cuida tão-somente da desburocratização, já que fala em *tratamento favorecido*. São inúmeras as formas sob as quais se poderá traduzir esse tratamento incentivado, como bem assinala o ilustre tributarista Ives Gandra da Silva Martins: "Tratamento favorecido é tratamento mais benéfico, com menos encargos, ônus e obrigações. Com mais apoio, auxílio e suporte das autoridades. Claramente, tal tratamento favorecido não surgirá das empresas concorrentes ou do setor privado. Virá das autoridades, do governo, do Estado, do Poder Público.

"(...) não podem os Poderes Públicos negar-se à oferta de tal tratamento preferencial, devendo-se lembrar que não fala o constituinte em 'tratamento mais favorecido', mas com rigor científico inquestionável, em 'tratamento favorecido'. Tal colocação vernacular elimina qualquer referência a outra espécie de favorecimento que possa decorrer de políticas regionais ou setoriais. 'Favorecido' é adjetivo, que vem do substantivo 'favor', cuja origem latina é a palavra *favor*, *favoris*, que quer dizer 'favor; interesse; apoio; simpatia; afeição; estima'. Tal impressão constitucional leva o intérprete a uma única conclusão. A Constituição impôs ao Estado tratamento preferencial às empresas brasileiras de pequeno porte e a tal tratamento não pode o Poder Público esquivar-se".[34]

No que diz respeito aos incentivos e aos benefícios de que gozarão as micro e empresas de pequeno porte, ou seja, ao tratamento jurídico diferenciado, será competente a pessoa jurídica (União, Estados ou Municípios) habilitada a cuidar da matéria. Se se tratar de uma simplificação, redução, eliminação ou isenção tributária, competente será a pessoa tributante. Se se tratar de privilégio creditício, ficará na alçada da União, dado que, em matéria de crédito, é ela titular de competência privativa (art. 22, VII).

32. José Afonso da Silva, ob. cit., pp. 686-688.

33. Celso Antônio Bandeira de Mello, ob. cit., p. 386.

34. Ives Gandra da Silva Martins, *Direito Constitucional Interpretado*, Ed. RT, SP, 1992, pp. 77-78.

Pode-se verificar que o intuito do constituinte se traduz em duas formas de incentivo: a) simplificação das obrigações administrativas, tributárias, previdenciárias e creditícias; b) eliminação ou redução de tais obrigações.

Para corroborar estes pensamentos, são oportunos os ensinamentos do professor Celso Ribeiro Bastos, em seu *Comentários à Constituição do Brasil*: "Nos dias atuais é muito freqüente reconhecer-se a importância desempenhada pelas pequenas e microempresas. São essas as responsáveis pelo maior número de empregos. De outra parte são um instrumento útil para a democratização do capital, assim como para a criação de estímulos a que um maior número de pessoas se lance à atividade empresarial.

"O próprio desenvolvimento tecnológico mais recente permite que se desenvolva por meio de empresas de pequeno porte, o que antes era próprio de grandes indústrias com inumerável contingente de trabalhadores. A descentralização dessa atividade massificada por unidades de pequeno porte é sem dúvida benéfica, quer do ponto de vista social, econômico, quer até mesmo do ecológico. É compreensível que se tenha querido dar um tratamento favorecido a essas empresas, sobretudo, quando se leva em conta que não é justo impor-lhes a mesma quantidade de ônus burocrático que é descarregado em cima das grandes empresas, que evidentemente dispõem de recursos em muito maior quantidade para poder enfrentar esta carga burocrática. O mesmo se pode dizer relativamente aos tributos."[35]

35. Celso Ribeiro Bastos, *Comentários à Constituição do Brasil*, v. 7, Ed. Saraiva, 1990, pp. 36-37.

ESQUEMA — INTERVENÇÃO DO ESTADO NA ECONOMIA

- Inserção de normas econômicas nos textos constitucionais — fruto de uma evolução histórica — Estado liberal para Estado intervencionista.

- Dois sistemas na organização da vida econômica
  - socialista — propriedade coletiva dos meios de produção.
  - capitalista — ou "economia de mercado" — propriedade privada dos meios de produção, iniciativa privada e livre concorrência.

- CF/88 — regime capitalista
  — livre iniciativa — arts. 1º; 170 CF
  — livre concorrência — art. 170, IV CF

- Formas de intervenção — arts. 173 e 174 CF

a) *Atividade empresarial do Estado* (por si mesmo ou por criatura sua) — art. 173.
— A expressão atividade econômica
— Casos ressalvados pela própria Constituição — casos de monopólio da União — art. 177 CF.

Causas que determinam a intervenção
(periodicamente revistas) — segurança nacional / relevante interesse coletivo — demandam legislação de integração

— Regime jurídico — regime mais assemelhado ao das empresas particulares
— Repressão ao abuso do poder econômico — art. 173, § 4º. Lei n. 8.884, de 11.6.94 (lei antitruste)

b) *O Estado como agente normativo e regulador da atividade econômica*

funções
- fiscalização — poder de polícia
- incentivo
- planejamento — determinante para o setor público e indicativo para o setor privado

DOUTRINA

AÇÃO CIVIL PÚBLICA, CONSTITUIÇÃO FEDERAL E LEGITIMIDADE PARA AGIR

SÉRGIO MONTE ALEGRE
Professor de Direito Administrativo da Universidade Federal de Sergipe e Procurador de Justiça

1. A Lei n. 7.347/85 é daquelas inspiradas no sadio propósito de favorecer adequado resguardo a bens ou direitos modernamente crismados de terceira geração, alguns tendendo à internacionalização, caso do meio ambiente, havido pelo texto constitucional como bem de uso comum do povo, cuja defesa e preservação cabem ao Poder Público tanto quanto à coletividade, tendo em vista a qualidade de vida da atual e das futuras gerações (art. 225). Significa dizer: é daquelas leis bem nascidas, à semelhança (outrora) de um nobre de capa e espada, coisa rara entre nós, especialmente se desenterrarmos o passado mais recente do País. Isso nada obstante, ressente-se de imperfeições. Aliás, e para homenagear a verdade, até a Constituição atual está bem distante de ser documento de apurada técnica legislativa, na medida em que povoam os seus artigos esquisitices do tipo:

1.1 de referir a direitos da pessoa humana (art. 4º, II; art. 17; e 34, VII, *b*), sugerindo tratar-se de direitos do homem, encarado sob a ótica exclusiva da sua humanidade, criatura humana (dessa natureza seriam os direitos concernentes à vida, à liberdade, à segurança e à propriedade) e, no entanto, dar a impressão de garanti-los, e o seu desfrute, a *brasileiros e estrangeiros residentes* no Brasil (art. 5º, *caput*), expressões insinuantes de nacionalidade (art. 5º, *caput*, c/c o art. 12, II, *b*), despossuída pelos apátridas, diferentemente do que aconteceu com a Constituição Portuguesa, que os assegurou a uns e a outros, conforme se depreende da leitura do art. 15, n. 1, com as exceções do n. 2 (Os estrangeiros e os apátridas que se encontrem ou residam em Portugal gozam dos direitos e estão sujeitos aos deveres do cidadão português). Sem dúvida, *exacerbada* que seja a interpretação gramatical ou literal daquele artigo quinto, os órfãos de nacionalidade, os sem pátria, não serão pessoas humanas e, portanto, o que lhes restará será a mais completa e perversa indiferença constitucional. Mais ainda: a cláusula de *residência* no país também é suscetível de indução a erro, qual seja o de supor que (tomada a expressão sob a perspectiva do ânimo de morar definitivamente) os que por aqui estejam em trânsito, ou no território nacional apenas se encontrem, ficam ao desabrigo ou deserdados daqueles direitos, por sinal de belíssima inspiração. A propósito, não se pode descuidar de que a Constituição tanto prevê residência temporária, quanto permanente (art. 12, II, *a* e §1º). Como as antinomias legais não se hão de presumir, ou se busca conciliar aqueles artigos constitucionais entre si e com a certidão histórica do seu nascimento, ou um deles vai restar destituído de significação prestante, reduzido a ornamento gráfico de efeito meramente decorativo;

1.2 de mencionar *emprego remunerado*, como se algum houvesse que o não fosse, como se a remuneração não comparecesse como elemento conceitual da relação empregatícia (art. 54, I, *b*);

1.3 de empregar *sentença judiciária*, induzindo o leitor ao equívoco de que outra há que não o é (art. 95.1);

1.4 de reportar-se a *Erário Público*, sem que se tenha cogitado de Erário Privado (art. 54, II);

1.5 de referir a auditores do Tribunal de Contas da União no exercício da *judicatura*, esquecida de que auditor não é magistrado, nem Tribunal de Contas da União pertence à coluna do Judiciário (§ 4º do art. 73);

1.6 de excluir as autarquias do elenco das pessoas jurídicas de direito público interno, com o que chega, literalmente, a enevoar a compreensão do art. 37, § 6º (art. 54, II);

1.7 de aludir a *direito* no inciso LXIX e referir a *interesse* no inciso LXX, alínea *b*, do art. 5º, com o que estimula a questão de saber se são ou não objetos redutíveis a um denominador comum;

1.8 de afirmar que a língua portuguesa é o idioma oficial da República Federativa do Brasil (art. 13) e, adiante, desmemoriada, fazer uso de expressões latina do tipo *ad nutum* (art. 54, I, *b*, e II, *b*, e art. 235); *de cujus* (art. 5º, XXXI; art. 155, § 1º *b*); *ad referendum* (art. 231, § 5º); *inter vivos* (art. 156, II); *causa mortis* (art. 155, I); *caput* (art. 153, § 5º; art. 155, § 3º; art. 171, II, *a*; art. 176, § 1º; art. 212, II; art. 239, §§ 1º e 2º; art. 19, § 2º e art. 46, I, do ADCT);

1.9 de mencionar *sanções judiciais* (art. 52, Parágrafo único), sem que se saiba quais são, pois a sanção é sempre (ou parecia ser ...) reserva de lei;

1.10 de fazer uso das palavras *vencimentos* e *remuneração* — ora como sinônimas, ora para designar realidades diversas (art. 37, X, XI, XII, e XV; art. 39, § 1º; art. 40, § 4º e § 5º; art. 51, IV; art. 52, XIII; art. 61, § 1º, II, *a*; art. 73, § 4º; art. 17 do ADCT);

1.11 de, *em um mesmo dispositivo*, estabelecer diferença entre *vencimentos* e *vantagens* dos Ministros do Tribunal de Contas da União e, logo a seguir, permitir-lhes a aposentadoria com *as vantagens* do cargo somente quando o houverem efetivamente exercido por mais de cinco anos (art. 73, § 3º);

1.12 de usar como sinônimas, expressões que o não são, tais como "de livre exoneração" (art. 37, II) e "demissíveis *ad nutum*" (art. 54, I, *b*, e II, *b*), porquanto é de nossa tradição que a exoneração não importa punição, enquanto a demissão sim, esta última pura e simples ou então com cláusula estigmatizante (a bem do serviço público);

1.13 de assegurar a servidor público investido no mandado de Vereador as vantagens do seu cargo, emprego ou função (art. 38, III), com o que abre a questão de saber se a palavra (vantagens) está ou não sendo usada em sua acepção técnico-jurídica, de vez que é cediço que vantagens não se contundem com vencimentos, remuneração, proventos, e nem mesmo com acréscimos pecuniários.

2. Tais amostras, recolhidas em aligeirada inspeção visual, aconselham a não se levar muito a sério a presunção de esmero na elaboração de modelos normativos, entre nós. A experiência tem revelado, justo ao contrário, a ausência habitual de cautelas, restando unicamente, não um estilo, mas uma maneira desastrada de escrever. E não é de hoje que se acusa a existência de defeitos graves e freqüentes na técnica de composição legislativa, como oportunamente destacou o pranteado Miguel Seabra Fagundes, em artigo publicado na *Revista de Direito Público* n. 8/119, sob o título "As Imperfeições na Elaboração Legislativa e o Exercício da Advocacia". Daí sucede que todo o cuidado ainda é pouco, diante da defeituosa utilização de palavras do vocabulário constitucional.

3. Isso feito, quais os deslizes irrogados à Lei n. 7.347/85? Exemplificativamente, os seguintes:

3.1 impropriedade na alusão a *órgãos* (§ 6º do art. 5º), porquanto dos legitimados ali referidos apenas o Ministério Público responde a semelhante conceito, o mesmo não acontecendo com a União, os Estados, os Municípios, as Autarquias, Empresas Públicas, Sociedades de Economia Mista, Fundações e Associações, que todos esses são *pessoas jurídicas* e como tais habilitadas a adquirir direitos e contrair obrigações em nome próprio;

3.2 a menção à *associação legitimada* ou à *associação autora*, para designar *genericamente* os habilitados à propositura da ação (art. 5º, § 3º; art. 9º, § 2º; e art. 17, parágrafo único) acha-se inteiramente desajustada ao *caput* do artigo, porque neste a associação aparece convivendo com outros legitimados que não partilham da sua natureza e, portanto, não se encaixam no conceito de associação (as autarquias, sociedades de economia mista, fundações, empresas públicas). E isso é o mesmo que dizer: associação, nos termos da lei, ora figura como gênero, compreensivo de espécies, ora comparece, ela própria, como espécie dentro do gênero. Uma lástima;

3.3 a referência a qualquer outro *interesse difuso ou coletivo* (art. 1º, IV) é duplamente censurável. *A uma*, porque favorece a impressão de que as expressões são usadas como sinônimas, quando parece não é assim, a diferença residindo na própria Constituição, onde está grafado interesses difusos e coletivos (art. 129, III). *A duas*, porque onde há interesse, não importando qual, que receba da lei adequada proteção, o que se tem é direito, e quando individualizado em certo sujeito, direito subjetivo, público ou privado. Assim como redigida, a lei parece negligenciar a questão de que o *interesse comparece como substrato material do direito subjetivo e não como categoria autônoma*, posta ao lado daquele e exigente também de tutela judicial. Ou como se a expressão direito subjetivo estivesse comprometida com *direito subjetivo individual*, e não assim com o *coletivo*. Para desfazer eventual extravagância, basta uma simples olhadela na epígrafe do Capítulo I do Título II, da Constituição Federal, pois ali se declara a existência de direitos *individuais e coletivos*. Aliás, é idosa de muitos anos a Ação Popular (1965), por cuja via se busca dar satisfação a *direitos da coletividade* e nem por isso se foi ao ponto de afirmar que essa ação se propõe a precatar interesses coletivos ou difusos contra eventuais descomedimentos do Poder Público, ou de quantos lhe façam as vezes. Supor, então, a existência de um interesse que receba da lei cuidados especiais, proteção expedita, mas, *ainda assim*, não componha o perfil do direito subjetivo, assume cheiro e sabor de demasia, necessitada de pronta e enérgica admoestação. Quem sabe (?), mais uma vez se deu entre nós o (mau) uso de doutrina estrangeira, do tipo da italiana, perante a qual a diferença entre *interesse legítimo* e *direito subjetivo* realmente existe para atender à dualidade de jurisdição, diferentemente do que sucede no Brasil, onde vigora, com ar majestático, o princípio da jurisdição única (art. 5º, XXXV, da Constituição Federal).

"A Constituição de 1988, portanto não trabalhou em terreno virgem. Já de há muito, entre nós, o alargamento da tutela dos interesses que dizem com as necessidades compartilhadas por muitos indivíduos e cuja satisfação independe de apropriação de bens vinha sendo cogitada e juridicizada. A ação popular, a substituição processual pelos sindicatos na área trabalhista, a proteção do meio ambiente e, por último, a ação civil pública. Afirmar-se que são todas elas hipóteses de tutela de "interesses" e não de direitos será afirmar-se o inaceitável. Interesse que a ordem jurídica protege e que na ordem jurídica dispõe de instrumentos para a sua satisfação é interesse configurador de direito, e direito subjetivo, se atribuído a um sujeito determinado.

"Trazer-se para o direito brasileiro categorias já sem funcionalidade como a dos interesses legítimos, para colocá-los ao lado dos direitos subjetivos, ou pretender excluir os interesses transindividuais da categoria dos direitos subjetivos é insistir numa visão do direito, do Estado, da organização política e da sociedade já ultrapassada. É o que nos parece, data venia" (J. J. Calmon dos Passos, em *O Mandado de Segurança Coletivo, Mandado de Injunção, "Habeas Data", Constituição e Processo*, Forense, 1989, p. 11);

3.4 Ao disciplinar o arquivamento do inquérito civil, ou das peças de informação, caso o órgão do Ministério Público, esgotadas todas as diligências ao seu alcance, se convença da ausência de fundamento para a propositura da ação civil, a Lei n. 7.347 enseja dúvida séria sobre o que realmente deseja. É que, no *caput* do art. 9º diz que, ocorrente a hipótese nele prevista, o órgão ministerial *promoverá* o arquivamento dos autos do inquérito civil ou das peças informativas, o que pode sugerir o entendimento de que lhe cabe *diligenciar para que se realize o arquivamento*, mas não o ato de *arquivar*. Todavia, no § 1º, a lei dispõe que os autos do inquérito civil ou as peças de informação *arquivados* serão remetidos, no prazo de três dias ao Conselho Superior do Ministério Público. Aí já se tem algo diverso. É de *arquivamento* que se trata *e não da sua promoção*. Enfim, no § 2º, retoma a linguagem do *caput* do artigo, ao assegurar às associações legitimadas a apresentação de razões escritas ou documentos, desde que o façam até que, em sessão do Conselho Superior, seja homologada ou rejeitada a *promoção* de arquivamento (e não o arquivamento!!). E, nos §§ 3º e 4º, insiste na *promoção* do arquivamento!;

3.5 a referência apenas às associações legitimadas, no § 2º do art. 9º, para garantir-lhes o direito à apresentação de razões escritas ou documentos até que se realize a sessão do Conselho Superior, cria inegável embaraço ao intérprete e operador do direito, na medida em que: 1) as associações constituem um dos legitimados a agir, comparecendo ao lado delas a União, os Estados, os Municípios, as autarquias, as empresas públicas, as fundações e as sociedades de economia mista. *Assim como redigida*, a norma do parágrafo contempla unicamente as associações (o que, evidentemente, não e razoável supor); 2) a própria lei assegura a qualquer pessoa o direito, e a qualquer servidor impõe o dever, de provocar a iniciativa do Ministério Público, ministrando-lhe informações sobre fatos que constituam objeto da ação civil e indicando-lhe os elementos de convicção (art. 6º). Ora, nesta hipótese, caso concretizada, uma e outro (qualquer pessoa ou servidor) não teriam idêntico direito ao das "associações" legitimadas? Não poderiam apresentar razões ou documentos contrários ao arquivamento?;

3.6 por derradeiro, vem em boa hora a crítica feita à redação do art. 10, porquanto "abrange no mesmo período tanto o preceito como a sanção", o que o faz "destoar da sistemática geral da elaboração das normas incriminadoras, principalmente porque a cominação da pena antecede a previsão do fato, vale dizer: a ameaça penal é irrogada antes da conduta; assim como se fosse possível o *efeito* anterior à *causa*" (René Ariel Dotti, na *Revista de Informação Legislativa*, do Senado Federal, ano 23, n. 90, p. 193).

4. E, contudo, não estancam por aqui as deficiências da Lei n. 7.347/85. Vão além, o que é mais grave, para colocá-la em rota de colisão com a Constituição de 1988. Com efeito, ao *confinar a legitimação para agir a órgão com capacidade processual* (Ministério Público) *ou a pessoa jurídica*, a lei apontada tornou-se *parcialmente* desvaliosa, de vez que não recepcionada pelo texto de mais elevada hierarquia normativa, a Constituição Republicana.

Por quê? É simples.

5. Abstração feita a algumas adaptações, a Constituição brasileira recortou o Estado valendo-se de moldes emprestados pelo figurino liberal, e isso ao ponto de anotar que *incumbe ao Poder Público a prestação de serviços públicos*, em regime de execução direta ou mediante concessão ou permissão, conforme disposto em lei (art. 175), não o desembaraçando de amarras para o desempenho de atividades econômicas, confiadas à iniciativa privada, salvo nos termos do art. 173, agora reproduzidos para a comodidade do leitor.

"Ressalvados os casos previstos nesta Constituição, a exploração direta pelo Estado de atividade econômica só será permitida quando necessária aos imperativos da segurança nacional ou a relevante interesse coletivo, conforme definidos em lei".

5.1 Os artigos citados (173 e 175) praticamente reproduzem na Constituição a orientação já perfilhada anos atrás pelo Decreto-lei n. 200/67, quando, ao definir as Autarquias, o fez em termos de que seriam instrumentos de desempenho de *atividades típicas* da administração pública (art. 5º I), e as sociedades de economia mista e empresas públicas funcionando na exploração de atividades econômicas; *atípicas*, portanto (art. 5º, II e III).

5.2 É certo que se não cuida de liberalismo primitivo, intolerante com a existência de criaturas intermediárias entre o indivíduo e o Estado, conhecido de determinada época, conforme registro recolhido do *Dicionário de Política*, de Norberto Bobbio, Nicolla Matteucci e Gianfranco Pasquino, a seguir transcrito por escrupuloso apego à literalidade do texto.

"... De acordo com a acepção do iluminismo francês (assumida integralmente pelo pensamento reacionário ou católico do início do século XIX) e do utilitarismo inglês, Liberalismo significa individualismo; por Individualismo entende-se, não apenas a defesa radical do indivíduo, único real protagonista da vida ética e econômica contra o Estado e a sociedade, mas também a aversão à existência de toda e qualquer sociedade intermediária entre o indivíduo e o Estado; em conseqüência, no mercado político, bem como no mercado econômico, o homem deve agir sozinho" (p. 689, 2ª edição).

5.3 Todavia, é de novo liberalismo que se trata. E isso é de fundamental importância para bem compreender o Estado brasileiro e melhormente operar o sistema constitucional, tal como realcei em artigo publicado na *Revista do Ministério Público do Estado de Sergipe*, Ano III, 1993, n. 4, p. 42, do qual extraio o seguinte trecho:

"Realmente. A concepção vitoriosa, embora não vocalizada literalmente no texto constitucional, foi a do Estado demoliberal, de roupa nova, contemporânea, estilizada, é verdade. Porém, sempre liberalismo, sustentado de um lado pela idéia do Estado mínimo, e, do outro, pelo pressuposto filosófico da doutrina dos direitos naturais, de belíssima inspiração, por sinal. Não há como deixar de observar que a Constituição se deixou influenciar pelas notáveis idéias estampadas nas declarações de direitos do século XVIII, segundo as quais não possuía Constituição a sociedade onde os poderes não estivessem separados, nem garantidos os direitos fundamentais da pessoa humana, disso decorrendo que o figurino liberal clássico é exigente não só de limites formais ao exercício do Poder, mas, principalmente, da necessidade de conformação das leis ao reconhecimento de uns tantos direitos, indestacáveis da pessoa humana... O comprometimento final com o liberalismo está no Título VII, dedicado à ordem econômica e financeira. Em tom grave e solene, ali se anuncia que essa ordem se conformará aos princípios da propriedade privada e da livre concorrência, e, bem assim, que a todos fica assegurado o livre exercício de atividades econômicas independentemente de autorização dos órgãos públicos, salvo nos casos previstos em lei (art. 170, IV, e seu parágrafo único). A seguir, a Constituição risca a giz o campo reservado ao Estado, confiando-lhe a missão de prestar serviços públicos, seja pela Administração Direta, seja pelas concessionárias e permissionárias, sempre mediante licitação (art. 175, *caput*). Cuidadosa não vai a Constituição ao extremo de interditar ao Estado o desempenho de atividade econômica, porém o faz dependente de razões especialíssimas, quais sejam a segurança nacional e relevante interesse público, definidos em lei. Para dar testemunho da sua severidade no trato da matéria, o texto chega a valer-se do advérbio "só", o que não lhe é habitual (art. 173). Assim, por pouco não se empreendeu uma viagem ao passado, de retorno ao Estado do "deixai fazer, deixai passar, que o mundo vai por si mesmo". Observe-se que até o planejamento estatal, nessa seara, tem para o setor privado valor meramente indicativo (art. 174). Enfim, e em apertada síntese, este é, segundo creio, o perfil do Estado brasileiro na atual Constituição: um Estado neoliberal. Nem mais, nem menos".

5.4 Ora o liberalismo, antigo ou moderno, tem como um dos seus artigos de fé a afirmação da *liberdade individual*, insuscetível de ser amesquinhada pela do grupo, cuja vontade é personificada na pessoa jurídica e expressa pela atuação dos seus órgãos. Em contextos surgidos de sociedades cada vez mais complexas, seletivas e exigentes, os seres intermediários do tipo dos sindicatos, associações e partidos políticos, só para exemplificar, vieram à luz sob a inspiração da necessidade de dar satisfação a propósitos humanos, ou, o que vale rigorosamente o mesmo, nasceram do engenho humano "quer para estimular a participação política do cidadão, que o individualismo (dos proprietários) pretendia reduzir à esfera da vida particular, quer como proteção do indivíduo contra o Estado burocrático" (Bobbio, Matteucci e Pasquino, ob. cit., p. 689). *Surgiram tais entes, pois, para acudir a criatura humana* nos seus instantes de invencível fragilidade. *Nunca para substituí-la, desqualificando-a*. Não se há, assim, de cogitar da redução da dignidade humana (que a Constituição erige em um dos pilares da República Federativa do Brasil — art. 1º, III) e da exaltação da importância da pessoa jurídica, porque aquela é protagonista e, esta, mera coadjuvante da "aventura humana na Terra". Daí se segue que a *liberdade de associação* para fins lícitos (art. 5º XVII, da CF) *melhor instrumentaliza o indivíduo*, revigorando-o com a possibilidade da sua reunião aos seus semelhantes, possibilitando-lhes a realização de interesses comuns, todos eles redutíveis a fórmula das mais singelas: a busca da própria felicidade. O que se deseja, na Constituição de 1988, é reanimar o indivíduo como centro subjetivado de direitos e obrigações, e a quem se reconhece o poder de atuar isoladamente ou em comunhão com outros, à sua discrição, à sua conveniência, e segundo juízo da sua oportunidade, *de modo que a escolha deve caber sempre ao indivíduo*, que há de consultar as suas forças para figurar como parte em um processo judicial. Toca-lhe, então, *pela própria ló-*

gica do regime (art. 5º, § 2º da CF) escolher uma das duas formas de agir à sua disposição: isoladamente ou em associação.

"A Constituição não significou uma *capitis deminutio* do indivíduo, da pessoa, não como abstração, mas associada a um ser biológica, física e psiquicamente bem determinado, e também politicamente bem definido — o cidadão. As associações, os sindicatos, os órgãos de classe, os partidos etc., não podem submetê-lo ou minimizá-lo. Essas entidades entram em cena em favor do indivíduo, não contra ele" (J. J. Calmon dos Passos, ob. cit., p. 20).

5.5 Ou em lugar dele. Ora, na Lei n. 7.347/85, o que se fez, sem rebuços de qualquer espécie, foi *excluir* a atuação individual, sumariamente, liminarmente (art. 5º). E isso em um país sem mínima cultura de associacionismo (ou associativismo) em que o primeiro artigo é "cada um por si" e, o segundo, "Deus por todos nós". Inteiramente diferente, por exemplo, dos Estados Unidos da América do Norte, conforme relato magistral de Alexis de Tocqueville, ao escrever sobre a Democracia na América:

"Os americanos de todas as idades, de todas as condições, de todos os aspectos, estão constantemente a se unir. Não só possuem associações comerciais e industriais, nas quais todos tomam parte, como ainda existem mil outras espécies: religiosas, morais, graves, fúteis, muito gerais e muito particulares, imensas e muitas pequenas; os americanos associam-se para dar festas, fundar seminários, construir hotéis, edificar igrejas, distribuir livros, enviar missionários aos antípodas; assim também criar hospitais, prisões, escolas... Em toda parte, onde, à frente de uma empresa nova, vemos na França o governo e na Inglaterra um grande senhor, tenhamos certeza de perceber, nos Estados Unidos, uma associação" (pp. 391-392, Editora Itatiaia, em co-edição com a Editora da Universidade de São Paulo).

Colocou-se, portanto a Lei n. 7.347/85 na contramão da Constituição, que lhe sobreveio. Porém, desde a data do seu nascimento, desserviu à causa da cidadania na medida em que fez o homem comum depender de intermediários para atualizar um direito que, sendo da coletividade, é *igualmente* seu enquanto membro dessa mesma coletividade. Noutro dizer, o que se tem, no máximo, é um direito que não pertence *apenas* e *exclusivamente* a um único indivíduo, *mas que induvidosamente é seu também*, e de fruição ou desfrute individual, *embora não exclusivo*, tanto quanto coletivo. O acertado seria, então, reconhecer à vontade individual o poder de, querendo, valer-se da ação civil em reunião com outros, formando pessoa jurídica, ou não. *Agir* (ou deixar de fazê-lo) *associadamente seria opção do indivíduo*. Querendo, agiria em consórcio com seus semelhantes; não querendo, atuaria isoladamente. Todavia, a possibilidade de livre escolha lhe seria assegurada. Como se fez, todavia, a exclusão foi definitiva, radical. Isso nada obstante não se possa ter como minimamente razoável que o direito ao meio ambiente ecologicamente equilibrado, por exemplo, somente possa ser resguardado em juízo mediante iniciativa de pessoa jurídica ou do Ministério Público, quando o seu desequilíbrio afeta cada ser humano individualmente considerado, abreviando-lhe a existência ou a tornando penosa, se não as duas coisas ao mesmo tempo!

5.6 Note-se, por relevante, que a Ação Popular está predisposta à proteção (também) do meio ambiente e, no entanto, *se presta ao manejo individual*, embora com o freio da exigência da cidadania, entendida como tal a ostentada pelo eleitor, *restrição essa que ao meu ver é escancaradamente desautorizada pela Constituição*.[1] Demais disso, confinar a legitimida-

1. "Ação popular não é direito político", na *Revista de Direito Administrativo* 188/172.

de para agir, em matéria de ação civil pública, a pessoa jurídica ou ao Ministério Público, *com exclusão do indivíduo enquanto tal*, é o mesmo que obrigar alguém a associar-se, ou constrangê-lo a manter-se associado, o que contraria abertamente o disposto no art. 5º, II da Constituição, assim redigido:

"Art 5º. Todos são iguais perante a lei, sem distinção de qualquer natureza, garantindo-se aos brasileiros e estrangeiros residentes no País a inviolabilidade do direito à vida, à liberdade, à igualdade, à segurança, e à propriedade, nos termos seguintes: (...) XX — ninguém poderá ser compelido a associar-se ou a permanecer associado; (...)."

Demais disso, o meio ambiente diz com a qualidade de vida, direito fundamental que a lei Republicana reconhece a brasileiro e estrangeiro residente no País, encarados pois como entes naturais, como indivíduos, humanos. Não faria assim o menor sentido que a criatura humana, titularizando direito à vida, e vida sadia, vida digna, e não vida severina, viesse mais adiante a ser constrangida a transformar-se, com o concurso de outros (que muitas vezes não se mostram dispostos a tanto) em pessoa jurídica, para só então valer-se da ação civil pública. Se o indivíduo pode atuar sozinho, se se dispõe a tanto e tem meios de o fazer, o ônus de associar-se (que implica, entre outros esforços, o de convencer os demais a juntarem-se a ele) lhe será manifestamente gravoso, quando não impeditivo do acesso ao Judiciário, *por via oblíqua*; direito que a Constituição assegura a todos, sem exceção de nenhum.

5.7 Ainda não é tudo, embora seja alguma coisa. Realmente, não se tem como fazer passar despercebido que a Constituição mandou recado a quem interessar possa:

"Art. 129. (...) § 2º. A legitimação do Ministério Público para as ações civis previstas neste artigo não impede a de terceiros, nas mesmas hipóteses, segundo o disposto nesta Constituição e na lei."

Veja-se, porque interessante, que a estrutura de linguagem do vocabulário constitucional é aberta, *exigente de interpretação* ampla e não restrita, *pois é de direito que se trata*. O texto refere-se a terceiros, expressão compreensiva de pessoas físicas tanto quanto de pessoas jurídicas, ou órgãos dotados de capacidade processual. Não causa escândalo que seja assim. Nem poderia. A par do que ficou escrito, porque agressões ao meio ambiente podem vir de comportamentos da Administração Pública, ou, se preferirem, do Estado-administração. E ninguém ignora que entre duas interpretações possíveis, ambas bem nutridas de argumentos, deve-se preferir aquela que melhormente homenageia o Estado de Direito (art. 1º, *caput*, constitucional), entendido como aquele Estado que se submete ao Direito e no qual os atos da Administração, *especialmente desta*, são suscetíveis do mais amplo e eficaz controle pelo indivíduo, a quem se garante acesso a judiciário independente. Estado do qual já se disse que tinha como finalidade única reconhecer e garantir os direitos naturais e imprescritíveis da pessoa humana. Ou, como preferem os aplaudidos J. J. Gomes Canotilho e Vital Moreira, no campo dos direitos fundamentais, o princípio da interpretação conforme à Constituição quer dizer *interpretação mais favorável aos direitos fundamentais*. Significa isto que, em caso de dúvida, deve prevalecer a interpretação que, conforme os casos, restrinja menos o direito fundamental, lhe dê maior proteção, amplie mais o seu âmbito, o satisfaça em maior grau; no caso dos direitos de liberdade, esta regra equivale, em certo sentido, ao velho princípio *in dubio pro libertate*; no caso dos direitos de participação, significa que na dúvida se deve optar pela participação mais ampla e mais intensa; no caso dos direitos sociais, traduz-se em eleger a interpretação que em maior medida e para mais pessoas lhes der satisfação (*Fundamentos da Constituição*, Coimbra Editora, 1991, p. 143). E não há como recusar que os três primeiros incisos do art. 1º, da Lei n. 7.347/85, cuidam de direitos fundamentais (art. 5º, XXXII e LXXIII, c/c o art. 216, I a V, e seu § 1º, constitucionais). Enfim, há também que se guardar na lembrança que o art. 37, § 6º, da Constituição se reporta a *terceiros*, e ninguém ousou comprimir o âmbito de tal palavra, que a Constituição não empregou restritamente. Idêntico tratamento se deve dispensar à cláusula constitucional contida no § 1º do art. 129. Por igual forma à legislação infraconstitucional é interdito restringir o que a Constituição não restringiu, em matéria de legitimidade ativa para a ação civil pública. É dizer: *da legitimação ativa cuidou a Constituição. E o fez esgotantemente. Legitimados são o Ministério Público, e terceiros quaisquer que sejam, pessoas físicas ou jurídicas.*

Aqui, um derradeiro registro: não é que a Constituição Federal vede a atribuição de direitos a pessoas jurídicas, com exclusão dos indivíduos, mas sim, que a exclusão desses últimos haverá de ser feita pela própria Constituição ou, ao menos, nos seus termos. A esse respeito é sugestivo o mandado de segurança coletivo, para o qual estão legitimados os partidos políticos com representação no Congresso Nacional, organização sindical, entidade de classe ou associação legalmente constituída e em funcionamento há pelo menos um ano, em defesa dos interesses de seus membros ou associados (art. 5º, LXX, *a* e *b*), mas não também os indivíduos, como tais.

6. Nem se objete que o indivíduo está resguardado pela atuação insuspeita do Ministério Público, já que a este poderá dirigir-se nos termos do art. 6º da Lei n. 7.347/85. Sim, porque o aroma que exala da Constituição é de diversa natureza. Nela, o que se deseja é a prática saudável de uma democracia participativa, com a reanimação da cidadania, sua reeducação, em contraste com a atmosfera de abulia social e política sob que viveu durante mais de vinte anos da história recente deste País. Que esse é o propósito constitucional parece não haver dúvida razoável. Basta consultar alguns dos numerosos artigos da Constituição, ensejadores do engajamento individual não apenas na vida política nacional, mas, também, em assuntos do interesse público ou coletivo, com o que se empenha no sentido de superar o individualismo egoístico e estimular a criação de uma sociedade livre, justa e solidária (art. 3º, I). Desses artigos servem de exemplo o art. 5º, XXXIII, XXXIV, *a*, e LXXIII; art. 14, I, II e III; art. 29, XIII; art. 31, § 3º; art. 58, § 2º, IV; art. 74, § 2º; art. 216, § 1º; art. 225, *caput*. Daí resulta que o compromisso constitucional reside em alforriar o indivíduo de laços de dependência que, no mais das vezes, retardam, quando não impedem, o exercício da mais generosa de todas as liberdades: a liberdade de não ter medo (René Ariel Dotti, ob. cit., p. 180). O Ministério Público não recebeu da Constituição a tarefa de substituir a ação da cidadania e sim a de ajudá-la a caminhar. Tutela, curatela, e pátrio poder, este último ainda quando exercido por "bom pai de família", somente servem a incapazes, enquanto o são e na estreita medida das suas necessidades. O que, obviamente, não é o caso de quem há muito se elevou da condição de súdito à de cidadão. Que o Ministério Público auxilie, ampare, concorra. Porém, substituir, não.

E nem se diga que o indivíduo pode valer-se das ações relativas a direitos de vizinhança ou provocar até judicialmente o exercício da polícia administrativa. As primeiras são acentuadamente limitadas e obedecem a esquemas clássicos e insuficientes do processo civil, e a segunda é freqüentemente desacreditada pela sua notória falta de ânimo para fazer o que deve e precisa ser feito. Aliás, foi mesmo essa uma das razões que inspiraram o surgimento da Lei n. 7.347/85 (Galeno Lacerda, *Ajuris* 43/7). Mais ainda: a Lei n. 7.347/85 rompe com a estrutura tradicional do processo e o indivíduo, privado do seu concurso, ficaria em situação de absoluta inferioridade relativamente aos legitimados constantes do art. 5º. Finalmente, anoto que a experiência estrangeira dá testemunho da extensão da legitimação para agir a sujeitos privados — associações e *pessoas físicas* — não pessoalmente prejudicados (Ada Pellegrini Grinover, sem grifo no original, em *Enciclopédia Saraiva do Direito* 45/399 a 423).

De extravagância, pois, é que não se cuida.

7. Enfim, uma última palavra.

Como a Lei n. 7.347/85 é anterior à Constituição de 1988 o fenômeno que se põe em causa é o da revogação (ou perda de eficácia) pela não recepção, tudo na conformidade de decisões do Supremo Tribunal Federal, assim ementadas:

"Ação direta de inconstitucionalidade: descabimento, segundo o entendimento do STF, se a norma questionada é anterior à da Constituição padrão.

"Não há inconstitucionalidade formal superveniente. Quanto à inconstitucionalidade material, firmou-se a maioria do Tribunal (ADIn 2, Brossard, 6.292) — contra três votos, entre eles o do relator desta — em que a antinomia da norma antiga com a Constituição superveniente se resolve na mera revogação da primeira, a cuja declaração não se presta a ação direta" (ADIn n. 438. Rel. Min. Sepúlveda Pertence, na *Revista de Direito Administrativo* 187/152).

"... Lei anterior não pode ser inconstitucional em relação à Constituição superveniente; a Constituição sobrevinda não torna inconstitucionais leis anteriores com elas conflitantes: revoga-as. Pelo fato de ser superior, a Constituição não deixa de produzir efeitos revogatórios. Seria ilógico que a lei fundamental, por ser suprema, não revogasse, ao ser promulgada, leis ordinárias. A lei maior valeria menos que a lei ordinária.

"Reafirmação da antiga jurisprudência do STF, mais que centenária" (ADIn n. 521, Rel. Min. Paulo Brossard, *RDA* 188/288).

Diferentemente, portanto, do que entendeu o Superior Tribunal de Justiça, ao decidir que:

"Administrativo. Desapropriação. Imissão provisória. Imissão definitiva. Vedação. DL 1.075/70 e DL 3.365/41.

"O Decreto-lei n. 1.075/70 permite apenas a imissão provisória do expropriante no bem objeto de desapropriação. Não autoriza imissão definitiva.

"Para se valer de seus permissivos, o expropriante deve provar que seu ingresso na posse não é definitivo, mas provisório.

"Permitir a imissão definitiva do expropriante, sem o pagamento integral do valor atribuído ao imóvel, em avalização especial, é dar ao DL n. 1.075/70 e ao DL n. 3.365/41, *interpretação que os torna inconstitucionais*" (*DJU* n. 100, de 27.5.94, Seção I, p. 13.241, no Recurso Especial n. 34.668-3-SP) (Recurso Extraordinário, sem grifo).

8. Agora, concluíndo:

8.1 Tenho como certo, e nisto estou na confortadora companhia do habitualmente oportuno e original Carlos Ayres Britto,[2] que a Constituição encontra em si mesma o seu próprio referencial de compreensão, contrariamente ao que sucede com as normas de menor dignidade, e. assim, no estudo da ciência jurídica, há de observar-se, como primeira e mais valiosa postura metodológica, que o direito começa, necessa-

2. "A desapropriação indireta e sua obrigatória invalidação pelo Poder Judiciário", na *Revista de Direito Público* 74/242.

riamente, no lastro formal da Constituição, dele não podendo desapegar-se. A Lei n. 7.347/85 é expressão pura e formal do direito. Não constitui, pois, exceção. Significa dizer: deve ser interpretada a partir da Constituição. Não o contrário.

8.2 Uma teoria ou doutrina, qualquer obra de conhecimento e descrição do fenômeno jurídico, será tanto mais prestimosa quanto maior a sua utilidade social. Ou, em outras palavras: "A solução jurídica deve ser valorada na medida em que contribui para a paz social. Uma teoria jurídica é apreciada, antes de mais nada, pelas conseqüências sociais que produz" (Gaston Jéze). Entre excluir o indivíduo, atuando como tal, e aceitar a sua participação na propositura da ação civil pública (Lei n. 7.347/85), não há inquietação, nem insegurança possível. A tese que se apresenta com maior dose de utilidade social é a que estende a legitimidade para agir ao ente natural, ao invés de subtrair-lhe essa possibilidade. O concurso dele compõe um mais aprimorado esquema de controle do Poder, inclusive porque "interessa à República que sejam muitos a protegê-la".

8.3 D'outra parte, as expressões, íntimas ou visíveis, deste esforço intelectual não se reduzem a conseguir adesão de espíritos mais fecundos. Trata-se, sim, de algo mais elevado, embora não pretensioso. O que se cuidou foi de fazer obra de ciência, e não doutrina de oportunismo. E, assim, lembrando Haydeé Antunes Carlini ("Invalidade dos Atos Administrativos", *RDP* 34/25) "... sendo o Direito um objeto cultural dinâmico, a atividade científica que o descreve há de o acompanhar em seu movimento de evolução, não se podendo, pois, arrogar posições definitivas. Dessa forma, as conclusões... são tão-somente provisórias e representarão, na verdade, novos estímulos para investigações posteriores".

8.4 Enfim, se se trata de obra de ciência, sempre exigente de ousadia intelectual, ou de ato de censurável temeridade, só o tempo e a opinião dos doutos poderão responder.

DOUTRINA

CONCEITOS JURÍDICOS INDETERMINADOS

CELSO LUIZ MORESCO
Professor Concursado de Direito Administrativo e Tributário da
Faculdade de Direito da Universidade Federal de Pelotas

Sabido é que o direito, na sua qualidade de norma reguladora da vida social, não pode ficar entregue ao arbítrio das diferentes opiniões dos indivíduos a esse respeito, mas deve constituir a garantia duma determinada ordem social colocada acima dessa diversidade de opiniões.[1]

1. *O problema dos conceitos jurídicos indeterminados*

O Direito,[2] por excelência, é fonte natural de conceitos de conteúdo indeterminado, que trazem a lume a velha e batida problemática da insegurança das coisas do mundo do *dever ser* — porque admite mais de uma interpretação razoável, embora apenas uma, no caso concreto, possa ser considerada justa.[3] Não bastasse o jurista defrontar-se com as falhas na elaboração da lei; com as dúvidas sobre os motivos (reais? idôneos? necessários? suficientes?) e as finalidades (legítimas? ilegítimas? discriminatórias?); com métodos interpretativos divergentes; ainda tem à sua frente o tormento de realizar a subsunção — a adequação do fato à norma, tendo como resultado uma sentença ou ato administrativo. Resta a impressão de que o Direito é um caso sem resposta; que não existe a menor possibilidade de realizá-lo porque intransponíveis os obstáculos que se lhe antepõe! E isto é fruto, em grande medida, dos conceitos jurídicos de conteúdo indeterminado, acerca dos quais tentar-se-á desenvolver uma teoria — um conteúdo mínimo — para uma adequada interpretação, ou, pelo menos, para uma interpretação razoável.

1. Radbruch, Gustav, *Filosofia do Direito*, p. 160.

2. O conceito de Direito é exemplo suficiente de indeterminação. Ora significa norma; ora, decisão; ou ordenamento e estrutura; quanto instrumento de realização de políticas públicas. Vide, ainda: Grau, Eros Roberto. *A ordem econômica na Constituição de 1988*, p. 13.

3. Enterría, Eduardo G. e Fernandez, Tomás-Ramón sustentam que: "Se o próprio de todo conceito jurídico indeterminado, em qualquer setor do ordenamento, é que sua aplicação só permite uma única solução justa, o exercício de uma potestade discricional permite, pelo contrário, uma pluralidade de soluções justas, ou, em outros termos, optar entre alternativas que são igualmente justas desde a perspectiva do Direito. Assim a promoção de funcionários por eleição permite considerar igualmente justas a designação de João como a de Pedro ou a de Antônio, precisamente porque se trata de uma discricionariedade; entretanto, se se tratasse de aplicar o conceito jurídico indeterminado de falta de respeito em um procedimento disciplinar não seria igualmente justo que se reprovasse a um ou outro funcionário, ou que se qualificasse uma mesma conduta alternativamente como respeitosa ou como desrespeitosa; só uma única solução será a justa com exclusão de toda outra" (*Curso*..., p. 394).

Contudo, em que pese as extremas dificuldades, não se há de partir do pressuposto segundo o qual o fracasso é tido como certo — um fatalismo —, que há determinados assuntos cuja exploração resulta *batalha perdida*. Observe-se que em todas as ciências as dificuldades são postas. Em especial na ciência jurídica cujos avanços, embora notáveis, ainda estão longe de alcançar os mesmos êxitos obtidos noutras ciências. O certo é que os cientistas do Direito são estudiosos do mesmo valor, da mesma envergadura, dos que estudam outros ramos da ciência. Disto resulta que a dificuldade não se encontra *no cientista*, na pessoa do estudioso. A questão crucial que impede o avanço do direito é a matéria que o jurista manipula: as normas jurídicas, os valores sociais, os princípios jurídicos, a conduta do homem em sociedade. O grau de complexidade que esta matéria antepõe ao seu conhecimento, a sua abrangência e profundidade, impõe ao jurista dificuldades de tal monta que qualquer avanço, por mínimo que seja, é razão suficiente para comemoração![4]

Assim, se por um lado, e de antemão, é sabido que as dificuldades são praticamente intransponíveis, por outro lado mister é que, pelo menos, se faça tentativa para construção de um sistema mínimo. E que este sistema seja clara demonstração de uma busca da verdade. Só desta maneira poderemos saber, se o fracasso for inevitável, que essa busca tem sentido e promete êxito.

1.1 Um conceito preliminar

O primeiro problema que se estabelece é o de se saber qual o conceito dos *conceitos jurídicos de conteúdo indeterminado*. Antes de desenvolver o problema, é preciso observar que as palavras nada mais são que rótulos com um conteúdo mínimo impostos aos seres e objetos com o fito de individualizá-los. Há, por esta razão, um uso convencional das palavras. Veja-se: quando um químico descobre substância ou novo emprego para substância já existente, com certeza designará este fato com uma palavra ou expressão cuja estipulação é livre: designa o novo método ou a nova substância com um rótulo que a identifique e a torne única ou pelo menos individualizável.

O mesmo proceder, a mesma atitude, ocorre diante dos fenômenos sociais. Para um comportamento tal ou qual, também far-se-á uma designação *A* ou *B*. Atribui-se-lhe um nome, um rótulo.

Por certo que no momento de impor ao objeto do conhecimento o nome que, aleatoriamente,[5] entendeu-se o mais adequado, consentâneo com a estrutura e características do ser, o seu criador — é imperioso — purificá-lo-á de toda e qualquer conotação ou interferência empírica que possa comprometer a sua funcionalidade, a sua praticabilidade. Sem esta atitude prévia, delimitadora da extensão e profundidade do conceito, o rótulo será imprestável para fornecer aquele conteúdo mínimo necessário para identificação da criatura.

Este é o problema prévio, fundamental, com que se depara o jurista na fixação de um limite — de extensão e intensidade — dos conceitos.[6] As dúvidas seriam meno-

4. Vide: Engish, K. *Introdução ao pensamento jurídico*, pp. 205 e ss.

5. Vide: Gordillo, Agustín, *Princípios gerais de Direito Público*, capítulo I.

6. Ainda sobre as palavras como *rótulos* que colocamos nas coisas manifesta-se Hospers, citado por Gordillo: "Qualquer rótulo é conveniente na medida em que nos ponhamos de acordo com ele e o usemos de maneira conseqüente. A garrafa conterá exatamente a mesma substância, ainda que coloquemos nela um rótulo distinto, assim como a coisa seria a mesma ainda que usássemos uma palavra diferente para designá-la" (ob. cit., p. 2). Vide, ainda, Lloyd, Dennis: "Assim, as palavras são concebidas como um meio de denominar ou *colocar rótulos* em objetos, embora se reconheça que muitos dos objetos são de uma espécie peculiar, como os unicórnios, ou o atual rei da França ou Mister Pickwick" (*A idéia de lei*, p. 250).

res se os conceitos jurídicos fossem apenas descritivos. Assim, por exemplo, aos vinte e um anos se adquire a maioridade; vermelho, amarelo; acima de 1,50 metros etc. Nestas hipóteses o grau de indeterminação se reduz, quando não desaparece totalmente.

Porém, quando se trata de conceitos normativos, que expressam *idéias de valor*, as dificuldades aumentam sobremaneira. Especialmente aumentadas as dificuldades porque a compreensão do conteúdo varia no tempo e no espaço. Por exemplo: lealdade e boa-fé, honestidade, justo título etc. Aliás, o direito tem conteúdo definido, variando a compreensão de seu conteúdo porque em determinadas circunstâncias empresta-se maior relevância a alguns aspectos em detrimento de outros. Esta variabilidade está diretamente ligada às próprias características dos conceitos legais: valem-se de ficções, criações culturais, não necessitando guardar correspondência com a realidade. Para ilustrar, são clássicos os exemplos de conceito de filho e do direito de propriedade: o primeiro, extraído da obra de Engish (*Introdução...*), revela que inexiste distinção entre filiação legítima e ilegítima do ponto de vista biológico. Porém, o Direito atribui conseqüências a esta distinção. O segundo, refere-se ao direito de propriedade, cujo conteúdo expressava-se de modo absoluto e sem contestação na época romana, e que na atualidade sofre limitações por diversos ângulos, inclusive entendido modernamente como função — não apenas como simples direito.

Por outro ângulo, merece consideração, a estrutura dos conceitos jurídicos indeterminados: *a*) reconhece-se a existência de um limite mínimo dado como certo. É a chamada zona de certeza, sobre a qual não pairam dúvidas quanto aos elementos que a compõem. É a zona de certeza que está a circundar o núcleo do conceito. *b*) Em região mais afastada do centro do conceito, no núcleo, está localizado o *halo conceitual*, também conhecida como *zona de dúvida*, porque, vale dizer, inexiste uma certeza preliminar de incidência do conceito. Configura-se como zona de dúvida porque os limites — extensão e conteúdo — não podem ser tidos como certos em todas as aplicações da norma.

Da lição do professor Bandeira de Mello extraímos: "Deveras, a palavra é um signo, e um signo supõe um significado. Se não houvesse significado algum recognoscível, não haveria palavra, haveria um ruído. Logo, tem-se que aceitar, por irrefragável, imposição lógica, que, mesmo que vagos, fluidos, ou imprecisos, os conceitos utilizados no pressuposto da norma (na situação fática por ela descrita, isto é, no *motivo legal*) ou na finalidade, têm algum conteúdo mínimo indiscutível. De qualquer deles se pode dizer que compreendem uma zona de certeza positiva, dentro da qual ninguém duvidaria do cabimento da aplicação da palavra que os designa e uma zona de certeza negativa em que seria certo que por ela não estaria abrigada. As dúvidas só tem cabida no intervalo entre ambas".[7]

Como conceito mínimo, pode-se dizer que os conceitos jurídicos indeterminados são todos aqueles cuja expressão de valor possui textura variável e aberta e que o direito confere significado próprio. Por isso, correto afirmar-se que o *conteúdo* e *extensão* são, em larga medida, incertos.[8]

1.2 Fundamento, necessidade e função dos conceitos jurídicos indeterminados

A tarefa de elaborar o Direito permite ao legislador utilizar-se de expressões mais ou menos precisas, estreitas, determinadas, dependendo da abertura (ou não)

7. *Discricionariedade e controle jurisdicional*, p. 29.

8. Engish, Karl, ob. cit, p. 208.

que deseja dar às hipóteses normativas ou ao comando normativo.

No primeiro caso (hipótese da norma), descrevendo de modo impreciso a situação fática necessária e suficiente para deflagrar a incidência das conseqüências previstas na norma jurídica. Isto é, o motivo legal insculpido na norma é elástico albergando no seu íntimo um grau de imprecisão. *Assim, não se poderá, por exemplo, reputar juridicamente conveniente ou oportuno adotar certa providência que a lei faculte produzir em caso de urgência ou perante situações de risco para a tranqüilidade pública, sem antes solucionar a questão de saber-se se o caso vertente realmente se enquadra no conceito fluido designado pela palavra urgência ou pela expressão risco para a tranqüilidade pública e se em quaisquer destes casos a providência se justifica em face da finalidade da regra habilitante (bem jurídico também qualificado por conceitos vagos).*[9]

Abre a norma, com isto, a oportunidade de uso da discricionariedade (administrativa ou judicial, muito embora os juízos sejam diferentes[10]), concedendo ao aplicador a possibilidade de, num juízo jurídico mas pessoal, subsumir o fato (ou não), à hipótese normativa. Nesta oportunidade, no momento da subsunção, como já mencionado, abre-se a porta da discricionariedade. Por exemplo: a norma jurídica prevê que a força policial deverá intervir, na medida adequada, quando as manifestações públicas tornarem-se agressivas à segurança.

A hipótese normativa não é unissignificativa, pelo contrário: o que significa *manifestações públicas*? Com absoluta e irrefragável certeza pode-se dizer que as intelecções da hipótese normativa, em tese, bem como a sua subsunção ao fato concreto, ensejarão opiniões divergentes, pois, o ângulo de observação e os pressupostos são divergentes. Dependerão, em grande medida, da escala de valores própria de cada intérprete ou aplicador.

O segundo aspecto, a norma poderá conter um comando de textura variável, não perfeitamente definido (plasticidade), abrindo possibilidades ao aplicador de buscar a alternativa adequada ao caso. Certo que neste momento a apreciação do agente indicará a conveniência e oportunidade (ou não) da expedição do ato, da intensidade e extensão da medida de intervenção. Assim: "Se a lei disser, figure-se, que deverão ser expulsas da praia, a bem da moralidade pública, as pessoas que estejam trajando vestes de banho indecoro-

9. Bandeira de Mello, C. A., *Discricionariedade...*, p. 28.

10. A distinção entre discricionariedade administrativa e a atuação do juiz está em que a primeira confere ao administrador a possibilidade de escolher uma entre duas ou mais soluções equivalentes: enquanto ao Magistrado, a quem cabe *dizer o direito*, a atuação está conformada a dizer qual a única solução albergada pela regra de direito em juízo interpretativo. A este respeito, vide: Bandeira de Mello, C. A., "Mandado de segurança contra denegação ou concessão de liminar", in *RDP* 92/55-61, que conclui: "O que importa é que o Direito caracteriza as decisões jurisdicionais, sempre e sempre como volvidas à dizer o Direito: o único assim qualificável no caso concreto, pois este é o atributo correspondente à identidade própria dos atos de jurisdição; identidade da qual está excluída a possibilidade de que sejam simplesmente *opiniões* alternativas, opções melhores ou piores, mas equivalentemente confortados pela ordem jurídica. É exatamente nisto que se traduz a distinção *de jure* entre a discrição do administrador e a atuação do magistrado.

"As decisões jurisdicionais, quaisquer que sejam, confirmadas ou reformadas, persistentes ou superadas por orientação jurisprudencial nova, são sempre proferidas na qualidade de atos vinculados a dizer o Direito. Então, não há supor que o juiz tenha discrição para deferir ou indeferir pedido de liminar. Tal discrição por definição não existe ou, se existe, não expressa fenômeno em nada e por nada distinto daquele que acode ao prolatar-se uma sentença ou acórdão. Distingue-se da discrição administrativa por força da qualidade jurídica que reveste o ato jurisdicional: consistir em solução proposta como a única confortada na regra aplicanda ante o caso concreto, já que é a própria voz da lei para a situação vertente" (p.60).

sas, o pressuposto deste comando (hipótese da norma), impositivo da obrigação de expulsar, seria estar trajando uma veste pouco decorosa. Este seria o pressuposto de fato: a veste pouco decorosa. A finalidade seria a defesa da moralidade pública. Dir-se-á: o pressuposto é fluido, porque a noção de veste pouco decorosa, sobre variável no tempo e no espaço, mesmo num dado tempo e espaço pode ensanchar algumas dúvidas. Mas, em rigor, se bem se atentar para a questão, perceber-se-á que a falta de precisão de conceito de pouco decoro no traje não está residente no pressuposto de fato, em si mesmo considerado. Está residente na finalidade da norma que fala em moralidade pública, pois, dependendo da noção que se tenha de moralidade pública, determinado traje será pouco decoroso ou será decoroso. Logo, o pressuposto de fato ganha fluidez não porque a tenha em si mesmo, mas em decorrência da finalidade da norma estar manejando conceitos de valor que, eles sim, são altanto vagos, altanto imprecisos" (Bandeira de Mello, ob. cit., p. 20).

Mas, por que, então, utilizar-se deste tipo de conceito indeterminado? Não seria justificável o emprego de conceitos jurídicos fluidos, imprecisos, se a conseqüência dessa atitude fosse apenas a de dificultar a compreensão e aplicação do direito — mesmo porque o direito deve ser compreensível a todos, o que lhe garante aceitação e respeito. Precisamos observar essa questão por dois ângulos: *a*) Em um primeiro aspecto pode-se observar uma restrição factual ao poder do legislador em prever todas as situações possíveis de ocorrer. De fato, os comportamentos humanos são de tão variada ordem e em tamanha quantidade, que sua regulamentação *in specie* é obra irrealizável. Daí a necessidade de recorrer-se a termos de certa vaguidade para poder abarcá-los sem desfigurar-lhes elementos característicos ou de cuja variação há bom grau de aceitabilidade. Esta constitui-se a objeção de fato.

b) Num segundo aspecto podemos observar que ocorre a inviabilidade jurídica de realizar tal regulamentação *in specie*. Ocorre que a regulamentação de todas as situações obriga o legislador a abandonar a tarefa elaboração de leis — normas gerais, abstratas e prospectivas — para dedicar-se a expedir normas individuais, o que é característico dos atos administrativos, invadindo a seara de competência de outro poder, e que constitui-se noutra atividade: a administrativa. Como resultado, ter-se-ia a violação do princípio constitucional da separação de poderes e instauração da desarmonia nas funções clássicas do Estado.

Convém colacionar a lição do mestre português Queiró: "Há, porém, um limite para a determinação dos conceitos utilizados pelas normas, além do qual não há legislador que, enquanto tal, possa ir, sob pena de passar da *abstração à individualização*, da norma abstrata à norma individualizada: quer dizer, sob pena de abandonar o objetivo do próprio Estado de Direito. (...) O legislador, para se manter tal, tem, pois, que deixar à Administração uma certa margem de discricionariedade. Pode, sim, fazê-la desaparecer, mas, para isso, tem de sacrificar... a sua própria qualidade de legislador".[11]

Sob outro ângulo, o Direito, ao empregar esse tipo de conceito não pode esquecer sua própria função, sua utilidade, o seu fim. Como toda regra de disciplina social, o direito requer seja efetivamente realizado. Ou seja: que suas regras tenham efetivamente influído na conduta social dos indivíduos, regulando-as, disciplinando-as. Já foi dito anteriormente que o direito tem como base (substrato) os valores sociais, o que significa dizer que, sua elaboração implica necessidade de consulta à opinião pública. Sem esta sustentação social, o di-

11. *Apud* Bandeira de Mello, C. A., *Curso de Direito Administrativo*, p. 415.

reito não teria realização material. Inobstante, a regra jurídica ainda poderá sofrer percalços na sua realização, se a linguagem utilizada pelo legislador não for adequada, ou não puder ser posta em execução por intermédio de órgãos adequados (Poder judiciário, Administração Pública). É o caso de definição insuficiente que, na lição de Dabin, "é impraticável naquilo que sua aplicação ceder ás dúvidas e controvérsias geradoras de inseguridade".[12] Sustenta este autor que a incerteza da regra conduz à paralisação das atividades e ao estancamento porque, tanto julgadores quanto os cidadãos teriam dúvidas sobre qual a regra aplicável e, inclusive, sobre a existência de norma. "Socialmente hablando, la ausencia total de regla donde haría falta, o una regla imperfecta en el fondo de su disposición, son preferibles a menudo a una regla incierta: esas soluciones tenen al menos el mérito de la claridad, y cuando es preciso los acuerdos particulares permitirán llenar la laguna, o corrigir el vicio; en tanto que la incertitumbre del derecho añade al desorden de las conductas, al que se quiere poner remedio, un desorden más intolerable todavía: un desorden en la misma ordenación que pretente establecer y hacer que reine el orden".[13]

Disto, conclui-se que, a maior ou menor definição do conteúdo da regra de direito elaboranda e do conceito jurídico a ser empregado depende em grande medida da natureza da matéria a ser regulada (p. ex.: no Direito Penal, as definições necessariamente deverão ser específicas; no Direito Constitucional, necessariamente serão amplas). No primeiro exemplo, justifica-se a precisão porque seria incompreensível e intolerável que em uma sociedade que respeita os direitos fundamentais do homem, houvesse livre apreciação sobre os bens que lhes são mais preciosos: vida, liberdade. No segundo caso, porque se a regulamentação for específica, demasiado definida, permaneceriam excluídas de seus limites aquelas hipóteses não previstas formalmente, mas que guardam identidade de fundamentos. A vida pública (referimo-nos à administrativa, em especial) trata de situações multifárias, multifacetadas, de grande variabilidade e imprevisibilidade que necessitam ser providas de soluções adequadas. Por isso, as regras administrativas trazem conceitos indeterminados, amplos, que possibilitam à autoridade certa margem de discricionariedade na escolha dos motivos e do objeto adequado ao caso, submetendo-se a controle de legalidade, sem interferência no mérito administrativo, pelo Poder Judiciário.

A pretexto de concluir esta digressão, merecem ser transcritas as palavras de Sainz Moreno, sobre a função dos conceitos jurídicos indeterminados: "Así, la función positiva que cumple la indeterminación de los conceptos jurídicos, no es la de crear um vacío normativo dentro de cuyos límites cualquer decisión sea válida, sino, por el contrario, dar a la norma la holgura necesaria para que, sendo más adaptable a la realidad, el resultado de su aplicación pueda ajustarse con mayor exactitud a la solución que la norma preconiza, *al espíritu y finalidad de aquélla*, como dice el artículo 3º del Código Civil. La indeterminación de los conceptos, por sí sola, no tiene, pues, otro alcance juridico que el de hacer posible la más exacta aplicación de la norma".[14]

1.3 Conceito indeterminado e dever de adotar a melhor solução

Na esteira do pensamento do prof. Bandeira de Mello, pode-se entender que quando a lei de modo vinculado impõe o único comportamento possível diante de

12. *Teoria General del Derecho*, pp. 256-258.
13. Ob. cit., p. 262.

14. *Apud* Costa, Regina Helena, "Conceitos jurídicos indeterminados", in *RDP* 95/127.

determinada situação, o faz porque é possível definir antecipadamente a conduta (solução) ideal e também para que não pairem dúvidas sobre seja aquela a solução justa e adequada (ideal). Por isso o fez em termos vinculados. Por outro lado, cabe questionar: se a lei não regula a conduta e a solução adequada, deixando margem de discricionariedade ao administrador, terá ela propósito de albergar toda e qualquer solução tomada pelo agente público, mesmo que esta solução não atenda às finalidades *in concreto*? Ou, nas palavras do mestre Bandeira de Mello: "Mas caberia perguntar: quando a lei regula uma dada situação em termos dos quais resulta discricionariedade, terá ela aberto mão do propósito e da imposição de que seja adotado o comportamento plenamente adequado à satisfação de sua finalidade?"[15]

Salta às evidências que no exercício de condutas vinculadas a própria lei encarregou-se de deixar preestabelecido o modo, a forma, o motivo, a finalidade e o objeto adequados para aquela situação, excluindo a margem de discricionariedade. Ainda aqui, os conceitos empregados pela lei são, em sua maioria, descritivos. Por exemplo: *ao completar trinta anos de serviço, o trabalhador poderá requerer aposentadoria com proventos integrais*. Nota-se, em simples revista, que comprovado o tempo de serviço, defere-se o benefício da aposentadoria. É a conduta ideal para atender ao interesse público.

Por outro aspecto, poder-se-ia dizer que quando o conceito jurídico empregado comporta valoração subjetiva do aplicador, qualquer solução que, em tese, estivesse confortada pela norma atenderia o desejo desta. Não pode prosperar esse teorema. É que a discricionariedade não é liberdade para escolha de qualquer solução, mas a escolha daquela que melhor atenda aos fins para os quais a norma jurídica foi elaborada. É, antes, uma imposição para que o agente público adote o comportamento ótimo. Ou, *quando a lei regula discricionariamente uma dada situação, ela o faz deste modo porque não aceita do administrador outra conduta que não seja aquela capaz de satisfazer excelentemente a finalidade legal.*[16]

A razão demonstrativa e comprobatória desta assertiva é simples: a utilização de termos elásticos ou imprecisos não é sinônimo de autorização para tomada de qualquer decisão ou seja, não significa que qualquer decisão tomada dentro de seus limites seja válida. Ademais, se o legislador, podendo fazê-lo (escolher a melhor solução), não o fez, é porque pretende (e impõe) que a maleabilidade legal, nos conceitos, seja utilizada para buscar uma solução ótima, não apenas razoável, naquelas circunstâncias. Apenas é válida e conformada às finalidades legais aquela solução ótima.[17]

15. Bandeira de Mello, *Discricionariedade...*, p. 32.

16. Bandeira de Mello, C. A., ob. cit., p. 34.

17. Permitimo-nos extrair dois exemplos formulados pelo insigne prof. Bandeira de Mello: "Figurem-se duas hipotéticas normas. Uma, que dissesse: terão direito a internamento gratuito nos hospitais públicos, os doentes que ganharem apenas um salário mínimo. Seria uma forma de criar, para a Administração, o dever de internamento gratuito de certas pessoas enfermas que recorressem aos hospitais públicos. Neste caso não haveria discrição alguma. Apresentar-se-ia o indivíduo que estivesse doente, comprovar-se-ia o fato por um exame de natureza técnica, e o paciente demonstraria perceber apenas um salário mínimo. Haveria vinculação também, com relação ao pressuposto: ganhar tanto. Seria uma possível maneira de regular tal assunto. Mas a lei poderia dispor sobre esse tema da seguinte forma: terão internamento gratuito nos hospitais públicos, as pessoas doentes que forem *pobres*. Neste caso, o pressuposto para obter internamento gratuito seria a pobreza, não estando fixada por uma quantificação objetiva (um salário mínimo) a caracterização do pressuposto normativo.

"Verifique-se o que poderia ocorrer em uma e outra hipótese dentre estas duas maneiras de regular a mesma matéria. Se a lei dispusesse que teriam direito a internamento gratuito apenas os que ganhassem até um salário mínimo, resulta, evidente, que

1.4 Os conceitos indeterminados e insegurança jurídica

Os conceitos indeterminados, por sua própria característica e conteúdo, permitem, pelo menos em tese, a adoção de soluções variadas. Porém, existe um problema prévio: a certeza da existência do direito não implica segurança nas relações jurídicas. Com efeito, o Direito, enquanto norma positiva fornece ao intérprete apenas a certeza da existência enquanto objeto de estudo, de conhecimento. Não oferece a mesma certeza quando da sua aplicação; por isso, nem segurança neste segundo momento.

"Se não é possível fixar e *estabelecer* aquilo que é justo, deve ao menos ser possível *estabelecer* aquilo que ficará sendo o direito, e isso deve estabelecê-lo uma autoridade que se ache em condições de poder impor a observância daquilo que precisamente foi estabelecido. A *positividade* do direito vem assim a ser, ela própria, um pressuposto da sua certeza. Não pode haver direito certo que não seja positivo; e, do mesmo modo, pode dizer-se que assim como a *positividade é da essência do próprio conceito dum direito certo*, assim é da essência do direito positivo o *ser certo*", leciona Radbruch.[18]

Ainda a título de considerações preliminares, não se pode esquecer que o Estado de Direito está estruturado sob dois aspectos: o primeiro, material, constituído pelos elementos segurança jurídica e justiça — o que não significa dizer que não existam antinomias entre as idéias de segurança jurídica e de justiça.[19] É o caso da prescrição: dá-se maior importância à segurança jurídica, à estabilização das relações jurídicas, que à justiça da decisão. No segundo aspecto, o formal, encontra-se, principalmente, um sistema de *direitos e garantias*, a separação de funções do Estado, a legalidade da Administração Pública e a proteção da boa-fé depositada pelos administrados na ação do Poder Público.[20]

careceriam de tal direito os que percebessem acima deste limite. Poderia ocorrer que se apresentassem, na mesma ocasião, dois indivíduos: um, cuja retribuição fosse de um salário mínimo e meio e outro que se enquadrasse perfeitamente no teto legalmente estabelecido. Ao primeiro indivíduo, como determinava a lei, seria indeferido o internamento e ao segundo, como é natural, conceder-se-ia tal benefício. Agora imagine-se que este primeiro, que ganhava um salário mínimo e meio, fosse casado, tivesse 12 filhos dependentes e sustentasse a sogra. E suponha-se que este segundo, que solicitou o internamento e que ganhava apenas um salário mínimo, fosse solteiro, tivesse pais muito ricos e morasse com eles. Se a lei estabelecesse em termos vinculados, fixando por salários mínimos o pressuposto fático, caberia perguntar: nas situações supostas, a finalidade inspiradora da lei teria sido atendida? Evidentemente que não. Então, se a lei houvesse estabelecido que terão direito a internamento gratuito as pessoas *pobres* (conceito vago), porque ela o faria nestes termos? Pura e simplesmente porque pretenderia garantir o perfeito atendimento de sua finalidade. Ela poderia dispor de outra maneira, porém, se o fizesse, em muitos casos, quiçá, na maioria deles, a finalidade da lei, seria plenamente atendida, mas, em vários outros seria desatendia" (ob. cit., pp. 34-35).

18. *Filosofia do Direito*, p. 161. Barros Carvalho (*Curso de Direito Tributário*, p. 90) assevera que: "Trata-se, na verdade, de um sobreprincípio que está acima de todos os primados e rege toda e qualquer porção da ordem jurídica.

"Como valor supremo do ordenamento, sua presença é assegurada nos vários subsistemas, nas diversas instituições e no âmago de cada unidade normativa, por mais insignificante que seja. A certeza do direito é algo que se situa na própria raiz do *dever ser*, é ínsita ao deôntico, sendo incompatível imaginá-lo sem determinação específica".

19. Leciona o mestre gaúcho Couto e Silva: "Se é antiga a observação de que justiça e segurança jurídica freqüentemente se completam, de maneira que pela justiça chega-se à segurança jurídica e vice-versa, é certo que também, freqüentemente colocam-se em oposição. Lembre-se, a propósito, o exemplo famoso da prescrição, que ilustra o sacrifício da justiça em favor da segurança jurídica, ou da interrupção da prescrição, com o triunfo da justiça sobre a segurança jurídica. Instituto como o da coisa julgada ou da preclusão processual, impossibilitando definitivamente o reexame dos atos do Estado, ainda que injustos, contrários ao Direito ou ilegais, revelam igualmente esse conflito" ("Princípio da legalidade da Administração Pública e da segurança jurídica no Estado de Direito contemporâneo", in *RDP* 84/46).

20. Vide Couto e Silva, Almiro, ob. cit., p. 46.

Em um primeiro momento, constata-se que a existência do direito enquanto ser, enquanto objeto de conhecimento é indiscutível. Tanto nos sistemas do *commom law* quanto nos sistemas de base romanística este é um problema superado. A dúvida está em que o seu conteúdo por referir-se a valores enseja dubiedades na sua compreensão e, por conseqüência, na adequação da norma ao caso concreto. Ou, na lição de Larenz: "É evidente (referindo-se ao julgador) que se lhe exige um juízo de valor quando, para poder coordenar a situação de facto com a previsão da norma legal, tenha de julgar segundo uma pauta que primeiro ele tenha de concretizar, uma pauta carecida de preenchimento".[21] Em seguida, arrola o mestre Larenz alguns exemplos de *pautas carecidas de preenchimento*: bons costumes, diligência devida no tráfego, justa causa como pressuposto da eficácia de uma denúncia independentemente de prazo, nas relações obrigacionais duradouras. E arremata dizendo "que existe justa causa, segundo a jurisprudência, quando, consideradas todas as circunstâncias, não é exigível, segundo a boa-fé, a uma das partes do contrato que prossiga na relação obrigacional".[22] Trata-se, portanto, de um processo intelectivo de interpretação e compreensão que visa subsumir uma situação fática em uma categoria legal. Acrescente-se, ainda, que, por conta da lição do prof. Larenz, que o julgador terá necessariamente que preencher a pauta de julgamento de modo suficientemente amplo que torne possível a apreciação do caso concreto sob todos os seus aspectos. "É inevitável, a este respeito, lance previamente o seu olhar à conseqüência jurídica: o julgar uma conduta como *negligente* cifra-se em saber se é apropriado a seu respeito estabelecer uma responsabilidade, com base na valoração legal; ao julgar sobre a questão de se a continuação da relação contratual é ainda exigível a uma das partes do contrato, trata-se do nível valorativo hierárquico da vinculação a um contrato. A apreciação da situação de facto tal como a configura a pauta carecida de preenchimento, não pode separar-se da questão relativa a que conseqüência jurídica é aqui *adequada*, no sentido da lei".[23] Pode-se perceber que a adequação, ou não, da conseqüência jurídica imposta pela lei é questão valorativa. Como tal, implica emissão de juízo de valor, somente válido se reconhecido pelo senso comum, sob o ponto de vista do direito, informando como deve ser julgada a situação de fato.

A questão que se põe, neste momento, é a da alterabilidade das decisões (judiciais ou administrativas) fundadas em interpretação divergente, como fator de insegurança jurídica.

"Com efeito, como já dito anteriormente, a interpretação da norma jurídica pode albergar soluções divergentes, face as suas peculiaridades. Nem por isso se pode afirmar a inexistência do direito posto. As dúvidas decorrentes desta permissividade conceitual, no que se refere à subsunção só poderão, evidentemente, ser solucionadas pela intervenção do Judiciário. Ocorre que, conforme diz Couto e Silva, por certo, não temos nós a regra do *stare decisis*, ou da força vinculativa dos precedentes,[24] o que tem impedido que, no rigor da técnica, possa a jurisprudência ser considerada como fonte de Direito. Mas ninguém negará que a jurisprudência constante, uniforme, plenamente consolidada, exerce papel semelhante ao *ius honorarium*, nos seus conflitos com o *ius civile*, no Direito Romano. Muito embora não pudesse o *ius honorarium* ab-rogar formal-

21. *Metodologia da Ciência do Direito*, p. 348.
22. Ob. cit., p. 350.
23. Ob. cit., pp. 350-351.
24. Atualmente, apenas para esclarecer, o sistema constitucional permite a chamada *ação direta de constitucionalidade*, cuja decisão vincula as instâncias judiciais inferiores.

mente o *ius civile*, a ele, no entanto, se sobrepunha na prática, pois o Direito que era efetivamente aplicado era o *ius honorarium* e não o *ius civile*".[25]

O direito processual admite, nas diversas fases do processo judicial, recursos que visam, na sua essência, a alterar uma decisão judicial inferior. Ou, quando se tratar de decisão transitada em julgado, de rescindir o julgado. Em ambas as situações o que se verifica é a insatisfação de um dos lados (partes) do processo, argumentando a incorreta aplicação *in casu* do Direito. Na primeira situação, o sopesamento dos fatores de convencimento ou uma interpretação dos fatos e da norma jurídica é maculado de impróprio ou deficitário para produzir a decisão judicial. No segundo caso, quando já há trânsito em julgado da decisão, o fundamento pode estar em fato novo e, por isso, não se trata de insegurança jurídica, mas de circunstância superveniente que obriga o julgador a reexaminar os fatos.

Outro ponto crucial, no que concerne à segurança jurídica, é dos atos administrativos, especialmente aqueles oriundos do exercício do poder discricionário, onde existe possibilidade efetiva de escolha entre duas ou mais soluções aplicáveis em igualdade de condições no caso concreto.

Com efeito, em se tratando de poder vinculado ou administrativo vinculado à hipótese, ao comando ou à finalidade legal, não há questionamento, pois, todos os requisitos vêm previamente tipificados e a tarefa de adequação do fato à hipótese normativa é realizada sem grandes dificuldades. Ainda favorece ao administrado, e à segurança jurídica, o fato de que existem circunstâncias reconhecidas pelo direito como estabilizadoras das relações jurídicas, mesmo que tenha havido erro ou ilegalidade. São exemplos a prescrição, a decadência, a preclusão etc. Todos institutos reconhecidamente estabilizadores, contribuindo para a segurança jurídica na aplicação do direito.

Porém, nos atos discricionários, o mesmo não se reproduz. Com efeito, sempre é possível ao Poder Público adequar o seu agir com as novas circunstâncias e necessidades do interesse público. Dispõe, para tanto, de faculdade de revogar, a qualquer momento, os atos tomados no exercício de uma potestade jurídica discricionária, bastando-lhe que a competência esteja disponível. Não se alegue aqui, já o demonstramos alhures, que o emprego de conceitos jurídicos indeterminados, pela Administração Pública, não é aplicação do direito, como querem os eminentes professores espanhóis García de Enterría e Ramón Fernandez.[26] Para relembrar, afirmamos alhures que a discricionariedade pode estar tanto na hipótese da norma, ou no comando, ou na finalidade da norma jurídica. Não significa dizer, contudo, que a discricionariedade constante na hipótese ou no comando subsistirá no caso concreto. Pelo contrário. Pode ocorrer que numa dada situação, apenas uma das soluções albergadas pela norma seja adequada.

A faculdade revocatória está sempre presente nos atos discricionários. Por exemplo, uma autorização para explorar serviço de interesse público eventual e transitório, pode ser revogada em qualquer momento. Basta que o Poder Público disponha de competência discricionária e poderá efetivar tal medida. Ninguém sustentará, nesta hipótese, que não haverá insegurança jurídica. De fato, se a qualquer momento, como reconhece a doutrina, o Poder Público dispõe desta faculdade e pode utilizá-la, qual é a segurança na relação jurídica daí advinda?

A doutrina moderna, atenta a tal circunstância, propõe a manutenção dos efeitos do ato administrativo discricionário que já se incorporam ao patrimônio do in-

25. Couto e Silva, ob. cit., p. 52.

26. Ob. cit., pp. 392-394.

divíduo, como forma de garantizar a segurança nas relações jurídicas estabelecidas. Além disso, torna vinculantes, para o Poder Público, certas decisões, fazendo-as imodificáveis na via administrativa, como, por exemplo, o resultado final de concurso público, embora reconheça certa margem de discricionariedade no exame de provas escritas. Outro exemplo característico dessa vinculação é aquele que se refere à mudança de interpretação de norma jurídica pela Administração Pública. As decisões exaradas sob o influxo de determinada interpretação não poderão ser atingidas pela nova interpretação de norma jurídica. Na esfera administrativa, evidentemente.

A questão se transfere, neste momento, para as decisões judiciais. Na esfera administrativa temos um rumo que pode ser seguido. Porém, tanto na esfera judicial quanto na administrativa, existe um momento de formação de decisão. Nesta oportunidade diversos fatores influem. Por isso, é de perguntar-se: então, como obter-se segurança jurídica se, de um lado depende-se da valoração jurídica (não pessoal) do juiz e, do outro lado, inexiste vinculação entre as decisões judiciais? Como preencher-se o *vácuo* e dar às relações sustentadas na norma jurídica a segurança que se lhes é de desejar?

Kelsen sustenta que: "A decisão judicial de um caso concreto é vinculante para a decisão de casos idênticos pelo fato de a norma individual que ela representa ser generalizada". Diz mais: "Uma decisão judicial pode ter um tal caráter de precedente quando a norma individual por ela estabelecida não é predeterminada, quanto ao seu conteúdo, por uma norma geral criada por via legislativa ou consuetudinária, ou quando essa determinação não é unívoca e, por isso permite diferentes possibilidades de interpretação" [27]

O raciocínio de Kelsen informa que o caso (precedente) irradia uma norma individual que serviria de parâmetro para decisão de casos iguais, muito embora reconhecendo a dificuldade prática de identificar-se se dois casos são iguais pela variabilidade de seus elementos componentes. Como solução, propõe: "Porém, a questão de saber em que pontos têm de coincidir para serem considerados como *iguais* apenas pode ser respondida com base na norma geral que determina a hipótese legal (*tatbestand*), fixando os seus elementos essenciais. Portanto, só com base na norma geral que é criada pela decisão com caráter de precedente se pode decidir se dois casos são iguais. A formulação desta norma geral é o pressuposto necessário para que a decisão do caso precedente possa ser vinculante para a decisão de casos *iguais*". [28]

Tem-se que seria possível a criação do Direito por órgão não-legislativo, providência esta que poderia ser tomada por Tribunais de última instância, ou na interpretação de norma jurídica multívoca, circunstância também criadora, em parte, de um direito vinculante às demais decisões judiciárias *in concretu*, que guardassem semelhança.

O precedente, com força vinculante, caberia naquelas situações em que o conteúdo da norma individual não está predeterminado por norma originária do legislativo, ou consuetudinária (indicando a fonte) ou quando a norma já existir positivada, dela derivar possibilidades de interpretação, porque o seu conteúdo é indeterminado. [29]

Neste passo, salienta Kelsen, existem dois sistemas: *a*) um primeiro que reserva a função produtora de normas jurídicas à Câmara Legislativa, com exclusividade; e a aplicação ao caso concreto como função limitada aos Tribunais, donde decorreria,

27. Kelsen, H. *Teoria Pura do Direito*, pp. 267-272.

28. Ob. cit., p. 268.

29. Ob. cit., pp. 268-269.

naturalmente, uma previsibilidade das decisões jurisprudenciais dos Tribunais, facilitando a escolha e adequação de condutas por parte dos indivíduos. Como conseqüência deste sistema, teríamos, de um lado, a escassez de flexibilidade pois a elaboração de leis pelo Parlamento sofre inúmeros percalços e, por outro lado, o sistema primaria pela segurança jurídica. *b*) O segundo sistema, primaria pela livre criação e apreciação do direito ao caso concreto ou, no dizer de Kelsen: "tampouco haveria órgão legislativo central".[30]

Em conclusão, sustenta que os Tribunais também produzem normas individuais (sentenças), mas submissos a uma ordem jurídica, num processo continuador (não originário).[31]

A teoria convence, na verdade, quanto a existência do direito enquanto ser, objeto de conhecimento. Não ocorre o mesmo no que se refere a aplicação do direito ou o processo de tomada da primeira decisão ou o primeiro precedente. É de indagar: com que valores, fatores e circunstâncias o julgador decide o primeiro caso? Só com aquilo que está no ordenamento jurídico? Ou decide baseado em princípios gerais, na eqüidade, nos bons costumes etc.? Desde o ponto de vista da existência do direito, há segurança; desde o ponto de vista da aplicação do direito ao caso novo ou *mais ou menos novo*, não há segurança jurídica.

Ocorre que as normas jurídicas são prenhes de conceitos indeterminados, que permitem ao juiz uma margem de liberdade e, por isso valoração de circunstâncias concretas e individuais.

Não é sem tempo e sem razão, que a doutrina alemã moderna sustenta existirem diversos tipos de juízos exercitados pelo julgador para encaixar a previsão normativa sobre a situação de fato que lhe é apresentada:

30. Ob. cit., p. 269.
31. Ob. cit., p. 272.

a) Juízos baseados na percepção, tais como a morte, o nascimento. Normalmente assentam-se sobre fatos ou dizem respeito a fatos.[32]

b) Juízos baseados na interpretação da conduta humana, tais como os movimentos corporais. *A conduta humana é, em larga medida, um agir dirigido a fins. E, como tal, só a entendemos com base nas experiências que cada um faz consigo mesmo e com os outros.*[33]

c) Juízos proporcionados pela experiência social, ou no dizer autorizado de Larenz: "Mesmo quando se não trata da interpretação da conduta humana, é freqüentemente necessário, para a apreciação de determinados factos tal como a lei os configura, ir para além da percepção empírico-social. Assim, o juízo de que uma coisa é *defeituosa* (no sentido do § 459 do BGB) contém já um *impacto negativo*".[34]

d) Juízos de valor, circunstância em que o julgador *pondera* factos, ou seja, "valora-os na sua significação concreta sob o ponto de vista da regulação legal. É evidente que se lhe exige um juízo de valor quando, para poder coordenar a situação de facto com a previsão legal, tenha de julgar segundo uma pauta que primeiro ele tenha de concretizar, uma pauta *carecida de preenchimento*. Tais pautas carecidas de preenchimento são *os bons costumes*, e *boa-fé* (...)".[35]

Assim, levando em consideração que todos estes fatores devem estar presentes no momento da efetiva aplicação a norma jurídica, percebe-se que o Direito não oferece em larga medida a segurança jurídica exigida no momento de sua aplicação. Contribui, também, para isso, que muitos juízos desenvolvidos dependem em larga medida do entendimento íntimo do julga-

32. Larenz, K., ob. cit., p. 340.
33. Larenz, K., ob. cit., p. 342.
34. Ob. cit., p. 343.
35. Ob. cit., pp. 346-347.

dor ao apreciar a situação concreta (caso concreto), do que de fatores externos. Por outro ponto de vista, é evidente, ultrapassada a fase inicial (de julgamento dos primeiros casos), formar-se-á um entendimento dos Tribunais acerca da interpretação e aplicação correta do Direito e, conseqüentemente, a imprevisibilidade e insegurança tenderão a diminuir exatamente como propõe Kelsen[36] e Larenz.[37] Trata-se aqui, de aplicação do princípio da eqüidade e da analogia, ou seja, aos casos iguais, um tratamento igual.

A estabilidade das relações jurídicas, normalmente é posta na doutrina como expressão de significado inverso à flexibilidade (e, por que não dizer, evolução do Direito?) da interpretação do Direito.

Se observarmos a posição sustentada por Kelsen, na sua monumental obra *Teoria Pura do Direito*, colhemos a impressão de que a flexibilidade é situação diametralmente oposta à estabilidade das relações jurídicas.[38]

Em verdade, isso decorre do pressuposto adotado por Kelsen, segundo o que pretendia "desenvolver uma teoria pura, isto é, purificada de toda a ideologia política e de todos os elementos de ciência natural".[39]

A constatação que se deve mencionar é aquela em que o Direito só existe porque existem ações humanas que precisam ser disciplinadas ou a elas aderirem conseqüências. Então deduz-se que não há Direito *para mim*, mas somente se for entendido *para nós*. E este *para nós* é formado pelo entrelaçamento e inter-relacionamento dos agentes do Direito e suas ações. Assim, o sentido da lei deve estar em consonância também com os fatores sociais. No dizer autorizado do mestre Carlos Maximiliano, "já os antigos juristas romanos, longe de se aterem à letra dos textos, porfiavam em lhes adaptar o sentido às necessidades da vida e às exigências da época".

"Não pode o Direito isolar-se do ambiente em que vigora, deixar de atender às outras manifestações da vida social e econômica; e esta não há de corresponder imutavelmente às regras formuladas pelos legisladores. Se as normas positivas se não alteram à proporção que evolve a coletividade, consciente ou inconscientemente a magistratura adapta o texto preciso às condições emergentes, imprevistas. A jurisprudência constitui, ela própria, um fator do processo de desenvolvimento geral; por isso a Hermenêutica se não pode furtar à influência do meio no sentido estrito e na sua acepção lata; atenta às conseqüências de determinada exegese: quando possível a evita, se vai causar dano, econômico ou moral, à comunidade. O intuito de imprimir efetividade jurídica às aspirações, tendências e necessidades da vida de relação constitui um caminho mais seguro para atingir a interpretação correta do que o tradicional apego às palavras, o sistema silogístico de exegese".[40]

Exemplo seguro e elucidador desta proposição doutrinária é a evolução do conceito de direito de propriedade, aqui já citado, que se transformou segundo as necessidades do grupo social (pressão exercida pelos fatos novos), passando da posição de direito absoluto, tido como inques-

36. Ob. cit., p. 268.
37. Ob. cit., p. 348.
38. Ob. cit., pp. 268-269.
39. Ob. cit., prefácio à primeira edição.

40. *Hermenêutica e aplicação do Direito*, p. 157. Com a intenção de só completar o pensamento do ilustrado mestre Carlos Maximiliano, transcrevemos a lição de Calamandrei, citado por Cappelletti: "sob a ponte da Justiça passam todas as dores, todas as misérias, todas as aberrações, todas as opiniões políticas, todos os interesses sociais. E seria de desejar fosse o juiz capaz de reviver em si, para os compreender, cada um destes sentimentos (...)

"Justiça e compreensão: isto é, tomar em conjunto e adaptar os interesses opostos: a sociedade de hoje e a esperança de amanhã; as razões de quem o defende e as de quem a acusa (...)" (*Juízes Irresponsáveis?*, p. 93).

tionável na Roma Antiga, para a de direito-função, adequando-se ao fim para o qual se destina.

Destas afirmações, pode-se concluir que a estabilidade das relações jurídicas não sofre do mal da inflexibilidade, mas, antes de tudo é sinônimo de adequação do Direito aos fins sociais. E a sua evolução se dá na medida em que as circunstâncias sociais, fatores econômicos, políticos, morais etc. forem se alterando. A estabilidade não se dá pelo Direito enquanto Direito, mas pela legitimidade (aceitação pela coletividade por atender as aspirações tidas como justas) das decisões.

1.5 Os princípios gerais do Direito, em especial a razoabilidade e proporcionalidade, como fatores de limitação dos conceitos jurídicos indeterminados

A questão final que se propõe gira em torno da necessidade, imperiosa necessidade, de limitar a atuação do juiz e do administrador público no manejo de conceitos de conteúdo indeterminado. Com que meios? Com princípios gerais do Direito.

Sem dúvida alguma, ninguém poderá afirmar a inexistência de princípios jurídicos implícitos ou explícitos no ordenamento jurídico de cada País; nem negar que desempenham um papel sumamente importante na aplicação do Direito. Para exemplificar a assertiva anterior, trazemos a colação relato de Perelman:

"A Bélgica, durante a primeira guerra mundial, foi quase que inteiramente ocupada pelo exército alemão. O Rei se encontrava no Havre e, dada a impossibilidade de reunir a Câmara e o Senado, passou a legislar sozinho, através de decretos-leis. Violava, com isso, o que dispunha o art. 26 da Constituição belga, segundo o qual o poder de legislar haveria de ser exercitado, conjuntamente, por ele — o Rei —, pela Câmara e pelo Senado.

"Em razão disso, com apoio no art. 25 — *os poderes são exercidos do modo estabelecido pela Constituição* — e no art. 130 da Constituição — *a Constituição não pode ser suspensa nem no seu todo nem em parte* —, a legalidade dos decretos-leis editados pelo Rei, durante a guerra, foi questionada, tendo sido apontados como ofensivos ao disposto no art. 26 da Constituição.

"Se a teoria de Kelsen fosse adequada à realidade jurídica e se o texto constitucional devesse constituir a norma fundamental do direito belga, a Corte de Cassação não teria podido fazer outra coisa senão subscrever a argumentação que apontava a inconstitucionalidade dos decretos-leis editados exclusivamente pelo Rei. Não obstante, a Corte não titubeou em afirmar que precisamente *na aplicação dos princípios constitucionais, o Rei, que durante a guerra era o único órgão do poder legislativo que conservara a sua liberdade de ação, adotou as disposições com força de lei que a defesa do território e os interesses vitais da nação imperiosamente demandavam*. E prossegue:

"A Corte de Cassação sufragou, assim, argumentação segundo a qual a letra da Constituição, no caso, resultava superada por uma série de princípios que o Procurador Geral Terlinder Sustentava consubstanciarem *axiomas de direito público*: *a*) a soberania da Bélgica jamais esteve suspensa; *b*) uma nação não pode ficar sem governo; *c*) não é possível nenhum governo sem lei, ou seja sem poder legislativo."

Em conclusão, sustenta Perelman que de tais "axiomas (princípios), decorre a inquestionável necessidade de, no caso — estando os demais órgãos do Legislativo de fato impedidos de exercer suas funções — o Rei legislar exclusivamente por ato seu, (...) e que o ordenamento jurídico não constitui um conjunto de regras jurídicas cujo sentido e alcance independe do contexto político e social, mas sim que tais regras estão subordinadas a fins em função dos quais devem ser interpretadas, a solução esposada pela Corte de Cassação se impunha".[41]

Por outro lado, convém que se saliente que o legislador ao formular norma jurídica põe em seu íntimo (da norma) princípios já previamente elaborados na sua consciência, que são frutos do inter-relacionamento ou de uma espécie de consciência popular ou social. Por isso, correto afirmar-se que a elaboração de lei não é tarefa de criação exclusiva de sua mente, mas produto cuja criação se realiza em sociedade (ou uma criação social) sustentada naqueles princípios éticos, morais e de justiça, e culturais instrutores desta mesma sociedade. Ademais, por ser produto social, contém implícito princípios de Direito reconhecidos como válidos e legítimos. Neste sentido a lição de Diego: " ...los principios aludidos son, por el pronto, los informadores de nuestro derecho. El legislador, al formular las normas concretas de um derecho positivo, traduze y desarrolla los princípios que se dan en su conciencia; pero com ello no hace obra de creación individual, porque sin negar sus legítimos influjos e iniciativas esos principios están dados objectivamente en la conciencia popular, en el material del derecho histórico, en la realidad social. El derecho positivo no es mero producto de la voluntad del legislador, no es pura creación de su mente, es um producto sociológico, es una creación de la sociedad. Cada pueblo tiene su sistema jurídico propio, aun compuesto de diversos elementos positivos; (...) Los princípios elaborados en el seno de la sociedad por obra, en definitiva, no hay necessidad de decirlo, de la razón individual permanecen como en el subsuelo de las formaciones jurídicas (...)".[42]

Desviando-se do tema da existência, adentramos no tema da conceituação e importância dos princípios de Direito.

Princípio traduz a idéia de precedência e procedência, ou de origem de algo ou de onde procede este algo, conforme primorosamente nos ensina Clemente Diego.[43] Constituiu evidentemente, idéia nuclear, ponto de sustentação, ponto cardeal e razão informativa de todo o Direito. Confere a idéia de que algo está acima, iluminando todo o sistema jurídico. Também o mestre argentino, formador de verdadeira escola, Gordillo, averba: "Diremos entonces que los principios de derecho público contenidos en la Constitución son normas jurídicas, pero no sólo eso; mientras que la norma es un marco dentro del qual existe una cierta libertad, el principio tiene sustancia integral. La simples norma constitucional regula el procedimiento por el que son producidas las demás normas inferiores (ley, reglamento, sentencia) y eventualmente su contenido; pero esa determinación nunca es completa, ya que la norma superior no puede ligar en todo sentido y en toda dirección el acto por el cual es ejecutada; el principio, em cambio, determina en forma integral cual ha de ser la sustancia del acto por el cual se lo ejecuta. La norma es límite, el principio es límite e contenido. (...) pero el principio establece una dirección estimativa, un sentido axiológico, de valoración, de espíritu. El principio, exige que tanto la ley como el acto administrativo respeten sus límites y además tengan su mismo contenido, sigan su misma dirección, realicen su mismo espíritu".[44]

Pelo que averbamos, é fácil perceber que a afronta a princípio é sempre mais grave que insurgência contra norma, porque aquela significa sublevação contra todo o ordenamento jurídico; porque aten-

41. *Apud* Grau, E. R., *A ordem econômica*..., pp. 93-94.

42. *Apud* Grau, E. R., ob. cit., p. 119.

43. *Apud* Grau, E. R., ob. cit., p. 117.

44. Gordillo, A. *Apud* Grau., ob. cit., p. 97.

ta contra todos os valores estruturantes da sociedade e da vida jurídica de um povo. É a mais brutal e inominável forma de violação do Estado de Direito que pode ser perpetrada.

Pelo proposto *ab initio*, sustentamos ser de suma importância a aplicação de dois princípios básicos necessários, indispensáveis com o objetivo de limitar a discricionariedade (e o arbítrio) judicial e administrativo. Vejamos:

O primeiro princípio que deve ser analisado é o da razoabilidade das decisões — administrativa e judicial. Muito embora seja conceito fluido, indeterminado, é possível perceber-se às claras que este princípio indica a prudência, a sensatez, o equilíbrio nas condutas judiciais e administrativas.

Com o habitual brilho, assevera o prof. Bandeira de Mello que a Administração, "ao atuar no exercício da discrição, terá que obedecer a critérios aceitáveis do ponto de vista racional, em sintonia com o senso normal de pessoas equilibradas e respeitosas das finalidades que presidirem a outorga da competência exercida. Vale dizer: pretende se colocar em claro que não serão apenas inconvenientes, mas também ilegítimas — e portanto jurisdicionalmente invalidáveis — as condutas desarrazoadas, bizarras, incoerentes ou praticadas em desconsideração às situações e circunstâncias que seriam atendidas por que tivesse atributos normais de prudência, sensatez e disposição de acatamento às finalidades da lei atributiva da discrição manejada".[45] Para reforçar este posicionamento, colacionamos a lição do insuperável Gordillo, sobre as circunstâncias que apontam violação à razoabilidade: "*a*) no dé los fundamentos de hecho o de derecho que la sustentan, o *b*) no tenga en cuenta los hechos acreditados en el expediente, o públicos y notorios; o se funde en hechos o pruebas inexistentes; o *c*) no guarde una proporción adecuada entre los medios que emplea y fin que la ley desea lograr, o sea, que trate de una medida desproporcionada, excesiva en relación con lo que se quiere lograr".[46]

Por outro lado, destaca-se o princípio da proporcionalidade como princípio jurídico material. Aqui se trata de estabelecer a correta intensidade na aplicação dos meios aos fins, de adequar a conseqüência jurídica à relevância do fato. Ou seja, procura-se estabelecer um equilíbrio tal que privilegie a idéia de justiça. "El de proporcionalidad es uno de los principios que han de informar toda la actividad administrativa y, muy especialmente, en el campo de la policía administrativa. Principio que no postula otra cosa que una adecuación entre medios y fines, entre las medidas utilizadas y las necesidades que se tratan de satisfacer. La Administración pública debe elegir los medios menos restrictivos a la libertad (...) los que resulten menos lesivos a los derechos de los administrados (...), no imponer ninguna carga, obligación o prestación más gravosas que las que sean necesarias para cumplir con las exigencias del interés público".[47]

A doutrina alemã, esposada pelo iluminado Larenz, observando o comportamento do Tribunal Constitucional Federal no exame do princípio maior do Estado de Direito, percebeu que aquela corte encontrara outros princípios gerais de Direito derivados. E arremata: "A estes pertence, em primeiro lugar, o princípio, várias vezes mencionado, da proporcionalidade, nas suas diferentes manifestações, enquanto exigência da medida indicada, da adequação entre meio e fim, do meio *mais idôneo* ou da *menor restrição possível* do

45. *Apud* Zancaner, Weida, "Razoabilidade e moralidade na Constituição de 1988", in *RTDP* 2/205 e ss.

46. Idem, pp. 209-210.

47. González Perez, Jesus, *El principio general de la buena fe en el Derecho Administrativo*. 2ª ed., Madrid. Civitas, 1989.

direito ou bem constitucionalmente protegido que, no caso concreto, tem de ceder perante outro bem jurídico igualmente protegido. De facto, a idéia de *justa medida* tem uma relação estreita com a idéia de justiça, tanto no exercício dos direitos como na imposição de deveres e ónus, de equilíbrio de interesses reciprocamente contrapostos na linha do menor prejuízo possível".[48]

Por derradeiro, é de todo conveniente dizer que todas as elucubrações doutrinárias sustentadas até este ponto servem adequadamente para a interpretação da norma jurídica e para a concretização do sentido, alcance e finalidade dos conceitos jurídicos indeterminados, preenchendo-lhes no todo ou na maior parte a imprecisão de conteúdo. Com certeza, diminuir-se-á a discricionariedade, tanto administrativa quanto judicial, para níveis perfeitamente aceitáveis e legítimos.

2. Conclusão

A título de conclusão, temos que:

a) Conceito jurídico de conteúdo indeterminado é todo aquele cuja expressão de valor possui textura variável e aberta e a que o Direito confere significado próprio. Por isso, afirma-se, que a extensão e o conteúdo são em larga medida incertos;

b) Fundamenta-se na separação de funções do Estado. O legislador não dispõe de competência (poder) para emitir ordens concretas (atos administrativos), mas apenas ordens gerais e abstratas. Se o fizer — expedir atos administrativos — estará invadindo — e usurpando — a competência da Administração.

Outra razão, de ordem prática, fundamenta a utilização desses conceitos: a impossibilidade real, fática de prever-se toda e qualquer situação possível de ocorrência;

48. Ob. cit., p. 514.

c) A função principal exercida pelos conceitos indeterminados, ao contrário de criar um vazio normativo, é dar à norma jurídica a elasticidade necessária para que, sendo mais adaptável à realidade, o resultado de sua aplicação se ajuste ao máximo ao espírito e finalidade da própria norma;

d) Há necessidade de conceitos indeterminados para garantir que a administração faça uso de poder discricionário e adote a melhor solução para o caso concreto;

e) Embora possam oferecer alguma insegurança às relações jurídicas, isto pode ser perfeitamente reduzido a níveis toleráreis — quando se trata da aplicação — se forem tomados em conta os valores sociais subjacentes à norma jurídica, ou seja: princípios gerais do direito, em especial, a proporcionalidade e razoabilidade, que reduzem a margem de discricionariedade administrativa e judicial a níveis legítimos.

3. Bibliografia

AFTALIÓN, Enrique; OLANO; VILLANOVA. *Introducción al Derecho*. 5ª ed., t. I, Buenos Aires, Librería El Ateneo Editorial, 1959.

BANDEIRA DE MELLO, Celso Antônio. *Elementos de Direito Administrativo*. 2ª ed., revista, ampliada e atualizada. São Paulo, Ed. RT, 1991.

— *Discricionariedade e controle jurisdicional*. S/ed. São Paulo, Malheiros Editores, 1992.

CANARIS, Claus-Wilhelm. *Pensamento sistemático e conceito de sistema na Ciência do Direito*, trad. de A. Menezes Cordeiro, Lisboa (Portugal), Fundação Calouste Gulbenkian, 1989.

CAPPELLETTI, Mauro. *Juízes Irresponsáveis?*, trad. de Carlos Alberto A. de Oliveira, Porto Alegre, Sérgio Fabris Editor, 1989.

CARVALHO, Paulo de Barros. *Curso de Direito Tributário*. 6ª ed., São Paulo, Saraiva 1993.

CHORÃO, Mário Bigotte. *Temas fundamentais de Direito*. S/ed., Coimbra (Portugal) Livraria Almedina, 1991.

COUTO E SILVA, Almiro. "Princípios da legalidade da Administração Pública e da segurança jurídica no estado de direito contemporâneo", in *RDP* 84/47, São Paulo, Ed. RT, out.-dez. de 1987.

DABIN, Jean, *Teoría general del Derecho*, trad. de Francisco J. Osset. S/ed., Madrid (Espanha), Editorial Revista de Derecho Privado, 1955.

ENGISH, Karl. *Introdução ao pensamento jurídico*. 6ª ed., trad. de J. Baptista Machado, Lisboa (Portugal), Fundação Calouste Gulbenkian, 1983.

ENTERRÍA, Eduardo García de; Fernandez, Tomás-Ramón. *Curso de Direito Administrativo*. trad. de Arnaldo Setti, São Paulo, Ed. RT, 1991.

GONZÁLEZ PEREZ, Jesus. *El principio general de la buena fe en el Derecho Administrativo*. 2ª ed., Madrid, Civitas, 1989.

GORDILLO, A. *Princípios gerais de Direito Público*, trad. de Marco Aurélio Grecco, São Paulo, Ed. RT, 1977.

GRAU, E. R. *A ordem econômica na Constituição de 1988 (interpretação e crítica)*. 2ª ed., São Paulo, Ed. RT, 1991.

HART, H. L. A. *O conceito de Direito*, trad. de A. Ribeiro Mendes, Lisboa (Portugal), Fundação Calouste Gulbenkian, 1961.

HELENA COSTA, R. "Conceitos jurídicos indeterminados e discricionariedade administrativa", in *RDP* 95/125, São Paulo, Ed. RT, 1990.

JANNOTTI, Onaldo F. "Conceitos indeterminados e origem lógico-normativa da discricionariedade", in *RDP* 64/37, São Paulo, Ed. RT, out.-dez. de 1982.

KELSEN, Hans. *Teoria geral do Direito e do Estado*. 2ª ed., trad. de Luís Carlos Borges, São Paulo, Martins Fontes Editora, 1992.

— *Teoria pura do Direito*. 3ª ed., trad. de João Baptista Machado, São Paulo, Martins Fontes Editora, 1991.

LARENZ, Karl. *Metodologia da Ciência do Direito*. 2ª ed., trad. de José Lamego, Lisboa (Portugal), Fundação Calouste Gulbenkian, 1983.

LLOYD, Dennis. *A Idéia de Lei*. 1ª ed., trad. de Álvaro Cabral, São Paulo, Martins Fontes, 1985.

MAXIMILIANO, Carlos. *Hermenêutica e aplicação do Direito*. 11ª ed., Rio de Janeiro, Forense, 1990.

RADBRUCH, Gustav. *Filosofia do Direito*. 6ª ed., trad. de L. Cabral de Moncada, Coimbra (Portugal), Arménio Amado-Editor, Sucessor, 1979.

RIVERO, Jean. *Direito Administrativo*. S/ed., trad. de Dr. Rogério E. Soares, Coimbra (Portugal), Livraria Almedina, 1981.

SILVA, José Afonso. *Curso de Direito Constitucional Positivo*. 8ª ed., São Paulo, Malheiros Editores, 1992.

SUNDFELD, Carlos Ari. *Fundamentos de Direito Público*. São Paulo, Malheiros Editores, 1992.

ZANCANER, Weida. "Razoabilidade e moralidade na Constituição de 1988", in *RTDP* 2/205, São Paulo, Malheiros Editores, 1993.

PARECERES

EXIGIBILIDADE DE ATESTADOS DE CAPACIDADE TÉCNICO-OPERACIONAL

Toshio Mukai
Doutor em Direito pela Universidade de São Paulo

Consulta

O ilustre Superintendente do Departamento de Águas e Esgotos do Município de Jundiaí-SP, Sr. Luiz Roberto Del Gelmo, honra-nos com a seguinte consulta:

"É legal a exigência de atestados de desempenho anterior em nome das empresas licitantes?

"Se afirmativa a resposta, indaga-se:

"A exigência de atestados em nome da empresa pode contemplar quantitativos compatíveis em características e quantidades com o objeto licitado?"

Esclarece-nos o Consulente que as questões formuladas decorrem de instauração da Concorrência n. 3/95, que tem por objeto a contratação de serviços de implantação de interceptor e emissário final de esgotos sanitários do Rio Jundiaí — margem esquerda.

O edital referente à Concorrência supra foi objeto de impugnação e posterior Mandado de Segurança, interpostos pela empresa Transportadora e Terraplanagem A. Fernandez Ltda., sob a alegação de ilegalidade da cláusula n. 2, subitens G e G1 do Anexo II, que exigem a apresentação de atestados de desempenho anterior em nome da empresa.

A medida liminar foi concedida, resultando na suspensão dos efeitos dos aludidos dispositivos.

Prestados tais esclarecimentos, foi nos oferecida a documentação necessária a elaboração do parecer jurídico solicitado.

Parecer

Preliminarmente à análise da consulta formulada, mister se faz consignar algumas ponderações a respeito da qualificação técnica nas licitações.

É bastante cediço que as finalidades precípuas da licitação são a garantia do princípio da isonomia e a seleção da proposta mais vantajosa (não decorre apenas do fator preço). Em função disso é que a Lei disciplinadora do instituto prevê os seguintes tipos de licitação: menor preço; melhor técnica; técnica e preço.

O tipo menor preço é estabelecido pela Lei como a regra geral. Todavia, mesmo dela se tratando, outras condições que não o preço são exigidas e analisadas.

São estas as enunciadas pelo art. 27 da Lei n. 8.666/93, que perfazem as condições de habilitação: habilitação jurídica; qualificação técnica; qualificação econômico-financeira; regularidade fiscal.

Tais condições são impostas aos licitantes com o objetivo de assegurar à Administração-licitante que os futuros contratantes sejam pessoas juridicamente capazes, que reúnam capacidade técnica para executar o objeto licitado, financeiramente sólidas e idôneas. Isto porque, seja direta ou indiretamente, o objeto dos contratos firmados pela Administração será posto à disposição da coletividade, sempre sob a sua responsabilidade. Destarte, a Administração deve cercar-se de todas as garantias legais a respeito do futuro contratante. É neste sentido que as condições de habilitação devem ser apreendidas, como garantias à coletividade e não como meros empecilhos àqueles que desejam contratar com a Administração.

É certo que quanto maior o universo de licitantes, maior será a chance de a Administração encontrar a proposta realmente mais vantajosa. Porém, tal universo sofre necessariamente restrições. Daí a afirmação de Celso Antônio Bandeira de Mello, quando da análise das funções do edital: "c) circunscreve o universo de proponentes" (*Curso de Direito Administrativo*, Malheiros Editores, 6ª ed., p. 327).

Tal circunscrição ocorre no momento em que as condições de habilitação são fixadas pelo edital.

"A habilitação, por vezes denominada qualificação, é a fase do procedimento em que se analisa a aptidão dos licitantes. *Entende-se por aptidão a qualificação indispensável para que sua proposta possa ser objeto de consideração*" (ob. cit., p. 329 — grifamos).

Consigne-se, por fim, que as exigências atinentes à fase de habilitação são taxativamente elencadas pela Lei n. 8.666/93 — arts. 27 a 31 — sendo, portanto, vedadas as exigências não constantes expressamente neste diploma.

Expendidas tais considerações, passamos à análise das questões e dos documentos apresentados.

O exame da impugnação e da peça inaugural do Mandado de Segurança permite-nos entrever uma grave falha interpretativa dos impetrantes, que, infelizmente, contagiou o Digníssimo Magistrado.

A interpretação dos impetrantes, do art. 30, II da Lei n. 8.666/93, leva em conta a vontade do legislador, no caso, do Presidente da República, quando da aposição do veto às Leis ns. 8.666/93 e 8.883/94.

Trata-se de falha imperdoável vez que deturpa o sentido da norma, como de fato ocorre.

Antônio Carlos Cintra do Amaral, em excelente parecer jurídico que tem por objeto questão idêntica à aqui examinada, publicado na *Revista Trimestral de Direito Público* 5/1994, p. 42, inicia seus trabalhos trazendo à colação a seguinte citação:

"A 'existência' de uma norma positiva, a sua vigência, é diferente da existência do ato de vontade de que ela é o sentido objetivo. A norma pode valer (ser vigente) quando o ato de vontade que ela constitui o sentido já não existe. Sim ela só entra mesmo em vigor depois do acto de vontade, cujo sentido ela constitui, ter deixado de existir. O indivíduo que, com seu ato intencional dirigido à conduta de outrem, criou uma norma jurídica, não precisa de continuar a querer essa conduta para que a norma que constitui o sentido do seu ato valha (seja vigente). Os indivíduos que funcionam como órgão legislativo, depois de aprovarem uma lei que regula determinadas matérias e de a porem, portanto, em vigor, dedicam-se, nas suas resoluções, à regulamentação de outras matérias — e as leis que eles puseram em vigor (a que eles deram vigência) podem valer mesmo quando estes indivíduos já tenham morrido há muito tempo e, portanto, nem sequer sejam capazes de querer. É errôneo caracterizar a norma em geral, e a norma jurídica em particular, como 'vontade' ou 'comando' — do legislador ou do Estado —, quando por 'vontade' ou 'comando' se entenda o ato de vontade psíquica".

Com efeito, a norma jurídica deve ser apreendida da maneira como passou a integrar o sistema jurídico, sendo inteiramente desprezíveis os fatos ocorridos anteriormente ao seu nascedouro.

Assim, não devem ser considerados os vetos — e a intenção que os precedeu — apostos tanto à Lei n. 8.666/93 quanto à Lei n. 8.883/94.

A Lei n. 8.666/93, com as alterações da Lei n. 8.883/94, deve, portanto, ser interpretada tal como posta no sistema jurídico.

É este o modo com que passaremos a interpretar o art. 30 da Lei em comento.

Reza o artigo que:

"Art. 30. A documentação relativa à qualificação técnica limitar-se-á: I — (...) II — comprovação de aptidão para desempenho de atividade pertinente e compatível em característica, quantidades e prazos com o objeto da licitação, e indicação das instalações e do aparelhamento e do pessoal técnico adequados e disponíveis para a realização do objeto da licitação, bem como da qualificação de cada um dos membros da equipe técnica que se responsabilizará pelos trabalhos."

Da leitura do inciso depreende-se que o mesmo contempla a exigência de atestados que comprovem que a empresa possui a aptidão necessária para desempenhar atividade pertinente e compatível com o objeto da licitação e indiquem a disponibilidade de instalações, de aparelhamento e pessoal técnico adequado, demonstrando, em última análise, a capacidade técnico-operacional da empresa.

Contempla, ainda, o inciso, exigências relativas à capacidade profissional da equipe técnica responsável, exigência essa detalhada pelo § 1º do artigo, que analisaremos a seguir.

Antes de tal análise, entendemos oportuno registrar que o parágrafo é definido pela técnica legislativa como forma de divisão do artigo que tem por finalidade abrir uma exceção ou contemplar a sua idéia central.

Isto posto trazemos à colação o conteúdo do § 1º do art. 30.

"§ 1º. A comprovação de aptidão referida no inc. II do *caput* deste art., no caso das licitações pertinentes a obras e serviços, será feita por atestados fornecidos por pessoas jurídicas de direito público ou privado, devidamente certificados pela entidade profissional competente, limitadas as exigências a:

"I — quanto à capacitação técnico-profissional: comprovação do licitante de possuir em seu quadro permanente, na data da licitação, profissional de nível superior detentor de atestado de responsabilidade técnica por execução de obra ou serviço de características semelhantes, limitadas estas exclusivamente às parcelas de maior relevância e valor significativo do objeto da licitação, vedadas as exigências de quantidades mínimas ou prazos máximos;

"II — vetado."

Examinando o conteúdo do parágrafo percebemos uma contradição na norma.

Trata-se, todavia, de contradição aparente, decorrente do exame isolado do parágrafo.

À primeira vista parece que o parágrafo restringe o exame da qualificação técnica dos licitantes ao exame da capacitação técnico-profissional dos mesmos, o que acabaria por tornar inócua a primeira parte do inciso II do artigo 30 que se refere à capacidade técnico-operacional da *empresa*.

Porém tal interpretação, além de isolada, desnatura a função do parágrafo, que, conforme já averbamos, é de complementação ou exceção ao conteúdo do artigo e não de restrição ao mesmo. O parágrafo não pode anular as disposições contidas no artigo, como quer nos parecer numa interpretação no mínimo afoita e descuidada.

A solução para tal contradição é a interpretação sistemática da lei.

Destarte, deve o § 1º do art. 30 ser interpretado conjuntamente com o inciso II deste artigo, que contempla indiscutivelmente a exigência de capacitação técnico-operacional da empresa licitante, e com o § 6º também do art. 30, que se refere às exigências de instalações e aparelhamento, que obviamente não são do profissional, mas da empresa.

Além destes dispositivos deve, ainda, ser invocado o inciso III do art. 33, que versa sobre a participação de empresa em consórcio. O dispositivo admite "para efeito de qualificação técnica, o somatório dos quantitativos de cada consorciado", ou seja, de cada empresa.

Em face de tal dispositivo, que indubitavelmente confirma a exigência dos atestados em nome da empresa, afirmamos que o veto ao inciso II do parágrafo em tela não foi suficiente para impedir a exigência dos atestados de capacidade técnico-operacional.

Muito pelo contrário. O veto acabou por eliminar os limites relativos às quantidades e prazos das obras e serviços objeto dos atestados contidos em tal inciso.

E não se diga que o inciso II do art. 30 se refere apenas à compra ou ao fornecimento, pois o que a lei não distingue não é dado ao intérprete fazê-lo.

A esta conclusão não chegamos sozinhos. Antônio Carlos Cintra do Amaral, em parecer por nós já citado, acentuou:

"O que foi impedido, pelo veto, de ingressar no sistema jurídico não foi a *capacitação técnico-operacional*, mas a disciplina dessa capacitação contida na alínea *b* do § 1º do art. 30 do projeto de lei. É verdade que não existe na lei, em decorrência do veto, a expressão 'capacitação técnico-operacional', como ocorre com a 'capacitação técnico-profissional'. Mas o conceito de capacitação técnico-operacional ingressou no sistema jurídico, por força do inciso II do art. 30, interpretado em conjugação com o art. 33, inciso III, que permite o somatório de quantitativos de empresas consorciadas.

"Não pretendo dizer com isso que o veto resultou inócuo. Em conseqüência dele deixou a lei de incorporar os limites de quantitativos e prazos previstos no projeto aprovado, bem como a permissão de se comprovar tais quantitativos no somatório de até três contratos. Mas — repito — o conceito jurídico de capacitação técnico-operacional, no sentido de capacidade técnica da empresa, a ser exigida nas licitações em conjugação com o acervo técnico do profissional ("capacitação técnico-profissional") está contido na nova lei, embora sem denominação específica. A exigência, portanto, pela Administração, em casos concretos, exclusivamente de "capacitação técnico-profissional" caracterizará uma ilegalidade."

Esta também é a opinião de Carlos Ari Sundfeld:

"35. Tanto no projeto original da Lei n. 8.666/93, quanto no da Lei n. 8.883/94, usava-se a expressão 'capacitação técnico-operacional' e estipulava-se limite para as exigências a ela relativas. Contudo, os preceitos correspondentes foram, nos dois casos, vetados pelo Presidente da República, com a intenção declarada de circunscrever a comprovação de aptidão à chamada 'capacitação técnico-profissional'. Mas os vetos produziram efeito oposto ao pretendido, pois não eliminaram a exigência de atestados de aptidão da própria empresa, os quais estão expressamente previstos no art. 30, II c/c § 1º, bem assim no art. 33 — III. Resultou do veto, apenas, a supressão dos limites quanto a quantidades e prazos das obras e serviços objeto dos atestados" (*Licitação e Contrato Administrativo*, Malheiros Editores, 1ª ed., pp. 125-126, nota de rodapé).

Em outro passo afirma o autor que:

"O edital pode estipular que o atestado se refira a obras ou serviços cujas quantidades e prazos sejam compatíveis com os do objeto da licitação. Podem existir, portanto, exigências de 'quantitativos' e de 'prazos' (...).

"Segundo o art. 30 — § 3º será sempre admitida a comprovação de aptidão de atestados de obras ou serviços de complexidade operacional 'equivalente ou superior' à das obras ou serviços objeto da licitação. Assim, estando-se a licitar obra envolvendo a terraplanagem de 500 mil m^3, poder-se-á exigir que o interessado comprove já haver executado a terraplanagem de ao menos 500 mil m^3" (ob. cit., pp. 126-127).

Ainda, no mesmo sentido, vejam-se as colocações insertas no "Encarte Institucional" mandado publicar na *Revista Construção* — SP n. 2.504, fev. 5/96, p. 28, pela ANEOR — Associação Nacional de Obras Rodoviárias em face do entendimento isolado, consignado nos editais de licitações do DNER, que restringe a capacitação técnica tão-somente à comprovação, pelo licitante, da capacitação "técnico-profissional", desprezando a comprovação de aptidão operacional ínsita na regra do art. 30, II, da Lei n. 8.666/93:

"Diante do inequívoco entendimento, atualmente em vigor, que consagra a comprovação da capacidade técnica operacional do licitante, 'através de certidões e atestados de obras ou serviços de complexidade tecnológica e operacional equivalente ou superior' (art. 30, § 3º), torna-se despiciendo transcrever aqui as copiosas e uniformes lições já por demais conhecidas, de insignes administrativistas como Geraldo Ataliba Nogueira, Antônio Marcelo da Silva, Hely Lopes Meirelles, Antônio Carlos Cintra do Amaral, entre outros."

E, em outra passagem, aduz o Encarte:

"O descompasso do posicionamento mantido pelo DNER, no que tange à documentação relativa à qualificação técnica, desponta com maior nitidez diante do entendimento adotado pelo Tribunal de Contas da União ao apreciar representação oferecida pelo CREA-SP, questionando exigência contida em edital da Telesp, concernente à apresentação de atestados técnicos em nome da empresa proponente (TC - 009.987/94-0, Decisão n. 395/95, Plenário, Sessão de 9.8.95, *DOU* de 28.8.95)."

Prossegue o referido encarte citando o pronunciamento do nobre Ministro Paulo Affonso Martins de Oliveira *in verbis*: "Assim, não restam dúvidas que apesar do veto, a Lei n. 8.666/93 continua permitindo a exigência de comprovação de aptidão para desempenho de atividade pertinente e compatível em características, quantidades e prazos com o objeto da licitação, e indicação das instalações e do aparelhamento e do pessoal técnico adequados e disponíveis para a realização do objeto da licitação...", conforme inscrito no inc. II do art. 30 da Lei n. 8.666/93. Por fim, conclui o seu voto, o douto Ministro, na esteira dessa interpretação e acompanhado, por unanimidade, pelo plenário: "Desse modo, conforme adequadamente lecionado pelo Professor Adílson Abreu Dallari, 'a supressão da letra b, deveras procedida pelo veto presidencial, não proíbe o estabelecimento de requisitos de capacitação técnico-operacional mas sim retira a limitação específica relativa à exigibilidade de atestados destinados a comprová-la', deixando que decisão quanto a essa questão fique ao critério da autoridade licitante, que deve decidir quanto ao que for pertinente, diante de cada caso concreto, nos termos do art. 30, inc. II".

Resposta aos quesitos

Por todo o exposto consignamos que a Lei n. 8.666/93 estabelece que a qualificação técnica dos licitantes deve ser demonstrada através de atestados que comprovem a "aptidão para desempenho de atividade pertinente e compatível em características, quantidades e prazos com o objeto da licitação" (art. 30, inc. II), ou seja, atestados em nome da empresa e também através da comprovação da capacidade técnico-profissional a ser exigida nos termos do § 1º do art. 30.

Consignamos, outrossim, que a lei veda exigências de quantidades mínimas ou prazos máximos apenas no tocante à comprovação da capacidade técnico-profissional, vez que tal impedimento foi averbado somente no inciso I do § 1º do art. 30, que aborda exclusivamente a capacitação técnico-profissional.

Os atestados em nome da empresa — comprovação técnico-operacional — podem exigir quantitativos mínimos ou prazos máximos. Tal exigência está limitada apenas pelo inc. II do art. 30, que estabelece a compatibilidade dos atestados com objeto licitado, e pelo § 3º do mesmo artigo que admite a "comprovação de aptidão através de certidões ou atestados de obras ou serviços similares de complexidade tecnológica e operacional *equivalente* ou *superior*".

Destarte, a resposta aos quesitos é afirmativa. Os atestados em nome da empresa podem e *devem* ser exigidos pelo edital. Os quantitativos também podem ser exigidos desde que compatíveis em quantidades e prazos com o objeto licitado.

Por fim, analisando concretamente os subitens G e G1, cláusula 2 do Anexo II, afirmamos, sem sombra de dúvidas, que ambos são absolutamente legais.

É o nosso parecer,

s.m.j.

São Paulo, 31 de janeiro de 1996

EXONERAÇÃO OU DEMISSÃO DE SERVIDOR INDICIADO EM PROCESSO ADMINISTRATIVO DISCIPLINAR

MARIA LÚCIA JORDÃO ORTEGA

Professora de Direito Administrativo da Faculdade de Economia e Administração da Pontifícia Universidade Católica de São Paulo

O Consulente, contratado sob o regime celetista, teve seu pedido de demissão negado pela Autarquia paulista contratante.

A Autarquia fundamentou seu posicionamento em Instrução de Serviço que determina a suspensão do processamento de pedido de afastamento quando da existência, contra o solicitante, de processo administrativo disciplinar.

Diante do que, solicita o nosso parecer acerca da legalidade do ato que suspendeu o processamento de seu pedido de demissão. Ato este, aliás, praticado pelo Presidente da Comissão Processante.

A fim de que seja possível concluir pela validade ou não do ato administrativo praticado pela Autarquia paulista, é mister, primeiramente, verificar se foi ele praticado em conformidade com o princípio da legalidade.

Representativo de uma das principais garantias de respeito aos direitos individuais, consagrado em todos os nossos textos constitucionais, exceto na Carta de 1937, e limitador da atividade administrativa, o princípio da legalidade tem como objetivo impedir o arbítrio dos governantes sobre os governados, visto estar diretamente ligado ao conceito de lei como expressão máxima da vontade coletiva.

Por esta razão, somente a lei, como ato formal e materialmente legislativo, tem o condão de subordinar o comportamento individual. Daí, ao indivíduo ser permitido fazer tudo aquilo que a lei não proíbe.

Prevalece, portanto, em nosso sistema jurídico constitucional o princípio da autonomia da vontade como fator determinante do surgimento de relações individuais aptas a gerar efeitos jurídicos válidos.

In casu, inexiste lei estadual que impeça o servidor público ou empregado da Administração Pública, direta e indireta do Estado de São Paulo de pedir exoneração do cargo ou demissão do emprego público por ele ocupado.

A Lei n. 8.112/90, em seu art. 160, ao arrolar as formas de vacância do cargo público, dentre elas inclui a exoneração, salientando que esta poderá ocorrer "a pedido do funcionário" (§ 1º, "a"), sem contudo estabelecer qualquer condição ao seu acatamento.

Também a CLT não impõe qualquer condição à aceitação de pedido de demissão formulado pelo empregado, salvo no que diz respeito ao cumprimento do prazo de aviso prévio.

Com o que, o simples fato de estar o servidor sendo indiciado em processo administrativo disciplinar, não pode servir de óbice ao exercício de um direito subjetivo que lhe é assegurado, qual seja, pedir exoneração ou demissão do cargo que ocupa.

Inexistindo no Estado de São Paulo dispositivo legal que proíba o servidor público estadual de pedir exoneração de seu cargo, quando da existência de processo administrativo contra ele instaurado e silente a CLT relativamente àqueles submetidos ao seu regime trabalhista, lícita é a manifestação de vontade de ocupante de cargo ou emprego público nesse sentido exteriorizada.

E, conseqüentemente, ilegal o não acatamento do pedido pela Administração Pública.

E, ainda, reafirmando a garantia constitucional de que "ninguém será obrigado a fazer ou deixar de fazer alguma coisa senão em virtude de lei", a Constituição Federal em seu art. 37 impõe à Administração Pública direta, indireta ou fundacional, de qualquer dos Poderes dos Estados, do Distrito Federal e dos Municípios fiel observância ao princípio da legalidade.

Com o que, a atividade administrativa somente poderá ser desenvolvida quando, como e na forma prevista em lei.

Daí a prática de todo e qualquer ato administrativo está subordinada à ordem jurídica. A atividade administrativa é atividade de total subsunção à lei.

Como decorrente de atividade infralegal, o fundamento de validade de todo ato administrativo está no direito positivo, mediante a atribuição, explícita ou implícita, por parte da norma legislativa do poder de provê-lo ou não, com este ou aquele conteúdo.

Como deixou assente o saudoso mestre M. Seabra Fagundes: "...os atos que expressam a função administrativa caracterizam-se por uma estrita subordinação à forma legislativa" (*O Controle dos Atos Administrativos pelo Poder Judiciário*, Forense, 5ª ed., p. 100).

Atuação da Administração Pública direta, indireta ou fundacional, em desconformidade com a lei ou sem lei que a autorize é simplesmente manifestação de força. Ato assim praticado é ato desprovido de juridicidade. É ato incapaz de gerar efeitos jurídicos contemplados pelo sistema normativo em vigor.

Como no caso em questão não existe lei que outorgue a Administração Pública poderes para, a seu critério, acatar ou não pedido de exoneração ou demissão de cargo formulado pelo próprio servidor ou, ainda, lei que estabeleça condições a serem preenchidas pelo servidor para acatamento de seu pedido de exoneração ou demissão, ilegal é o ato administrativo que retarda ou impede o rompimento de vínculo estatutário ou celetista mantido com a Administração Pública direta, indireta ou fundacional do Estado de São Paulo.

Em suma, somente a lei pode inibir ou condicionar um comportamento individual. Somente será válido o ato administrativo praticado em total conformidade com a lei.

Contudo, na consulta em questão, o ato administrativo cuja legalidade é submetida a nossa indagação, foi praticado com fundamento em simples Instrução de Serviço.

Como já frisamos, o art. 5º, II da Constituição Federal é categórico ao eleger a lei como o único instrumento capaz de limitar o comportamento individual e o art. 37 da Carta Magna, ao submeter à Administração Pública ao princípio da legalidade, garante a prevalência desse direito individual mesmo perante atos praticados pelo próprio Poder Público, impedindo que os administrados sejam subjugados à vontade de governantes autoritários ou sujeitos a toda sorte de arbitrariedades ou desmandos praticados por agentes administrativos.

Aliás, como magistralmente posto pelo ínclito administrativista Celso Antônio

Bandeira de Mello ao comentar o art 5º, inciso II da CF: "Aí não se diz 'em virtude de' decreto, regulamento, resolução, portaria ou quejados. Diz-se 'em virtude de lei" (*Curso de Direito Administrativo*, Malheiros Editores, 5ª ed., p. 50).

E, conclui:

"Logo, a Administração não poderá proibir ou impor comportamento algum a terceiro, salvo se estiver previamente embasada em determinada lei que lhe faculte proibir ou impor algo a quem quer que seja. Vale dizer, não lhe é possível expedir regulamento, instrução, resolução, portaria ou seja lá que ato for para coartar a liberdade dos administrados, salvo se, em lei já existir delineada a contenção ou imposição que o ato administrativo venha a minudenciar" (ob. cit.).

Indubitavelmente, uma simples "Instrução de Serviço" não serve de fundamento à validade de ato que suspende o processamento do pedido de demissão formulado pelo ora Consulente.

Dada a ausência de lei autorizando a prática do ato em questão, este restou eivado de nulidade. Incapaz, portanto, de gerar efeitos jurídicos válidos.

Ainda, sob outro ângulo, a Administração Pública ao não definir ou retardar o pedido de demissão do cargo formulado pelo Consulente está incidindo em dupla ilegalidade, pois, além de praticar ato restritivo de direito com fundamento em simples "Instrução de Serviço", está a ele impondo a obrigação, também não prevista em lei, de continuar, mesmo contra sua vontade, a prestar-lhe seus serviços.

Ora, a Constituição Federal (art. 5º, XIII) garante o "exercício de qualquer trabalho, ofício ou profissão, atendidas as qualificações profissionais que a lei estabelecer".

Inerente a essa garantia está a possibilidade do indivíduo livremente, não só eleger o trabalho que irá executar, mas, também, escolher o seu empregador. Assim como, a seu critério e a qualquer momento, romper o vínculo de trabalho livremente estipulado.

O homem é livre e atenta contra sua liberdade todo e qualquer ato administrativo cujo objetivo imediato ou mediato seja obrigá-lo a prestar seus serviços a esta ou aquela entidade pública ou privada, simplesmente porque responde a processo administrativo disciplinar.

A não aceitação de seu pedido de demissão do cargo em razão da tramitação de processo administrativo disciplinar implica em forçá-lo a continuar no exercício de suas funções. Tal imposição representa uma penalidade. Penalidade ilegalmente imposta, pois, não prevista em lei.

Ademais, cabe considerar que o nosso sistema constitucional veda a imposição coercitiva de trabalho até mesmo àqueles que cumprem penas privativas de liberdade (art. 5º, XLVII, *c*).

A não aceitação do pedido de demissão do cargo ou o retardamento de seu processamento ou, ainda, sua suspensão até final decisão a ser proferida em processo administrativo disciplinar, caracteriza aplicação de penalidade ao Consulente, consistente na obrigatoriedade de prestação de seus serviços àquela Autarquia até final decisão a ser proferida no feito administrativo disciplinar.

Penalidade esta que lhe é imposta simplesmente por responder a processo administrativo disciplinar e aplicada, inclusive, sem lei que a estabeleça.

O trabalho deve servir para dignificar o homem e não para degradá-lo.

Assim, ilegal também sob este aspecto o ato praticado pela Autarquia.

Como se não bastasse as apontadas ilegalidades que atingiram o ato em questão, outra merece destaque e está diretamente ligada à competência do agente que determinou a suspensão do processamento do pedido de demissão do Consulente.

O Presidente de Comissão Processante, sem sombra de dúvida, não tem competência sequer para opinar quanto ao pedido de demissão formulado por sindicado ou indiciado, quanto menos para suspender o processamento de pedido nesse sentido.

Sua competência é limitada à prática de atos diretamente ligados ao regular e válido desenvolvimento do procedimento por ele presidido. Sua competência é restrita a elucidação dos fatos, ou seja, instrução do processo e elaboração do respectivo relatório. Nada mais.

Aliás, até mesmo a conclusão a ser por ele exposta no relatório afinal elaborado é meramente informativa e opinativa. Não tem efeito vinculante, ou seja, a autoridade a quem compete julgar não está obrigada a acatá-la. Não tem, portanto, nem mesmo competência para julgar o processo que preside, quanto mais para decidir sobre pedido de afastamento de cargo formulado pelo servidor indiciado.

Extrapola, assim, de sua competência decidir acerca de pedido de demissão ou exoneração formulado por sindicados oũ indiciados.

Ademais, cabe ressaltar que a competência do agente, entendida esta como o conjunto de faculdades e atribuições que lhe são conferidas, também deriva de lei.

Com o que cabe sustentar que a competência é a exceção, enquanto a incompetência é a regra. Isto porque é sempre necessária a existência de uma norma legal que reconheça expressamente a aptidão deste ou daquele agente para a prática de certo e determinado ato.

E, não há em nosso ordenamento jurídico disposição legal outorgando poderes ao Presidente de Comissão Processante para opinar ou decidir acerca do acatamento ou não de pedido de exoneração ou demissão formulado pelo próprio interessado.

Ilegal, em suma, por todos os aspectos, o ato em questão.

É o nosso parecer s.m.j.

PARECERES

CONTRIBUIÇÕES PREVIDENCIÁRIAS — NÃO-RECOLHIMENTO — ART. 95, "D", DA LEI N. 8.212/91 — INCONSTITUCIONALIDADE

CLÈMERSON MERLIN CLÈVE
Titular da Faculdade de Direito da Universidade Federal do Paraná

Ementa: A norma que tipifica como conduta criminosa o não-recolhimento, em nome de terceiro, por sub-rogação legal, de contribuição previdenciária é inconstitucional. Inconstitucionalidade do art. 95, *d*, da Lei n. 8.212/91. Sobre ser inconstitucional, referida norma colide, igualmente, com o especificado no art 7º (7) do *Pacto de São José da Costa Rica*. Invalidade por inconstitucionalidade e por emergência de normativa posterior ab-rogante.

A Consulta

Consultam-me a respeito da constitucionalidade do disposto no art. 95, *d*, da Lei n. 8.212/91. Trata-se de saber, afinal, se o referido dispositivo não ofende a Constituição Federal, especialmente a garantia consignada no art. 5º, LXVII, que, salvo as hipóteses excepcionadas, proíbe a prisão civil por dívida. Há, portanto, um único quesito demandante de resposta.

O Parecer

I — Introdução

Assim dispõe o art. 95, *d*, da Lei n. 8.212/91.

"Art. 95. Constitui crime: (...)

"d) deixar de recolher, na época própria, contribuição ou outra importância devida à Seguridade Social e arrecadada dos segurados ou do público."

O legislador vem de longo tempo procurando defender os interesses do fisco através da tipificação de conduta consistente na presumida retenção de tributo e contribuição a serem pagas, em nome de terceiro, por sub-rogação legal. Cumpre recordar, por exemplo, que o art. 86 da Lei n. 3.807, de 26.8.60 definia: "Será punido com as penas do crime de apropriação indébita a falta de recolhimento, na época própria, das contribuições e de outras quaisquer importâncias devidas às instituições da previdência e arrecadadas dos segurados ou do público". Parágrafo único: "Para os fins deste artigo, consideram-se pessoalmente responsáveis o titular da firma individual, os sócios solidários, gerentes, diretores ou administradores das empresas incluídas no regime desta lei".

O Decreto-lei n. 66, de 21.11.66, alterou disposições da Lei n. 3.807. O art. 155 do mencionado ato legislativo passou a assumir a seguinte redação: "Constituem crimes... II — de apropriação indébita, definido no art. 168 do CP, além dos atos previstos no art. 86, a falta de pagamento do salário-família aos empregados quando as respectivas cotas tiverem sido reembolsadas à empresa pela previdência social".

O Decreto n. 60.501, de 14.3.67, que aprovou a redação do Regulamento Geral da Previdência Social (Decreto n. 48.959-A, de 19.9.90), consolidou os tipos até então definidos. Assim encontrava-se redigido o art. 347: "Constituem crimes, nos termos dos arts. 86 e 155 da Lei Orgânica da Previdência Social, o último da redação dada pelo art. 25 do Decreto-lei n. 66, de 21.11.68: (...) II — de apropriação indébita definido no art. 168 do CP: a) deixar de recolher na época própria as contribuições e outras quaisquer importâncias arrecadadas dos segurados ou do público e devidas à previdência social; b) deixar de pagar o salário-família aos empregados, quando as respectivas cotas (sic) tiverem sido reembolsadas à empresa pela previdência social".

Como lembra Manoel Pedro Pimentel ("Apropriação indébita por mera semelhança", *RT* 451/325), as condutas acima referidas "foram consideradas como formas de apropriação indébita, exemplificações materiais definidas em tipos incompletos, porque neles o preceito primário se converte em segmento de outra norma emanada do mesmo legislador. As condutas tipificadas na legislação especial são constitutivas do delito definido no art. 168 do CP, com a descrição própria do preceito primário da lei especial e a sanção cominada pela norma geral".

A respeito da matéria, importa lembrar ainda a Lei n. 4.357/64, em cujo art. 11 previa o crime de apropriação indébita no caso do IRfonte e do IPI, antigo imposto de consumo. O Decreto-lei n. 326/67, equiparou à apropriação indébita o não recolhimento do IPI num determinado prazo. A Lei n. 4.729/65, definiu o crime de sonegação fiscal. Não obstante encontrar-se na doutrina e mesmo em determinadas normativas (por exemplo, no Decreto Federal n. 982/93) referências que fazem entender que a Lei n. 4.729/65 subsiste, a verdade é que ela foi revogada pela Lei n. 8.137/90.

Embora, no caso, a retenção das quantias eventualmente descontadas pelo subrogado não configurasse verdadeira apropriação indébita, tendo em conta que os pressupostos caracterizadores deste ilícito jamais estiveram presentes na conduta omissiva do responsável (não havia coisa "alheia" apropriada: — os valores arrecadados eram, afinal, do próprio sujeito passivo tributário), conforme ensinam Manoel Pedro Pimentel e Hugo de Brito Machado, o estudo da constitucionalidade dos dispositivos apontados não traduzia um sentido de maior urgência. Isto porque, a simples exigência, para a consumação do delito, do *animus rem sibi habendi*, ou seja, do propósito de inverter o título da posse, passando o sujeito passivo da obrigação a possuir a coisa (os valores descontados) como se fosse sua, com a deliberada intenção de não restituir (apropriação: — elemento integrativo do tipo penal), conferia relativa garantia ao contribuinte. Cuidava-se, ademais, de uma garantia que oferecia ao sujeito passivo tributário amplas possibilidades de defesa, não resultando, a *mera* conduta omissiva, na realização do tipo. *Tudo muda, porém, com a Lei n. 8.137, de 27.12.90.*

A lei acima referida revogou tacitamente os arts. 86 e 155, II, da Lei n. 3.807/60, com as modificações posteriores, pelo simples fato de ter regulado integralmente a matéria. Em seu art. 2º, II, que teve vigência efêmera no que se refere às contribuições previdenciárias, estabeleceu que constitui crime "deixar de recolher, no prazo legal, valor de tributo ou de contribuição social, descontado ou cobrado, na qualidade de sujeito passivo de obrigação e que deveria recolher aos cofres públicos". A pena para o delito é a de detenção, de 6 meses a 2 anos, e multa.

O art. 2º, II, da Lei n. 8.137/90, no que se refere às contribuições previdenciárias (mas não às demais contribuições), como a demonstrar o dramático fenômeno da *inflação legislativa* que assola o país, logo foi revogado pelo disposto no art. 95, *d*, da Lei n. 8.212/91. Segundo o § 1º deste artigo, no caso dos crimes caracterizados na alínea *d*, a pena é aquela estabelecida no art. 5º, da Lei n. 7.492, de 16.6.86, ou seja, reclusão, de 2 a 6 anos, e multa. A apenação neste caso, como se vê, é, injustificadamente (quebra do princípio *da justa medida*), mais grave que no primeiro.

As Leis n. 8.137/90 e n. 8.212/91 procuraram, pelo que se depreende de uma primeira leitura, desvincular a suposta retenção de valores descontados a título de incidência de tributos, da figura da apropriação indébita. Por isso, há parcela ponderável da doutrina e da jurisprudência sustentando que os tipos plasmados nos arts. 2º, II, da Lei n. 8.137/90 e 95, *d*, da Lei n. 8.212/91, consubstanciam novos ilícitos que nenhuma relação guardam com a figura delitiva capitulada no art. 168 do Código Penal. Tais dispositivos, portanto, estariam a traduzir verdadeiros crimes omissivos próprios.

Apanhe-se, por exemplo, a argumentação do ilustre Juiz Federal Celso Kipper ("Breves considerações sobre o não-recolhimento de contribuições previdenciárias descontadas dos empregados", *Revista Estudos Jurídicos*, Curitiba, Champagnat, 1995, v. 2, n. 1, pp. 129-130) que parece sintetizar o respeitável entendimento de parcela significativa dos operadores jurídicos brasileiros:

"Os crimes omissivos podem ser próprios ou impróprios. Nos primeiros (omissivos próprios), o sujeito ativo do delito deixa de praticar uma ação que a norma penal determina; descumpre, pois, um dever legal que emana da própria norma incriminadora. O delito de não-recolhimento das contribuições arrecadadas dos segurados constitui-se, assim, em delito omissivo próprio, visto que a omissão está configurada no verbo nuclear do tipo penal (deixar), a abstenção da conduta devida é a base central da incriminação (...).

"Sendo estruturalmente diferentes os tipos da apropriação indébita e do crime de não-recolhimento das contribuições arrecadadas dos segurados, não há equiparação possível entre os dois delitos no tocante às condutas descritas nos tipos penais. O crime de não-recolhimento, na época própria, da contribuição devida à Previdência e arrecadada de terceiros não é, portanto, crime de apropriação. Deste, as leis previdenciárias anteriores à Lei n. 8.137/90 só haviam aproveitado a pena (equiparação *quoad poenam*).

"A primeira conseqüência da estrutura omissiva do tipo do delito de não-recolhimento das contribuições arrecadadas dos segurados, e da não-equiparação ao crime de apropriação indébita, é a de que não se exige para a consumação do primeiro o *animus rem sibi habendi*, ou seja, o propósito de inverter o título da posse passando a possuir a coisa como se fosse sua, com a deliberada intenção de não-restituir, própria da acepção do vocábulo apropriar-se, elemento integrativo do tipo penal do segundo delito. Havendo o desconto dos empregados das quantias relativas à contribuição previdenciária, e a posterior omissão no seu recolhimento aos cofres da Seguridade Social, consuma-se o delito, sem que seja preciso investigar, no *animus* do agente a intenção de restituir ou não as quantias descontadas. O dolo necessário é o genérico, consistente na intenção de descontar do salário dos empregados as quantias referidas e de deixar de repassá-las à Seguridade Social."

Não são poucos os julgados que caminham nesse sentido.

Há, todavia, aqueles profissionais que, no Judiciário ou na Academia, professam entendimento diferente. Diante do disposto no art. 5º, LXVII, da Constituição da República, que proíbe a prisão por dívida, desenvolvem, nos campos penal e tributário, notável esforço para dotar a previsão legal, por si só irracional e desmedida, de determinados contornos mínimos, em homenagem aos princípios da segurança jurídica, dos direitos fundamentais e tendo em conta os princípios norteadores do direito penal e do direito tributário. Procuram, portanto, desenvolvendo um exercício heróico, no campo da experiência jurídica, em sítio de desenvolvimento dogmático ou no reino da jurisprudência, definir os contornos da conduta criminosa.

Cite-se, neste particular, o próprio autor acima citado que, à luz da teoria geral do delito lembra que nos crimes omissivos próprios, a simples omissão não é capaz de configurar por si só conduta delituosa. Trata-se, afinal, de deixar de fazer algo devido (conceito normativo e não causal). Todavia, ao descumprimento do dever de agir deve somar-se o "poder de fato de atuar, que implica a possibilidade física e real de concretizar a conduta determinada". Ora, a impossibilidade de "atuar conforme determinado pela norma exclui, portanto, nos delitos omissivos, a própria omissão, e, em conseqüência, a tipicidade do delito, pois não há de se falar em fato típico se não há ação (*rectius:* omissão) típica, propriamente dita" (ob. cit., p. 131). No campo da doutrina penal, os próprios conceitos de *estado de necessidade*, como excludente da antijuridicidade, ou da *inexigibilidade de conduta diversa*, excludente da culpabilidade, traduzem ensaio para minimizar a carga coativa irracional do preceito referido, com o propósito de atender, ainda que minimamente, o disposto no art. 5º, LXVII, da Constituição Federal e os princípios reitores do direito criminal do Estado de Direito.

Esforço semelhante é feito por Hugo de Brito Machado (*Temas de Direito Tributário II*. São Paulo, Ed. RT, 1994, pp. 164-165). Segundo este consagrado jurista e estudioso magistrado:

"Há quem entenda que no art. 2º, inciso II, da Lei 8.137/90, assim como no art. 95, alíneas *d*, *e* e *f* da Lei 8.212/91, tem-se definição de tipo penal novo. Crime de mera conduta, consistente no não recolhimento do tributo, não se devendo, pois, perquirir a respeito da vontade de apropriar-se, posto que não se está mais diante do tipo de apropriação indébita. Coloca-se, neste caso, a questão de saber se o legislador pode definir como crime uma situação que corresponde a simples inadimplemento do dever de pagar (...).

"Não se diga que a vedação constitucional, porque se reporta apenas à prisão civil, não se opõe à lei ordinária que define como crime o inadimplemento de dívida, para reprimi-lo com pena prisional. Não é assim. A lei ordinária que define como crime o simples inadimplemento de uma dívida, e comina para o que nele incorre pena prisional, conflita com a norma da Constituição que proíbe a prisão por dívida. Há, na verdade, evidente antinomia entre a norma da Constituição que proíbe a prisão por dívida, e aquela da lei ordinária, que define como crime o inadimplemento de dívida, para viabilizar, dessa forma, a aplicação da pena prisional ao devedor inadimplente.

"O sistema jurídico, considerados os valores que alberga, é necessariamente coerente. Suas eventuais antinomias devem ser eliminadas, e quando em conflito se encontram normas de diversa hierarquia a eliminação se faz sem qualquer dificuldade, pela prevalência da norma hierarquicamente superior."

Provavelmente, porque entende que interpretada como definidora de crime de mera conduta incorreria a norma em inconstitucionalidade, sustenta o magistrado, inclusive em seus julgamentos, e esta parece ser a posição majoritária no Tribunal Regional Federal da 5ª Região, que apenas a presença de dolo específico (elementar subjetiva) é capaz de sustentar a legitimidade do tipo incriminador. É o que se vê no seguinte julgado:

"Apropriação indébita. Contribuições previdenciárias. *Habeas corpus*. O crime definido pelo artigo 95 da Lei n. 8.212/91 não se configura sem a vontade de apropriar-se dos valores não recolhidos. Interpretar tal norma como definidora de crime de mera conduta é colocá-la em conflito com a norma da Constituição que veda a prisão por dívida. O ânimo de apropriar-se está ausente se o débito foi parcelado e novado, desaparecendo a ilicitude antes mesmo do oferecimento da denúncia" (TRF da 5ª Região, 1ª T., Rel. Juiz Hugo Machado, j. 1.12.94; *DJU*, Seção II, 10.3.96).

Não é outro o pensamento de Misabel Abreu Machado Derzi ("Da unidade do injusto no direito penal tributário", *Revista de Direito Tributário* 63/223):

"Os crimes contra a ordem tributária (entre os quais se incluem a sonegação e a apropriação indébita) são dolosos. A sonegação, sempre pressupõe a fraude, ou seja, a vontade consciente de lesar o fisco (dolo), ao lado da prática de atos ou omissões que objetivam ludibriar, enganar ou ocultar o fato tributário à Fazenda Pública. A apropriação indébita sempre pressupõe o prévio desconto ou cobrança do tributo devido de terceiros, com a intenção consciente (dolo) de não recolhê-los aos cofres públicos. *Nenhum deles é mera fuga ao pagamento, simples não recolhimento total ou parcial de tributo devido*" (gn).

Nesta linha cumpre citar, ainda, as lições de Heloísa Estellita Salomão ("Crime de não-recolhimento de contribuições previdenciárias", *Revista Dialética de Direito Tributário* 6/36-47), Roque Antônio Carrazza ("A extinção da punibilidade no parcelamento de contribuições previdenciárias descontadas, por entidades beneficentes de assistência social, dos seus empregados e não recolhidas no prazo legal. Questões conexas", *RT* 728/433-450) e Leônidas Ribeiro Scholz ("Sonegação fiscal e crimes contra a ordem tributária. Algumas considerações sobre as Leis ns. 4.729/65, 8.137/90 e 8.383/91", *RT* 708/424). Roque Antônio Carrazza, por exemplo, sustenta que o nosso direito equiparou, por intermédio do mecanismo da *ficção*, o delito capitulado no art. 95, *d*, da Lei n. 8.212/91 à apropriação indébita, dando-lhes o mesmo tratamento jurídico (ob. cit., p. 435).

Essas tentativas, voltadas para o efeito de suavizar o rigor de um dispositivo que excede o conceito de *justa medida*, nem sempre têm alcançado convencer o Poder Judiciário. Se esses ensaios, com efeito, procuram adequar minimamente o delito aos postulados do Estado de Direito, dando uma dimensão à conduta censurada que está além do simples inadimplemento de obrigação tributária, a verdade é que por vezes, com efeito, esbarram nos limites estabelecidos pela redação dos dispositivos tipificadores da conduta delituosa.

Não há dúvida que a exigência do *especial fim de agir* (elemento subjetivo) para a configuração da tipicidade do delito em comento poderia jogar uma cortina de fumaça sobre a problemática da legitimidade dos dispositivos que o contemplam. Tratar-se-ia de oferecer ao jurisdicionado uma solução menos má, provavelmente mais compatível com os comandos constitucionais, nomeadamente aquele que interdita a prisão civil por dívida. A questão é de saber se, afinal, em face da literalidade dos dispositivos tipificadores, seria possível a manutenção de teses que sobre amigas (trata-se de um *discurso da amizade*), e não obstante adequadas a outro tempo (o tempo da legislação revogada), nem aí deixaram de sofrer críticas, principalmente quando se sabe que o não recolhimento pelo sub-rogado dos valores descontados não constitui hipótese de apropriação indébita, já que inexistentes os elementos configuradores deste ilícito penal.

Aceite-se que os juristas comprometidos com o Estado de Direito, com os valores constitucionais e, bem assim, com a efetividade da Lei Fundamental devem continuar a desenvolver esforços para, no campo do direito penal, encontrar fórmulas ajustadoras da previsão posta em lei. Um outro trabalho, todavia, precisa ser mantido, desta vez destinado a demonstrar a inconstitucionalidade dos dispositivos referidos, especialmente se compreendidos como contempladores de crimes de mera conduta ou omissivos próprios. É o que se ensaiará fazer nas páginas seguintes.

II — A proibição de prisão por dívida

A Constituição Federal, no art. 5º, LXVII, disciplina que:

"Não haverá prisão civil por dívida, salvo a do responsável pelo inadimplemento voluntário e inescusável de obrigação alimentícia e a do depositário infiel".

Como se sabe, no passado o devedor podia ser preso em razão de não adimplir as obrigações pactuadas para com seus credores. Aliás, em Roma o devedor inadimplente poderia mesmo cair em escravidão, "uma vez que nos tempos antigos o corpo do indivíduo era fiador das próprias obrigações" (Alcino Pinto Falcão, *Comentários à Constituição*. Rio de Janeiro, Biblioteca Jurídica Freitas Bastos, 1990, v. 1, p. 291). Foi o direito moderno que, paulatinamente, foi proibindo a prisão por dívidas.

No direito constitucional brasileiro, previsão de mesmo cariz é encontrável no art. 153, § 17, da Emenda Constitucional n. 1/69, no art. 150, § 17, da Constituição de 1967, no art. 141, § 32, da Constituição de 1946 e, finalmente, no art. 113, n. 30, da Constituição de 1934.

Em outros países garantia desta ordem reside, normalmente, na legislação ordinária. Não obstante, há países que, como o Brasil, elevaram o princípio garantia a um escalão hierárquico superior. O mesmo ocorre, igualmente, com o México (art. 17), o Paraguai (art. 64), o Peru (art. 2º, 20, *c*), a Suíça (art. 59), o Uruguai (art. 52) e a Venezuela (art. 60, 2º).

Algumas Constituições fazem uso da expressão *prisão civil*. Outras proíbem a *prisão*, em qualquer caso. Cite-se, a título de exemplo, a Constituição da Costa Rica, de 1949, segundo a qual (art. 38): "ninguna persona puede ser reducida a prisión por deuda".

O dispositivo constitucional, incluído pela Constituição de 1988 no capítulo dedicado aos direitos e deveres individuais e coletivos, consiste em verdadeiro direito de defesa sujeito ao regime jurídico próprio dos direitos fundamentais. Trata-se, portanto, de direito fundamental inscrito no corpo da Constituição. E assim deve ser considerado.

III — O programa normativo do art. 5º, LXVII

Pretendem alguns que o dispositivo constitucional proíbe apenas a prisão civil por dívidas; não a de natureza penal.

Este é o entendimento, por exemplo, de Pedro Roberto Decomain (*Crimes contra a Ordem Tributária*. 2ª edição. Florianópolis, Obra Jurídica, 1995, p. 94):

"Poderia surgir discussão quanto à constitucionalidade desse inciso, diante da proibição da prisão civil por dívidas, inserida no art. 5º, LXVII, da Constituição da República:

"Ocorre que aqui não se trata de prisão civil por dívida, mas sim da criminalização do não pagamento de uma. Ademais disso, não se está a punir, no inciso da lei de que se cuida, pura e simplesmente a inadimplência tributária, mas sim a prática de não ser recolhido ao verdadeiro destinatário o valor que o contribuinte cobrou, precisamente para esse fim de um terceiro."

Este parece ser, igualmente, o pensamento professado por Edmar Oliveira Andrade Filho (*Direito Penal Tributário. Crimes Contra a Ordem Tributária*. São Paulo, Atlas, 1995, p. 112) e Luiz Coelho da Rocha ("A Lei n. 8.137 e a prisão por débito tributário", *Revista de Direito Mercantil* 87/68), entre outros.

Com o devido respeito, não parece que seja assim.

É verdade que antes do advento da Lei n. 8.137/90, em relação à apropriação indébita por equiparação legal, de tributo ou de contribuição social (definida por exemplo no Decreto-lei n. 329/67 e na Lei n. 4.357/64), o Supremo Tribunal Federal teve ocasião de, debatendo a respeito de sua legitimidade, à luz de idêntica garantia constitucional, decidir pela sua constitucionalidade. Mas aqui, como antes foi referido, a situação era outra. Em que pese não haver, de fato, apropriação de coisa alheia; em que pese, ademais, não estarem presentes os elementos do tipo equiparado, a exigência do *especial fim de agir* dava ao delito configuração diferenciada. Com as Leis n. 8.137/90 e n. 8.212/91, tudo muda. Os precedentes (por exemplo: RE 102.447-0 SC) não podem mais ser invocados, portanto.

É verdade, igualmente, que o Supremo Tribunal Federal já teve ocasião de definir que a prisão civil "configura meio coercitivo para se obter a execução da obrigação alimentar ou de restituir o depósito, cessando de imediato sua eficácia tão logo o executado cumpra a obrigação imposta" (*RTJ* 101/183), sendo certo, por isso mesmo, que não pode ser confundida com a prisão penal. Ninguém discordará que a prisão civil e a criminal "não poderiam, nunca, produzir efeitos jurídicos iguais e da mesma natureza" (*RTJ* 101/182).

Todavia, o fato de a Constituição proibir a prisão civil *por dívida não permite supor que possa referida conduta omissiva ser tipificada, autorizando-se com isso a prisão* penal *por dívida*. Nem permite supor que tenha o Supremo Tribunal Federal, guardião da Constituição que é (art. 102, *caput*, da CF), admitido que criminalizado o inadimplemento de obrigação pecuniária, estaria autorizada a prisão criminal, já que a Constituição proíbe apenas a prisão civil.

Na verdade a Constituição proíbe a prisão por dívida, sendo certo que o expediente de criminalizar condutas encontra limites. A questão que se coloca é se está livre o legislador ordinário para tipificar quaisquer condutas, subvertendo inclusive a natureza dos conceitos e fraudando a Constituição. É evidente que não está. A *liberdade de configuração* do Legislador (José Joaquim Gomes Canotilho, *Constituição dirigente e vinculação do legislador*. Coimbra, Coimbra Editora, 1982) encontra, aliás como tudo, também os seus limites. Por isso, não pode o legislador, por exemplo, fraudando a Constituição, transformar qualquer inadimplemento contratual, inclusive que importe em obrigação pecuniária, em crime.

Uma medida deste naipe representaria inequívoco expediente desviante da função legislativa e agressora da Constituição.

Para combater esse tipo de interpretação do dispositivo constitucional, cumpre buscar o caminho oferecido pela *interpretação enunciativa*. Como ensina José de Oliveira Ascensão *(O Direito. Introdução e Teoria Geral*. Coimbra, Almedina, 1991, p. 445):

"A interpretação enunciativa pressupõe a prévia determinação duma regra. Muitas vezes, a partir dessa regra consegue-se chegar até outras que nela estão implícitas, e que suprem assim a falta de expressa previsão das fontes. O que caracteriza a interpretação enunciativa é limitar-se a utilizar processos lógicos para esse fim."

Na interpretação enunciativa, o intérprete limita-se a "enunciar uma nova regra que necessariamente deriva da anterior". Um exemplo de interpretação enunciativa é aquela formulada com apoio no *argumentum a minori ad maius*: — *a lei que proíbe o menos proíbe o mais. Então, a lei que proíbe a prisão civil, implicitamente, proíbe também o mais, ou seja a prisão criminal*. A conclusão, aliás óbvia, deriva do simples fato de a prisão criminal significar uma agressão muito maior que a prisão civil ao âmbito da liberdade da pessoa humana. A interpretação enunciativa, combinada com o *princípio da dignidade da pessoa humana* (art. 1º, III, da CF), dá clareza à compreensão acima deduzida. *A dignidade da pessoa humana deve ser garantida pela proibição de qualquer tipo de prisão por dívida, seja ela de natureza civil ou penal*. Aliás, neste ponto, importa transcrever as palavras do Ministro Celso Mello (*Habeas corpus* n. 70.389-5. São Paulo; Tribunal Pleno — 23.6.94; Relator Ministro Sidney Sanches; Relator para o Acórdão: Ministro Celso de Mello) a respeito do princípio da dignidade da pessoa humana:

"É preciso enfatizar — e enfatizar com veemência, Sr. Presidente — que este Supremo Tribunal Federal tem um compromisso histórico com a preservação dos valores fundamentais que protegem a dignidade da pessoa humana. O Estado não pode prescindir na sua atuação institucional da necessária observância de um dado axiológico cuja essencialidade se revela inafastável e que se exterioriza na preponderância do valor ético fundamental do homem. Tal como pude salientar na anterior sessão de julgamento, Sr. Presidente, esta é uma verdade que não se pode desconhecer; a emergência das sociedades totalitárias está inteiramente vinculada à desconsideração da pessoa humana, enquanto valor fundante, que é, da própria ordem política jurídica do Estado...".

Nem se afirme que em outros países, como Portugal, há preceitos semelhantes aos criticados neste parecer, sem terem sido objeto de impugnação quanto à sua constitucionalidade. É preciso lembrar, em primeiro lugar, que em Portugal não há um dispositivo constitucional similar ao brasileiro. Por outro lado, em Portugal não se criminaliza a simples conduta omissiva do sujeito passivo tributário. Lá, como no Brasil antes do advento das Leis n. 8.137/90 e n. 8.212/91, *pune-se o abuso de confiança fiscal*, sendo certo que a lei foi redigida com satisfatória carga de racionalidade.

Com efeito, assim dispõe o art. 24 do Decreto-lei n. 20-A/90:

"Art. 24. Abuso de confiança fiscal:

"1. Quem, *com intenção de obter para si ou para outrem vantagem patrimonial indevida*, e estando legalmente obrigado a entregar ao credor tributário a prestação tributária que nos termos da lei deduziu, não efetuar tal entrega total ou parcialmente será punido com pena de multa até 1000 dias.

"2. Para os efeitos do disposto no número anterior, considera-se também prestação pecuniária a que foi deduzida por conta daquela, bem como aquela que, tendo sido recebida, haja obrigação legal de a liquidar, nos casos em que a lei o preveja.

"3. É aplicável o disposto no número anterior ainda que a prestação deduzida tenha natureza parafiscal e desde que possa ser entregue autonomamente.

"4. Se no caso previsto nos números anteriores a entrega não efectuada for inferior a 50.000$, a pena será a de multa até 180 dias, e se for superior a 1.000.000$, a pena não será inferior a 700 dias de multa.

"5. Para instauração do procedimento criminal pelos factos previstos nos números anteriores é necessário que tenham decorrido 90 (noventa) dias sobre o termo do prazo legal de entrega da prestação."

Trata-se, como se vê, de dispositivo que persegue o mesmo objetivo do art. 2º, II, da Lei n. 8.137/90 e do art. 95, *d*, da Lei n. 8.212/91. Todavia, assume um padrão de racionalidade singular, na medida em que estabelece distinções necessárias envolvendo a situação diferenciada de cada sujeito passivo tributário e, mais, na medida em que exige a comprovação do especial fim de agir (*intenção de obter para si ou para outrem vantagem patrimonial indevida*) para a realização do tipo. Nestes termos, admite-se que uma legislação com esse perfil, caso adotada por nosso país, embora o disposto no art. 5º, LXVII, da Lei Fundamental, poderia, eventualmente, ser tomada como constitucional. Não é o que ocorre, todavia, com os dispositivos analisados no presente parecer. Trata-se aqui, a menos que, como preconizado por alguns, o Supremo decida de modo contrário, de crime de mera conduta, omissivo próprio, que consubstancia simples criminalização de inadimplemento de obrigação disciplinada pelo direito tributário. Interpretado assim, é inconstitucional, não há dúvida.

Tem-se, portanto, que compreendida a norma constitucional como um plexo congregador de um *programa normativo* (o texto) combinado com um *âmbito normativo* (área de incidência do texto) (Friedrich Müller, *Concepções Modernas e a Interpretação dos Direitos Humanos*. Foz do Iguaçu. Anais da XV Conferência Nacional da Ordem dos Advogados do Brasil, 4 a 8 de setembro de 1994, pp. 100-106) e, mais ainda, que, para além da literalidade (crítica da interpretação literal) do programa normativo, a norma de aplicação configura não o início, mas antes o resultado da atividade do intérprete, que soluciona o *problema* à luz do programa e âmbitos normativos atualizados pelo *contexto* (o tempo e o espaço dialogam com a abertura do texto normativo), é possível deduzir do art. 5º, LXVII, da Constituição da República o seguinte comando: "Não haverá prisão por dívida, salvo...". *Ou seja, jamais ocorrerá privação de liberdade de quem quer que seja, salvo as exceções admitidas, por motivo de inadimplemento de obrigação civil.*

A simples tipificação como crime da conduta omissiva do sujeito passivo tributário (contribuinte ou responsável) não é compatível com o texto constitucional à luz de uma leitura mais sofisticada e, especialmente, compromissada com a efetividade da Constituição, assim como dos direitos fundamentais que ela proclama.

Apanhe-se, neste ponto, outra vez o pensamento de Hugo de Brito Machado (*Repertório IOB de Jurisprudência* 12, 1994. p. 230):

"Realmente, a Constituição Federal estabelece que "não haverá prisão civil por dívida, salvo a do responsável pelo inadimplemento voluntário e inescusável de obrigação alimentícia e a do depositário infiel (art. 5º, LXVII). Como ensina Celso Ribeiro Bastos, nos tempos modernos já não se aceita mais prisão do devedor inadimplente, sendo cabível, em seu lugar, a execução do patrimônio do responsável por dívida (*Comentários à Constituição do Brasil*. São Paulo, Saraiva, 1989, v. 2, p. 304).

"Não se diga que a vedação constitucional, porque se reporta apenas à prisão civil, não se opõe à lei ordinária que define como crime o inadimplemento de dívida, para reprimi-lo com pena prisional. Não é assim. A lei ordinária que define como crime o simples inadimplemento de uma dívida, e comina para o que nele incorre pena prisional, conflita com a norma da Constituição que proíbe a prisão por dívida. Há, na verdade, evidente antinomia entre a norma da Constituição que proíbe a prisão por dívida, e aquela, da lei ordinária, que define como crime o inadimplemento de dívida, para viabilizar, dessa forma, a aplicação da pena prisional ao devedor inadimplente."

Nesse mesmo sentido, levante-se a argumentação de Dejalma de Campos ("O crime de sonegação fiscal: evolução legislativa; análise do tipo na lei vigente (Lei n. 8.137/90); sonegação e simples inadimplemento (CF art. 5º, LXVII)", in *Direito Penal Tributário Contemporâneo. Estudos de especialistas*. São Paulo, Atlas, 1995, p. 40), Heloísa Estellita Salomão (*O crime de não-recolhimento de contribuições previdenciárias*, p. 9), Eduardo Marcial Ferreira Jardim ("Infração tributária não é crime", *Revista de crítica literária*, São Paulo, agosto de 1996, p. 5) e Misabel Abreu Machado Derzi ("Crimes contra a ordem tributária, normas penais em branco e legalidade rígida. Volume de apoio ao Seminário sobre crimes contra a ordem tributária", *Repertório IOB de Jurisprudência*, São Paulo, 31 de março de 1995, p. 24).

Misabel Abreu Machado Derzi, por exemplo, conclui pela "inexistência, em nosso sistema jurídico, de prisão por dívida, ou seja, da cominação de pena privativa de liberdade pela simples ausência de pagamento do tributo devido pelo agente". Por isso, segundo a jurista, "se esse agente cumpriu regularmente com suas obrigações acessórias, informou corretamente à Fazenda Pública sem fraude, ludíbrio ou omissão, inexiste portanto crime".

Já Eduardo Marcial Ferreira Jardim assevera que a criminalização do inadimplemento de obrigação tributária configura-se inadmissível. Segundo argumenta, "o grau de absurdidade ganha foros de maior repúdio na medida em que a aludida legislação desrespeita frontalmente a Constituição da República".

Esta é, igualmente, a posição sustentada neste trabalho. Toma-se como certo que os arts. 2º, II, da Lei n. 8.137/90 e 95, *d*, da Lei n. 8.212/91, especialmente se compreendidos como instituindo crimes omissivos próprios, de mera conduta, inexigentes de *especial fim de agir* (elementar subjetiva do tipo) para a sua configuração, são absolutamente inconstitucionais, por afrontarem um direito fundamental com residência constitucional. Consubstanciam, afinal, prisão por dívida.

IV — A proibição da prisão por dívida enquanto direito fundamental

A proibição da prisão civil por dívida substancia um direito fundamental que, por um lado amplia a zona de defesa do indivíduo em face da atuação do Estado e, por outro, cria para o Estado uma *área de incompetência*. Inserido no capítulo dedicado aos direitos e deveres individuais e coletivos, integra o Título II da Constituição, que trata dos direitos e garantias fundamentais. Tratando-se de um direito fundamental (não cabe aqui estabelecer a distinção entre direito e garantia), submete-se ao regime específico dos direitos, liberdades e garantias plasmados na Constituição.

O regime jurídico em questão implica a emergência das seguintes notas caracterizadoras:

1. Aplicabilidade direta das normas que os reconhecem, consagram ou garantem (art. 5º, § 1º);

2. Vinculatividade das entidades públicas e privadas (Preâmbulo);

3. Reserva de lei do Congresso (impossibilidade de lei delegada, medida provisória) para a sua restrição (art. 68, § 1º, II)

4. Princípio da proporcionalidade como princípio informador da atividade legislativa, inclusive das leis restritivas a direitos e garantias (art. 5º, LIV);

5. Princípio da salvaguarda do *núcleo essencial* (princípio implícito decorrente do Estado de Direito);

6. Limitação da possibilidade de suspensão nos casos de estado de sítio e estado de defesa (arts. 136, § 1º, I e 139);

7. Garantia contra o poder de emenda a Constituição (*limite material ao poder de reforma constitucional*) restritiva do conteúdo dos direitos individuais (art. 60, § 4º, IV).

O regime dos direitos fundamentais decorre do próprio texto constitucional, daí porque não pode sofrer qualquer sorte de amesquinhamento em face da atividade legislativa do Estado. Com base neste regime é possível, inclusive, verificar se poderia o Estado, fazendo uso de sua competência legislativa em matéria penal ou a pretexto de usá-la, criminalizar uma conduta que configura, em princípio, simples inadimplemento de obrigação pecuniária de natureza tributária. Ou seja, proibida a utilização da prisão civil, cumpre questionar se poderia o Estado prever uma sanção penal para o obrigado que não satisfizesse, na data definida, a obrigação pecuniária de natureza fiscal.

Perceba-se que o especificado no art. 5º, LXVII é auto-aplicável desde logo, seja em função do disposto no art. 5º, § 2º, seja em função da própria natureza do programa normativo que se encontra completo, pleno de densidade, inexigindo, por isso mesmo, comando legislativo infraconstitucional integrador. Por outro lado, o seu comando vincula a República Federativa do Brasil na sua integralidade, e então, todos os seus Poderes, inclusive o Judiciário e o Legislativo. Tão importante é, para o Constituinte, o território dos direitos fundamentais que apenas o ato legislativo (*princípio da legalidade*: art. 5º, II) e, mais do que isso, o *ato legislativo votado pelo Congresso Nacional* (*reserva de lei do Congresso*: proibição de medida provisória e de lei delegada) pode exercitar as competências *conformadora* e *restritiva* do Estado. Todavia, não basta a observância da forma. A lei conformadora ou restritiva, para ser constitucional precisa ser razoável, adequada, racional e necessária, sob pena de inconstitucionalidade (*princípio da reserva de lei proporcional*). *O princípio do devido processo legal em sentido substancial (art. 5º, LIV) condena o excesso de poder legislativo, decorrente ou do abuso de competência ou da quebra da proporcionalidade.* E neste caso, a regulação de um direito fundamental a título de conformá-lo ou de restringi-lo nos casos em que isso seja possível, não pode chegar ao ponto de anular o seu *núcleo essencial*. Qualquer lei que ultrapassasse o campo tomado pelo *núcleo essencial*, seria inconstitucional. Ademais, tão significativos são os direitos fundamentais na ordem constitucional brasileira que, mesmo nos casos de decretação de estado de defesa ou de estado de sítio, a lei fundamental impõe limites à sua suspensão. Nem todos os direitos podem ser suspensos, e no caso de suspensão, há igualmente linhas perimétricas que não podem ser ultrapassadas. *Por fim, os direitos fundamentais não podem nem mesmo ser objeto de abolição ou de medida que imprima uma simples tendência com esse sentido, em face da* cláusula de eternidade *consignada na Constituição.*

No que se refere ao direito insculpido no art. 5º, LXVII, é preciso ver que o regime jurídico acima referido, que importa na definição de uma verdadeira *reserva de Constituição* quanto à matéria (Manuel Afonso Vaz, *Lei e reserva da lei. A causa da lei na Constituição portuguesa de 1976.* Porto, Universidade Catholica Lusitana, 1992) implica a sua observância compulsória, daí porque nem mesmo as estruturas de exceção constitucional permitem supor a sua nulificação. De outro ângulo, a *reserva de Constituição* implica em que referido direito fundamental não se encontra à disposição do Poder Constituinte derivado, que não pode, mesmo por meio de Emenda, amesquinhá-lo, nulificá-lo ou mesmo suprimi-lo. *Ora, se referido direito fundamental não se encontra à disposição do Poder Constituinte derivado, com muito mais razão não está à disposição do legislador ordinário (argumento a "maiori ad minus"), que não pode a pretexto de exercitar competência legislativa, mesmo no campo penal, violar o seu conteúdo.* Pois foi precisamente isso que o legislador, por meio dos arts. 2º, II, da Lei n. 8.137/90 e 95, *d*, da Lei n. 8.212/91, acabou por realizar, viciando, com referida atitude, o seu produto (a lei penal) e, por isso mesmo, agredindo a *cláusula de eternidade* (*de permanência ou pétrea*) contemplada na Constituição Federal. São inconstitucionais, portanto, referidos dispositivos.

V — A decomposição do direito fundamental em questão

Foi, provavelmente, Robert Alexy quem, desde um prisma eminentemente constitucional-dogmático, elaborou o mais importante estudo da atualidade dedicado aos direitos fundamentais (*Teoria de los derechos fundamentales*. Madrid, Centro de Estudios Constitucionales, 1993).

Segundo o jurista alemão, que propõe uma *teoria estrutural para os direitos fundamentais*, é importante estabelecer uma distinção entre *norma* e *posição*. "Una norma es aquello que expresa un enunciado normativo", ensina. Quanto à *posição*, é a situação de vantagem que decorre da incidência da norma: — em uma palavra, é aquilo que as pessoas, sem preocupação com o rigor, chamam de *direito*. Ora, pretende Alexy que uma teoria dos direitos fundamentais sustenta-se sobre uma tripla divisão das posições que tem sido designadas como *direitos*. O intérprete depara-se, portanto, na leitura do catálogo dos direitos fundamentais, com a criação de situações que conformam a emergência de (i) *direitos a algo*, (ii) *liberdades* e (iii) *competências*.

É possível que um mesmo direito fundamental crie mais de um tipo de posição. Sim, porque o direito individual como um todo consubstancia um conjunto de posições jusfundamentais. Isto quer dizer, preleciona Suzana de Toledo Barros (*O princípio da proporcionalidade e o controle da constitucionalidade das leis restritivas de direitos fundamentais*. Brasília, Brasília Jurídica, 1996, p. 134) que "um direito previsto na constituição pode apresentar-se estruturalmente sob as três modalidades, ou duas, ou uma". Por isso, "um direito deve ser visto sempre como uma via de mão dupla e como um feixe de possibilidades de comportamentos, sejam estes imperativos ou facultativos, inter-relacionados sempre" (ob. cit., p. 134). Não obstante, é possível concluir que a dimensão mais importante do direito fundamental plasmado no art. 5º, LXVII, da Constituição Federal, insere-se entre aquelas designadas como *direitos a algo*. Tais direitos (*os direitos a algo*) possuem a seguinte estrutura segundo Alexy (ob. cit., pp.186 e ss.):

"I.I. La estrutura fundamental del *derecho a algo*

"La forma más general de un enunciado sobre un derecho a algo reza:

"(1) *a* tiene frente a *b* un derecho a *g*.

"Este enunciado pone claramente de manifiesto que el derecho a algo puede ser concebido como una relación triádica cuyo primier miembro es el portador o titular del derecho (*a*), su segundo miembro, el destinatário del derecho (*b*) y su tercer miembro, el objeto del derecho (*g*). Esta relación triádica será expressada con "D". Por lo tanto, la forma más general de un enunciado sobre un derecho a algo puede expresarse de la siguiente manera:

"(2) D*ab*G.

"De este esquema surgem cosas totalmente diferentes según lo que se coloque en lugar de *a*, *b* y G. Según que por *a*, el titular del derecho, se coloque una persona fisica o una persona jurídica de derecho público, o por *b*, el destinatário, el Estado o particulares, o por G, el objeto, acciones positivas u omissiones, se obtienen relaciones, entre las cuales existem diferencias muy importantes desde el punto de vista de la dogmática de los derechos fundamentales."

Um exemplo típico de *direito a algo* é o direito à vida. Referido direito fundamental estatui tanto "negativamente um direito a vida", que exclui o homicídio, inclusive determinado pelo Poder Público, como também *positivamente* um direito a vida, o que implica para o Estado não mais uma omissão, mas já uma atuação interventiva (positiva) para o fim de promover e proteger a vida contra terceiros.

"La diferencia entre acciones negativas y positivas es el critério principal para la división de los *derechos a algo* segun sus objetos. En el ámbito de los derechos frente al Estado, que habrán de ser tratados en lo que sigue, los derechos a acciones negativas corresponden a aquello que suele llamarse "derechos de defensa". Como habrá de mostrarse más abajo, los derechos frente al Estado a acciones positivas coinciden sólo parcialmente con aquello que es llamado "derechos a prestaciones".

O direito fundamental prescrito no art. 5º, LXVII, da Constituição, consiste num verdadeiro *direito de defesa*, isto é, um direito que outorga ao cidadão uma posição jurídica preponderantemente exigente de ações negativas do Poder Público. Ora, os direitos de defesa do cidadão frente ao Estado a ações negativas (*direitos de defesa*), segundo Alexy, podem ser divididos em três grupos:

"El primero está constituído por derechos a que el Estado no impida u obstaculice determinadas acciones del titular del derecho; el segundo por derechos a que el Estado no afecte determinadas propiedades o situaciones del titular del derecho; y el tercero, por derechos a que el Estado no elimine determinadas posiciones jurídicas del titular del derecho".

A proibição da prisão por dívida configura, em sua dimensão mais radical, um direito de defesa do segundo tipo. Trata-se, então, de um direito a que o Estado não afete determinada *propriedade* ou *situação* do titular do direito. Deveras, pode, a posição criada, ser referida pelo seguinte esquema lógico: "*a* tiene frente ao Estado un derecho a que éste no afecte la propiedade A (la situación B) de *a*" (Alexy, ob. cit., p. 192). Está impedido o Estado, portanto, de atuar, seja no campo administrativo, seja no campo legislativo, seja no campo judicial, para afetar ou malferir a situação de vantagem usufruída pelo titular do direito. Afinal, lembra Suzana de Toledo Barros (ob. cit., p. 143), os direitos fundamentais funcionam "como limites de atuação legiferante (e também, de resto, dos demais poderes estatais), ao mesmo tempo que impõem ao legislador a tarefa de realizá-los 'otimizando a sua normatividade e atualidade'".

Há um bem jurídico (a liberdade); há, ademais, um direito frente ao Poder Público (*direito a algo* como *direito de defesa*); ambos implicam, para o Estado, a emergência de uma zona de incompetência. Neste caso, embora a Constituição faça menção à proibição da prisão civil por dívida, é indubitável que toda atuação do Estado, nomeadamente no campo legislativo, voltada para permitir qualquer forma de prisão, ainda que de natureza penal, por esse fundamento (dívida), afigura-se inconstitucional. Apanhe-se outra vez Alexy (ob. cit., pp. 239 e ss.): "Si frente al Estado, el ciudadano se encuentra en la posición iusfundamental de no-sujeción, tiene siempre frente al Estado un derecho a que el Estado no interevenga en el ámbito de la no-sujeción. A este derecho corresponde una prohibición dirigida al Estado de no intervenir en el ámbito de no-competencia definido por las normas iusfundamentales".

Bem por isso, estabelecida para o cidadão uma situação de não-sujeição, não pode o Estado, para alcançar a mesma finalidade que a norma constitucional proíbe (a privação da liberdade) buscar outro caminho. Sim, porque por um caminho ou por outro o que se alcança é o mesmo objetivo: — a prisão (seja civil, seja penal) por dívida. Ao assumir uma outra via para alcançar idêntico resultado intimidativo, socorrendo a ânsia arrecadadora da receita, o Estado está a quebrar uma das mais notáveis dimensões do regime dos direitos fundamentais que é a vinculação dos Poderes Públicos. Está, por outro lado, quebrando o *núcleo essencial* do dispositivo constitucional e fraudando, ademais, a Constituição.

VI — A fraude constitucional

A doutrina, segundo expõe Jorge Miranda (*Manual de Direito Constitucional,* t. II, Introdução à Teoria da Constituição. 2ª ed., Coimbra, Coimbra Editora, 1988, p. 188), costuma chamar de *fraude constitucional* "a preterição dos limites materiais de primeiro grau, com observância apenas externa das regras constitucionais de competência e de forma". A idéia de *fraude constitucional* encontra-se, normalmente, vinculada à atividade do poder de reforma constitucional. Não obstante, é pensável a utilização do conceito para referir a atividade legislativa ordinária do Estado quando, a pretexto de exercer uma competência (legislar sobre matéria penal, *v.g.*) desvirtua um comando constitucional, amesquinha um direito fundamental, ignorando o núcleo material protegido pelo dispositivo que o contempla. É o que ocorre com os arts. 2º, II, da Lei n. 8.137/90 e 95, *d*, da Lei n. 8.212/91. Indicados dispositivos fraudam a Constituição, na medida em que quebram uma situação de não-sujeição garantida ao cidadão pela Lei Fundamental pelo simples deslocamento discursivo na norma legislativa que, saindo do campo não penal (prisão civil) ingressa no território da disciplina criminal (prisão penal), embora com o fim claríssimo de alcançar idêntico objetivo.

Esqueceu o legislador, no momento em que criminalizou a conduta omissiva, o caráter principiológico das normas de direito fundamental. Do fato de as normas de direito fundamental assumirem uma feição principiológica decorre conseqüências inafastáveis à luz de uma teoria atualizada dos direitos fundamentais. Assim por exemplo, não se pode olvidar que referidas normas possuem um *caráter de fundamentalidade*, já porque corporificam a estrutura do sistema jurídico, sendo correto afirmar que dos princípios, em face de desdobramentos sucessivos, decorrem todas as demais normas componentes do sistema. Não se pode esquecer, ademais, que os princípios traduzem uma *idéia de direito* (Ronald Dworkin, *Los derechos en serio*. Barcelona, Ariel, 1989), oferecendo, por isso, *standards* ou pautas vinculantes que traduzem as idéias de direito e de justiça. Por isso, é possível deduzir do texto constitucional uma teoria da justiça, sendo correto afirmar, inclusive, que em função dela, são potencialmente inconstitucionais as leis injustas na ordem constitucional brasileira (sobre a questão conferir o nosso: *Temas de Direito Constitucional (e de Teoria do Direito)*. São Paulo, Acadêmica, 1993, pp. 36-55). E por fim, para não citar outras dimensões caracterizadoras do caráter principiológico das normas definidoras de direitos fundamentais, cumpre referir a sua natureza normogenética, decorrendo daí que os princípios consubstanciam sempre fundamentos de regras, que deles derivam. A força positiva dos princípios (são *determinantes heterônomas*) exige uma *aplicação justa* às situações de fato que alcançam sendo certo, ademais, que a sua força negativa torna-se significativa nos casos limites, segundo ensina Canotilho.

Esses dados, ignorados pelo Legislador, permitem a qualquer intérprete bem intencionado, especialmente quando tocado por uma *vontade de Constituição* (Konrad Hesse. *A força normativa da Constituição*. Trad. Porto Alegre, Sérgio Fabris Editor, 1991), concluir, evidentemente, que está interditado ao Estado, em face do *princípio de não-sujeição* insculpido no art. 5º, LXVII, da Constituição da República, por meio de outra via (agora da via penal) encontrar idêntico resultado àquele proibido pelo Constituinte (*questão da aplicação justa*). Afinal, a tarefa legislativa não pode ser tributária de um exercício de esperteza, através do qual cabe ao Legislador encontrar a direção alternativa para, com aparência de constitucionalidade, alcançar o resultado condenado em face da proclamação de um *direito de defesa* outorgado ao cidadão. A exigência weberiana de uma *ética da responsabilidade* no campo jurídico guarda sentido neste ponto. O domínio da construção do direito objetivo não pode ser contaminado por uma antiética da malandragem e dos expedientes de engodo, transformadora dos contribuintes apenas inadimplentes em criminosos. É evidente que cabe ao Estado encontrar meios de coibir a sonegação fiscal, e compelir os maus contribuintes ao pagamento de seus débitos tributários. Não todavia, fazendo uso de artifícios como os referidos neste parecer, que lamentavelmente demonstram o processo de *erosão da consciência constitucional* (Karl Loewenstein, *Teoría de la Constitución*. Barcelona, Ariel, 1986) e de descompromisso com os direitos fundamentais (e, por conseqüência, com o Estado de Direito) que contagia os governantes brasileiros de uns tempos para cá.

Não há dúvida, então, que o expediente utilizado pelo Estado para contornar a proibição insculpida no art. 5º, LXVII, da Lei Fundamental da República (reserva material de Constituição) *configura verdadeira* fraude constitucional, *merecendo, por isso mesmo, censura judicial.*

Advirta-se, neste ponto, que em face do direito de não-sujeição, o cidadão possui, frente ao Estado, também uma *posição jurídica insuscetível de derrogação*. Depreende-se do art. 5º, LXVII, da Constituição, que o cidadão não pode sofrer privação de liberdade em função de dívida. É evidente que a dívida possui uma natureza civil. Ora, na medida em que se criminaliza uma conduta omissiva consistente no não-pagamento de dívida tributária, está o legislador interferindo em conceitos que estão subjacentes ao comando constitucional. Alexy (ob. cit., p. 194) assim formaliza a afirmação:

"Que existe una posición jurídica significa que vale una correspondiente norma (individual o universal). El derecho del ciudadano frente al Estado de que éste no elimine una posición jurídica del ciudadano es, por lo tanto, un derecho a que el Estado no derogue determinadas normas".

Pois foi precisamente o que o Estado fez. Derrogou as normas que davam ao contribuinte a condição de contribuinte, transformando-o, de *contribuinte remisso* (na hipótese de inadimplemento), em *contribuinte criminoso*. Desnaturou-se o conceito de *dívida civil* (*tributária*) transformando o não-pagamento em conduta criminosa, quebrantando-se, com esse esperto deslocamento conceitual, a norma subjacente ao texto proclamado no art. 5º, LXVII, da Constituição Federal. É inquestionável que a operação, aparentemente exitosa até agora (em face da inexplicável tolerância de parcela do Judiciário), corporifica verdadeira fraude.

VII — Os direitos fundamentais e a possibilidade de legislação restritiva

Dir-se-á, eventualmente, que não obstante o princípio-garantia de não-sujeição traduza uma *reserva material de Constituição*, isso não pode obstaculizar a atividade legislativa de conformação e restrição dos direitos fundamentais autorizada pela própria Constituição e inclusive a competência para legislar sobre direito penal inserida no art. 22, I, da Lei Fundamental da República. Dir-se-á, mais, que o direito de não-sujeição outorgado pelo Constituinte não é suficiente para bloquear o exercício da competência da União para legislar sobre direito penal. Dir-se-á, por fim, que quando o Constituinte dá à União competência para legislar sobre direito penal não insere nenhuma limitação, de modo que, em princípio, essa competência é ampla.

Trata-se de exercício argumentativo que merece pronta refutação.

Sim, é verdade que o Estado está autorizado a conformar os direitos fundamentais, podendo, inclusive, nas hipóteses deferidas pela Constituição, restringi-los. Mas estas atividades possuem, como tudo, os seus limites. Releve-se, nesta oportunidade, que não são os direitos fundamentais que devem ser aplicados nos termos da lei, mas sim a lei que deve ser aplicada nos termos dos direitos fundamentais. Em conseqüência, nos dias de hoje, é inaceitável uma visão jurídica compreensiva dos direitos fundamentais como *concessões*. Sim, porque, tratando-se de concessões, desafiariam interpretação restritiva. Tem-se aqui o império do princípio *in dubio contra libertatem*. Conforme alerta Müller (ob. cit., p. 100) "os direitos fundamentais não são o 'resto' de tudo o que o indivíduo não pode fazer; eles não se definem pela subtração de todas as proibições... Eles são, em outras palavras, garantias materiais, determinadas positivamente através de seu conteúdo".

Não se pretende, com isso, fazer a apologia de uma concepção individualista dos direitos fundamentais. Quer-se apenas insistir no fato de que o Estado, cuidando de seus interesses deve, ao mesmo tempo, observar os direitos fundamentais com o fim de "*procurar fazer justiça a todos*" (Müller, ob. cit., p. 102). Então, contra a visão autoritária, estadista e ultrapassada dos direitos fundamentais, e contra a visão individual-isolante das liberdades públicas, cabe produzir a defesa da efetividade da Constituição, cabendo ao intérprete buscar a realização recíproca dos direitos, bens e valores constitucionais. Por isso, concorda-se que os direitos fundamentais "são posições jurídicas *prima facie*, sujeitas a ponderações em face de situações de colisão de bens ou valores constitucionais no caso concreto" (Suzana de Toledo Barros, ob. cit., p. 157).

É dentro desta linha, privilegiadora dos direitos fundamentais, mas não compromissada com uma visão individual-isolacionista de seu regime, que cumpre fazer menção à problemática da possibilidade de legislação restritiva.

A doutrina a respeito dos direitos fundamentais parece partilhar do entendimento segundo o qual as restrições aos direitos fundamentais podem ser *expressos* ou *implícitos*. No primeiro caso as restrições (i) ou estão desde logo *definidas* na Constituição ou (ii) então estão *previstas* na Constituição, constituindo obra do legislador ordinário. No segundo caso, embora sem previsão expressa, é correto afirmar que a vida em comunidade e a exigência de conciliação entre direitos, bens e valores constitucionais implica a emergência de certos *limites imanentes* aos direitos fundamentais que podem, inclusive, de modo abstrato, ser objeto de uma normativa ordinária (o problema da *colisão* entre direitos, bens e liberdades constitucionais).

O direito de não-sujeição prescrito no art. 5º, LXVII, da Constituição encontra alguns limites no próprio programa normativo. Com efeito, a Lei Fundamental excepciona, desde logo, as hipóteses de inadimplemento de obrigação alimentícia e da infidelidade depositária. Para além destas exceções, *cujos conceitos não podem sofrer desnaturação pelo legislador*, não há previsão de lei restritiva (*reserva de lei* ou *reserva qualificada de lei restritiva*). Não obstante, com fundamento nas *limitações imanentes*, seria possível ao legislador, com o fim de prevenir *colisões* entre direitos, liberdades e bens constitucionais, e apoiado nos *princípios da unidade da Constituição e da concordância prática* (Konrad Hesse, *Escritos de Derecho Constitucional*. Madrid, Centro de

Estudios Constitucionales, 1992, pp. 33-54) estabelecer legislação restritiva.

Na hipótese de *colisão* de direitos, na lição de Manuel Afonso Vaz (ob. cit., p. 323), o legislador pode, "na verdade antecipar-se à probabilidade dos conflitos e conciliar genericamente os direitos, ou seja, é-lhe permitido restringir um direito, liberdade, garantia para salvaguardar outros direitos ou interesses constitucionalmente protegidos". Neste caso impõe-se a *concordância prática* entre os bens jurídicos contrapostos, buscando-se uma solução legislativa conciliadora e harmonizadora. *Deve ser feita uma coordenação de tal modo a que nenhum bem sofra quebra em sua identidade. Exatamente por isso nenhum direito ou bem jurídico pode, em abstrato, ser sacrificado à custa de outro.*

Como não há uma ordem hierárquica de valores na Constituição (decorrência do *princípio da unidade hierárquico-normativa*), não pode haver nenhuma precedência de um valor, ou bem constitucional sobre outro. Logo, sendo certo que as colisões podem alcançar confronto entre direitos, ou entre direitos e outros bens jurídicos (o interesse público, a segurança pública, a defesa nacional), cumpre verificar se as leis restritivas não ocasionaram lesão a um dos termos da relação conflituosa, resultando em desnecessário sacrifício a um direito ou a um bem constitucionalmente protegido.

No caso em análise, a pretexto de resguardar um interesse constitucionalmente protegido (o interesse do Poder Público consistente em arrecadar os tributos de sua competência, compelindo para tanto os contribuintes), o Estado editou lei penal criminalizando o inadimplemento de obrigação tributária (tipo omissivo próprio: deixar de recolher). *Na hipótese, se estava autorizado a legislar sobre matéria penal, não poderia exercitar tal competência para restringir, a pretexto de defender determinado bem ou interesse, até o ponto de nulificar o direito de não-sujeição proclamado no art. 5º LXVII, da Constituição Federal. Houve, aqui, um abuso de competência, um excesso legislativo, que afronta os perímetros da atuação do Estado em matéria de restrição de direitos fundamentais.* Tão considerável foi o excesso que o Estado, com os dispositivos penais em questão, interferiu no *núcleo essencial* do *direito de não-sujeição à privação de liberdade por dívida*. Neste particular, perpetrou o Legislador, claríssima ofensa a um conteúdo sob *reserva material absoluta de Constituição* (Manuel Afonso Vaz, ob. cit., p. 327). Quer-se com isso afirmar que, se o conteúdo total dos direitos fundamentais configura uma *reserva de Constituição*, tendo em conta a possibilidade de leis restritivas, referida reserva pode ser tida como relativa. Não obstante, com restrição ou sem restrição, há um *núcleo essencial* que não está à disposição nem do poder de emenda, nem do legislador ordinário (lei de restrição). *Quanto ao* núcleo essencial, *este consubstancia verdadeira* reserva material absoluta de Constituição, *não podendo, em hipótese alguma sofrer limitação em face da atuação do Poder Público, mesmo do legislador, não importa sob qual pretexto ou fundamento. Foi, não obstante, precisamente o que ocorreu.*

VIII — O direito penal como legislação compressiva e o problema do núcleo essencial

Consiste o direito penal em disciplina que condensa duas variáveis aparentemente contraditórias. Por um lado, é instrumento através do qual o Estado protege os direitos fundamentais. Deveras, na medida em que criminaliza o homicídio, está a proteger o direito fundamental à vida. Por outro lado, porém, implica também em mecanismo através do qual o Estado comprime direitos fundamentais, daí porque consiste em normativa restritiva. Neste caso, as restrições aos direitos fundamentais são estabelecidas pelo direito penal através da tipificação de condutas com o fito de harmonizar bens e posições jurídicas e, então, mesmo de prevenir colisões envolvendo direitos entre si, ou envolvendo direitos e outros bens jurídicos constitucionalmente protegidos. É evidente que nesta última hipótese, a atividade legislativa pressupõe harmonização, carga coativa moderada, e o compromisso com a menor intervenção possível, isto tudo para, observado o princípio da concordância prática, manter incólumes as identidades dos bens e direitos em questão, nomeadamente o *núcleo essencial* do direito integrante de um dos termos do conflito. E neste ponto cumpre lembrar com José Carlos Vieira de Andrade (*Os direitos fundamentais na Constituição Portuguesa de 1976*. Coimbra, Almedina, 1987, p. 223) que "deve configurar-se em cada direito fundamental um *núcleo essencial de protecção máxima*, que inclui as situações ou modos primários típicos de exercício dos direitos (e que julgamos corresponder ao conteúdo essencial do direito, no plano axiológico-normativo) ...". Pois o conteúdo essencial referido foi agredido pela legislação penal em comento.

Ensinam José Joaquim Gomes Canotilho e Vital Moreira (*Constituição da República Portuguesa Anotada*, 3ª edição, Coimbra, Coimbra Editora, 1993, pp. 184-5), em lição também adequada ao direito brasileiro, que as restrições ao direito à liberdade que se traduzem em medidas de privação total ou parcial dela, constituindo restrições a um direito fundamental integrante da categoria dos direitos, liberdades e garantias, "só podem ser estabelecidas para proteger os direitos ou interesses constitucionalmente protegidos, devendo limitar-se ao necessário para os proteger. Tais princípios vinculam o legislador na definição dessas medidas e o aplicador delas (designadamente o juiz)". Ou seja, nos termos da Constituição, e à luz dos direitos fundamentais, o direito penal enquanto plexo normativo disciplinador de restrições e compressões a um direito só pode ser compreendido como "*direito penal mínimo*". Não há lugar, portanto, na Constituição brasileira, para um "*direito penal máximo*", devendo sofrer censura judicial, por invalidade decorrente de inconstitucionalidade, a criminalização de condutas não ofensivas a direitos e bens constitucionalmente protegidos, ou a banalização do direito penal consistente em tudo criminalizar, até o ponto de nulificar determinado direito, liberdade ou garantia, em decorrência da inobservância de seu núcleo essencial.

Ora, os dispositivos penais em análise indisputavelmente quebraram o *núcleo essencial do direito de não-sujeição à pena privativa de liberdade em decorrência de dívida* proclamado pelo art. 5º, LXVII, do Estatuto Político da República, daí porque são, também por esta razão, inconstitucionais. Cumpre, portanto, provocar o Poder Judiciário para restabelecer a força normativa dirigente do dispositivo afrontado. Afirme-se com veemência: — há um núcleo essencial nos direitos fundamentais, um "*reduto último intransponível por qualquer medida legal restritiva*" (José Joaquim Gomes Canotilho, *Direito Constitucional*. Coimbra, Almedina, 1991, p. 633), de modo que o seu transpassamento implica em vício de inconstitucionalidade passível de controle judicial.

E, por acaso, o *reduto último intransponível* (Canotilho) do *direito de não-sujeição à privação de liberdade por razão de dívida* não foi ultrapassado pelo legislador penal? Lamentavelmente, é certo que sim, na medida em que restou criminalizada conduta configuradora de mero inadimplemento de obrigação pecuniária da qual, nos termos da Constituição, não pode decorrer nem mesmo a decretação de prisão civil. Advirta-se: — *assim como o poder de tributar não envolve o poder de destruir*, máxima retirada da experiência constitucional americana, também o poder de legislar (mesmo sobre matéria penal) não envolve o poder de destruir (o núcleo essencial de um direito fundamental).

Mas a inconstitucionalidade dos dispositivos anunciados não decorre apenas disso. Os tipos penais em questão padecem de vício de inconstitucionalidade também por outro fundamento. Deveras, referidos dispositivos agridem, para além do que já foi anunciado, o *princípio constitucional da proporcionalidade*, como será demonstrado a seguir.

IX — O princípio da proporcionalidade

É Almiro do Couto e Silva quem diz que (Prefácio, in Raquel Denize Stumm, *Princípio da proporcionalidade no Direito Constitucional Brasileiro*. Porto Alegre, Livraria do Advogado Editora, 1995): "é antiga no Direito a idéia de que a reação há de ser proporcional à ação ou que as providências adotadas pelos particulares ou pelo Estado com relação aos interesses das demais pessoas ou dos administrados devem ser adequadas a esses mesmos interesses, proibindo-se medidas excessivas. O direito penal é permeado por essa idéia. No direito privado, a noção de abuso de direito exprime-a claramente. É ela, que no direito administrativo, sempre constituiu um dos maiores limitadores e um dos freios mais fortes à discricionariedade. Não é por acaso que a frase célebre, que mais expressivamente a caracteriza, a que afirma que não se deve usar de canhões para matar pardais, é de um grande administrativista deste século, Walter Jellinek. Mais recentemente, a partir dos anos 60, no direito administrativo francês, as noções de erro manifesto de apreciação e de balanço de custos e benefícios, empregados, este último, sobretudo para aferir, nas desapropriações, a correta subsunção do caso concreto ao conceito jurídico indeterminado de utilidade pública, tornaram-se meios poderosos de proteção do indivíduo frente ao Estado. Na Inglaterra e nos Estados Unidos ela assume as vestes da 'razoabilidade', que é, sabidamente, naqueles sistemas jurídicos, o instrumento por excelência de verificação da conformidade com o Direito dos atos do Estado. Quando se proclama, na aurora do direito constitucional americano, que o poder de tributar não envolve o poder de destruir, a noção de razoabilidade é que identifica o excesso vedado. E, no princípio do devido processo legal, é essa mesma noção de razoabilidade que tem um papel decisivo, como medida que identifica a licitude ou a ilicitude da providência, mesmo quando tomada por via legislativa.

"No após guerra, o direito constitucional alemão, guiado pelas decisões do Tribunal Constitucional da República Federal, deu enorme ênfase ao princípio da proporcionalidade, também chamado de princípio da proibição de excesso. O grande avanço que isso significou no direito constitucional europeu foi o de haver elevado ali pela primeira vez ao plano do direito constitucional, dando-lhe a dignidade de princípio jurídico de ampla abrangência, uma idéia que, como vimos, sem dúvida nenhuma era importante nos diferentes setores do Direito, mas que até então só encontrava aplicação particularizada nesses mesmos setores, sem nunca assumir a posição de limite à discrição do legislador. E inevitável, nesse particular, o contraste com os Estados Unidos, onde muito cedo ela assim foi reconhecida, embora lá se empregue outra terminologia ou outro jargão técnico.

"A Constituição brasileira de 1988 acolheu, de modo expresso, o princípio do devido processo legal. Por outro lado, é notória a influência que, desde a Constituição de 1934, passou a exercer sobre o nosso direito constitucional o direito constitucional alemão."

Como se vê, o princípio da proporcionalidade condiciona a atuação do Estado legislador de modo a obstaculizar o abuso legislativo ou a fraude Constitucional por meio da lei, autorizando, portanto, desde este ângulo, a atuação judicial realizadora de controle da constitucionalidade da lei. Consubstancia, nas palavras de Suzana de Toledo Barros (ob. cit., p. 89), "garantia especial, traduzida na exigência de que toda intervenção estatal nessa esfera se dê por *necessidade*, de forma *adequada* e na *justa medida*, objetivando a máxima eficácia e otimização dos vários direitos fundamentais concorrentes (Hesse)". Traduz, referido princípio constitucional, portanto, parâmetro para o exercício da constitucionalidade de atos legislativos, seja em sede de fiscalização concreta, seja em sede de fiscalização abstrata (conferir o nosso: *A fiscalização abstrata de constitucionalidade no direito brasileiro*. São Paulo, Ed. RT, 1995), prestando-se, bem por isso, igualmente, para figurar como fundamento do recurso extraordinário (art. 102, III, da Constituição Federal).

Na Constituição de 1988, *o princípio da proporcionalidade*, sobre derivar do Estado de Direito (art. 1º), confunde-se com o *princípio do devido processo legal substancial* previsto no art. 5º, LIV, da Constituição Federal, segundo o qual "ninguém será privado da liberdade ou de seus bens sem o devido processo legal" (Carlos Roberto de Siqueira Castro, *O devido processo legal e a razoabilidade das leis na nova Constituição do Brasil,* 2ª ed., Rio de Janeiro, Forense, 1989).

Exige o princípio da proporcionalidade que, no âmbito dos direitos e garantias, qualquer limitação feita por lei ou com base na lei seja *adequada* (apropriada), *necessária* (exigível) e *proporcional* (com justa medida) Segundo José Joaquim Gomes Canotilho (*Direito Constitucional*, ob. cit., p. 628), "a exigência da adequação aponta para a necessidade de a medida restritiva ser *apropriada* para a prossecução dos fins invocados pela lei (*conformidade com os fins*)"; "a exigência da *necessidade* pretende evitar a adoção de medidas restritivas de direitos, liberdades e garantias que, embora adequadas, não são *necessárias* para se obterem os fins de protecção visados pela Constituição ou lei. *Uma medida será então exigível ou necessária quando não for possível escolher outro meio igualmente eficaz, mas menos 'coactivo', relativamente aos direitos restringidos*" e, finalmente, "o princípio da proporcionalidade em sentido estrito (= princípio da *justa medida*), significa que uma lei restritiva, *mesmo adequada e necessária,* pode ser inconstitucional, quando adopte '*cargas coactivas*' de direitos, liberdades e garantias '*desmedidas*', '*desajustadas*', '*excessivas*' *ou* '*desproporcionadas*' *em relação aos resultados obtidos*" (gn).

X — O Supremo Tribunal Federal e o princípio da proporcionalidade

O Supremo Tribunal Federal não desconhece o princípio da proporcionalidade. Pelo contrário, em inúmeros casos a Colenda Corte valeu-se deste princípio para fundamentar suas decisões. A evolução da jurisprudência do Supremo Tribunal Federal nessa matéria foi estudada por Carlos Roberto de Siqueira Castro (ob. cit.), Suzana de Toledo Barros (ob. cit.), Raquel Denize Stumm (*Princípio da proporcionalidade no Direito Constitucional brasileiro*. Porto Alegre, Livraria do Advogado Editora, 1995) e Gilmar Ferreira Mendes ("A proporcionalidade na jurisprudência do Supremo Tribunal Federal", in *Repertório IOB de Jurisprudência* 23/94, pp. 470 e ss.). Com apoio nessa importante literatura, importa fazer a síntese do processo evolutivo.

No RE 18.331(*RF* 145/164-169), onde se discutia a respeito dos limites da competência legislativa em matéria tributária, assentou, a Excelsa Corte, que "o poder de taxar não pode chegar à desmedida de poder de destruir, uma vez que aquele somente pode ser exercido dentro dos limites que o tornem compatível com a liberdade de trabalho, de comércio e de indústria e com o direito de propriedade. É um poder, em suma, cujo exercício não deve ir até o abuso, o excesso, o desvio, sendo aplicável, ainda aqui, a doutrina do *détournement de pouvoir*". Em outro caso, onde polemizava-se a respeito da constitucionalidade de determinado dispositivo legal que concedia benefício a certo serventuário da justiça do Estado de São Paulo (RMS 16.912, de 31 de agosto de 1967. *RTJ* 45/530-545), a Egrégia Corte decidiu fazendo uso da noção de abuso. No *Habeas corpus* n. 45.232, de 21 de fevereiro de 1968 (*RTJ* 44/322-334), no qual se invocou a inconstitucionalidade do art. 48 do Decreto-lei n. 314/67 (Lei de Segurança Nacional) o seu Relator, Ministro Themístocles Cavalcanti, procedeu a uma profunda análise acerca da constitucionalidade do dispositivo, "concluindo pela desproporcionalidade das medidas adotadas em caso de prisão em flagrante ou denúncia por crime definido como atentado à segurança nacional". No julgamento da Rp. 930-DF, de 5 de maio de 1976 (*DJU* de 2.9.77), no qual se discutia a respeito da constitucionalidade da regulamentação do exercício da profissão de corretor de imóveis, a Colenda Corte acatou as ponderações do Ministro Rodrigues Alckmin, no sentido de que "a regulamentação dessa profissão, portanto, em princípio, já não atende às exigências de justificação, adequação, proporcionalidade e restrição, que constituem o critério de razoabilidade, indispensável para legitimar o poder de polícia". Decisões pautadas no princípio da proporcionalidade, expressamente ou implicitamente invocados, são encontradas ainda na Rp. 1.054, de 4 de abril de 1984 (*RTJ* 110/937-978) e na ADIn 855-2, do Paraná (*DJU* de 1.10.93). Nesta ação direta, discutiu-se a respeito da constitucionalidade de lei estadual que previa a obrigatoriedade de pesagem de botijão de gás à vista do consumidor. O Supremo Tribunal Federal, julgando procedente o pedido de cautelar, assim ementou a sua decisão: "Gás liquefeito de petróleo: lei estadual que determina a pesagem de botijões entregues ou recebidos para substituição à vista do consumidor, com pagamento imediato da eventual diferença a menor: argüição de inconstitucionalidade fundada nos arts. 22, IV e VI (energia e metrologia), 24 e parágrafos, 25, § 2º, e 238, além de violação ao princípio da proporcionalidade e razoabilidade das leis restritivas de direitos: plausibilidade jurídica da argüição que aconselha a suspensão cautelar da lei impugnada, a fim de evitar danos irreparáveis à economia do setor, no caso de vir a declarar-se a inconstitucionalidade: liminar deferida". Por fim, "coroando a jurisprudência sobre a aplicação do princípio da proporcionalidade no controle de constitucionalidade, o Tribunal Pleno do Supremo Tribunal Federal, em 19.12.94, no julgamento da medida liminar requerida na ADIn 1.158-8, ratificou a tese de que a norma legal deve se justificar a partir dela mesma, podendo ser detectado o vício da desarrazoabilidade, ainda quando não se trate de norma restritiva de direito. O dispositivo legal impugnado (art. 9º, § 2º da Lei n. 1.897, de 5 de janeiro de 1989) referia-se à extensão da vantagem pecuniária de 1/3 da remuneração, a ser paga por ocasião das férias, aos servidores inativos do Estado do Amazonas" (Suzana de Toledo Barros, ob. cit., p. 123).

Concorde-se, então, que, sobre referido princípio estar contemplado expressamente na Constituição Federal, para além de traduzir desdobramento necessário do princípio constitucional estruturante do Estado de Direito, o Supremo Tribunal Federal, com decisões anteriores e posteriores à nova Lei Fundamental, reconhece o seu peso como determinante heterônoma da atividade legislativa do Estado. Percebe-se que o Supremo Tribunal Federal aproveita tanto a experiência norte-americana (*princípio do devido processo legal no sentido substancial*), quanto a experiência continental-européia, designadamente a alemã (*princípio da proporcionalidade*). Parece ser possível, então, definir que, no Brasil, como na Alemanha, "o meio empregado pelo legislador deve ser adequado e necessário para alcançar o objetivo procurado. O meio é adequado quanto com seu auxílio se pode alcançar o resultado desejado; é necessário quando o legislador não poderia ter escolhido outro meio, igualmente eficaz, mas que não limitasse ou limitasse da maneira menos sensível o direito fundamental" (Corte Constitucional Alemã BVerfGE 30:292. Paulo Bonavides, *Curso de Direito Constitucional*. São Paulo, Malheiros Editores, 1993, p. 330).

XI — O tipo previsto no art. 95, "d", da Lei n. 8.212 e a ofensa ao princípio da proporcionalidade

Não é difícil demonstrar que o disposto no art. 95, *d*, da Lei n. 8.212 (assim como no art. 2º, II, da Lei n. 8.137) ofende o princípio constitucional da proporcionalidade.

Admita-se que a medida (criminalização da conduta omissiva consistente em não-recolher tributo devido) é *apropriada* para a prossecução dos fins almejados: — compelir o contribuinte ou responsável a pagar os montantes devidos a título de incidência de norma tributária. Haverá, aqui, a satisfação do primeiro desdobramento do princípio da proporcionalidade. Todavia, quanto aos demais desdobramentos, a *necessidade* e a *proporcionalidade* em sentido estrito (=*justa medida*), não se encontram satisfeitos.

A medida, em primeiro lugar, não é *necessária*. Como antes apontado, uma medida "será exigível ou necessária quando não for possível escolher outro meio igualmente eficaz, mas menos 'coactivos', relativamente aos direitos restringidos" (José Joaquim Gomes Canotilho, *Direito Constitucional*, ob. cit., p. 629). É evidente que o legislador se houve com excesso. Ele não está a tipificar conduta fraudulenta, o abuso de confiança (como faz a lei penal-tributária portuguesa, *v.g.*, ou a legislação brasileira revogada), a apropriação em proveito próprio, mas apenas, através de um tipo omissivo próprio, a conduta (no sentido genérico) consistente em não pagar (satisfazer) obrigação tributária. Todos concordarão que, para forçar o contribuinte a satisfazer sua obrigação tributária, o Estado-legislador poderia não apenas escolher outros meios como, inclusive, já os possui. Com efeito, está aí a lei de execução fiscal oferecendo os instrumentos suficientes para o Poder Público cobrar seus créditos. Ademais, a própria previsão do art. 195, § terceiro, segundo a qual "a pessoa jurídica em débito com o sistema da seguridade social, como estabelecido em lei, não poderá contratar com o Poder Público nem dele receber benefícios ou incentivos fiscais ou creditícios", já traz uma carga coativa suficiente para induzir o pagamento, pelos sub-rogados, das contribuições eventualmente não recolhidas a tempo. *Trata-se, portanto, a previsão penal, de medida desnecessária, inexigível, dotada de uma carga coativa exagerada, sendo certo que outros instrumentos já estão, por força de previsão legal, à disposição do órgão arrecadador para alcançar a satisfação de seus créditos.* Novos mecanismos, além disso, poderiam ser criados mas sempre dentro do território delimitado pelas exigências de necessidade, exigibilidade e menor ingerência possível (menor carga coativa). É inconstitucional, então, por este fundamento, o art. 95, *d*, da Lei n. 8.212/91.

A medida, depois, é *desproporcionada*, agredindo o princípio da *justa medida*. É, por isso mesmo, excessiva, desmedida, desajustada, irracional e desarrazoada, resultando na aniquilação injustificada do direito de não-sujeição à privação da liberdade por dívida, previsto no art. 5º, LXVII, da Lei Fundamental da República. Neste ponto é preciso lembrar que o interesse protegido pela norma penal (arrecadação do Estado), não é suficiente para justificar a aniquilação do direito fundamental. Reitere-se: — *o poder de legislar não implica o de destruir*!

O excesso da norma penal apontada, a sua irracionalidade, a falta de justa medida, decorre também da pena prevista para a conduta definida como criminosa. Deveras, ao crime previsto no art. 2º, II, da Lei n. 8.137/90, comina-se pena de detenção de 6 (seis) meses a 2 (dois) anos e multa, enquanto para aquele previsto no art. 95, *d*, da Lei n. 8.212/91 comina-se pena de reclusão de 2 (dois) a 6 (seis) anos e multa. Não obstante, os tipos são os mesmos, distinguindo-se apenas na circunstância de que o segundo aplica-se unicamente a contribuições previdenciárias, enquanto o primeiro aplica-se aos demais tributos, inclusive às restantes contribuições. O bem tutelado pela segunda lei penal não é superior àquele tutelado pela primeira (aliás é, rigorosamente, o mesmo). Parece correto, portanto, afirmar que é descabida a previsão de penas distintas. Daí porque o fato de a segunda lei prever pena mais exasperada, implica em quebra do princípio da proporcionalidade na dimensão da *justa medida*, da razoabilidade e da racionalidade. Aliás, a simples circunstância de prever pena injustificadamente (desde o prisma constitucional) diferenciada para o crime de não recolhimento de contribuições previdenciárias demonstra o aproveitamento utilitário da lei penal pelo Estado como remédio (desmedido, reitere-se) para a séria crise pela qual passa o sistema previdenciário. *Há, pois, no comportamento estatal, excesso, abuso, desvio de poder legislativo, desafiando, então, resposta judicial.*

Como se vê, tratando-se de medida legislativa injusta, excessiva, desnecessária e inexigível, encontra-se plenamente caracterizada ofensa ao Estatuto Fundamental da República, decorrente de inobservância do princípio constitucional da proporcionalidade. O reconhecimento da inconstitucionalidade da norma penal em questão pelo Judiciário, desde que devidamente levantada, não deve surpreender. Como já afirmado, o Supremo Tribunal Federal, por exemplo, fazendo uso de argumentação inscrita no território do princípio referido já fulminou dispositivo penal inserto na Lei de Segurança Nacional. Não se negaria, portanto, a enfrentar tais questões em outra oportunidade, desde que devidamente provocado.

Aliás, a Corte Constitucional alemã também já teve ocasião de reconhecer a inconstitucionalidade de lei penal por ofensa ao princípio da proporcionalidade. Pede-se licença para transcrever o comentário de Suzana de Toledo Barros (ob. cit., pp. 81 e ss.) a respeito da decisão em tela, não apenas pela sua importância, mas também em função da sua inequívoca pertinência para o caso em estudo, mas sobretudo porque o Supremo Tribunal Federal vai firmando, embora cautelosamente, uma linha de argumentação quanto ao princípio da proporcionalidade, nos casos submetidos à sua apreciação, que não se distancia daquela desenvolvida por aquela Corte Constitucional.

"Para ilustrar um juízo de proporcionalidade em sentido amplo desenvolvido pelo judiciário, cita-se o julgamento da Corte Constitucional alemã em razão da reforma penal de 18 de junho de 1974 que modificou as condições de punibilidade do aborto. A questão levada ao Tribunal estava relacionada com o prazo para a interrupção da gravidez. Segundo o dispositivo legal examinado, esta interrupção não seria punível, em determinadas situações elencadas, "durante as 12 primeiras semanas seguintes à concepção". A Corte Constitucional declarou a incompatibilidade desta disposição com o art. 2º, 2, primeira parte, da Lei Fundamental, que garante o direito à vida e à integridade física, entendendo que a norma de direito fundamental também se destina à proteção da vida da mãe.

"A decisão ocorreu em três etapas. Na primeira, foi reconhecida 'uma situação de tensão entre a proteção da vida do nascituro e a liberdade da mãe'. Depois de haver comprovado a colisão entre direitos de igual hierarquia (D1 e D2), o Tribunal, sopesando vários argumentos, estabeleceu uma precedência genérica de Dl sobre D2, no sentido de que a vida do feto, em princípio, desfruta da prevalência sobre a liberdade da mulher de dispor sobre si mesma e que o Estado também tem obrigação de proteger a vida em formação frente ao direito da mãe. Essa precedência genérica foi, entretanto, ponderada em uma derradeira etapa, na qual se concluiu que, em face de circunstâncias especiais, principalmente quando existe perigo de vida para a mulher ou quando a gravidez resulta de crime, não se poderia exigir da afetada suportar esta gravidez, independentemente do estágio de desenvolvimento do feto. *Em homenagem ao princípio da proporcionalidade entre meios e fins, o tribunal julgou o prazo de 120 dias atentatório à esfera de direitos da mãe.*"

A decisão em comento, com o reconhecimento de que o prazo estabelecido pela norma penal é atentatório à esfera de direitos da mãe, modificou, implicitamente, o tipo penal, para o fim de admitir a interrupção da gravidez, sem que isso importasse na realização do tipo, mesmo após aquele prazo, se as circunstâncias isso exigissem. Foi, por conseqüência, com fundamento no princípio da proporcionalidade, declarada a inconstitucionalidade da norma penal na parte em que limitava a interrupção da gravidez ao prazo exíguo contado a partir da concepção.

Se no caso trazido à colação houve o reconhecimento da inconstitucionalidade parcial da norma penal, na problemática que constitui objeto do presente parecer importa aceitar que todo o dispositivo (art. 95, *d*, da Lei n. 8.212/91) merece censura (*por inequívoca ofensa ao princípio da proporcionalidade*), como antes demonstrado.

Mas os vícios que contaminam o especificado no art. 95, *d*, da Lei n. 8.212/91 não residem apenas nas dimensões abordadas até aqui. Ao contrário, há ainda outro território desafiador de exploração que, como os anteriores, são também suficientes para afastar o suporte de validade da norma penal em análise.

XII — O Pacto de São José da Costa Rica

A Convenção Americana de Direitos Humanos (*Pacto de São José da Costa Rica*), tratado internacional concluído no seio da Organização dos Estados Americanos (OEA) dispõe no art. 7º (7) que:

"Ninguém deve ser detido por dívidas. Este princípio não limita os mandados de autoridade judiciária competente expedidos em virtude de inadimplemento de obrigação alimentar".

O Brasil aderiu ao tratado internacional, sem formular, no instrumento respectivo, qualquer reserva em relação ao direito em questão. Por força do que dispõe o art. 5º, § 1º, da Constituição de 1988, que assegura a aplicabilidade imediata dos direitos e garantias fundamentais, e o Pacto de São José da Costa Rica tem por objeto nada mais nada menos do que direitos e garantias, conclui-se que suas normas demandam aplicação imediata. Daí porque tem razão Antônio Augusto Cançado Trindade ("A interação entre o direito internacional e o direito interno na proteção dos direitos humanos", *Arquivos do Ministério da Justiça*, Brasília, v. 46, n. 182, pp. 27-54, jul./dez. 1993), ex-Consultor Geral do Ministério das Relações Exteriores e, hoje, juiz brasileiro com assento na Corte Interamericana de Proteção dos Direitos Humanos, com sede em São José da Costa Rica, quando afirma que "se para os tratados internacionais em geral, se tem exigido a intermediação pelo Poder Legislativo de ato com força de lei de modo a outorgar às suas disposições vigência ou obrigatoriedade no plano do ordenamento jurídico interno, distintamente no caso dos tratados de proteção internacional dos direitos humanos em que o Brasil é parte, os direitos fundamentais nele garantidos, consoante arts. 5º (2) e 5º (1) da Constituição de 1988, passam a integrar o elenco dos direitos constitucionalmente consagrados e direta e imediatamente exigíveis no plano do ordenamento jurídico interno".

Ou seja, com a Constituição de 1988 o Brasil que tradicionalmente vinha aceitando a tese da necessidade da intermediação legislativa (recepção) como meio de incorporação do direito internacional ao direito interno (*concepção dualista*), passa a adotar um *sistema misto*, segundo o qual a sistemática anterior permanece em relação a todos os tratados, salvo aqueles envolvendo direitos humanos. Neste caso, diante do que especifica o art. 5º, §§ 1º e 2º, da Lei Fundamental da República, ocorrerá incorporação automática do tratado internacional concluído pelo país (*concepção monista*).

Por outro lado, tendo em conta o disciplinado no art. 5º, § 2º, segundo o qual "os direitos e garantias expressos nesta Constituição, não excluem outros decorrentes do regime e dos princípios por ela adotados, ou dos *tratados internacionais em que a República Federativa do Brasil seja parte*", a Constituição Federal atribui aos direitos humanos definidos em tratado internacional o *status* de norma constitucional.

Não é outra a conclusão alcançada por Flávia Piovesan. Com efeito, esta jurista dotada de aguda percepção demonstra que (*Direitos humanos e o Direito Constitucional Internacional*. São Paulo, Max Limonad, 1996, p. 110):

"A Carta de 1988 inova, assim ao incluir dentre os direitos constitucionalmente protegidos, os direitos enunciados nos tratados internacionais de que o Brasil seja signatário.

"Ora, ao prescrever que 'os direitos e garantias expressos na Constituição não excluem outros direitos decorrentes dos tratados internacionais', a *contrario sensu*, a Carta de 1988 está a incluir, no catálogo de direitos constitucionalmente protegidos, os direitos enunciados nos tratados internacionais em que o Brasil seja parte. Este processo de inclusão implica na incorporação pelo texto constitucional destes direitos.

"Ao efetuar tal incorporação, a Carta está a atribuir aos direitos internacionais uma natureza especial e diferenciada, qual seja, a natureza de norma constitucional. Os direitos garantidos nos tratados de direitos humanos de que o Brasil é parte integram, portanto, o elenco dos direitos constitucionalmente consagrados. Esta conclusão advém ainda de interpretação sistemática e teleológica do texto, especialmente em face da força expansiva dos valores da dignidade humana e dos direitos fundamentais, como parâmetros axiológicos a orientar a compreensão do fenômeno constitucional."

Do mesmo pensamento participa, entre outros, Antônio Augusto Cançado Trindade (*A proteção internacional dos direitos humanos: fundamentos jurídicos e instrumentos básicos*. São Paulo, Saraiva, 1991).

Concorde-se, neste particular, que os tratados internacionais, dos quais o Brasil faça parte, diante da determinação constitucional, integram, juntamente com a Constituição Formal, o *bloco de constitucionalidade* (sobre o conceito: Dominique Rousseau. *Droit du Contentieux Constitutionnel*, 2ª ed., Paris, Montcherestien, 1992, pp.

91-103) compreendido enquanto plexo normativo determinante heterônomo de nível superior do Estado brasileiro.

Desde esta perspectiva, derivada dos deslocamentos teóricos mais recentes em matéria de *Direito dos direito humanos*, a norma plasmada no art. 95, *d*, da Lei n. 8.212/91 é, também por este motivo (*ofensa a direito fundamental previsto em tratado internacional e incorporado ao bloco de constitucionalidade*), manifestamente inconstitucional. *Sim, porque o programa normativo contemplado no tratado proíbe inequivocamente qualquer sorte de prisão por dívidas* (*civil ou criminal*).

Haverá, não obstante, aqueles, que pretenderão que os tratados não assumem o mesmo regime dos direitos fundamentais contemplados na Constituição, inscrevendo-se, sim, em território de menor estatura hierárquica. Pretenderão, com isso, demonstrar, ademais, que o direito previsto no tratado referido colide com o disposto na Constituição, daí porque deve prevalecer o texto constitucional. Neste caso, apegados a uma interpretação literal e empobrecida do art. 5º, LXVII, da Carta de 1988 ("garantia apenas contra prisão civil por dívida"), e do regime dos direitos fundamentais, advogarão que norma de menor hierarquia não pode colidir com a Constituição.

Já foi demonstrado que o direito previsto no art. 5º, LXVII, não pode ser amesquinhado em face de uma interpretação literal e, ademais, descompromissada com a força vinculante dos direitos fundamentais. Mas, ainda que se admita que aquele artigo apenas protege o cidadão contra a prisão civil por dívida, não o eximindo de prisão penal (*hipótese de fraude constitucional e de quebra do princípio da proporcionalidade, como antes afirmado*), mesmo assim não há como defender que o tratado, ao proibir qualquer sorte de prisão por dívida, por mais generoso que seja, resida em estado de inconstitucionalidade. Ora, tratasse de restrição, poderia, com efeito, ser tido como inconstitucional. Tratando-se, porém de direito, de extensão de uma garantia mínima inscrita no catálogo dos direitos fundamentais, é evidente que não é inconstitucional. A Constituição, com os direitos fundamentais, nomeadamente com os direitos de defesa, cria uma zona de incompetência para o Poder Público, inclusive o Legislador, de modo que ele não poderá assaltar o muro construído. Impedido de restringir a garantia constitucional, não ficará, entretanto, impedido de ampliá-la, daí porque não seria absolutamente inconstitucional uma lei federal que dispusesse a respeito da proibição da prisão de natureza penal por dívida. É desde esta ótica que precisa ser visto o tratado internacional. Incorporado ao direito interno, seja automaticamente (como pretende a nova doutrina), seja em virtude de ato expresso de recepção (o que já ocorreu no Brasil, como se sabe), ele comprime o poder de conformação e de restrição legislativa do Estado-legislador, ampliando a garantia já plasmada no texto constitucional, completando-a, sim, mas sem jamais confrontá-la. Por isso, ainda que os direitos fundamentais protegidos pelo Pacto de São José da Costa Rica não se inscrevam no *bloco de constitucionalidade* (que nesta hipótese estaria reduzido apenas ao corpo da Constituição formal), não usufruindo, então, do mesmo regime jurídico daqueles direitos referidos pelo texto constitucional porque residentes em lugar hierárquico de menor estatura, nem por isso deixam de produzir importantes efeitos na ordem jurídica interna.

Aliás, em matéria de direitos fundamentais os argumentos fundados na hierarquia de normas passam atualmente por severo questionamento. Apele-se, outra vez, para o pensamento de Antônio Augusto Cançado Trindade (Apresentação, in Flávia Piovesan ob. cit., p. 19):

"No presente domínio de proteção, o direito internacional e o direito interno, longe de operarem de modo estanque ou compartimentalizado, se mostram em constante interação, de modo a assegurar a proteção eficaz do ser humano. Como decorre de disposições expressas dos próprios tratados de direitos humanos, e da abertura do direito constitucional contemporâneo aos direitos internacionalmente consagrados, não mais cabe insistir na primazia das normas do direito internacional ou do direito interno, porquanto o primado é sempre da norma — de origem internacional ou interna — que melhor proteja os direitos humanos. *O Direito dos Direitos Humanos efetivamente consagra o critério da primazia da norma mais favorável às vítimas*".

No mesmo sentido se inclina o pensamento de Flávia Piovesan (ob. cit., p. 123):

"Logo, na hipótese de eventual conflito entre o Direito Internacional dos Direitos Humanos e o Direito interno, adota-se o critério da prevalência da norma mais favorável à vítima. Em outras palavras, a primazia é da norma que melhor proteja, em cada caso, os direitos da pessoa humana. Ressalte-se que o Direito Internacional dos Direitos Humanos apenas vem a aprimorar e fortalecer o grau de proteção dos direitos consagrados no plano normativo interno. A escolha da norma mais benéfica ao indivíduo é tarefa que caberá fundamentalmente aos Tribunais nacionais e a outros órgãos aplicadores do direito, no sentido de assegurar a melhor proteção possível aos ser humano".

Assim também se pronuncia Celso D. de Albuquerque Mello (*Direito Constitucional Internacional*. Rio de Janeiro, Renovar, 1994, p. 188). Aliás, rememore-se que o próprio Pacto de São José da Costa Rica conta com dispositivo a respeito (art. 29, *b*), *confirmando o princípio de prevalência da norma mais favorável*.

Haverá, por fim, aqueles que, à luz da posição do Supremo Tribunal Federal adotada no RE 80.004 (*RTJ* (1978), v. 83, pp. 809-848), que configura *leading case* na matéria, pretenderão que os tratados envolvendo direitos fundamentais não se distinguem dos demais tratados no que se refere às suas relações com o direito interno. Daí porque, aduziriam, uma vez aprovados pelo Congresso, ratificados e, então, promulgados pelo Executivo, passariam a se incorporar à ordem jurídica interna no mesmo patamar hierárquico da lei ordinária federal. Neste caso, lei ordinária posterior poderia perfeitamente afastar a eficácia da normativa internacional.

O raciocínio, todavia, não é suficiente para afastar a incidência da norma internacional no presente caso. Sim, porque, admitindo-se que o tratado (incorporado ao direito brasileiro em 6.11.92, através do Decreto n. 678) reside no mesmo nível hierárquico da lei ordinária federal (*e à luz do novo texto constitucional não se pode admitir esta tese em relação aos tratados envolvendo direitos do homem*), e sendo certo que ele proíbe modalidade de prisão admitida pela Lei n. 8.212 (art. 95, *d*), é indisputável que, tratando-se de normativa mais recente, terá revogado a norma anterior. Trata-se de mera aplicação de comezinho princípio do direito intertemporal segundo o qual a norma mais recente, na hipótese de antinomia, prevalece sobre a anterior.

Por este fundamento, então, se o disposto no art. 95, *d*, da Lei n. 8.212, não é inconstitucional (e foi já, exaustivamente, demonstrado que é), restou inaplicável em função da suspensão de sua eficácia (revogação) determinada implicitamente pela entrada em vigor no direito interno do Pacto de São José da Costa Rica. *Daí porque, com a incorporação ao direito interno do tratado referido, nenhum brasileiro poderá ser condenado penalmente pelo inadimplemento de obrigação tributária.*

XIII — Conclusões

Diante de todo o exposto, cumpre apresentar as conclusões:

1. O direito de defesa plasmado do art. 5º, LXVII, da Constituição Federal, configura um verdadeiro direito fundamental, submetido ao regime dos direitos fundamentais dedutível da Lei Fundamental da República.

2. Tratando-se de um direito fundamental, deve ser interpretado de modo ajustado. A interpretação literal e apressada do dispositivo não dá conta de seu sentido, sendo certo que, ademais disso, contribui para o seu amesquinhamento.

3. Desde uma interpretação compromissada com a efetividade da Constituição e com a força normativa vinculante dos direitos fundamentais, o direito de não-sujeição referido proíbe não apenas a prisão civil por dívida. Proíbe, também, o que é curial, qualquer tipo de privação de liberdade, inclusive de natureza penal.

4. À luz de uma teoria da argumentação jurídica, parece indisputável que se o menos está proibido, com muito mais razão está também interditado o mais ("a lei que proíbe o menos proíbe o mais"; — argumento *a minori ad maius*).

5. Transformar a não-satisfação de uma dívida civil em crime consubstancia expediente reprochável, capaz, por si só, de traduzir *fraude à Constituição*.

6. Dentre as dimensões do direito de defesa inscrito no art. 5º, LXVII, da Carta de 1988, encontra-se aquela substanciadora de posição (outorgada ao cidadão e oponível ao Estado) exigente da não revogação de normas definidoras de conceitos e institutos asseguradores de situações jurídicas de vantagem. O fato de o Estado legislar para agredir a posição do contribuinte indadimplente para transformá-lo em criminoso (deslocamento do conceito de dívida civil para o território da conduta criminosa) implica em inconstitucionalidade, ainda que sutil.

7. A competência para legislar em matéria penal não autoriza o Estado a criminalizar qualquer conduta. Por isso, tratando-se a legislação penal de típica lei restritiva de direitos, deve ser utilizada para prevenir e reprimir as condutas desviantes ofensivas de valores, interesses e bens jurídicos agasalhados pela Constituição. Neste caso, não obstante, o princípio da reserva de lei em matéria penal deve ser compreendido como *reserva de lei proporcional*. Daí porque, à luz da Constituição de 1988, não há lugar para um *direito penal máximo*. Tendo em conta os direitos fundamentais, a funcionalidade e os limites das leis restritivas, o direito penal, no sistema constitucional brasileiro, deve se circunscrever aos limites de um direito *penal necessário* (e, por isso, *mínimo*).

8. O legislador, através do direito penal, como afirmado, tratando-se (a penal) de lei compressiva, poderá restringir direitos fundamentais para o fim de resguardar outros valores, bens e interesses constitucionais (*limites imanentes aos direitos fundamentais*). Neste caso, porém, não poderá interferir no *núcleo essencial* do direito eventualmente comprimido. Por outro lado, a legislação restritiva, mesmo a de caráter penal, deve se adequar ao princípio da proporcionalidade. Por isso, deve ser *justificada, necessária, exigível, adequada* e *não excessiva*.

9. O art. 95, *d*, da Lei n. 8.212/91, ao instituir um crime omissivo próprio (mera conduta) consistente no não-recolhimento a tempo de quantia deduzida a título de incidência de contribuição previdenciária ofendeu o *núcleo essencial* do *direito de não-sujeição* à privação de liberdade por dívidas plasmado na Constituição. Por outro lado, tratando-se de medida *desnecessária e inexigível*, dada a circunstância de que instrumentos menos graves estavam à disposição do Estado arrecadador, enquanto outros dotados de *carga coativa* menor (*princípio da menor ingerência*) poderiam ter sido criados, padece, por isso mesmo, do vício de inconstitucionalidade. Não bastassem esses dados, a lei penal referida é inconstitucional igualmente por substanciar medida excessiva e desmedida (ofensa ao princípio da *justa medida*). Aliás, o simples fato de, para um mesmo tipo de conduta, o Legislador fixar penas tão radicalmente distintas (confronto entre os crimes previstos no art. 2º, II, Lei n. 8.137 e art. 95, *d*, da Lei n. 8.212/91), demonstra com eloqüência que o Estado se houve com excesso, violentando, em face do abuso do poder legislativo, o princípio constitucional da proporcionalidade.

10. O disposto no art. 95, *d*, da Lei n. 8.212/91 ofende, igualmente, o especificado no art. 7º (7), do Pacto de São José da Costa Rica, segundo o qual "*ninguém deve ser detido por dívida*", salvo a hipótese de inadimplemento de obrigação alimentar. Cuidando de tratado internacional relativo a direitos fundamentais, o seu conteúdo se integra à Constituição, assumindo o mesmo *status* das demais normas constitucionais, por força do disposto no art. 5º, § 2º, da Carta de 1988.

11. Ainda que se entenda que o tratado, mesmo versando sobre direitos fundamentais, não é capaz de assumir o nível hierárquico próprio da norma constitucional, por isso que se integra, quando devidamente incorporado, ao direito interno com a estatura da lei ordinária federal, ainda assim deverá prevalecer sobre a lei penal em questão, por tratar-se de lei mais recente. Com efeito, o tratado foi promulgado em 1992, enquanto a lei em questão é de 1991. Neste ponto, tendo sua eficácia suspensa pela entrada em vigor, no plano interno, do tratado internacional, ninguém pode ser condenado, no Brasil, pela prática do delito capitulado no art. 95, *d*, da Lei n. 8.212/91.

12. Admitindo-se, para argumentar, que o tratado, mesmo quando tenha como conteúdo direito fundamental, reside em posição hierárquica inferior à Constituição, nem por isso, por conferir uma garantia mais ampla que aquela prevista no texto constitucional incorrerá em inconstitucionalidade. Cuidando de garantia fundamental, pode a lei e o tratado ampliá-la, mas jamais restringi-la. Ora, na medida em que o texto convencional é mais generoso que o constitucional, ele não está a ofender a Constituição. Está, sim, precisamente respeitando o mínimo previsto na Constituição com o elastecimento da garantia. *Demais a mais, em matéria de direitos fundamentais, conforme demonstra a doutrina mais abalizada, ocorrendo conflito entre instrumentos de garantia (sejam internos ou internacionais) cumpre aplicar aquele que mais vantagem ofereça ao cidadão.*

XIV — Resposta ao quesito

Ao único quesito formulado pelo consulente cumpre responder *sim*, o art. 95, *d*, da Lei n. 8.212/91 (como de resto, também o art. 2º, II, da Lei n. 8.137/90) é inequivocamente inconstitucional. Sobre ser inconstitucional, igualmente ofende o especificado no *Pacto de São José da Costa Rica*, daí porque desmerece aplicação.

Este é o parecer, s.m.j.

Curitiba, 7 de setembro de 1996

PARECERES

PROGRAMA DE ASSENTAMENTO DO DISTRITO FEDERAL

SÉRGIO CARVALHO
Procurador do Distrito Federal

Ementa: Programa de assentamento de população de baixa renda do Distrito Federal. Criação. Decreto n. 11.476/89. Exegese. Inconstitucionalidade. Decreto autônomo. Violação ao princípio da reserva legal. Extravasamento do poder regulamentar. Inexistência de licitação.

I — A indiscriminada invasão de áreas públicas por famílias carentes compeliu o Distrito Federal a proceder ao assentamento de tal população.

II — Os critérios para tanto exsurgiram mediante a edição do Decreto n. 11.476/89. Todavia, aludido diploma normativo padece de flagrantes impropriedades: revela-se autônomo (veiculador de normas primárias), violando o princípio da reserva legal e delirando das rígidas balizas a que jungido o poder regulamentar, além de ter sido efetivado sem prévia licitação.

III — Ainda que se argumentasse com o asseguramento da "dignidade da pessoa humana" (CF, art. 1º, III) e a construção de uma "sociedade livre, justa e solidária", objetivando "erradicar a pobreza e a marginalização" (CF, art. 3º, I e III), mesmo assim não se arredaria a licitação, porquanto essa, por si só, não as inviabiliza.

Doação dos lotes do programa de assentamento. Leis ns. 770 e 808/94. Análise. Cotejo com a Constituição Federal e a Lei Orgânica do Distrito Federal.

IV — A Lei n. 770/94 (publicada *três dias antes* do 1º turno das eleições), bem como a Lei n. 808/94 (publicada *quinze dias antes* do término da gestão governamental decaída), a par de apresentarem indícios de abuso do poder de legislar e abstraídas inconstitucionalidades formais (por vício de iniciativa) e materiais (desrespeito à salutar regra da licitação), revelam-se incompatíveis com Lei Orgânica do Distrito Federal, peremptória em asseverar que o título de domínio de imóveis urbanos de programas habitacionais promovidos pelo Poder Público só poderão ser concedidos após dez anos da celebração do contrato de concessão de uso (art. 329, III).

V — A Lei Orgânica do Distrito Federal "equivale, em força, autoridade e eficácia jurídicas, a um verdadeiro estatuto constitucional, essencialmente equiparável às Constituições promulgadas pelos Estados membros" (STF, Plenário, ADIn n. 980-0-DF, Relator Ministro Celso de Mello).

Consolidação da situação fática. Existência de quase 100.000 lotes, abrangendo mais de hum milhão de pessoas. Envio de projeto de lei à Câmara Legislativa preconizando solução definitiva para a regularização. Concessão de direito real de uso.

Alienação (compra e venda). Exame. Impropriedades.

VI — Irreversível a situação fática, preconizou o administrador solução ontologicamente diversa da então vigente, mediante os institutos da concessão de direito real de uso e da compra e venda (promessa).

VII — Em inexistindo transferência de domínio, factível a utilização da concessão de direito real de uso tal como disciplinada pelo Decreto-lei n. 271/67 (LODF, art. 325, § 1º).

VIII — Relativamente à alienação direta ao legítimo ocupante embora hoje reste dispensada a licitação (art. 17, I, "f", da Lei n. 8.666/93, com as alterações da Lei n. 8.883/94) mister proceder-se — caso imagine-se implementá-la imediatamente — à alteração do inciso III, do art. 329, da Lei Orgânica do Distrito Federal.

IX — Extremamente discutível é a possibilidade de outorga — *mediante ulterior opção de compra* — da escritura definitiva da propriedade do imóvel, após o transcurso de dez anos da celebração do contrato de concessão de direito real de uso, máxime considerando-se como *sinal e princípio de pagamento* os valores desembolsados a título de pagamento pela ocupação do lote (§§ 3º e 4º, do art. 4º).

X — Invade-se esfera de *competência exclusiva* da União Federal ao se legislar sobre *direito civil* (art. 22, I, da CF). Em verdade criou-se nova modalidade de instituto jurídico (de índole cível) assemelhado ao *leasing*.

XI — Uma única observação (de *lege ferenda*): Para garantir-se a lisura durante a execução das alienações, afastando-se nefasta especulação imobiliária, recomendável que a lei a ser eventualmente exteriorizada *proíba* — tal como sucedeu na alienação dos imóveis funcionais — *a venda, promessa, cessão ou qualquer outro instrumento que possibilite o trespasse do lote, durante razoável lapso temporal.*

Exmo. Sr. Procurador-Geral,

1. Relatório

Através do Decreto n. 16.333/95 restou instituído Grupo Executivo objetivando profunda análise do Programa de Assentamento de População de Baixa Renda, particularmente no que diz com autorização de *doação* dos lotes.

2. Dentre os diversos aspectos atinentes ao tema, impressionou sobremaneira aludido Grupo Executivo o relativo à *constitucionalidade* dos diplomas legais disciplinadores do Programa.

3. Daí preocupação, vazada nos seguintes termos:

"*Um dos objetivos do trabalho do referido grupo é a revogação da Lei n. 770 de 28 de setembro de 1994 e sua alteração em 14 de dezembro de 1994, diante dos problemas de inconstitucionalidade que a mesma apresentou.*

"Tendo em vista que a anulação da referida Lei é um assunto ainda polêmico o qual deverá ser devidamente explicado à população envolvida, solicitamos um parecer jurídico da PRG em relação à referida Lei, para subsidiar a justificativa da revogação da mesma, assim como subsidiar a nova proposta." (grifou-se).

4. Recebidos os autos nessa Casa, imediatamente solicitaram-se diligências (fls. 04/05). Poucas foram respondidas (fls. 08/226). Para se ter uma idéia do *açodamento* que norteou o encaminhamento de toda a questão, note-se que a minuta de projeto de lei que deveria ser objeto de *prévio exame*, foi anexada aos autos no dia 7 de abril.

5. Sucede que nessa mesma data, S. Exa. o Governador do Distrito Federal encaminhou-a ao Poder Legislativo (confira-se inteiro teor do projeto de lei publicado na seção de classificados do matutino *Correio Braziliense*, no dia 8.4.95, pp. 23/24).

6. O *exame prévio* encontra-se desenganadamente prejudicado. Mesmo assim, passamos a opinar, porquanto aspectos essenciais à exata compreensão da controvérsia restaram despercebidos, *data venia*.

7. É o relatório.

2. *Fundamentação*

2.1 *Delimitação da consulta*

8. A consulta cinge-se ao exame da *constitucionalidade* da Lei n. 770/94 e sua alteração (Lei n. 808/94), bem assim do exame preliminar do projeto de lei a ser enviado à Câmara Legislativa do Distrito Federal.

9. Entretanto, a abordagem do tema extrapolará tais limites. Com efeito, a Lei n. 770/94 alude expressamente ao Decreto n. 11.476/89, donde indispensável sua análise.

10. Antes de se adentrar o mérito da consulta, necessário fixar-se algumas premissas relativas à supremacia constitucional e o seu desrespeito (inconstitucionalidade), à hermenêutica constitucional e à relação da Administração Pública.

2.2 *Hermenêutica constitucional. Considerações preambulares*

11. Consabido revelar-se a Constituição *lei fundamental* de toda a ordem jurídica e, em conseqüência, baliza e fundamento de validade da produção das demais normas componentes do sistema.

12. Da *supremacia* da Constituição desponta a completa inviabilidade das normas inferiores contrariarem-na.

13. A *inconstitucionalidade*, portanto, como anotou Jorge Miranda, resulta do conflito de um comportamento, de uma norma ou de um ato com a Constituição e isso em uma relação de caráter normativo e valorativo (*Manual de Direito Constitucional*, Coimbra, Editora Coimbra, 1984, 3ª edição, p. 274).

14. A *inconstitucionalidade* pode ser *formal* (quando o regramento constitucional relativo à elaboração legislativa não é respeitado) ou *material* (quando se vislumbra contradição inequívoca entre os conteúdos da lei e o da Constituição).

15. Nesse sentido, clássica é a lição de J. J. Gomes Canotilho ao nos ensinar que a *inconstitucionalidade formal* incide sobre "o ato normativo enquanto tal, independentemente do seu conteúdo e tendo em conta apenas a forma da sua exteriorização", daí tal mácula impregnar "o ato, nos seus pressupostos, no seu procedimento de formação, na sua forma final". A *inconstitucionalidade material* resulta "do contraste existente entre os princípios incorporados no ato e as normas ou princípios da Constituição", donde considerarem-se viciadas "as disposições ou normas singularmente consideradas" (*Direito Constitucional*, Coimbra, Almedina, 1989, 4ª edição, p. 738).

16. O juízo da conformidade ou desconformidade de determinada lei ou ato normativo frente à Constituição há de levar em conta aludida *distinção*. Há, ainda, de considerar que, objetivando-se a manutenção da ordem jurídica, *presumem-se constitucionais todas e quaisquer normas legais*.

17. De fato, instalar-se-ia o caos se passassem os cidadãos a descumprir comandos que entendessem desconformes à Constituição. Daí a advertência de Lúcio Bittencourt:

"... toda presunção é pela constitucionalidade da lei e qualquer dúvida razoável deve-se resolver em seu favor e não contra ela" (*O Controle Jurisdicional da Constitucionalidade das Leis*, Rio de Janeiro, Forense, 1949, pp. 91-92).

18. É dizer: enquanto não sobrevier decisão do Supremo Tribunal Federal expungindo do mundo jurídico norma reputada inconstitucional, sua aplicabilidade há de ser respeitada.

19. A afirmativa comporta uma *única exceção*: a possibilidade de os Poderes Executivo e Legislativo determinarem aos seus órgãos que repudiem — *administrativamente* — as leis ou atos com força de lei que considerem inconstitucionais (nesse sentido, a doutrina de Caio Tácito, Themístocles Brandão Cavalcanti, Francisco Campos, Pontes de Miranda, Miguel Reale, Luís Roberto Barroso e Mário Masagão, bem assim a constante jurisprudência do STF — *RTJ* 36/382, 41/669, 48/14 e 96/496).

20. Dentro dessa *restritiva* perspectiva, trecho do erudito voto do Ministro Moreira Alves manifestado quando da discussão da inviabilidade do Poder Executivo editar medida provisória declarando a inconstitucionalidade de lei ou ato normativo com força de lei (ADIn n. 221-0-DF, *DJ* 22.10.93):

"... *no Brasil, o controle de constitucionalidade das leis e dos atos normativos em vigor é atribuição exclusiva do Poder Judiciário ... Os Poderes Executivo e Legislativo podem declarar nulos, por ilegalidade ou por inconstitucionalidade, atos administrativos seus, e não leis ou atos com força de lei, e quando declaram a nulidade desses atos administrativos ficam sujeitos ao controle do Poder Judiciário, e poderão ser responsabilizados pelos prejuízos advenientes dessa declaração se este entender que inexiste a pretendida ilegalidade ou inconstitucionalidade. Em se tratando de lei ou de ato com força de lei, os Poderes Executivo e Legislativo, por sua Chefia — e isso mesmo tem sido questionado com o alargamento da legitimação ativa na ação direta de inconstitucionalidade —, podem tão-só determinar aos seus órgãos subordinados que deixem de aplicar administrativamente as leis ou atos com força de lei que considerem inconstitucionais.*

"Portanto, lei ou ato com força de lei que declarem lei ou ato com força de lei anteriores nulos são, se interpretados por sua letra, formal e materialmente inconstitucionais, independentemente de serem, ou não, inconstitucionais a lei ou o ato com força de lei anteriores, pois, não só compete privativamente ao Poder Judiciário declará-los inconstitucionais, mas também não pode uma lei ter por objeto a declaração de inconstitucionalidade de outra lei, retirando a eficácia desta pela força obrigatória daquela enquanto o Poder Judiciário não declare ser inconstitucional a declaração de inconstitucionalidade por ela feita..." (grifou-se).

21. Adite-se ter o Supremo Tribunal Federal definido premissa — exatamente ao examinar relação de contrariedade de lei federal com a Lei Maior — da inviabilidade do *conteúdo político de uma Constituição* levar ao *desprezo* quer "do sentido vernacular das palavras utilizadas pelo legislador constituinte, quer ao técnico, considerados institutos consagrados pelo Direito". Veja-se:

"... *Toda ciência pressupõe a adoção de escorreita linguagem, possuindo os institutos, as expressões e os vocábulos que a revelam conceito estabelecido com a passagem do tempo, por força dos estudos acadêmicos e pela atuação dos pretórios.* Já se disse que 'as questões de nome são de grande importância, porque, elegendo um nome ao invés de outro, torna-se rigorosa e suscetível de mal-entendido uma determinada linguagem. A purificação de linguagem é uma parte essencial da pesquisa científica, sem a qual nenhuma pesquisa poderá dizer-se científica' (*Studi Sulla Teoria Generali del Diritto*, Torino, G. Giappichelli, edição 1955, p. 37). *Realmente, a flexibilidade de conceitos, o câmbio do sentido destes, conforme os interesses em jogo, implicam insegurança incompatível com o objetivo da própria Carta que, realmente, é um corpo político, mas o é ante os parâmetros que encerra e estes não são imunes ao real sentido dos vocábulos, especialmente os de contornos jurídicos. Logo, não merece agasalho o ato de dizer-se da colocação, em plano secundário, de conceitos consagrados, buscando-se homenagear, sem limites técnicos, o sentido político das normas constitucionais"* (Plenário, RE n. 166.772-9-RS, Relator Ministro Marco Aurélio) (grifou-se).

22. Nesse mesmo precedente, repisou a Corte Suprema ser inviável tentar o intérprete, ante potenciais dificuldades vivenciadas na realidade cotidiana, inverter a exegese de determinado regramento de modo a "inserir na regra de direito o próprio juízo — por mais sensato que seja — sobre a finalidade que conviria fosse por ela perseguida", afastando deplorável ilação que preconizasse a prevalência dos fins, justificando os meios. A dicção do eminente Ministro Marco Aurélio é candente:

"... Já disse, linhas atrás, que está em tela uma ciência. *Assim enquadrado o Direito, o meio justifica o fim, mas não este àquele.* Compreendo as grandes dificuldades de caixa que decorrem do sistema de seguridade social pátrio. Contudo, *estas não podem ser potencializadas, a ponto de colocar-se em plano secundário a segurança, que é o objetivo maior de uma Lei Básica, especialmente no embate Cidadão-Estado, quando as forças em jogo exsurgem em descompasso.* Atente-se para a advertência de Carlos Maximiliano, isto ao dosar-se a carga construtiva, cuja existência, em toda interpretação, não pode ser negada:

'"Cumpre evitar não só o demasiado apego à letra dos dispositivos, como *também o excesso contrário, o de forçar a exegese e deste modo encaixar na regra escrita, graças à fantasia do hermeneuta, as teses pelas quais se apaixonou, de sorte que vislumbra no texto idéias apenas existentes no próprio cérebro, ou no sentir individual, desvairado por ojerizas e pendores, entusiasmos e preconceitos*' (*Hermenêutica e Aplicação do Direito*, Ed. Globo, Porto Alegre, 2ª edição, 1933, p. 118)" (grifou-se).

23. Insta assinalar que a hermenêutica constitucional não se afasta dos princípios da *unidade, do efeito integrativo* e da *força normativa* da Constituição, brilhantemente sintetizadas pelos ilustres constitucionalistas Gilmar Ferreira Mendes e Paulo Gustavo Gonet Branco:

"... Do prisma jurídico-material, parece assente que o afazer hermenêutico, no plano constitucional, há de se orientar pela idéia de *unidade da Constituição* (*Einheit der Verfassung*)... Deve-se advertir que o *princípio da unidade da Constituição* não expressa a idéia de uma simples integração em documento escrito. *Trata-se, efetivamente, de consagrar uma interpretação da Constituição, enquanto instrumento de uma comunidade pluralista e não raras vezes conflituosa, voltada para assegurar a unidade da comunidade política...* Em outros termos, a *interpretação há de levar em conta a Constituição como um todo e não apenas uma ou outra norma específica*. Ou, como ensina Hesse, as normas constitucionais devem ser interpretadas de modo a evitar contradições com outras normas de idêntica hierarquia... Outro princípio de relevo para a hermenêutica constitucional é o postulado do *efeito integrativo* (*integrierende Wirkung*). *Se se pretende produzir e assegurar a unidade política* — afirma Hesse —, *então deve-se adotar, na solução dos problemas constitucionais, aquele ponto de vista que efetivamente contribua para assegurar essa unidade...* Finalmente, não se deve olvidar o postulado da *força normativa da Constituição (normative Kraft der Verfassung), que recomenda seja adotada aquela interpretação que permita a otimização da eficácia da Constituição...*" (Parecer oferecido no RE n. 167.137-8-TO, inédito) (grifou-se).

24. Ultimando essas considerações, necessária referência há de ser feita ao *princípio da interpretação conforme à Constituição*, que possibilita ao intérprete conferir exegese a determinado preceito legal que o *compatibilize* com a Constituição.

25. Embora o Supremo Tribunal Federal utilize-o, é certo que o faz com a *limitação* ínsita ao princípio. Veja-se:

"... Ao declarar a inconstitucionalidade de uma lei em tese, o Tribunal — em sua função de Corte Constitucional — atua como *legislador negativo*, porquanto, como salienta Ritterspach" (*Legge sul Tribunale Constituzionale della Republica Federale di Germania*, p. 94):

'"*Solo una sentenza che dichiara nulla una legge elimina le legge dall'ordinamento giuridico: há cioè lo stesso efetto che otterrebbe il legislatore con la abrogazione; il BVerfG opera in questo caso come un legislatore negativo*" (Só uma sentença que declara nula uma lei a elimina do ordenamento jurídico: tem, assim, o mesmo efeito que obteria o legislador com a ab-rogação; a Corte Constitucional Federal opera, nesse caso, como um *legislador negativo*).

"O mesmo ocorre quando Corte dessa natureza, aplicando a *interpretação conforme à Constituição*, declara constitucional uma lei com a interpretação que a compatibiliza com a Carta Magna, pois, nessa hipótese, *há u'a modalidade de inconstitucionalidade parcial (a inconstitucionalidade parcial sem redução do texto — Teilnichtigerklärung ohne Normtextreduzierung), o que implica dizer que o Tribunal Constitucional elimina — e atua, portanto, como legislador negativo — as interpretações por ela admitidas, mas inconciliáveis com a Constituição. Porém, a interpretação fixada, como única admissível, pelo Tribunal Constitucional, não pode contrariar o sentido da norma, inclusive decorrente de sua gênese legislativa inequívoca, porque não pode Corte dessa natureza atuar como legislador positivo*, ou seja, o que cria norma nova" (Representação n. 1.417-DF, Relator Ministro Moreira Alves, *RTJ* 126/48-72) (grifou-se).

2.3 *Da relação da administração pública*

26. A moderna doutrina vem exteriorizando pacífica inteligência no sentido delinear dois vetores cardeais aptos a dirimir controvérsias alusivas à administração pública: *os princípios da supremacia do interesse público sobre o particular e da indisponibilidade do interesse público pela Administração*.

27. Celso Antônio Bandeira de Mello preleciona que "todo o sistema de Direito Administrativo se constrói sobre os mencionados princípios", aduzindo ser o primeiro "pressuposto de uma ordem social estável, em que todos e cada um possam sentir-se garantidos e resguardados". Já em relação ao segundo, o mestre paulista, apoiado em Ruy Cirne Lima ("A administração é a atividade do que não é senhor absoluto"), estima traduzir-se pela observância que "na administração os bens e os interesses não se acham entregues à livre disposição da vontade do administrador" (*Curso de Direito Administrativo*, São Paulo, Malheiros Editores, 4ª edição, 1993, pp. 17, 19 e 23).

28. Salientando que tais princípios irradiam-se, repercutindo inclusive sobre as *autarquias* e as entidades da *administração indireta* e *fundacional*, preconiza o festejado jurista da PUC/SP que da sua conjugação decorrem os demais princípios que moldam a Administração: *da legalidade, da finalidade, da razoabilidade, da proporcionalidade, da motivação, da impessoalidade, da publicidade, da moralidade administrativa, do controle judicial dos atos administrativos e da responsabilidade do Estado por atos administrativos* (ob. cit., pp. 23-24 e 61-62).

29. No mesmo diapasão, é o entendimento da Suprema Corte. De fato, quando do julgamento do MS n. 21.109-1-DF, o Supremo Tribunal repisou entendimento de que "*a atividade estatal é sempre pública, ainda que inserida em relações de direito privado e sobre elas irradiando efeitos*" (*DJ* 19.2.93).

30. Trecho do voto do eminente Ministro Sepúlveda Pertence explicita o alcance da assertiva. Perceba-se:

"... Em voto proferido no RE n. 116.419, sustentei que, *superada a vetusta teoria da dupla personalidade do Estado, a atividade estatal é sempre pública, ainda quando inserida em relações de direito privado e sobre elas irradiando efeitos.*

"Na ocasião, invoquei Agustín Gordillo (*apud* Toshio Mukai, *Direito Administrativo e Empresas do Estado*, 1984, p. 36), quando acentua que 'a administração é sempre pessoa de direito público, que realiza operações públicas, com fins públicos e dentre dos princípios e das formas de direito público, ainda que revista seus atos com formas de direito privado e use dos meios que este autorize e para objetos análogos'; e prossegui lembrando a observação de Lafayette Pondé ("Sobre o campo de aplicação do Direito Administrativo", em *Direito Administrativo Aplicado e Comparado*, I/05, 114), de que 'a vontade da Administração é formada sempre mediante um processo de direito público, ainda quando os efeitos do seu ato sejam definidos pelo direito privado'. Da mesma forma que a vontade dos indivíduos não se altera, qualquer que seja o regime jurídico regulador dos seus efeitos — continua o autor — *também a vontade da Administração é sempre obtida mediante o processo estabelecido na lei de sua organização. Esta lei especifica o órgão competente para expressar a vontade pública, os poderes desse órgão, o modo de exercício desses poderes, os requisitos e formalidades de sua atuação.*

"Na atividade da Administração — conclui Pondé — a norma externa (norma de relação) é que pode ser de direito privado ou de direto administrativo. *Mas a norma interna (norma de ação) é sempre, por definição, uma norma de direito público, pois dispõe sobre o funcionamento mesmo do Estado*" (grifou-se).

31. Fixadas tais premissas, passa-se a ferir o *mérito* da controvérsia.

2.4 Da Revogação da Lei n. 770/94

32. Preliminarmente, é de se consignar que a *revogação* da Lei 770/94 ficará ao nuto da Administração (em enviar projeto de lei com tal finalidade), com a decisiva colaboração do Poder Legislativo (em aprovar a proposição enviada).

33. Com isto quer-se dizer que critérios de *conveniência e oportunidade* presidirão as decisões dos Poderes Executivo e Legislativo, máxime em se atinando que a Lei n. 770/94 tão-somente *autorizou* a doação dos lotes que compõem o Programa de Assentamento de População de Baixa Renda.

34. Inexiste *compulsoriedade* para que o Poder Executivo assim proceda. Em conseqüência, não restará possível a invocação, por qualquer particular, da cláusula constitucional do *direito adquirido* (CF, art. 5º, XXXVI).

2.5 Da criação do programa de assentamento de população de baixa renda. Decreto n. 11.476/89

35. Com o surgimento, em passado próximo, de indiscriminadas invasões de áreas públicas por famílias carentes oriundas de todos os recantos da Federação, houve por bem o Distrito Federal, compelido pelo problema social criado, editar o Decreto n. 11.476/89, fixando critérios para o assentamento de tal população.

36. Oportuno transcrever-se a *motivação* do ato para aferição da real vontade do administrador:

"Considerando os objetivos da programação de assentamento das populações de baixa renda do Distrito Federal;

"Considerando o elevado número de invasões atualmente existentes no Distrito Federal, conforme recente levantamento cadastral;

"Considerando a *promoção da justiça social*, mediante *a garantia de acesso a lotes semi-urbanizados às famílias carentes*, residentes nas áreas citadas, *que não sejam proprietárias de imóvel no Distrito Federal e cuja renda familiar não exceda a três vezes o valor do Piso Nacional de Salário*;

"Considerando os princípios de transparência, lisura e probidade que orientam esta política; e,

"Considerando, finalmente, *o interesse público* de que se reveste a programação, eis que, além do atendimento a pessoas de baixa renda e residentes em condições extremamente precárias, *há que se zelar pela preservação do plano urbanístico de Brasília*, em obediência ao disposto no art. 38 da Lei n. 3.751, de 13 de abril de 1960" (grifou-se).

37. De logo, ateste-se que a *motivação* não é objeto de juízo de conformidade ou desconformidade com a Constituição, posto que "meros *consideranda*, que correspondem à motivação do ato administrativo, não lhe integram o conteúdo e nem se revestem de eficácia normativa. Eventuais vícios que se possam verificar nos motivos do ato estatal não contagiam as normas nele veiculadas. O juízo de constitucionalidade não incide sobre os motivos subjacentes à formulação do ato estatal" (STF, Plenário, ADIn n. 432-DF, Relator Ministro Celso de Mello, *DJ* 13.9.91).

38. Em assim sendo, a *motivação* inserta no Decreto n. 11.476/89 não necessita de análise. O estudo há de se circunscrever ao seu *teor normativo*, assim estampado:

"Art. 1º. As pessoas residentes em áreas invadidas do Distrito Federal poderão ser transferidas para loteamentos semi-urbanizados.

"Art. 2º. A transferência fica condicionada à disponibilidade de lotes e a que o residente em área invadida preencha os seguintes requisitos:

"I — seja detentor de registro de cadastro (Protocolo de Cadastro) emitido pela Fundação do Serviço Social do Distrito Federal por ocasião de levantamento por ela realizado;

"II — não ser, nem ter sido, proprietário, promitente comprador ou cessionário de imóvel no Distrito Federal;

"III — não ter sido beneficiado, anteriormente, em programas similares do Distrito Federal;

"IV — que a renda familiar não ultrapasse a 3 (três) vezes o valor do Piso Nacional de Salário;

"V — que a renda *per capita*, quando se tratar de apenas um residente, seja de até uma vez o Piso Nacional de Salário.

"Parágrafo único. O registro de cadastro de que trata o inciso I é de caráter pessoal e intransferível.

"Art. 3º. A ocupação de lote far-se-á através do instituto da Concessão de Uso, sujeito a pagamento de taxa de ocupação.

"Art. 4º. Verificada falsidade no preenchimento dos requisitos constantes do art. 2º, fica o infrator obrigado à devolução do imóvel, sujeito ainda a sanções administrativas, cíveis e penais.

"Art. 5º. A Concessão de Uso obriga ao concessionário residir no imóvel, importando seu descumprimento na rescisão do contrato e imediata retomada do bem.

"Art. 6º. Cabe à Secretaria de Serviços Sociais a coordenação das atividades de que trata este Decreto.

"Parágrafo único. Os casos especiais, principalmente os decorrentes de cadastramento, serão analisados e avaliados pela Secretaria de Serviços Sociais em conjunto com a Fundação do Serviço Social, e serão decididos pelo Governador do Distrito Federal.

"Art. 7º. Fica a Companhia Imobiliária de Brasília-TERRACAP encarregada de prover o Distrito Federal de lotes urbanos, semi-urbanizados e fiscalizar o fiel cumprimento da Concessão de Uso para atender ao disposto neste Decreto.

"Art. 8º. Este Decreto entra em vigor na data de sua publicação, revogadas as disposições em contrário."

39. Da superficial leitura do Decreto n. 11.476/89 deflui a *solução* alvitrada pelo administrador: *a celebração, com os esbulhadores de bens públicos, de contratos de concessão de uso, sem licitação, com a obrigatoriedade de que residissem no imóvel e pagassem taxa de ocupação, pena de rescisão e retomada.*

40. Verifiquemos, portanto, se, quando da criação do Programa de Assentamento, o Poder Executivo incorreu em alguma impropriedade.

41. O primeiro aspecto a ser abordado diz com a *natureza jurídica* do Decreto n. 11.476/89. Com efeito, necessário perquirir se o seu fundamento de validade — art. 20, II, da Lei n. 3.751/60 — possibilitava a *criação* do Programa de Assentamento.

42. Equivale dizer: necessário indagar se nos deparamos com *decreto executivo* (de regulamentação) ou com *decreto autônomo* (veiculador de normas primárias).

43. Pois bem. Em uníssono acorde, doutrina e jurisprudência perfilham a tese de que os regulamentos objetivam proporcionar meios para a fiel execução das leis e, ademais, que o poder regulamentar não é difuso, ensejando a participação de qualquer órgão. Ao revés. O poder regulamentar é privativo do Presidente da República (art. 81, III, da CF de 67/69 e art. 84, IV da CF de 88) e, no caso vertente, do Governador do Distrito Federal (art. 20, II, da Lei n. 3.751/60 e art. 100, VII, da Lei Orgânica do Distrito Federal).

44. O poder regulamentar é visceralmente subordinado à lei. Daí extrair-se a ilação de que o poder administrativo de expedição de preceitos jurídicos regulamentares não se revela atividade livre, sem balizamentos. Ao contrário. A produção administrativa de regras alusivas à operacionalização de quaisquer comandos legais possui parâmetros: a própria lei a ser regulamentada.

45. Há óbices inamovíveis à livre disposição da materialidade ínsita à lei, ou seja, ao Executivo é vedado dispor, a seu talante, do seu objeto, com a amplitude e a liberdade inerentes àqueles que podem inovar a ordem jurídica, sem malferir, às escâncaras, o *princípio da reserva legal* (art. 153, § 2º, da CF de 67/69 e art. 5º, II, da CF de 88).

46. O escólio de Celso Antônio Bandeira de Mello faz quedar quaisquer dúvidas acerca do legítimo exercício do poder regulamentar. Veja-se:

"Não é demais encarecer que foi para impedir *excesso dos detentores do Poder* que os sistemas jurídicos dos povos evoluídos estabeleceram sólidos diques à ação do Executivo, erigindo em princípio supremo a regra que, no direito brasileiro, acha-se estampada no art. 153, § 2º da Carta Constitucional. *Em virtude dela só a lei pode impor aos indivíduos obrigações e limites à sua livre atividade...* As cautelas do constituinte para preservar os cidadãos contra restrições que pudessem derivar de atos executivos aparecem estampadas também no art. 81, III da Lei Maior. Ali se consagra e se impõe incontendível limite à ação do Chefe do Poder Executivo, ao estabelecer que lhe assiste traçar as regras gerais, que são os regulamentos, unicamente para fiel execução das leis.

"*É dizer: reforça-se o conteúdo do art. 153, § 2º, o qual reservou à lei o direito de criar regras iniciais na ordem jurídica, pois só se prevê, para o Executivo, os regulamentos de execução, ou seja, os necessários e convenientes ao cumprimento das leis. Com isto, fica exalçado o impediente constitucional a que o Executivo estabeleça, para fora ou para além das leis, direitos ou muito menos obrigações aos indivíduos. Em suma: nenhuma restrição à liberdade ou à propriedade pode ser imposta se não estiver previamente delineada, configurada e estabelecida em alguma lei.*

"Além disso, o sistema constitucional reforça, ainda mais, a proteção aos administrados no art. 6º, quando proíbe que qualquer dos Poderes (Legislativo, Executivo ou Judiciário), ressalvadas as exceções previstas na própria Lei Magna, delegue a outro suas funções próprias" (*Ato Administrativo e Direito dos Administrados*, S. Paulo, Ed. RT, 1981, pp. 83-86) (grifou-se).

47. Dentro de tais quadrantes, é de se notar que o art. 20, II, da Lei n. 3.751/60 asseverava competir ao *Prefeito*, "além da iniciativa das leis, a administração dos negócios públicos locais, e especialmente, *(II) expedir decretos, regulamentos e instruções para execução das leis*". Não há liberdade para inovação da ordem jurídica.

48. E tal impropriedade se verifica no Decreto n. 11.476/89, particularmente quando impõe a imprescindibilidade da celebração de contratos (criando obrigações para o concedente — *Distrito Federal* e criando direitos para os concessionários) e, ainda, ao impor à empresa pública cujo acionista detentor de 49% (quarenta e nove por cento) do capital é a *União Federal*, a obrigatoriedade de prover lotes.

49. Incontroversa a figura do regulamento autônomo, amplamente rechaçada pela melhor doutrina (*v.g.*, Maria Sylvia Zanella Di Pietro, *Direito Administrativo*, SP, Atlas, 1990, pp. 70-71; Geraldo Ataliba, *República e Constituição*, SP, Ed. RT, 1985, pp. 120-125; Celso Antônio Bandeira de Mello, *Ato Administrativo e Direito dos Administrados*, SP, Ed. RT, 1981, pp. 95-96; Roque Antônio Carrazza, *O Regulamento no Direito Tributário Brasileiro*, SP, Ed. RT, 1981, p. 13) e hábil a ensejar a propositura, perante o Supremo Tribunal Federal, de ação direta de inconstitucionalidade, consoante os seguintes precedentes:

"Ação direta de inconstitucionalidade. Aumento de vencimentos por decreto que aprova tabelas em conformidade com índices firmados em acordo coletivo. Decreto 3.140, de 14.3.91, do Estado de Mato Grosso. *É de conhecer-se da ação direta, porquanto, no caso, o ato normativo impugnado é um decreto autônomo, sendo que, inclusive, um dos fundamentos da ação é justamente o de ter ele invadido a esfera reservada à lei pela Constituição Federal*. Ocorrência, na espécie, da relevância jurídica da fundamentação, bem como do *periculum in mora*. Pedido de liminar deferido, para suspender-se a eficácia, *ex nunc*, do Decreto 3.140, de 14.3.91, do Estado de Mato Grosso" (Tribunal Pleno, ADIn n. 519-MT, Relator Ministro Moreira Alves, *RTJ* 137/574) (grifou-se).

"Ação direta de inconstitucionalidade. Pedido de liminar. Decreto n. 409, de 30.12.91. *Esta Corte, excepcionalmente, tem admitido ação direta de inconstitucionalidade cujo objeto seja decreto, quando este, no todo ou em parte, manifestamente não regulamenta lei, apresentando-se, assim como decreto autônomo, o que dá margem a que seja ele examinado em face diretamente da Constituição no que diz respeito ao princípio da reserva legal.* No caso, o decreto impugnado se situa no âmbito da regulamentação do poder de fiscalização de concessões de distribuição de energia elétrica. O que visa a presente ação direta de inconstitucionalidade é resolver, em abstrato, questões que podem dar margem a discussão, em casos concretos, sobre ilegalidade ou violação de direitos adquiridos aferíveis dos termos de cada concessão, exames esses que são insuscetíveis de ser feitos em ação direta de inconstitucionalidade. Ação direta de inconstitucionalidade não conhecida, ficando, assim, prejudicado o pedido de cautelar" (Tribunal Pleno, ADIn n. 708-DF, Relator Ministro Moreira Alves, *RTJ* 142/718) (grifou-se).

50. O Decreto n. 11.476/89 atrai, também, controvérsia acerca da necessidade de *licitação*, máxime ante expressivos pronunciamentos *unânimes* da Corte Suprema que, invariavelmente, reafirmam a necessidade de salutar certame competitivo. Veja-se:

"Ação direta de inconstitucionalidade. Lei n. 147, de 18 de abril de 1990, do Estado do Tocantins, que estabelece normas para venda de lotes e moradias, no perímetro urbano, independentemente de licitação, a servidores da administração pública estadual e de outras entidades. Alegada ofensa ao art. 37, XXI, da Constituição Federal. Suspensão cautelar de sua eficácia.

"Normas que se afiguram violadoras do *princípio da licitação*, assegurador da *moralidade* dos atos administrativos e do *tratamento isonômico* que é devido aos que contratam com o Poder Público. Concorrência manifesta dos requisitos da relevância da questão jurídica e do *periculum in mora*. Cautelar deferida" (Tribunal Pleno, ADIn n. 651-7-TO, Relator Ministro Ilmar Galvão, *DJ* 28.8.92) (grifou-se).

51. No mesmo sentido, a decisão liminar na ADIn n. 425-5-TO, Relator Ministro Paulo Brossard (*DJ* 21.6.91). Mas, nesse passo, importa retratar, com todas as letras, o voto do eminente Ministro Ilmar Galvão (ADIn n. 651-7-TO) para que se possa aquilatar o rigor do Supremo Tribunal Federal em casos tais. Atine-se:

"O Senhor Ministro Ilmar Galvão (relator): A Constituição Federal, no art. 37, instituiu princípios destinados à orientação do administrador, na prática dos atos administrativos, de molde a garantir a *boa administração* que se consubstancia na *correta gestão dos negócios públicos* e no manejo dos recursos públicos, no interesse coletivo, com o que também assegura aos administrados o seu direito a práticas administrativas honestas e probas (cf. José Afonso da Silva, *Curso de Direito Constitucional Positivo*, p. 561).

"Entre eles, figura o *princípio da licitação pública*, instituído no inc. XXI ao mencionado artigo, segundo o qual, 'ressalvados os casos especificados na legislação, as obras, serviços, compras e alienações serão contratados mediante processo de licitação pública que assegura igualdade de condições a todos os concorrentes, com cláusulas que estabeleçam obrigações de pagamento, mantidas as condições efetivas da proposta, nos termos da lei...'.

"Constitui ele corolário do *princípio da moralidade pública* e do *tratamento isonômico* dos eventuais contratantes com o Poder Público.

"Na presente ação, irroga-se de contrária ao mencionado princípio a Lei n. 147, de 18 de abril de 1990, do Estado de Tocantins.

"Com efeito, entre outras *inconstitucionalidades*, contempla, no art. 1º, servidores da administração pública estadual com *o direito de aquisição de lotes e moradias*, no perímetro urbano da Capital, Palmas, *independentemente de licitação*.

"Nos arts. 5º e 6º, *possibilita a extensão do benefício a outras pessoas*.

"No art. 3º, autoriza o Chefe do Poder Executivo a fixar o preço e as condições de pagamento dos referidos bens.

"*Trata-se de normas que, do modo como estão redigidas, afiguram-se deli-*

rantes do princípio da licitação, retromencionado, na medida em que, à falta de fixação de rígidos critérios a serem observados para o tratamento excepcional nelas previsto, permitem a distribuição indiscriminada das terras públicas estaduais, sem qualquer limite, por unidade ou por extensão, em relação a cada postulante, como vem acontecendo, com desvirtuamento dos objetivos visados, que têm por fim estimular a rápida implantação da nova capital do Estado.

"E, se não bastasse, no art. 2º, pretende *alterar o Código Civil, estabelecendo cláusula especial de retrovenda.*

"Indiscutível, pois, a relevância do pedido.

"O *periculum in mora* pode facilmente aquilatar-se, diante da possibilidade de prosseguirem as alienações, com prejuízo de difícil reparação para o Estado.

"Ante o exposto, meu voto é no sentido de deferir a cautelar" (grifou-se).

52. Incontestável a necessidade do procedimento licitatório. Fosse essa Casa consultada previamente sobre a criação do referido Programa de Assentamento — *e não o foi* — com certeza, respaldada em inúmeros precedentes, arrolaria intransponível tal exigência moralizadora.

53. Seria razoável argumentação contrária alicerçada na *inexigibilidade de licitação*, forte na *inviabilidade de competição* (art. 23, do Decreto-lei n. 2.300/86, vigente à época)? Seria razoável, também, trazer-se à tona o princípio da *impossibilidade material*, decorrente "do fato de que a lei não pode exigir mais do que a situação jurídica permite, nem pode a determinação judicial exigir algo que, nas diversas alternativas de execução, a materialidade fenomênica demonstre ser irrealizável. A teoria da lei de eficácia impossível ou da decisão judicial de imposição inviável, outro fato não exterioriza que a lição aprendida pelos alunos de Direito quando de suas reflexões sobre a Introdução a esta Ciência de que a lei não pode ter um objeto impossível, nem a decisão judicial cuidar de situação inviável" (Ives Gandra da Silva Martins, *Direito Constitucional Interpretado*, SP, Ed. RT, 1992, p. 12). E, por último: inteligência de tal jaez não se amoldaria à própria Constituição Federal ao assegurar "a dignidade da pessoa humana" (art. 1º, III) e a construção de uma "sociedade livre, justa e solidária", objetivando "erradicar a pobreza e a marginalização" (art. 3º, I e III)?

54. Sem sombra de dúvidas, possível considerar *razoáveis* tais fundamentos. Todavia, extremamente frágil, na medida em que factível compatibilização. *Nada obsta seja implementada licitação, ainda que o universo dos proponentes seja circunscrito aos menos aquinhoados.*

55. Aludidos preceptivos não se excluem, mesmo porque francamente possível exegese que os aproxime. Em português claro: *a licitação não inviabiliza o asseguramento da dignidade da pessoa humana, nem a construção de uma sociedade livre, justa e solidária e, tampouco impede a erradicação da pobreza e da marginalização.*

56. A licitação deveria preceder a implementação do Programa de Assentamento. A realidade, entretanto, foi diversa (consolidando-se irreversível situação de fato). É de se presumir, em conseqüência, ter o administrador perfilhado tese conducente à *inexigibilidade da licitação*, tornando incisivas as palavras de Eros Roberto Grau:

"Em um quadro de vida — de movimento, pois — é que suportamos o *desafio da prudência* do Direito: *o da coexistência, diante de um mesmo problema, de uma multiplicidade de soluções corretas.* Daí porque força é sustentar que inexiste, no direito, o verdadeiro, mas tão-somente o aceitável (justificável). O sentido do justo comporta, sempre, mais de uma solução" (*A Ordem Econômica na Constituição de 1988*, SP, Ed. RT, 1990, p. 190) (grifou-se).

2.6 Da Lei n. 770/84 e sua alteração (Lei n. 808/94)

57. Passemos à análise da Lei n. 770/94 (com a redação dada pela Lei n. 808/94).[1]

1. Eis o seu inteiro teor:

"Art. 1º. Fica o Distrito Federal autorizado a doar, a seus legítimos ocupantes, os lotes residenciais integrantes do Programa de Assentamento de Populações de Baixa Renda, criado pelo Decreto n. 11.476, de 9 de março de 1989, ou que o venham a integrar.

"§ 1º. A doação de que trata o *caput* deste artigo, será extensiva aos que comprovadamente, até 31 de julho de 1994, residiam, por ocupação ou repasse, em lotes de propriedade do Distrito Federal. (Lei n. 808/94)

"§ 2º. Doação de áreas às Entidades Filantrópicas, nos termos do *caput* deste artigo.

"§ 3º. A doação de que trata este artigo observará o prazo e outras exigências fixadas na Lei Orgânica do Distrito Federal.

"§ 4º. Até que se efetive a doação, a ocupação dos imóveis a que se refere este artigo dar-se-á sem ônus para os legítimos ocupantes, aos quais serão outorgados termos de ocupação.

"Art. 2º. É a Companhia Imobiliária de Brasília (TERRACAP), autorizada a doar ao Distrito Federal os imóveis residenciais necessários à. implantação do Programa de Assentamento das Populações de Baixa Renda do Distrito Federal.

"Art. 3º. Os legítimos ocupantes dos lotes residenciais integrantes do Programa de Assentamento de População de Baixa Renda ficam remidos, desde a ocupação até a data da presente Lei, da taxa de ocupação pela concessão de uso, de que trata o art. 24, da Lei n. 4.545, de 10 de dezembro de 1964.

"Art. 4º. Os requisitos previstos no art. 2º do Decreto 11.476, de 09 de março de 1989, excluído o inciso I, serão aplicados aos casos que se refere o § 1º do art. 1º desta Lei. (Lei n. 808/94)

"Art. 5º. É proibida nova distribuição de lote a quem já tenha sido beneficiado pelo programa de que trata esta Lei, ou em programas similares do Distrito Federal, e que tenha transferido a terceiros, seja a que título for, os seus direitos de posse.

"Art. 6º. O Distrito Federal será representado pela Sociedade de Habitações de Interesse Social (SHIS) nos atos de doação, bem como nas gestões necessárias ao cumprimento desta Lei.

"Art. 7º. Os atos complementares de regularização fundiária dos loteamentos que integram o Programa de Assentamento das Populações de Baixa Renda do Distrito Federal serão providos pelas Sociedades de Habitações de Interesse Social (SHIS), mediante convênio com a Companhia Imobiliária de Brasília (TERRACAP).

"Art. 8º. A Sociedade de Habitações de Interesse Social (SHIS) expedirá as instruções necessárias ao cumprimento desta Lei.

"Art. 9º. Esta Lei entra em vigor na data de sua publicação.

"Art. 10. Revogam-se as disposições em contrário."

58. Cotejando-se o projeto de lei enviado pelo Governador do Distrito Federal à Câmara Legislativa,[2] com o texto final da Lei n. 770/94 (com os acréscimos da Lei n. 808/94) vislumbramos *significativas alterações, todas oriundas de iniciativa parlamentar*, a saber:

a) inclusão de parágrafo (*§ 1º, do art. 1º*), pela Lei n. 808/94, *tornando extensível a doação a outros casos*;

b) inclusão de parágrafo (*§ 2º, do art. 1º*), *tornando extensível a doação a entidades filantrópicas*;

c) inclusão de parágrafo (*§ 4º, do art. 1º*), *desonerando da taxa de ocupação os legítimos ocupantes*;

2. Eis o seu inteiro teor:

"Art. 1º. Fica o Distrito Federal autorizado a doar, a seus legítimos ocupantes, os lotes residenciais integrantes, ou que venham a integrar, o Programa de Assentamento de Populações de Baixa Renda, criado pelo Decreto n. 11.476, de 09 de março de 1989.

"Parágrafo único. Nos casos em que não se puder efetivar, de imediato, a doação autorizada, serão expedidos termos de ocupação dos imóveis a que se refere este artigo.

"Art. 2º. É a Companhia Imobiliária de Brasília (TERRACAP), autorizada a doar ao Distrito Federal os imóveis residenciais necessários à implantação do Programa de Assentamento das Populações de Baixa Renda do Distrito Federal.

"Art. 3º. As regras constantes do Decreto n. 11.476, de 09 de março de 1989, excluído o disposto no art. 2º, inciso I, serão aplicadas aos casos que até 31 de julho de 1994 estavam pendentes de regularização.

"Art. 4º. É defesa nova distribuição de lotes a quem já tenha sido beneficiado pelo programa de que trata esta Lei, ou em programa similares do Dis-

d) inclusão de artigo (*3º*), *remindo os legítimos ocupantes do pagamento da taxa de ocupação*;

e) alteração de redação — e de fundo — de artigo (*4º*), *tornando possível a regularização, para posterior doação, de casos pendentes durante todo o procedimento delineado na Lei n. 770/94*.

59. Abstraídas eventuais *inconstitucionalidades formais* (caracterizáveis pelo *vício de iniciativa*, vez que possível construir-se tese conducente à *competência privativa* da Chefia do Poder Executivo em iniciar processo legislativo disciplinando alienação de bens públicos imóveis), como também abstraída eventual *inconstitucionalidade material* (v. itens 50/56, quanto à necessidade de *licitação*), é de se notar que a Lei n. 770/94 é *incompatível* com Lei Orgânica do Distrito Federal.

60. Com efeito, a Suprema Corte já assentou constituir a Lei Orgânica do Distrito Federal "...instrumento normativo primário destinado a regular, de modo subordinante — *e com inegável primazia sobre o ordenamento positivo distrital* — a vida jurídico-administrativa e político-institucional dessa entidade integrante da Federação Brasileira..." aludindo representar "... dentro do sistema de direito positivo, o momento inaugural e fundante da ordem jurídica vigente no âmbito do Distrito Federal. *Em uma palavra: a Lei Orgânica equivale, em força, autoridade e eficácia jurídicas, a um verdadeiro estatuto constitucional, essencialmente equiparável às Constituições promulgadas pelos Estados-membros*" (ADIn n. 980-0-DF, Relator Ministro Celso de Mello, *DJ* 13.5.94).

61. Em assim sendo, a Lei n. 770/94 vai de encontro ao art. 329, III, da LODF, que preconiza:

"Art. 329. Lei disporá sobre contratos de transferência de posse e domínio para os imóveis urbanos em *programas habitacionais promovidos pelo Poder Público*, observadas as seguintes condições:

"I — será vedada a transferência de posse àquele que, já beneficiado, a tenha transferido para outrem, sem autorização do Poder Público, ou que seja proprietário de imóvel urbano;

"II — o título de transferência de posse e de domínio, conforme o caso, será conferido a homem ou mulher, independentemente do estado civil;

"III — o título de domínio somente será concedido após completados dez anos de concessão de uso" (grifou-se).

62. Esse flagrante descompasso revela-se bastante para concluir a análise das impropriedades da Lei n. 770/94 (com as alterações advindas da Lei n. 808/94).

63. É de se assinalar, por derradeiro, que o relatório da Comissão instituída pelo Decreto n. 16.333/95 (em especial, fls. 21), alude à circunstância da inexistência de quaisquer medidas ambientais antecedentes à implantação do Programa de Assentamento.

64. Assim, reforçando a tese da ausência de *direito adquirido*, aplicável os ditames da LODF pertinentes (arts. 289 e §§ e 331).

trito Federal, e que tenha transferido a terceiros, seja a que título for, os seus direitos de posse.

"Art. 5º. O Distrito Federal será representado pela Sociedade de Habitações de Interesse Social (SHIS) nos atos de doação, bem como nas gestões necessárias ao cumprimento desta Lei.

"Art. 6º. Os atos complementares de regularização fundiária dos loteamentos que integram o Programa de Assentamento das Populações de Baixa Renda do Distrito Federal serão promovidos pela Sociedade de Habitação de Interesse Social (SHIS), mediante convênio com a Companhia Imobiliária de Brasília (TERRACAP).

"Art. 7º. A Sociedade de Habitação de Interesse Social (SHIS) expedirá as instruções necessárias ao cumprimento desta Lei.

"Art. 8º. Esta Lei entra em vigora data de sua publicação.

"Art. 9º. Revogam-se as disposições em contrário."

2.7 Do projeto de lei encaminhado ao Poder Legislativo

65. O projeto de lei enviado à Câmara Legislativa (fls. 222/226) objetiva "a regularização da posse dos lotes distribuídos pelo Programa de Assentamento de Populações de Baixa Renda do Distrito Federal, mediante a *venda* ou a *concessão de direito real de uso*" afastando-se a doação pois impunha "humilhações" (exposição de motivos).

66. Dois foram os institutos jurídicos eleitos para a definitiva solução da controvérsia: *a concessão de direito real de uso* e a *compra e venda (promessa)*.

67. Pois bem. A concessão de direito real de uso, tal como disciplinada pelo Decreto-lei n. 271/67 (arts. 7º e 8º), é aplicável no âmbito do Distrito Federal (§ 1º, do art. 325, da LODF), consoante já demonstramos (Parecer n. 1.160/93-3ª SPR).

68. Assim, atente-se para os arts. 7º e 8º, do Decreto-lei 271/67:

"Art. 7º. É instituída a concessão de uso de terrenos públicos ou particulares, remunerada ou gratuita, por tempo certo ou indeterminado, como direito real resolúvel, para fins específicos de urbanização, industrialização, edificação, cultivo da terra, ou outra utilização de interesse social".

"Art. 8º. É permitida a concessão de uso do espaço aéreo sobre a superfície de terrenos públicos ou particulares, tomada em projeção vertical, nos termos e para os fins do artigo anterior e na forma que for regulamentada."

69. Afirma Caio Tácito que "a concessão de uso, por essa forma instituída, é modalidade de direito real sobre coisa alheia. *Não importa alienação ou transferência de domínio da coisa sobre a qual passa a incidir a nova relação contratualmente estabelecida. O direito original do proprietário do bem subsiste*, formalizando-se, com a utilização concedida, o direito real de que o concessionário se faz titular, oponível a terceiros e passível de transmissão *inter vivos*" (*Revista de Direito Público*, SP, Ed. RT, 1990, n. 96, pp. 98-100).

70. Com apoio em Diogo Freitas do Amaral, Ricardo Pereira Lira e Hely Lopes Meirelles conclui o festejado administrativista que: *"não há, em suma, na concessão real de uso, ato de alienação, mas cessão parcial de poderes jurídicos do dominus em favor de concessionário, que assume o direito e o dever de uso especial determinado, dominado pelo princípio do interesse social... "* (grifou-se).

71. O ilustre Professor Titular da UERJ, perquirindo do âmbito de incidência do instituto, pontifica: "... não se trata, como visto, de enumeração exaustiva, mas de caráter exemplificativo, como elucida a parte final do enunciado. *A ênfase na utilização de interesse social aperfeiçoa e especializa a qualificação constitucional, em que se destaca, como objetivo lídimo do direito de propriedade, a função social a que deve atender* (CF, arts. 5º, e 170, III)..." (grifou-se).

72. Transplantando tais ilações para a hipótese, temos que possível a utilização do instituto da concessão de direito real de uso. A própria dicção do art. 7º, do Decreto-lei 271/67 ao aludir a *urbanismo* e *edificação* aparenta comportar a finalidade do projeto de lei. Há que se ter em mente finalidade pública (função social). E isso é inconteste.

73. *Não havendo transferência do domínio*, nada obsta, formalmente, a aprovação do projeto de lei, no particular.

74. O que nos parece extremamente discutível, porém, é a possibilidade de outorga — *mediante ulterior opção de compra* — da escritura definitiva da propriedade do imóvel, após o transcurso de dez anos da celebração do contrato de concessão de direito real de uso, máxime considerando-se como *sinal* e *princípio de pagamento* os valores desembolsados a título de pagamento pela ocupação do lote (§§ 3º e 4º, do art. 4º).

75. Sem quebra de reverência, invadiu-se esfera de *competência exclusiva* da União Federal: legislar sobre *direito civil* (art. 22, I, da CF). Em verdade, criou-se nova modalidade de instituto jurídico (de índole cível) assemelhado ao *leasing*.

76. Relativamente à *alienação direta* ao legítimo ocupante, embora hoje reste dispensada a licitação (art. 17, I, "f", da Lei n. 8.666/93, com as alterações da Lei n. 8.883/94), mister proceder-se — *caso imagine-se implementá-la imediatamente* — à alteração do inciso III, do art. 329, da Lei Orgânica do Distrito Federal.

77. Atine-se que a promessa de compra e venda (*pacto através do qual uma das partes se obriga a transferir a propriedade de bem imóvel, no futuro e definitivamente, após pagamento do preço, que foi parcelado*) é regida pela Lei n. 6.766/79.

78. Assim, os §§ 3º e 4º, do art. 4º, do projeto de lei não merecem subsistir.

79. Uma única observação (de *lege ferenda*): para garantir-se a lisura durante a execução das alienações, afastando-se nefasta especulação imobiliária, recomendável que a lei a ser eventualmeme exteriorizada proíba — tal como sucedeu na alienação dos imóveis funcionais — *a venda, promessa, cessão ou qualquer outro instrumento que possibilite o trespasse do lote, durante razoável lapso temporal.*

3. Conclusões

80. Forte em tais considerações, pode-se concluir

a) *relativamente ao Decreto n. 11.476/89*:

a.1) A indiscriminada invasão de áreas públicas por famílias carentes compeliu o Distrito Federal a proceder ao assentamento de tal população;

a.2) Os critérios para tanto exsurgiram mediante a edição do Decreto n. 11.476/89. Todavia, aludido diploma normativo padece de flagrantes impropriedades: revela-se autônomo (veiculador de normas primárias), violando o princípio da reserva legal e delirando das rígidas balizas a que jungido o poder regulamentar, além de ter sido efetivado sem prévia licitação; e,

a3) Ainda que se argumentasse com o asseguramento da "dignidade da pessoa humana" (CF, art. 1º, III) e a construção de uma "sociedade livre, justa e solidária", objetivando "erradicar a pobreza e a marginalização" (CF, art. 3º, I e III), mesmo assim não se arredaria a licitação, porquanto essa, por si só, não as inviabiliza.

b) *relativamente às Leis ns. 770 e 808/94*:

b.1) A Lei n. 770/94 (publicada *três dias antes* do 1º turno das eleições), bem como a Lei n. 808/94 (publicada *quinze dias antes* do término da gestão governamental decaída), a par de apresentarem indícios de abuso do poder de legislar e abstraídas inconstitucionalidades formais (por vício de iniciativa) e materiais (desrespeito à salutar regra da licitação), revelam-se incompatíveis com a Lei Orgânica do Distrito Federal, peremptória em asseverar que o título de domínio de imóveis urbanos de programas habitacionais promovidos pelo Poder Público só poderão ser concedidos após dez anos da celebração do contrato de concessão de uso (art. 329, III).

c) *relativamente ao projeto de lei encaminhado à Câmara Legislativa*:

c.1) Irreversível a situação fática, preconizou o administrador solução ontologicamente diversa da então vigente, mediante os institutos da concessão de direito real de uso e da compra e venda (promessa);

c.2) Em inexistindo transferência de domínio, factível a utilização da concessão de direito real de uso, tal como disciplinada pelo Decreto-lei n. 271/67 (LODF, art. 325, § 1º);

c.3) Relativamente à alienação direta ao legítimo ocupante embora hoje reste dispensada a licitação (art. 17, I, "f", da Lei n. 8.666/93 com as alterações da Lei n. 8.883/94) mister proceder-se — *caso imagine-se implementá-la imediatamente* — à alteração do inciso III, do art. 329 da Lei Orgânica do Distrito Federal;

c.4) Extremamente discutível é a possibilidade de outorga — *mediante ulterior opção de compra* — da escritura definitiva da propriedade do imóvel, após o transcurso de dez anos da celebração do contrato de concessão de direito real de uso, máxime considerando-se como *sinal* e *princípio de pagamento* os valores desembolsados a título de pagamento pela ocupação do lote (§§ 3º e 4º, do art. 4º);

c.5) Invade-se esfera de *competência exclusiva* da União Federal ao se legislar sobre *direito civil* (art. 22, I, da CF). Em verdade, criou-se nova modalidade de instituto jurídico (de índole cível) assemelhado ao *leasing*; e,

c.6) Uma única observação (de *lege ferenda*): para garantir-se a lisura durante a execução das alienações, afastando-se nefasta especulação imobiliária, recomendável que a lei a ser eventualmente exteriorizada *proíba* — tal como sucedeu na alienação dos imóveis funcionais — *a venda, promessa, cessão ou qualquer outro instrumento que possibilite o trespasse do lote, durante razoável lapso temporal.*

Ao discernimento sábio de V. Exa.

Brasília, 19 de abril de 1995

INCONSTITUCIONALIDADE DA ATUALIZAÇÃO DO VALOR DE PRECATÓRIOS JUDICIAIS

EROS ROBERTO GRAU
Professor Titular da Faculdade de Direito da Universidade de São Paulo e Advogado

Encaminhou-me o ilustre Dr. Márcio Sotelo Felippe. DD. Procurador-Geral do Estado de São Paulo, a seguinte

Consulta

"O Estado de São Paulo paga seus ofícios precatórios de natureza não alimentar seguindo as regras previstas no artigo 100 da Constituição Federal e no artigo 12 das Disposições Transitórias da Constituição do Estado de São Paulo.

"Os ofícios precatórios de *natureza não alimentar* são pagos de acordo com o artigo 100 da Constituição Federal da seguinte maneira:

"a) recebidos os ofícios precatórios são eles atualizados até 1º de julho do ano requisitorial; por este valor são pagos até 31 de dezembro do ano subseqüente;

"b) após o pagamento é feita automaticamente a atualização do valor, com a correção devida desde 1º de julho do ano requisitorial até a data do pagamento; este valor, atualizado até 1º de julho, é pago até 31 de dezembro do ano subseqüente.

"O Tribunal de Justiça de São Paulo, fundado no inciso VII do artigo 337 do seu Regimento Interno, adota, no entanto, o seguinte procedimento (tanto para débitos alimentares quanto para débitos não alimentares):

"a) após ter expedido o ofício precatório com aquele valor e após ter a Fazenda do Estado efetuado o primeiro depósito, o procedimento administrativo (que é formado no Tribunal para acompanhamento do ofício precatório) é enviado ao Departamento de Contabilidade daquele Tribunal (DECO);

"b) este DECO recalcula o valor da condenação; então, independentemente do que tenha sido decidido no juízo da execução e independentemente do valor que tenha constado no ofício precatório, são adicionados, de forma generalizada, todos os índices expurgados pelos diversos planos econômicos (mesmo que no Juízo da execução tenham sido expressamente excluídos);

"c) o Presidente do Tribunal de Justiça intima as partes deste recálculo feito pelo DECO; a Fazenda do Estado sistematicamente impugna estes cálculos; esta impugnação sistematicamente é rejeitada, resultando homologados os valores obtidos pelo DECO;

"d) enquanto a Fazenda do Estado ingressa com agravo regimental desta decisão do Presidente do Tribunal (e, rejeitado o agravo, já têm sido interpostos recursos extraordinário e especial), o Presidente de Justiça expede ofício de complementação, fixando o prazo de 90 (noventa) dias para o pagamento do valor obtido, devidamente atualizado até a data do depósito.

"Como o Estado de São Paulo não tem pago, desde junho do ano de 1994, estes ofícios de complementação em noventa dias, os credores requereram intervenção federal no Estado. Os primeiros dez casos de intervenção foram julgados no último dia 30 de agosto e acolhidos, por unanimidade, pelo Órgão Especial do Tribunal de Justiça. Saliente-se que já existem mais de trezentos outros pedidos prontos para julgamento por aquele órgão.

"Diante desta situação e diante das normas relativas à execução orçamentária e, ainda, considerando o vulto dos valores tidos por devidos pelo Tribunal de Justiça de São Paulo, indaga-se:

"*1.* Está correto o procedimento adotado pelo Tribunal de Justiça de São Paulo quanto à expedição do ofício de complementação em noventa dias, tanto para débitos alimentares quanto para débitos não alimentares?

"*2.* Como poderia o Estado conciliar a realização destas despesas com as normas do artigo 167, II, da Constituição Federal? Ademais, pelo valor antes referido, verifica-se que apenas estes ofícios de noventa dias já vencidos superam em muito a capacidade de pagamento do Estado de São Paulo.

"*3.* A intervenção federal é instrumento hábil para solucionar a pendência, levando-se em conta de que, de um lado, o eventual interventor não terá como superar as dificuldades de ordem econômica, financeira e orçamentária e, de outro lado, trata-se de 'descumprimento' de uma decisão administrativa do Tribunal de Justiça?

"Anexamos à presente cópias de inicial de ação direta de inconstitucionalidade promovida pelo Estado de São Paulo contra diversos dispositivos do Regimento Interno do Tribunal de Justiça de São Paulo (ADIn 1098-1), de memoriais que foram apresentados aos Ministros daquele E. Tribunal, da decisão liminar adotada e da decisão proferida em embargos de declaração interpostos pelo Tribunal de Justiça."

Parecer

I — A ADIn 1.098-1

1. O Governador do Estado de São Paulo propôs, em junho de 1994, ação direta de inconstitucionalidade de preceitos do Regimento Interno do Tribunal de Justiça do Estado de São Paulo, ação que tomou o número 1.098-1, ainda não julgada.

Quanto ao inciso VII do artigo 337 — "Compete ao Presidente do Tribunal de Justiça requisitar das entidades devedoras a complementação de depósitos insuficientes, no prazo de noventa dias, determinando vista aos interessados, no caso de desobediência" — o Supremo Tribunal Federal, apreciando o pedido de medida liminar em relação a ela, não o deferiu, tendo porém decidido:

(i) dar-lhe interpretação conforme a Constituição, segundo a qual

(ii) a requisição, a título de complementação de depósitos insuficientes, a ser feita no prazo de noventa dias, somente deve referir-se a diferenças resultantes de erros materiais ou aritméticos ou de inexatidão dos cálculos dos precatórios,

(iii) não podendo, porém, dizer respeito ao critério adotado para a elaboração do cálculo ou a índices de atualização diversos dos que foram utilizados em primeira instância.

Decidindo embargos de declaração, o STF explicitou que, "uma vez ocorrendo, na tramitação do precatório, a substituição legal de índice, os cálculos a serem feitos pelo Departamento competente levarão em conta as novas normas".

2. Daí porque me pareceu, à primeira vista, estranha a consulta.

Por isso confirmei junto ao ilustre consulente o quanto nela afirmado.

Deveras, o Departamento de Contabilidade do Tribunal de Justiça de São Paulo (DECO) *recalcula* o valor da condenação e, independentemente do que tenha sido decidido no juízo da execução e independentemente do valor que tenha constado no ofício precatório, *adiciona, de forma generalizada, todos os índices expurgados pelos diversos planos econômicos — ainda que esses índices tenham sido expressamente excluídos no Juízo da execução.*

Assim verifico que o Tribunal de Justiça de São Paulo, na pessoa de seu Presidente, está a descumprir a decisão, do STF, que deu interpretação conforme a Constituição ao inciso VII do artigo 337 de seu Regimento Interno (dele, Tribunal de Justiça de São Paulo).

Passando à margem de considerações que nesta oportunidade não cabem, até porque não honram o Poder Judiciário enquanto instituição, posso e devo, prontamente, dar uma primeira resposta ao primeiro quesito proposto na consulta:

• *não*; o procedimento adotado pelo Tribunal de Justiça de São Paulo quanto à expedição do ofício de complementação em noventa dias, tanto para débitos alimentares quanto para débitos não alimentares, contraria decisão do Supremo Tribunal Federal, prolatada nos autos da ADIn 1.098-1.

II — Usurpação de função atribuída pelo Código de Processo Civil ao Juiz da execução, mediante o desempenho de função administrativa

3. O preceito no inciso VII do artigo 337 do Regimento Interno do Tribunal de Justiça de São Paulo pretende implementar a aplicação do artigo 100 da Constituição da República Federativa do Brasil. Este determina que, "à exceção dos créditos de natureza alimentícia, os pagamentos devidos pela Fazenda Federal, Estadual ou Municipal, *em virtude de sentença judiciária*, far-se-ão exclusivamente na ordem cronológica de apresentação dos precatórios e à conta dos créditos respectivos, proibida a designação de casos ou de pessoas nas dotações orçamentárias e nos créditos adicionais abertos para este fim" (grifei).

É sobre créditos contra a Fazenda do Estado de São Paulo, créditos existentes *em virtude de sentença judiciária*, pois, que incide a estatuição do artigo 100 do texto constitucional.

Tratando-se, no caso, de sentenças cujas execuções devem ser processadas perante o juízo que decidiu a causa no primeiro grau de jurisdição,[1] temos que perante esse juízo deverá ser reclamada a revisão, com caráter jurisdicional, de precatórios.

4. Sucede que, no caso, após o recálculo, pelo DECO, do valor da condenação de que se cuide — independentemente do que tenha sido decidido no juízo da execução e independentemente do valor que tenha constado no ofício precatório, adicionando, de forma generalizada, todos os índices expurgados pelos diversos planos econômicos, ainda que no juízo da execução tenham sido expressamente excluídos — o Presidente do Tribunal de Justiça intima as partes desse recálculo; a Fazenda do Estado de São Paulo sistematicamente impugna esses cálculos, segundo esclarece o ilustre consulente; mas essas impugnações são sistematicamente rejeitadas, resultando homologados os valores definidos pelo DECO; a Fazenda do Estado então interpõe agravos regimentais daquelas decisões do Presidente do Tribunal; rejei-

1. CPC art. 575, II

tados os agravos, são interpostos recursos extraordinário e especial; enquanto isso, o Presidente do Tribunal de Justiça expede os *ofícios de complementação*, fixando o prazo de noventa dias para o pagamento dos valores definidos pelo DECO, atualizados até a data dos depósitos.

Vê-se para logo, assim, que o Presidente do Tribunal de Justiça de São Paulo, ao decidir a respeito do recálculo dos valores constantes dos precatórios, está a usurpar função atribuída pelo Código de Processo Civil ao Juiz da execução, no que manifesta evidente ilegalidade.

5. Isso, por um lado.

De outro, é certo que o Presidente do Tribunal de Justiça de São Paulo, ao expedir os "ofícios de complementação" referidos na consulta, desempenha *função administrativa*, e não judicial ou jurisdicional.

Classificadas as funções estatais segundo o critério *material*, teremos:

• a função *normativa* — de produção de textos normativos;

• a função *administrativa* — de execução (aplicação) de normas jurídicas;

• a função *jurisdicional* — de produção (aplicação) das normas jurídicas.

A necessária distinção entre texto e norma, que a nova doutrina sobre a interpretação propõe, informa essa classificação.

A interpretação do direito, tenho observado,[2] é atividade voltada ao discernimento de enunciados semânticos veiculados por preceitos (disposições, textos) — o intérprete desvencilha a norma do seu invólucro (o texto); neste sentido, o intérprete "produz a norma". O *produto* do ato de interpretar é o *significado* atribuído ao *enunciado* ou *texto* (*preceito*, *disposição*). Cumpre distinguirmos, portanto, o *texto* (*enunciado*, *disposição*) e a *norma*.

Texto e *norma* não se identificam: o texto da norma é o *sinal lingüístico*; a norma é o que se *revela*, *designa*. A interpretação, pois, é meio de expressão dos *conteúdos normativos* das disposições, meio através do qual pesquisamos as *normas* contidas nas *disposições*. Do que diremos ser, a *interpretação*, uma atividade *que se presta a transformar disposições* (*textos*, *enunciados*) em *normas*. As normas, portanto, resultam da interpretação; o *significado da norma é produzido pelo intérprete*. As normas (enquanto *disposições*, *enunciados*, *textos*) nada dizem; somente passam a dizer algo quando efetivamente convertidas em *normas* (isto é, quando — através e mediante a *interpretação* — são transformadas em *normas*).

Isso contudo — note-se bem — não significa que o intérprete, literalmente, *crie* a norma; o intérprete a *expressa*. O produto da interpretação é a norma expressada como tal. Mas ela (a norma) *pré-existe*, potencialmente, no invólucro do texto, invólucro do enunciado. Vale dizer: a norma encontra-se, *em estado de potência*, involucrada no enunciado (texto ou disposição); o intérprete a desnuda. Neste sentido — isto é, no sentido de desvencilhamento da norma de seu invólucro: no sentido de fazê-la brotar do texto, do enunciado — é que afirmo que o intérprete "*produz a norma*".

6. Daí porque descrevo a função normativa como função de produção de textos normativos (e não de normas). Estas — as normas jurídicas — são produzidas mediante a interpretação/aplicação do texto.

A função jurisdicional, dela dizemos ser função de produção ou de *aplicação* de normas jurídicas. E isso porque o intérprete discerne o sentido do texto a partir e em virtude de um determinado caso dado.[3] A

2. Meu *Licitação e contrato administrativo (estudos sobre a interpretação da lei).* Malheiros Editores, São Paulo, 1995, pp. 5 e 6.

3. Vide Hans-Georg Gadamer, *Verdad y método*, 4ª ed., trad. de Ana Agud Aparicio e Rafael Agapito, Ediciones Sígueme. Salamanca, 1991, p. 397.

interpretação do direito consiste em concretar a lei em cada caso, isto é, na sua aplicação.[4] Assim, existe uma equação entre interpretação e aplicação: não estamos, aqui, diante de dois momentos distintos, porém frente a uma só operação.[5] Interpretação e aplicação se superpõem.

Já quando cogitamos da função administrativa, dela dizendo ser função de aplicar normas jurídicas, então o vocábulo "aplicar" significa cumprir, executar — dar cumprimento a essas normas, executá-las.

Lá, no quadro da função jurisdicional, a *aplicação* respeita ao texto normativo, objeto da interpretação, mercê dela tornando concreto, em cada caso, e transformando em norma.

Aqui, no quadro da função administrativa, a autoridade administrativa dá cumprimento a certas normas, executando-as, *aplicando-as* — *aplicar*, aqui, não porta o significado de interpretação.

7. O parágrafo 2º do artigo 100 da Constituição atribui ao Presidente do Tribunal a função de determinar os pagamentos devidos, segundo as possibilidades dos depósitos.

Essa atuação, qual a de expedir os "ofícios de complementação" mencionados na consulta, é tipicamente de ordem administrativa: não compreende a produção ou de *aplicação* de normas jurídicas, porém o cumprimento de dever funcional, peculiar da chamada função administrativa.

O desempenho da função administrativa pode, no caso, comportar a requisição, a título de complementação de depósitos insuficientes (a ser feita no prazo de noventa dias), de valores correspondentes a diferenças resultantes de erros materiais ou aritméticos, ou de inexatidão dos cálculos dos precatórios.

Não poderá, contudo, comportar a requisição de valores decorrentes da alteração do critério adotado para a elaboração do cálculo ou da adoção de índices de atualização diversos dos que foram utilizados em primeira instância.[6] E isso porque a alteração do critério adotado para a elaboração do cálculo ou a adoção de índices de atualização diversos dos que foram utilizados em primeira instância afetam a integridade de decisões tomadas no quadro da função jurisdicional, por isso mesmo atribuídas à competência do juízo que decidiu a causa no primeiro grau de jurisdição.

Posso então complementar a resposta conferida ao primeiro quesito proposto na consulta, assim:

• *não*; o procedimento adotado pelo Tribunal de Justiça de São Paulo quanto à expedição do ofício de complementação em noventa dias, tanto para débitos alimentares quanto para débitos não alimentares, além de contrariar decisão do Supremo Tribunal Federal, prolatada nos autos da ADIn 1.098-1, implica usurpação, pelo Presidente do Tribunal de Justiça de São Paulo, mediante a prática de função administrativa, de função jurisdicional atribuída ao Juiz da execução.

III — A legalidade da despesa pública

8. Examinei, em parecer datado de maio de 1992,[7] situação à primeira vista

4. Idem, p. 401.

5. Vide Henrique E. Marí, "La Interpretación de la ley. Análisis histórico de la escuela exegética y su nexo con el processo codificatorio de la modernidad", in *Materiales para una teoria critica del Derecho*, Enrique E. Marí et alii, Abeledo-Perrot, Buenos Aires, 1991, p. 236.

6. Faço uso da dicção do STF, no acórdão lavrado nos autos da ADIn n. 1.098-1, relativo à medida liminar.

7. "Despesa pública — Conflito entre princípios e eficácia das regras jurídicas — O princípio da sujeição da Administração às decisões do Poder Judiciário e o princípio da legalidade da despesa pública", in *RTDP* 2/130 e ss.

análoga, porém dela inteiramente diversa, como se verifica após, à presente.

Cuidei, então, de indagação a propósito de como conciliar o princípio da sujeição da Administração às decisões do Poder Judiciário e o da legalidade da despesa pública. E concluí:

"(c1) em situação de inexistência de recursos suficientes para o cumprimento de decisões judiciais nos *termos da normatividade constitucional*, a Administração deverá prover-se de créditos orçamentários sem observar as regras veiculadas pelo artigo 167, II, pelo artigo 85, VI, pelo artigo 166, pelo artigo 167, V e pelo artigo 167, VI e pelo artigo 169 da Constituição de 1988 e pelo artigo 38 do Ato das Disposições Constitucionais Transitórias —: a *eficácia* dessas regras, em relação àquela situação, *é afastada*;

"(c2) em situação que, no sentido adotado no contexto deste meu parecer, refiro como de *exaustão da capacidade orçamentária*, deverá a Administração, demonstrada e comprovada essa exaustão perante o Supremo Tribunal Federal, *não cumprir as decisões do Poder Judiciário*."

Nesta mesma linha responderia eu o quanto indagado no terceiro quesito proposto na consulta.

As conclusões acima reproduzidas tinham porém como pressuposto a legalidade da decisão do Poder Judiciário.

9. No caso presente, contudo, estamos diante de uma patologia, seja porque as determinações do Presidente do Tribunal de Justiça de São Paulo importam flagrante descumprimento de decisão do Supremo Tribunal Federal,[8] seja porque excedem o conteúdo da função administrativa que lhe é atribuída, consubstanciando usurpação de função atribuída, pelo Código de Processo Civil, ao Juiz da execução.

Ainda que assim não fosse, contudo, é fora de qualquer dúvida ser absolutamente inócua a abertura de crédito suplementar na inexistência material de receita ou de disponibilidade financeira. Cumpre lembrarmos, a esta altura, a observação de von Jhering:[9] "o direito existe em função da sociedade, não a sociedade em função do direito".

Assim, verifico não caber, no caso, cogitação a propósito de como conciliar-se a realização das despesas decorrentes das patológicas determinações do Presidente do Tribunal de Justiça de São Paulo e o preceito inscrito no inciso II do artigo 167 da Constituição.

IV — A intervenção

10. A Constituição de 1988, em seu artigo 34, VI, autoriza a intervenção federal nos Estados-membros para "prover a execução de lei federal, ordem ou decisão judicial".

A União, no caso, intervém para suprir omissão verificada no plano estadual — lei federal ou ordem ou decisão judicial que deixou de ser aplicada (a cumprida).

Ordem ou decisão *judicial*, no contexto do artigo 34, inciso VI da Constituição, significa não ordem ou decisão proveniente de autoridade judicial, porém ordem ou decisão materialmente judicial.

Retorno, neste passo, ao quanto anteriormente observei relativamente às funções estatais.

8. Comportamentos desse jaez é que justificam o discurso que reclama controle externo do Poder Judiciário, com o que — anoto — não estou de acordo. Mas é de se esperar que o Supremo Tribunal Federal, tomando conhecimento dos fatos, não guarde silêncio, mantendo-se omisso.

9. *Der Zweck im Recht*, 2ª edição modificada, Breitkopf & Härtel, Leipzig, 1884, p. 424 — "das Recht ist der Cesellschaft, nicht die Cesellschaft dees Rechts wegen da". Observou o Ministro Paulo Brossard no voto que proferiu no julgamento do pedido de liminar na ADIn n. 1.098-1: "Não basta haver os recursos orçamentários para o pagamento dos precatórios, é necessário haver também recurso financeiro".

A classificação mais freqüentemente adotada, dessas funções, é a que — na expressão de Santi Romano[10] — concerne aos ofícios ou às autoridades que as exercem. Trata-se da classificação que se denomina *orgânica* ou *institucional*. Segundo ela, tais funções são a *legislativa*, a *executiva* e a *jurisdicional*.

A classificação segundo o critério material nos conduz, todavia, a diverso resultado, como vimos: a função normativa, a função administrativa e a função jurisdicional.

A primeira classificação decorre da adoção de um sistema organizacional, construído precisamente sobre a técnica da divisão dos poderes. A busca de uma classificação material, no caso, nos conduz à determinação da noção de *função estatal*.

Tome-se, para tanto, do vocábulo *função* no sentido que lhe atribui Renato Alessi,[11] a partir da noção de *poder estatal*: este, enquanto preordenado às *finalidades* de interesse coletivo e enquanto objeto de um *dever* jurídico, constitui uma *função estatal*.

Neste ponto impõe-se a determinação de uma precisão, a propósito do uso da palavra *poder*. Por um lado, o *poder* é expressão de uma capacitação para efetivamente realizar ou impor a realização de determinado fim. Quando nos referimos a *poder estatal*, visualizamos o poder — político — juridicamente organizado. Assim, se o Estado é uma ordem jurídica, o poder estatal é capacitação para a realização dos fins dessa ordem. Neste sentido é que Alessi menciona *poder estatal*: o *poder*, no ordenamento estatal, se traduz em uma *função* — mas a idéia de *função* envolve a consideração do poder desde o seu aspecto *material*. Podemos usar a mesma palavra, todavia, com ênfase não no seu aspecto *material*, mas no *subjetivo*. Então, ao referirmos, *v.g.*, os poderes legislativos, executivo e judiciário, estaremos a mencionar os centros ativos de funções, ou seja, os *órgãos* incumbidos de sua execução.[12]

Fixadas tais noções, verificamos que na menção aos poderes legislativo, executivo e judiciário estamos a referir centros ativos de funções — da função legislativa, da função executiva e da função jurisdicional. Essa classificação de funções estatais, todavia, decorre da aplicação de um critério *subjetivo*; estão elas assim alinhadas não em razão da consideração de seus aspectos *materiais*.

11. O vocábulo "judicial", no inciso VI do artigo 34 da Constituição, conota significado decorrente não de critério subjetivo, porém material, de classificação das funções estatais.

Vale dizer: não é qualquer ordem ou decisão emanada do Poder Judiciário que, quando descumprida, ensejará a intervenção. Para que tal se dê, é necessário que a *ordem* ou decisão sejam *materialmente* judiciais.

No caso, porém, como vimos, as determinações do Presidente do Tribunal de Justiça de São Paulo, consubstanciadas na expedição de "ofícios de complementação", são tomadas no exercício de função administrativa, e não de função jurisdicional.

Logo, sem dúvida alguma, o não cumprimento dessas determinações não compreende descumprimento de ordem ou decisão judicial, senão descumprimento de ordem administrativa.

Inteiramente descabida, destarte, a pretensão de fazer incidir sobre a situação de que ora cogitamos a estatuição do artigo 34, VI da Constituição: se não há, no caso, ordem ou decisão judicial sendo descumprida, a intervenção não se justifica.

10. *Principii di Diritto Costituzionale Generalli*, 2ª ed., Giuffrè, Milano, p. 173.

11. *Principii di Diritto Amministrativo*, 4ª ed., Giuffrè Editore, Milano, 1978, vol. I, p. 3.

12. Ob. cit., pp. 14-15.

12. De outra parte, não tendo, o eventual interventor, como superar as dificuldades de ordem econômica e financeira[13] que teriam conduzido a Administração a uma autêntica situação de inexigibilidade de outra conduta, qual deflui do quanto observado na consulta, seria inteiramente inútil a intervenção federal.

Torno a relembrar a observação de von Jhering: "o direito existe em função da sociedade, não a sociedade em função do direito". A intervenção resultaria frustrada, na medida em que não se prestaria a alterar, positivamente, a capacidade de pagamento do Estado de São Paulo.

V — Conclusão

13. Em face do exposto, dou as seguintes respostas aos quesitos propostos na consulta:

1. não; o procedimento adotado pelo Tribunal de Justiça de São Paulo quanto à expedição do ofício de complementação em noventa dias, tanto para débitos alimentares quanto para débitos não alimentares, além de contrariar decisão do Supremo Tribunal Federal, prolatada nos autos da ADIn 1.098-1, implica usurpação, pelo Presidente do Tribunal de Justiça de São Paulo, mediante a prática de função administrativa, de função jurisdicional atribuída ao Juiz da execução;

2. essa conciliação poderia, em tese, ser alcançada nos termos indicados no item 08, acima; no caso contudo, verifico não caber cogitação a esse respeito, visto que estamos diante de uma patologia: as determinações do Presidente do Tribunal de Justiça de São Paulo , além de importarem flagrante descumprimento de decisão do Supremo Tribunal Federal, excedem o conteúdo da função administrativa que lhe é atribuída, consubstanciando usurpação de função atribuída, pelo Código de Processo Civil, ao Juiz da execução; de outra parte, é fora de qualquer dúvida ser absolutamente inócua a abertura de crédito suplementar na inexistência material de receita ou de disponibilidade financeira;

3. não; não tendo, o eventual interventor, como superar as dificuldades de ordem econômica e financeira que teriam conduzido a Administração a uma autêntica situação de inexigibilidade de outra conduta, qual deflui do quanto observado na consulta, a intervenção federal *não* é instrumento hábil para solucionar a pendência; ademais, não havendo, no caso, ordem ou decisão judicial sendo descumprida, a intervenção não se justifica.

É o que me parece

São Paulo, 30 de setembro de 1995

13. As dificuldades de ordem orçamentária seriam, desde que houvesse disponibilidade de recursos para fazer face aos pagamentos devidos — se devidos — superadas nos termos do que anotei no item 8, acima, em (c1).

CONSTRUÇÃO E OPERAÇÃO DO GASODUTO PARA IMPORTAÇÃO DO GÁS BOLIVIANO: O EXERCÍCIO DO MONOPÓLIO DO GÁS PELA UNIÃO

LUIZ GASTÃO PAES DE BARROS LEÃES
Professor Titular da Faculdade de Direito da Universidade de São Paulo e Advogado

Introdução. 1. Livre iniciativa e livre concorrência na Constituição de 1988. 2. A noção de serviço público. 3. O monopólio estatal. 4. O monopólio do gás natural 5. O monopólio da importação e do transporte do gás boliviano.

Introdução

Firmado o acordo Brasil-Bolívia para a importação e transporte do gás boliviano, por meio de duto, ao território nacional, cogita-se agora do exame da forma através da qual a União poderá exercer o monopólio que lhe confere o artigo 177 da Constituição Federal de 1988, já que é altamente discutível que a Petróleo Brasileiro S/A — Petrobrás ainda conserve a titularidade do monopólio do gás natural que a Lei n. 2.004, de 3 de outubro de 1953, e a legislação posterior, lhe conferiu.

A resposta a essa indagação requer a exame de alguns conceitos e princípios preliminares, que passaremos a fazer em três blocos sucessivos, abordando a livre iniciativa e a livre concorrência na Constituição de 1988, a noção de serviço público e o conceito de monopólio estatal, para, a seguir, analisar o monopólio do gás natural pela União, e, a final, enfrentar a questão da exploração do monopólio de importação e de transporte por duto do gás boliviano.

1. A livre iniciativa e a livre concorrência na Constituição de 1988

1.1 No seu artigo 1º, inciso IV, a Constituição Federal de 1988 enuncia, como um dos "fundamentos" da República Federativa do Brasil (constituída "em Estado Democrático e de Direito"), o *valor social da livre iniciativa*. Mais adiante, ao tratar dos "princípios gerais da atividade econômica", a Carta volta a afirmar que a *ordem econômica* está "fundada" na livre iniciativa (art. 170, *caput*), erigindo expressamente, nesse mesmo artigo 170, inciso IV, à posição de "princípio" da ordem econômica, a *livre concorrência*, o que constitui uma inovação em relação às Constituições anteriores.

1.2 Livre iniciativa e livre concorrência são, assim, princípios constitucionais que se inter-relacionam e se complementam. O primeiro não é senão projeção, no plano da produção, circulação e distribuição de riquezas, do direito ao "livre exercício de qualquer trabalho, ofício ou profissão", garantido a todos "os brasileiros e estrangeiros residentes no país" pela própria Carta Magna (art. 52, inciso XIII). De acordo com esse princípio, é assegurado a todos, na ordem econômica, "o livre exercício de qualquer atividade econômica", como vem acentuado no parágrafo único do já citado artigo 170, entendendo-se como tal não apenas a liberdade de escolher a atividade que se pretende desenvolver, como também a liberdade de acesso ao mercado e de atuação no mesmo.

1.3 Já o conceito de livre concorrência é complementar ao de livre iniciativa. Assegurada a liberdade de ação econômica, garante-se, outrossim, a liberdade para competir no exercício da atividade econômica. Assim sendo, os bens e serviços, resultantes da atividade desenvolvida, serão oferecidos ao mercado, a preços competitivos, resultantes do livre jogo das forças dos operadores econômicos, na disputa da clientela.

1.4 Essa liberdade de concorrência implica, assim, em liberdade pública e liberdade privada. Liberdade privada no sentido de que a concorrência livre só terá lugar em condições de mercado, em que se reprima o fenômeno do abuso do poder econômico, que vise à dominação do mercado, à eliminação da concorrência e ao aumento arbitrário dos lucros (artigo 173, § 4º). Liberdade pública na medida em que ao Estado compete o papel de agente normativo e regulador da atividade econômica (artigo 174), só podendo desenvolver a exploração direta da mesma, "quando necessária aos imperativos da segurança nacional, ou a relevante interesse coletivo, conforme definidos em lei" (art. 173, *caput*).

1.5 Sintetizando, podemos dizer que esses dispositivos constitucionais, devidamente conjugados, nos autorizam a extrair as seguintes notas informadoras da livre concorrência, a saber: (a) a livre concorrência, entendida como livre jogo das forças do mercado, na disputa da clientela, supõe o poder econômico — necessariamente desigual — dos agentes do mercado; (b) essa desigualdade dos agentes econômicos a lei não a rejeita, reprimindo porém o "abuso do poder econômico", que leve à dominação do mercado, à eliminação da concorrência e ao aumento arbitrário de lucro; (c) ao Estado será permitida a exploração da atividade econômica em regime de monopólio, em caráter excepcional, quando necessária aos imperativos da segurança nacional ou a relevante interesse coletivo, conforme definido em lei.

1.6 Cabe ainda repisar que a livre concorrência é erigida a princípio constitucional, não como expressão individualista, mas enquanto conceito socialmente valioso. No citado art. 12 da Carta de 1988, de manifesto caráter preambular e geral, é apresentado como "princípio fundamental" o *valor social* da livre iniciativa; sendo a livre concorrência consectário do conceito de livre iniciativa, é o valor social da livre concorrência que é também elevado à condição de princípio informador da ordem econômica. Dado que um dos "objetivos fundamentais" da República Federativa do Brasil conforme expressamente determina o artigo 3º, inciso I, da Lei Maior, igualmente de caráter preambular e geral — é o da "construção de uma sociedade *livre*, justa e solidária", a livre iniciativa e a livre concorrência deverão necessariamente ser encaradas como conceitos polarizados no sentido de dar cumprimento a esse escopo.

1.7 Com efeito, a livre concorrência foi expressamente elevada à condição de princípio constitucional, à ilharga da livre iniciativa, no pressuposto lógico de que o mercado competitivo é uma garantia de eficiência econômica, e, como tal, fator determinante da construção de uma sociedade livre, justa e solidária. Este é o "valor social" da livre iniciativa e da livre concorrência, sob cujo prisma devem ser necessariamente entendidas e interpretadas.[1]

2. *A noção de serviço público*

2.1 Fixados esses princípios constitucionais da atividade econômica, voltemos os nossos olhos sobre a noção de *serviço público*, cuja prestação "incumbe ao Poder Público, na forma da lei, diretamente ou sob o regime de concessão ou permissão", conforme dispõe expressamente o art. 175 da Lei Maior, que faz parte do capítulo dedicado aos "princípios gerais da atividade econômica".

2.2 A noção de serviço público parte da idéia comezinha de que os homens em sociedade têm várias necessidades; algumas podem ser satisfeitas pela atividade econômica organizada e explorada pelo setor privado; outras o setor público avoca o encargo de assegurá-las, de modo a que sejam prestadas sempre, e sem interrupção, a todos que delas necessitam. Para tanto, o Estado ou presta, ele próprio, os serviços, ou define com rigor as condições mediante as quais esses serviços poderão ser prestados por terceiros, sob sua vigilância.

2.3 Certos serviços, de tão importantes, se constituem num imperativo para a própria subsistência do Estado, como os de defesa nacional, o policial, o sanitário: atendem a necessidades *essenciais* da coletividade, não lhe restando outra alternativa senão executá-los ele próprio. São os serviços públicos em sentido estrito. Outros serviços, sem serem considerados essenciais, atendem a necessidade da coletividade, aumentando as conveniências da vida social, podendo o Estado transferi-los a terceiros, sob o regime de concessão ou permissão. Das por que não se pode *a priori* indicar as atividades que constituem serviço público, variando segundo as necessidades e contingências políticas, econômicas, sociais e culturais de cada comunidade e dentro de cada momento histórico.

2.4 Na satisfação dessas necessidades da coletividade, a prestação desenvolvida pelo Estado via de regra envolve também o desempenho de atividade econômica. Daí por que inexiste, propriamente, oposição entre atividade econômica, exercida pelo setor privado, e serviço público, realizado pelo Estado, mas uma relação de gênero com espécies: o gênero atividade econômica (*sensu lato*) compreende duas espécies: o serviço público, prestado pelo setor público, e a atividade econômica (*sensu stricto*), desenvolvida pelo setor privado.

2.5 A distinção entre uma e outra atividade econômica reside nos diferentes *regimes jurídicos* a que se sujeitam. O desempenho da atividade econômica pelo setor privado é feito em *regime de competição*, inclusive quando *excepcionalmente* atua como agente o próprio Estado, diretamente, ou através de empresa pública, sociedade de economia mista e outras entidades (Constituição, art. 173, § 1º). Já os serviços públicos são organizados e prestados em *regime de privilégio*, estruturado segundo os princípios da supremacia e da indisponibilidade do interesse público, com derrogação das normas do direito privado.[2]

1. Nestes pontos, concordam comentadores com os mais diferentes pontos de vista, como Miguel Reale, *Aplicações da Constituição de 1988*, Forense, 1990, pp. 13 e ss.; Raul Machado Horta, *A Constituição Brasileira, 1988. Interpretações*, Forense, 1988, pp. 388 e ss.; Eros Roberto Grau, *Contribuição para a Interpretação e a Crítica da Ordem Econômica na Constituição de 1988*, Ed. RT, 1990, p. 197 e ss.

2. "Saber se uma atividade é pública ou privada é uma questão de indagar do regime jurídico a que se submete. Se o regime que a lei atribui é público, a atividade é pública; se o regime é de direito privado, privada se reputará a atividade, seja ou não desen-

3. O monopólio estatal

3.1 Essas conclusões não deixam de ser válidas ainda nas hipóteses de exploração, pelo Estado, diretamente, ou através de empresas públicas, sociedades de economia mista e outras entidades, de atividade econômica *monopolizada*. Prevê a Constituição que ao Estado é admitida a exploração de atividade econômica em regime de monopólio em casos expressamente previstos na própria Carta (art. 177; art. 192, II; *in fine*, art. 21, XXIII; art. 192, I), ou nas hipóteses instituídas por lei especial (art. 173). São, respectivamente, os chamados *monopólios constitucionais* e os *monopólios legais*. Dir-se-á que, ao retirar determinada atividade econômica do regime de competição, se estaria automaticamente lhe conferindo o regime do serviço público, cuja tônica é justamente o privilégio? Não nos parece que assim seja. Não há confundir monopólio com privilégio.

3.2 Com efeito, o *privilégio*, de que se reveste a prestação de serviços públicos, decorre da situação de supremacia em que se encontra a Administração pública em relação aos particulares, e se traduz em prerrogativas de soberania, de imposição unilateral, próprias de direito público. O *monopólio estatal* é a exclusividade de exploração, que a lei atribui ao Estado, de determinado setor da atividade econômica, afastando-o do regime de concorrência, por imperativos da segurança nacional ou por relevante interesse coletivo, mas não propriamente pela posição de superioridade da Administração pública, da qual aliás esta é obrigada a se despojar quando atua no campo reservado às empresas privadas, por determinação constitucional. Em suma (e dizendo a mesma coisa de outra maneira), ao instituir um monopólio estatal para determinado campo da atividade econômica, o Texto Constitucional não lhe está obviamente conferindo a natureza de serviço público, este sim imbuído de privilégio estatal.[3]

3.3 De resto, o monopólio, em termos de direito privado, onde é de rigor a concorrência, não é coibido em si, enquanto tal, mas apenas passa a sê-lo, quando a ação do agente econômico, que detém a posição dominante, vem a praticar abusos do poder econômico, nas formas reprimidas pela legislação antitruste. Pois situações de monopólio "natural ou de fato", geradas por circunstâncias provenientes até da própria competição, são reconhecidas como lícitas, quando não conduzam àqueles abusos (Lei n. 4.137, de 10 de setembro de 1962, art. 2º, inciso II). Para a legislação antitruste, esses monopólios privados não fraturam o regime concorrencial, admitidos como momentos inerentes à moderna economia de mercado, de concorrência imperfeita ou monopolística. Ora, o mesmo se pode dizer dos monopólios estatais, instituídos excepcionalmente na forma da lei.[4]

volvida pelo Estado. Em suma: não é o sujeito da atividade, nem a natureza dela que lhe outorgam o caráter de público ou privado, mas o regime a que, por lei, foi submetida" (Celso Antônio Bandeira de Mello, *Prestação de Serviços Públicos e Administração Indireta*, 2ª tiragem, Ed. RT, 1975, p. 14). Sobre a oposição regime de privilégio-regime de concorrência, cf. Eros Roberto Grau, "Serviço público de distribuição de gás canalizado", in *Revista de Direito Público* 84/93).

3. Essa distinção entre "monopólio" e "privilégio" tem antecedente ilustre em trabalho de Ruy Barbosa (*Os privilégios exclusivos na jurisprudência constitucional dos Estados Unidos*, 3ª ed., 1911, p. 3). Cf. sobre o assunto Carlos Medeiros Silva, pareceres em *Revista de Direto Administrativo*, FGV, ns. 33/453 e 137/325.

4. Cf. a Introdução de Gustavo Ghidini, "Concorrenza e monopolio", in *Trattato di Diritto Commerciale*, CEDAM, Pádua, v. IV, 1981, dirigido por Francesco Galgano, *verbis*: "Ed invero la struttura della moderna economia di mercato, segnata dall'intreccio fra momento concorrenziale e momento monopolistico (la situazione che gli economisti, con felice ossimoro, defiscono di 'concorrenza monopolistica'), fa sí che anche in dato giuridico, nel suo insieme, si presenti tipicamente come combinazione dialettica dei due momenti" (p. 2).

3.4 E como se identificam essas condições monopolísticas? O exercício do monopólio — tanto natural como legal — se exprime pela titularidade do *poder de controle* sobre determinado setor do domínio econômico. Pois como expressamente dispõe o art. 5º da Lei Antitruste, "entendem-se por condições monopolísticas aquelas em que uma empresa ou grupo de empresas *controla* em tal grau a produção, distribuição, prestação ou venda de determinado bem ou serviço, que passa a exercer *influência preponderante* sobre os respectivos preços".

3.5 Nessas condições, essa "posição dominante" não pressupõe necessariamente a propriedade dos meios de produção ou troca, que pode inclusive ser de terceiros, pois o "controle" é o direito de dispor de bens, próprios *ou de outrem*, de tal arte que o controlador age como senhor dos mesmos.[5] Daí podermos dizer que o exercício do monopólio do Estado pode ser desempenhado diretamente pela Administração pública, centralizada (ou seja, por um órgão integrado no aparelho estatal, como uma agência governamental, grupo executivo, comissão, ou outra designação que se lhe dê) ou descentralizada (uma autarquia), como, indiretamente, por entidades paraestatais (empresa pública ou de economia mista). Em nenhuma dessas hipóteses, o exercício do monopólio está confundido com a detenção do domínio de ativos, que poderá ser de outros titulares, particulares, desde que preservado o controle da Administração pública.

3.6 Por exemplo, se a exploração do monopólio de determinado setor se realizar por intermédio de uma agência centralizada da Administração, poderá esta, inclusive, exercer uma tarefa apenas regulatória, contratando empresas nacionais e estrangeiras para a exploração da atividade monopolizada. O monopólio não é mera exclusividade de execução, mas um poder muito mais amplo — o poder de controle — sobre a atividade em tela, que certamente está incluído na função normativa e fiscalizadora do Estado como agente regulador da atividade econômica, contida no art. 174 da Constituição Federal.

3.7 Esse monopólio poderá até ser explorado em *regime de participação* nos riscos e nos resultados com empresas do setor privado, nacionais ou estrangeiras (Constituição, art. 177, § 1º, *a contrario*). Em todas essas hipóteses, porém, faz-se mister o "controle" da Administração pública.

3.8 A única exigência comum para essas diferentes formas de exercício de monopólio é a sua *instituição por lei*, dado que a Administração pública está rigorosamente sujeita ao "princípio da legalidade" (Constituição, art. 37, *caput*). Assim, esse órgão interno pode ser instituído por decreto, sem necessidade de lei que o crie, mas a sua atuação, na espécie, depende de lei que a defina (Constituição, art. 174 e 173, *caput*). Se a opção, no entanto, for pelo exercício direto do monopólio pela Administração descentralizada, através de uma autarquia, ou pelo exercício do monopólio pela Administração indireta, por meio de empresa pública ou sociedade de economia mista, será necessária a sua criação por *lei específica*, já que "somente por lei especial poderão ser criadas empresa pública, sociedade de economia mista, autarquia ou fundação pública" (Constituição, art. 37, inciso XIX).

4. O monopólio do gás natural

4.1 Estabelecidos esses pontos, vejamos como se disciplina o monopólio do gás natural em nosso País. Na vigência do Código de Petróleo de 1941 (Decreto-lei

5. Cf. Fábio Konder Comparato, *O Poder de Controle na Sociedade Anônima*, Ed. RT, 2ª ed., 1977, p. 88: "O controle é, pois, o direito de dispor dos bens alheios como um proprietário. Controlar uma empresa significa poder dispor dos bens que lhe são destinados, de tal arte que o controlador se torna senhor de sua atividade econômica".

n. 3.236, de 7 de maio), as jazidas de petróleo e gases naturais se regulavam por um sistema dominial regaliano (eram do domínio imprescritível da União) e por um sistema de exploração sob a forma de *autorização administrativa*. Essa situação daria lugar ao regime de *monopólio*, que veio a ser estabelecido na Lei n. 2.004, de 3 de outubro de 1953, em favor da União (art. 1º), que o exerceria por meio do Conselho Nacional do Petróleo e da Petrobrás — Petróleo Brasileiro S/A (art. 2º).

4.2 Esse monopólio da União, a ser exercido por intermédio do CNP e da Petrobrás, foi instituído com a seguinte abrangência: I — a pesquisa e a lavra das jazidas de petróleo e outros hidrocarbonetos fluidos e gases raros, existentes no território nacional; II — o refino do petróleo nacional ou estrangeiro; III — o transporte marítimo do petróleo bruto de origem nacional, ou de derivados do petróleo produzidos no País, e, bem assim, o transporte, por meio de condutos, do petróleo produzido no País, e bem assim o transporte, por meio de condutos, de petróleo bruto e seus derivados, assim como de gases raros de qualquer origem (*idem*, art. 1º).

4.3 A seguir, a Carta Constitucional de 1969 erigiu a nível de *monopólio constitucional* "a pesquisa e a lavra do petróleo em território nacional" (art. 169), fazendo-o porém apenas no tocante à atividade de "pesquisa e lavra de petróleo", permanecendo as demais atividades relacionadas na Lei n. 2.004, acima reproduzidas, submetidas ao *monopólio legal*, estabelecido por esse diploma, que se reputou recepcionado pelo art. 163 da Lei Maior, que permitia, genericamente, que esse monopólio fosse constituído "mediante lei federal".

4.4 Eis que a Constituição de 1988 alterou essa situação, elevando ao patamar de "monopólio constitucional da União" não apenas a pesquisa e a lavra das jazidas de petróleo, mas também todas as atividades previstas na Lei n. 2.004, de 1953, sobre acrescentar outras tantas (art. 177, incisos I a V). Assim, no tocante especificamente ao *gás natural*, esse art. 177 instituiu o *monopólio constitucional* no que toca (a) à pesquisa e lavra, (b) à importação e exportação dos produtos e derivados resultantes dessas atividades e (c) ao transporte por meio de conduto.

4.5 Ora, aqui não se pode repetir o que foi dito a respeito da Carta de 1969, não tendo ocorrido a recepção pela Constituição atual da Lei n. 2.004, de 1953, no que toca ao exercício do monopólio do gás natural da União pela Petrobrás, tal como aconteceu na vez anterior. E isso por duas razões: (1º) a mudança da Constituição importou na introdução de um novo sistema de monopólio, hierarquicamente superior, que derrogou o sistema anterior; (2º) a nova Carta não dispõe de um dispositivo expresso que preveja a intervenção em regime de monopólio "legal", à semelhança do citado art. 163 da Emenda Constitucional n. 1/69.

4.6 Com efeito, a Constituição, como lei orgânica, revoga todo direito constitucional anterior, sendo irrelevante qualquer apreciação sobre a compatibilidade ou não de regra constitucional posterior com regra constitucional anterior. Irrelevante também que, entre a nova e a antiga Carta, existam textos que se reproduzam, com pequenas modificações léxicas. Como acentua obra clássica de direito intertemporal, "a reprodução não induz à aceitação da tese de que as disposições anteriores fazem parte do novo regime ou sistema constitucional. São textos novos, suscetíveis de interpretação diferente, de acordo com o novo sistema constitucional".[6]

4.7 Ora, como se acentuou nas duas seções iniciais deste parecer, a Constituição de 1988 vem informada por notas próprias,

6. Oscar Tenorio, *Lei de Introdução ao Código Civil Brasileiro*, 2ª ed., Borsói, Rio, 1955, n. 125, p. 84.

onde se destaca o largo espectro emprestado ao valor social da livre iniciativa e da livre concorrência, que não se encontram no sistema da Carta de 1969. São estruturas informadas por valores diferentes, que exigem interpretações sistemáticas também distintas. Assim, ao conferir nível de monopólio constitucional ao que era monopolizado por lei federal, concedeu-lhe um regime novo e superior, que torna a lei preexistente, de nível hierarquicamente inferior, incompatível com o monopólio instaurado.

4.8 É claro que a substituição de uma Constituição por outra não implica na revogação de todas as leis elaboradas e promulgadas no regime anterior, mas tão-somente daquelas que forem incompatíveis com o novo sistema. No caso, porém, ainda que se admita que o texto constitucional, que instituiu o monopólio da União sobre a pesquisa e lavra das jazidas de gás natural, a sua importação e o seu transporte, por meio de conduto, praticamente reproduz o que a lei ordinária anterior já contemplava, temos uma hipótese típica de *revogação tácita* — ou de *inconstitucionalidade*, como preferem outros[7] — da lei preexistente, por dissonância, não com a letra, mas com as bases da Carta Constitucional de 1988.

4.9 De fato, a mudança da Constituição importou na introdução de um novo sistema de monopólio, de *nível constitucional*, mais abrangente, e suscetível de interpretação diferente, nesse setor específico, implicando na derrogação implícita da lei ordinária anterior, mormente nessa parte em que estabelecia um determinado regime de monopólio *legal*, que a Carta anterior não contemplava. Em conseqüência, totalmente insustentável dizer que a Petrobrás continua sendo titular do exercício do monopólio do gás natural, ao menos enquanto não sobrevier lei compatível, convalescedora dessa situação.

4.10 Por via de conseqüência, os atos administrativos da União, que venham a ser gerados sob a égide da Carta em vigor, à míngua do respaldo de lei específica que volte a outorgar à Petrobrás o exercício do monopólio de gás natural, ou o seu simples exercício de fato pela Petrobrás, serão, ambos, censuráveis e absolutamente contestáveis por meio das medidas judiciais cabíveis.

4.11 Derrogada, destarte, a Lei n. 2.004, de 1953, ao menos no que concerne à execução do monopólio do gás natural por meio do CNP e da Petrobrás, à União abre-se o leque de opções para a sua exploração, já apontado nos itens 3.5 a 3.7, supra, deste parecer, onde é de rigor apenas que se lhe reserve, incontestável, o poder de controle.

5. *O monopólio da importação e do transporte do gás boliviano*

5.1 E aqui chegamos ao objeto do presente estudo. Qualquer que seja a forma pela qual a união venha a exercer o monopólio no que tange ao gás boliviano, evidentemente a exploração das jazidas estará fora do seu alcance, na medida em que se localizam além do território nacional. Assim sendo, o monopólio só alcançará a importação e o transporte do mesmo em nosso País. Por ser titular do monopólio de importação, à União é que caberá importar o gás boliviano, podendo, a partir desse momento, revendê-lo internamente. Assim também o seu transporte, por meio de duto, da Bolívia ao Brasil: é atividade monopolizada pela União. Nesse sentido, so-

7. Sustenta Castro Nunes (in *Teoria e Prática do Poder Judiciário*, Rio, 1943, p. 601) que a teoria da ab-rogação das leis supõe normas da mesma autoridade hierárquica, salientando que o problema é materialmente o mesmo, quer se trate de lei anterior, quer posterior à Constituição; em conseqüência, se a lei anterior à Constituição não se ajusta aos termos desta, teremos propriamente um problema de inconstitucionalidade e não de mera ab-rogação por se tratar de normas hierarquicamente diversas.

mos consultados sobre as *formas* possíveis pela qual a União poderá explorar tais monopólios.

5.2 Tendo em vista as considerações já expendidas, lícito será responder que a União poderá exercer o monopólio da importação e do transporte do gás boliviano por meio de duto (a) diretamente, por intermédio de órgão *interna corporis*, sem autonomia jurídica, ou através de uma entidade de natureza autárquica; e (b) indiretamente, através de uma entidade paraestatal, ou seja, empresa pública ou sociedade de economia mista.

5.3 Se a opção for por uma agência, que faça parte do aparelho estatal, poderá esta reservar para si apenas uma tarefa regulatória, contratando, através de licitação, empresas nacionais, ou mesmo estrangeiras, para a construção e operação do gasoduto que irá transportar o gás boliviano, assim como a sua importação e revenda no território nacional. Dispõe o § 1º do art. 177 da Constituição, que o monopólio ali instituído "inclui os riscos e os resultados" decorrentes das atividades mencionadas, mas não veda à União cedê-los a terceiros, nem a conceder-lhes "qualquer tipo de participação", a não ser na hipótese específica da "exploração de jazidas" de gás natural, que não seria obviamente o caso em pauta, que versa apenas sobre a importação e o transporte por dutos.

5.4 De resto, como repetidamente observamos, o monopólio não pressupõe a titularidade dos bens móveis e imóveis necessários ao seu exercício, mas apenas o "controle" da atividade respectiva. Na espécie, o controle da importação do gás estrangeiro, enquanto atividade de serviço, assim como o controle do seu transporte por meio de duto, independem do domínio de equipamentos e aparatos técnicos, que podem ser de terceiros.

5.5 Outra alternativa seria a da exploração direta do monopólio através de uma autarquia da União. É pacífico que os entes autárquicos podem explorar atividade econômica, sem que imprima à atividade explorada a natureza de serviço público (art. 173, § 1º; Decreto-lei n. 200/67, arts. 172 e 182).[8] Também aqui seria perfeitamente viável segregar na autarquia a função regulatória, tal como ocorre com tantas autarquias de ordenamento econômico (IBC, SUDEPE, INCRA etc.), outorgando a organizações particulares, ou a entidades paraestatais, a exploração da atividade monopolizada. O controle, assim, da atividade continuaria reservado à União, exteriorizado na função regulatória desempenhada pelo ente autárquico.

5.6 Se a opção for pela exploração do monopólio por meio de uma empresa governamental, pública ou de economia mista, faz-se mister apenas que o controle seja da União, entendendo por controle da empresa a titularidade da maioria do capital votante e o exercício, de fato e de direito, do poder decisório para gerir suas atividades (Constituição, art. 171, II; Lei n. 6.404, art. 116). Para adquirir esse poder de controle, na forma exposta, o seu capital poderá revestir as mais diferentes estruturas, desde que à União se reserve a maioria do capital votante (de acordo com a lei das sociedades anônimas, que restringiu as ações ordinárias com direito de voto a um terço do total das ações emitidas (art. 15, § 2º), no mínimo, 17% do capital total).

5.7 Essa empresa poderá ser inclusive a própria Petrobrás, ou uma sua subsidiária, desde que, evidentemente, devidamente habilitada, por lei específica. Com efeito, a Lei n. 2.004, de 1953, instituiu a Petróleo Brasileiro S/A e suas subsidiárias como "órgãos de execução" do monopó-

8. Sobre o assunto, cf. o excelente artigo de Lélio Candiota de Campos, "A atividade econômica do Estado", in *Revista de Direito Mercantil*, n. 41, 1981, pp. 20-21. Eros Roberto Grau, que tinha opinião diversa, se rendeu à idéia de que as autarquias possam explorar atividade econômica em sentido estrito (*Contribuição...*, ob. cit., p. 272).

lio constituído em favor da União (art. 2º, II), e dedicou a secção VII (arts. 39 a 42) às "subsidiárias da Petrobrás", para as quais estabeleceu certos requisitos, como, por exemplo, o de que a Petrobrás, nelas, "deverá sempre ter a maioria das ações com direito a voto" (art. 39). Essa lei, todavia, fixa apenas parâmetros, mas não consubstancia propriamente a "autorização legislativa" para "a criação de subsidiárias", que é de rigor e deve ser específica para cada subsidiária criada, por expressa exigência do art. 37, XX, da Constituição em vigor.

5.8 Outras técnicas de concentração do poder de controle no seio da empresa poderiam ainda ser ensaiadas, a fim de permitir que a União viesse a preservar o controle, que o monopólio constitucional lhe assegura, sem que fosse obrigada a deter sequer os referidos 17% do capital total, reservando o aporte de recursos maiores aos *partners* privados. Poderia, por exemplo, ser instituída a emissão de ações de *voto plural* em favor da União, o que de resto é uma prática comum em outros países, como forma de preservar o controle estatal de empresas mistas. O mesmo objetivo seria atingido, com a emissão em favor da União de uma classe diversa de ações ordinárias, que, no molde das chamadas *golden shares*, lhe atribuísse a faculdade de ser peça decisiva nas deliberações em assembléia que versem matérias de política geral, ligadas ao controle da atividade monopolizada. Nesse caso, o controle remanesceria com a União, mas a gestão propriamente dita — ou seja, a administração — ficaria a cargo dos sócios privados majoritários.

5.9 Uma variante para esse tipo de sociedade, que acrescentaria a vantagem da obtenção de recursos em divisa estrangeira, poderia ser, ainda, a de uma empresa executora do monopólio, com estrutura acionária *binacional* (de que o País já tem experiência), desde que mantido o poder de controle da Administração brasileira, através dos expedientes acima elencados.[9]

5.10 Várias, aliás, são as técnicas para a preservação do controle interno, de que a União pode valer-se, na constituição de empresas destinadas à exploração do monopólio em tela. A maioria delas, como as duas acima citadas, não são, de fato, admitidas entre nós em termos de direito comum (o voto plural é expressamente vedado pelo art. 110, § 2º, e as *golden shares* não estão previstas entre as classes de ações ordinárias permitidas pelo art. 16 da Lei n. 6.404),[10] mas nada impede que a lei específica, que venha a criar a paraestatal da União, concomitantemente altere o direito privado, adotando-as em favor de tal sociedade, já que é da competência privativa da União legislar sobre o direito comercial (Constituição, art. 22, alínea I).

5.11 Essa derrogação do direito comum, de resto, é habitual em empresas mistas, bastando fazer referência à própria Lei n. 2.004, de 1953, que alterou a lei das sociedades anônimas, criando para a Petrobrás situações especiais. Assim, segundo o art. 19 e parágrafos, o presidente do conselho de administração e três diretores

9. Vide Paulo Salvador Frontini, "Itaipu binacional: novo tipo de empresa?", in *Revista de Direito Mercantil*, n. 15/16, 1974, pp. 250 e ss.; Miguel Reale, "A Estrutura Jurídica de Itaipu", in *Problemas Brasileiros*, 1974, n. 132, pp. 3 e ss.

10. De fato, a lei das sociedades anônimas apenas prevê a possibilidade da emissão de uma diversa classe de ações ordinárias em função do "direito de voto em separado para o preenchimento de determinados cargos de órgãos administrativos" (art. 16, IV), contemplando uma das virtualidades das *golden shares*, mas não todas, nem as mais necessárias das suas características. A submissão obrigatória ao voto de seus titulares de matérias de natureza de política geral somente pode ser alcançada através de expedientes indiretos: (a) a adoção de *quorum* especial ou totalitário para a deliberação de determinadas matérias em assembléia geral, de forma a criar o direito de veto em favor dos minoritários (art. 129, § 1º); (b) acordo de acionistas, em que os acionistas ajustem entre si o exercício do voto em assembléia sobre matérias, adrede ajustadas (art. 118).

da Petrobrás não serão eleitos pela assembléia geral dos acionistas, mas nomeados pelo Presidente da República; é privativo dos brasileiros natos o exercício das funções de membros do conselho de administração e do conselho fiscal etc. Temos aí *preceitos legislativos federais particulares*, próprios apenas daquela sociedade.[11]

5.12 Nessa ordem de idéias, válida seria também a associação, para a execução do monopólio, de uma empresa governamental (que poderia ser a Petrobrás ou uma subsidiária), com empresas particulares, nacionais ou estrangeiras, em regime de *consórcio* (Lei n. 6.404, art. 278), onde à primeira se reservassem funções regulatórias, mas que exprimissem o controle da atividade, e às segundas, o domínio jurídico dos bens necessários ao exercício do monopólio e a administração do empreendimento comum. É hoje tranqüilo que a definição de consórcio, prevista na lei acionária, que lhe assina como finalidade a execução "de determinado empreendimento" (art. 278, *caput*), não o limita a uma única obra, mas pode ser *duradouro*, abrangendo toda uma determinada atividade de colaboração empresarial. Assim, o regulamento que disciplina, no plano federal, os consórcios para a realização de obras públicas desfaz esse liame, consagrando a admissibilidade dos consórcios que não sejam episódicos (Decreto n. 86.025, de 22.5.81, art. 15, § 1º).[12]

5.13 Aliás, grande é a maleabilidade dessa modalidade de colaboração empresarial, que defere às partes a possibilidade de estruturar formas organizacionais com as maiores variações. Segundo a lei, ao contrato de consórcio caberá conter: "a definição das obrigações e responsabilidade de cada sociedade consorciada, e das prestações específicas" (art. 279, IV); a forma de deliberação sobre assuntos de interesse comum, com o número de votos que cabe a cada consorciado (art. 279, VII); as 'normas sobre administração do consórcio' (art. 279, VI). É frisante, portanto, a possibilidade de os participantes estruturarem um consórcio em que a função regulamentar e fiscalizadora (e portanto o controle) seja atribuída ao setor público, reservando a gestão e a propriedade dos bens de produção exclusivamente ao setor privado.

5.14 Em todas essas alternativas, há uma nota comum: a exigência de uma *lei* antecedendo a exploração da atividade monopolizada. Se a União vier a exercer o monopólio diretamente através de órgão interno da Administração, para tanto criado, ainda que a sua instituição possa ser realizada por decreto, a sua atuação deverá ser necessariamente feita "na forma da lei" (Constituição, art. 174). Por outro lado, "somente por lei específica poderão ser criadas empresa pública, sociedade de economia mista, autarquia ou fundação

11. O estabelecimento de um estatuto legal especial, derrogador do direito comum, como prática habitual, senão mesmo como característica, das sociedades de economia mista, foi acentuado por vários administrativistas, como, por exemplo, Themístocles Cavalcanti, no seu *Tratado de Direito Administrativo*, ed. 1960, v. IV, p. 336. Cf. nosso "O Conceito Jurídico de Sociedade de Economia Mista", in *Revista de Direito Administrativo*, v. 79, 1965, pp. 1 e ss.

12. Hely Lopes Meirelles adotava a definição restritiva em relação aos consórcios (cf. *Licitação e Contrato Administrativo*, 8ª ed., Ed. RT, 1988, p. 82), que seria contestada pela própria regulamentação da legislação sobre as licitações promovidas pelo Poder Público. Outros, porém, consideravam uma injustificável limitação adotar essa interpretação restritiva, que transformaria o consórcio numa autêntica *societas alicuius negotiationis*, incompatível com o emprego dessa forma de colaboração empresarial, e acenaram, com argumentos consistentes, inclusive de ordem histórica, para uma visão mais ampla do instituto. É o que fez Fábio K. Comparato, lembrando "o precedente da sociedade em conta de participação, que acabou sendo admitida para o exercício de uma atividade empresarial permanente, não obstante o Código Comercial lhe assinalar por objeto uma ou mais operações de comércio determinadas" (art. 325) in "Grupos Societários da Nova Lei de Sociedade por Ações", artigo publicado na *Revista de Direito Mercantil* n. 23, 1976, p. 100. Cf. Mauro Rodrigues Penteado, "O Contrato de Consórcio" in *Novos Contratos Empresariais*, Ed. RT, 1990, pp. 80 e ss.

pública", dependendo, igualmente, de "autorização legislativa" a "criação de subsidiárias das entidades mencionadas", "assim como a participação de qualquer delas em empresa privada" (Constituição, art. 37, incisos XIX e XX).

5.15 Habilitada por lei, essas diferentes formas de *participação* da atividade privada na execução do monopólio da importação e transporte do gás boliviano permitirão que a União não aporte necessariamente grandes recursos, nem mantenha o domínio jurídico dos bens envolvidos na atividade, mas, apenas, retenha consigo o controle sobre o segmento monopolizado, franqueando ao setor privado a responsabilidade pela construção, domínio e operação do empreendimento. Nessas condições, essas diferentes modalidades de colaboração entre os setores privados e estatais representarão, uma vez adotadas (sobre trazerem, como subproduto não despiciendo, a liberação de recursos financeiros estatais, reconhecidamente escassos), uma experiência extremamente inovadora e profundamente salutar na ordem jurídico-econômica do Estado brasileiro contemporâneo.

5.16 É o nosso parecer.

São Paulo, 20 de maio de 1993

PARECERES

CONSÓRCIO PARA CONSTRUÇÃO E EXPLORAÇÃO DE USINA ELÉTRICA

ADÍLSON ABREU DALLARI
Professor da Pontifícia Universidade Católica de São Paulo e Advogado

Consulta

A Associação dos Auto-produtores Independentes — AAI venceu licitação aberta pela ELETROSUL (Centrais Elétricas do Sul do Brasil S.A. — Empresa estatal federal) para a escolha de empresas visando à formação de consórcio objetivando a implantação e exploração da Usina Hidrelétrica Itá.

Homologado o certame licitatório, um advogado de Brasília representou ao Advogado Geral da União denunciando a ilicitude do objeto do certame licitatório, sob a alegação de que ela implicava transferência da concessão anteriormente conferida à ELETROSUL, prorrogava o prazo da concessão sem autorização legislativa e alterava o objeto da concessão original, acarretando danos patrimoniais à União.

O procedimento administrativo da representação correu sem audiência do principal interessado até a aprovação presidencial do parecer exarado pela Advocacia Geral da União.

Nesse entretempo, foram editadas a Lei n. 8.987 de 13.2.95 e a Medida Provisória n. 890, da mesma data, que afetaram substancialmente a questão.

Ao abrir o certame licitatório, em junho de 1994, a ELETROSUL informou, no texto do Edital, estar autorizada a formar o pretendido consórcio pelo disposto no Decreto n. 915, de 6.9.93.

Diante do exposto, indaga a consulente:

1. O Decreto n. 915, de 6.9.93 efetivamente autorizava a abertura do certame licitatório na forma procedida pela ELETROSUL?

2. Existe alguma inconstitucionalidade no Decreto n. 915/93?

3. A formação do consórcio implica transferência da concessão inicial?

4. A prorrogação do prazo da concessão, necessitaria de prévia autorização legislativa?

5. A formação do consórcio altera o objeto da concessão outorgada à ELETROSUL?

6. O conjunto dos atos praticados pela ELETROSUL acarreta algum dano patrimonial para a União Federal?

7. Em resumo: existe algum empecilho jurídico à assinatura do contrato emergente da licitação homologada?

Parecer

I — Introdução

Existem diferenças e distâncias abissais entre a ciência jurídica e a experiência jurídica. A primeira sempre pode ser pura, descompromissada, imune a influências de pressões e interesses. Já a aplicação concreta do direito ocorre em meio ao entrechoque das relações sociais, sofrendo terríveis influências e pressões de paixões, interesses, circunstâncias, preconceitos, amizades, inimizades, solidariedades (mais ou menos justificáveis) etc.

Diante do caso concreto, o jurista nunca pode perder de vista a possibilidade de que fatores extra-jurídicos mascarem ou deformem a questão jurídica em exame.

Não é totalmente irrelevante a forma de nascimento do problema em exame. Somente alguém dotado de uma ingenuidade larvar deixaria de se perguntar qual a razão determinante do fato de a representação inicial ter um signatário formal que evidentemente não é o autor real.

Também não é desimportante o fato de a representação ter sido feita a um órgão que não tem atribuição precípua de controlar atos e contratos administrativos. Deve, ainda, chamar a atenção o procedimento sorrateiro da representação, com desrespeito ao mais elementar dos direitos: o direito de defesa.

Tudo isso entretanto não é objeto da consulta formulada e, assim, pelo menos por enquanto, não vai merecer qualquer outro exame além deste simples registro.

Entretanto, outras questões de fato (extrajurídicas) não podem ficar sem exame, pois repercutem diretamente sobre as indagações especificamente formuladas.

O direito evolui. O direito está em constante mutação, acompanhando a própria dinâmica das relações sociais e econômicas. Alguns temas jurídicos apresentam mutações radicais, enquanto outros sofrem alterações quase imperceptíveis. Algumas coisas mudam rapidamente, enquanto outras perduram por longo tempo com a mesma fisionomia.

O instituto jurídico em exame, a concessão de serviço público, teve larga importância no Brasil durante muito tempo, para, em seguida, ficar praticamente esquecido durante décadas, e, ao final, ganhar uma dimensão gigantesca. Isso tudo em função dos ventos da economia.

O fato é que, durante muito tempo, os principais serviços públicos no Brasil foram operados por empresas privadas concessionárias. Num segundo momento, coincidente com uma extrema centralização política, as empresas privadas foram substituídas por empresas estatais.

Agora, diante do público e notório exaurimento da capacidade de investimento do setor público, e diante das imensas carências existentes, de repente, retoma-se o caminho das concessões.

A conseqüência disso é que essa repentina mudança de ritmo e de rumo causa enormes dificuldades de adaptação, pois os fatos estão ocorrendo com velocidade maior do que as normas que deveriam discipliná-los.

No caso em exame, questiona-se um contrato referente a uma empresa estatal, mas é importante salientar que contratos idênticos já foram celebrados por outras empresas na mesma situação, sem qualquer questionamento. É o caso das usinas hidrelétricas de Serra da Mesa e Igarapava, operadas, respectivamente por FURNAS e CEMIG.

O que se pretente ressaltar é que não se trata de um caso isolado, de eventuais irregularidades ou ilicitudes fortuitas, mas sim, de uma conduta governamental expressamente adotada, às abertas.

Os particulares envolvidos neste caso não são aventureiros, não agiram de má-fé, mas, sim, confiaram na plena regularidade do comportamento dos órgãos e entidades governamentais.

Pretende-se agora anular tudo, como se tudo não tivesse passado de uma tentativa frustrada de lesar o erário. Mas não é possível esquecer a responsabilidade do Poder Público decorrente de uma eventual anulação.

Conforme já tivemos oportunidade de assinalar, é horripilantemente inconstitucional o § 1º do art. 49 da Lei n. 8.666/93, ao estatuir que "a nulidade do procedimento licitatório não gera obrigação de indenizar". O particular que participa de um procedimento licitatório tem legítimo interesse em firmar o futuro contrato. O vencedor do certame tem mais que isso; tem *direito* ao contrato, direito esse que não pode ser aniquilado impunemente. Por isso dissemos às pp. 127-128 de nossos *Aspectos Jurídicos da Licitação* (Ed. Saraiva, 3ª ed., 1992):

"Se, entretanto, a não-aprovação decorrer de ato da autoridade competente anulando ou revogando o procedimento, resta ao particular adjudicatário examinar a motivação e a finalidade do ato, pois se foi a própria Administração, por intermédio de seus agentes, que deu ensejo à anulação ou revogação, e sendo a não-aprovação comprovadamente danosa ao particular adjudicatário, poder-se-á aplicar ao evento e norma do art. 37, § 6º, da Constituição Federal, que dispõe: 'As pessoas jurídicas de direito público e as de direito privado prestadoras de serviços públicos responderão pelos danos que seus agentes, nessa qualidade, causarem a terceiros'.

"É preciso, portanto, verificar quem deu ensejo à anulação e se a revogação foi proferida dentro dos limites da discricionariedade, por motivo justo e para atender a uma finalidade de interesse público, pois não é possível aceitar o entendimento de que a Administração seja completamente irresponsável com relação aos danos que possa causar ao particular por negligência ou malícia de seus agentes.

"Convém lembrar que o particular, algumas vezes, despende vultosas importâncias para participar de uma licitação (seja em dinheiro, seja em recursos de trabalho, na preparação de projetos, planos e programas necessários à elaboração da proposta) ou deixa de realizar outros contratos, em virtude de comprometer seu pessoal e seus equipamentos com a proposta oferecida. À seriedade, de que deve se revestir a proposta formulada pelo particular, deve corresponder, por parte da Administração, o firme propósito de adjudicar ao melhor proponente o objeto da licitação."

A questão em exame é muito maior do que pode parecer numa primeira vista, pois se o consórcio ofertado pela ELETROSUL for ilícito, também serão necessariamente nulos os consórcios já estabelecidos por FURNAS e pela CEMIG com características e fundamentos idênticos.

É imperioso, portanto, examinar o assunto com maior profundidade, indo muito além da literalidade e das meras aparências.

II — Conceito e características da concessão

Antes de mais nada, é preciso esclarecer o que se entende por concessão, o que se fará mediante análise do conceito formulado por Celso Antônio Bandeira de Mello em seu *Curso de Direito Administrativo* (Malheiros Editores, 6ª ed., 1995, p. 395):

"Entende-se por concessão de serviço público o ato complexo através do qual o Estado atribui a alguém o exercício de um serviço público e este aceita prestá-lo em nome de Poder Público sob condições fixadas e alteráveis unilateralmente pelo Estado mas por sua conta, risco e perigos, remunerando-se com a própria exploração do serviço, geralmente pela cobrança de tarifas diretamente dos usuários do serviço e tendo a garantia contratual de um equilíbrio econômico-financeiro".

Como se nota, são traços essenciais da concessão a celebração de um ajuste bilateral, do qual resulta um ato complexo, compreendendo um contrato e um regulamento. O regulamento diz respeito à execução do serviço e se caracteriza pela permanente e elementar possibilidade de alteração, sempre que necessário para a melhor satisfação do interesse público. A parte contratual é pactuada no momento do ajuste e leva ao estabelecimento de um equilíbrio econômico-financeiro que é inalterável. Toda modificação na parte regulamentar que afetar o equilíbrio econômico-financeiro acarretará uma correspondente alteração na parte contratual, para restaurar o equilíbrio inicialmente estabelecido.

Lucia Valle Figueiredo, em seu *Curso de Direito Administrativo* (Malheiros Editores, 2ª ed., 1995, p. 65), dá um longo passo no sentido do esclarecimento do ponto crucial do tema em exame. Partindo do entendimento no sentido de que é inerente ao contrato administrativo a mutabilidade do objeto, compensada pelo direito à manutenção do equilíbrio econômico-financeiro, conceitua a concessão como um contrato, nos seguintes termos:

"A concessão de serviço público é contrato administrativo por meio do qual o Poder Público transfere o exercício de determinados serviços ao concessionário, pessoa jurídica privada, para que os execute em seu nome, por sua conta e risco."

Para ambos, portanto, a concessão está presa à existência de um contrato, pressupondo que as partes envolvidas tenham capacidade para contratar.

Para Lucia Valle Figueiredo, além disso, é preciso que o serviço seja transferido a uma *pessoa jurídica privada*. Esse ponto, contido na conceituação acima transcrita, leva a uma conseqüência que é destacada em nota de rodapé:

"Não se justifica que o concessionário seja empresa pública, posto que as empresas estatais são criadas por lei, para atingimento de determinadas finalidades. Segue-se que, se possível a criação para aquela dada finalidade, seriam delegadas de serviço público".

Essa singela observação fere um ponto absolutamente fundamental para uma análise correta do objeto da consulta, qual seja a natureza jurídica da atribuição de um serviço público a uma empresa estatal criada exatamente para isso.

Uma empresa estatal é um prolongamento personalizado da Administração Pública, criada por esta para servir como instrumento de sua ação, sob seu controle. A empresa estatal não tem nem existência nem finalidade a não ser para executar aquilo que desde o nascimento lhe foi determinado por seu criador. Ela não é criada abstratamente, sem finalidade, para depois, num segundo momento "contratar" com a Administração, a cuja vontade se submete, a prestação de um determinado serviço.

Diante da necessidade de prestar um serviço público, a Administração tem três alternativas: a) executá-lo por meio dos órgãos integrados em seu corpo central; b) criar uma entidade descentralizada para essa específica finalidade; c) outorgar a um terceiro, mediante concessão, a prestação do serviço. A segunda e a terceira alternativas não se confundem.

Já tivemos oportunidade de discorrer longamente sobre tal assunto em trabalho publicado na *RDP* n. 94/94 (abr.-jun. de 1990) sob o título "Empresa Estatal Prestadora de Serviços Públicos — Natureza Jurídica — Repercussão Tributária", no qual examinamos especificamente a situação jurídica da TASA — Telecomunicações Aeronáuticas S.A., empresa criada pelo Governo Federal para executar serviço público federal. Desse trabalho tomamos a liberdade de transcrever os excertos que se seguem, começando pelo que figura à p. 97, onde, por coincidência, o serviço tomado como exemplo foi exatamente a geração e distribuição de energia elétrica:

"Os traços acima delineados já evidenciam a impossibilidade de que alguém se outorgue uma concessão a si mesmo. Realmente não tem qualquer sentido falar-se em concessão de serviço público quando o Poder Público cria, ele mesmo, um seu prolongamento personalizado, uma entidade de sua administração indireta, para executar serviço de sua alçada.

"Talvez um exemplo possa facilitar o entendimento dessa questão: tome-se o caso da geração e distribuição de energia elétrica. Por força do disposto no art. 21, inciso XII, letra "b", da Constituição Federal, trata-se de um serviço público federal. Quando a União cria uma entidade para executar serviços nessa área, não se pode falar em concessão, porque, de qualquer maneira, o serviço estará sendo executado pela própria administração federal (embora de forma descentralizada) que não poderá transferir a si mesma a execução do serviço do qual já é titular, nem poderá punir-se a si mesma mediante a cessação da execução do serviço, caso ele não esteja sendo prestado a contento.

"Entretanto, é perfeitamente possível que o governo federal outorgue uma concessão a uma entidade da administração indireta estadual, integrante da administração indireta de algum Estado-membro, para que execute tal serviço. Em tal caso, a titularidade permanece com a União, cabendo à empresa governamental estadual a simples execução do serviço, de acordo com normas fixadas pelo concedente, e tendo a garantia da manutenção do equilíbrio econômico-financeiro, mas prestando tal serviço por sua conta e risco, podendo inclusive ocorrer a cessação da avença, em caráter punitivo, caso o serviço não seja prestado de maneira satisfatória.

"No caso em exame, não é possível que a União conceda a uma empresa por ela instituída a execução de um serviço que já pertence à própria administração federal. Poderia falar-se em concessão caso o serviço fosse executado por uma empresa governamental estadual, criada por qualquer Estado-membro, exatamente para funcionar como concessionária de serviço público federal, assim definido pelo próprio texto da Constituição Federal (art. 21, XI e XII).

"Em resumo, ocorre o seguinte: a Constituição Federal determina que a União preste o serviço, mas deixa a critério do governo federal decidir se prefere prestá-lo de forma centralizada, por meio de um órgão integrante do corpo central de sua administração, ou de forma descentralizada, por meio de uma entidade (pessoa jurídica) integrante de sua administração indireta. No caso em exame, o governo federal optou pela segunda modalidade."

Tudo isso está de alguma forma sintetizado numa breve passagem nas pp. 103-104:

"Haverá uma concessão de serviço público, nos termos do art. 175 da CF, quando o Poder Público decidir pela prestação de serviços públicos de maneira indireta conferindo sua execução a uma terceira pessoa, a uma entidade que não é um prolongamento personalizado do próprio concedente, a uma entidade que, exatamente por não estar sob seu controle pode contratar com o Poder Público. Por outro lado, não haverá concessão de serviço público quando o Estado criar uma entidade para funcionar especificamente como instrumento de sua ação, para desincumbir-se precipuamente de prestar um serviço cuja execução cabe ao próprio Estado criador dessa entidade".

Ao final, à p. 107, enfoca-se objetivamente a situação jurídica da TASA, mas tudo quanto foi dito a respeito da TASA aplica-se perfeitamente à ELETROSUL:

"1. A TASA não é uma empresa concessionária de serviço público. Não existe concessão porque não há um ajuste, um acordo entre a TASA e o Governo Federal, até mesmo porque a TASA é parte do Governo Federal, é um prolongamento personalizado da Administração Federal, é uma entidade da administração indireta federal. O objeto social da TASA é a prestação de um serviço público federal, sendo que tal serviço lhe foi atribuído diretamente pela lei que autorizou a sua constituição, por tempo indeterminado, em caráter permanente.

"Ora, é um elemento fundamental na concessão a sua temporariedade, inclusive a possibilidade de que o serviço seja retomado antes do termo final avençado, seja por interesse público, seja por desempenho insatisfatório do concessionário.

"No caso em exame, a TASA foi incumbida, por lei, de desempenhar suas atribuições em caráter permanente, não havendo qualquer possibilidade de que esse serviço lhe seja retirado por ato da administração, até mesmo porque, se isso ocorresse, a TASA desapareceria, perderia a razão de ser, dado que a lei que possibilitou a sua criação circunscreveu seu objeto social exclusivamente à prestação de um específico e determinado serviço público federal.

"Em síntese, a TASA é uma empresa estatal, uma sociedade de economia mista federal, prestadora de serviço público, mediante outorga ou delegação que lhe foi feita por lei federal. Absolutamente não há que se confundir a atividade da TASA com uma concessão de serviço público."

Da mesma forma que a TASA, a ELETROSUL não é um "terceiro" em relação ao Governo Federal, mas, sim, um prolongamento personalizado da Administração Federal, que presta serviço público mediante simples delegação, e não por concessão.

III — Legislação em vigor

Durante muito tempo o Brasil permaneceu sem uma legislação ordinária específica a respeito de concessões em geral. Existiam apenas algumas poucas concessões, cujos problemas eram resolvidos à luz dos preceitos constitucionais sobre o assunto, da legislação ordinária disciplinadora dos contratos administrativos em geral, e das normas estabelecidas nos contratos de concessão.

Havia, entretanto, disciplina legal de concessões para assuntos específicos, como é o caso, por exemplo, dos transportes de passageiros e do uso de recursos hídricos.

As concessões para geração e distribuição de energia elétrica eram disciplinadas pelo vetusto Código de Águas, de 1934, que permanece em vigor.

Entretanto, atualmente, em virtude de disposição expressa contida no art. 175 da Constituição Federal de 1988 e, muito especialmente, das contingências de ordem econômica, existe um texto de lei ordinária disciplinando as concessões em geral, qual seja a Lei n. 8.987, de 13 de fevereiro de 1995, que convive com uma Medida Provisória (de n. 890) editada na mesma data.

Essa legislação, recentemente editada, disciplina as concessões que vierem a ser outorgadas, mas afeta, também, as concessões anteriormente existentes, que devem a ela amoldar-se.

Não é o caso de se proceder aqui a um estudo completo dessa nova legislação, mas, sim, é pertinente destacar alguns dispositivos que enfocam algumas das questões em exame.

O art. 1º da Lei n. 8.987/95 ressalta o caráter bilateral da concessão, referindo-se aos "indispensáveis contratos", em perfeita consonância com o § 1º do art. 175 da Constituição Federal.

O art. 19 cuida detalhadamente dos consórcios e em seu § 2º destaca o papel da empresa líder do consórcio, como "responsável perante o poder concedente pelo cumprimento do contrato de concessão".

O art. 23, XII, enumera entre as cláusulas essenciais do contrato de concessão aquelas relativas "às condições para prorrogação do contrato".

O art. 27 prevê, expressamente, a possibilidade de transferência da concessão, que é condicionada à anuência do concedente.

Por sua vez, a Medida Provisória n. 890/95, do art. 3º ao art. 11 trata longa e detalhadamente dos serviços de energia elétrica, prevendo, expressamente, a possibilidade de prorrogação do prazo das concessões em curso, até mesmo daquelas que deveriam ser extintas, por força das disposições finais e transitórias da Lei n. 8.987/95.

Mas nem tudo são flores. Essa legislação estabelece a necessidade da abertura de concorrência para todas as concessões, inclusive para a outorga do serviço a uma empresa estatal criada para essa finalidade específica.

Isso leva ao absurdo. Tomando-se os dispositivos legais em sua literalidade, chegar-se-ia a uma hipotética situação absurda. Por exemplo: se o Governo Federal, hoje, desejasse criar uma empresa como a ELETROSUL, teria que criar umas quatro ou cinco empresas iguais, para abrir uma concorrência entre elas.

Nota-se, portanto, de imediato, que a situação das chamadas "concessionárias" estatais não se confunde e nem pode ser tratada da mesma forma que as verdadeiras concessionárias particulares.

De qualquer maneira, já se nota, claramente, que quase tudo aquilo que foi apontado como vícios do consórcio proposto pela ELETROSUL é tratado como coisa normal pela nova legislação em vigor.

IV — Regulamentos administrativos

Uma questão, entretanto, requer uma abordagem específica: o fato de que o consórcio tal como proposto não tinha previsão legal, mas, sim, apenas em decreto.

Para o signatário da representação, que adota uma posição exacerbada diante do princípio da legalidade, qualquer decreto ou é nulo, ou é inútil: se disser qualquer coisa diferente da lei será nulo; mas se apenas repetir a lei, pode até ser válido, mas certamente será inútil.

O princípio da legalidade não se choca com a possibilidade de expedir decretos e regulamentos, para a fiel execução da lei, conforme previsto no art. 84, IV, da Constituição Federal.

Na verdade, a expedição de decretos e regulamentos é elementar e indispensável ao Poder Executivo, conforme destaca o pranteado Hely Lopes Meirelles em seu consagradíssimo *Direito Administrativo Brasileiro* (Malheiros Editores, 17ª ed., 1992, p. 112):

"No poder de chefiar a Administração está implícito o de regulamentar a lei e suprir, com normas próprias, as omissões do Legislativo que estiverem na alçada do Executivo. Os vazios da lei e a imprevisibilidade de certos fatos e circunstâncias que surgem a reclamar providências imediatas da Administração, impõem se reconheça ao Chefe do Executivo o poder de regulamentar, através de decreto, as normas legislativas incompletas, ou de prover situações não previstas pelo legislador, mas ocorrentes na prática administrativa. O essencial é que o Executivo, ao expedir regulamento — autônomo ou de execução da lei — não invada as chamadas "reservas da lei", ou seja, aquelas matérias só disciplináveis por lei, e tais são, em princípio, as que afetam as garantias e os direitos individuais assegurados pela Constituição (art. 5º).

"A faculdade normativa, embora caiba predominantemente ao Legislativo, nele não se exaure, remanescendo boa parte para o Executivo, que expede regulamentos e outros atos de caráter geral e efeitos externos. Assim, o regulamento é um complemento da lei naquilo que não é privativo da lei."

Pode-se até questionar a amplitude dada por Hely Lopes Meirelles ao campo de abrangência dos decretos e regulamentos, mas é inquestionável que a lei não pode tratar de todas as infinitas questões que podem surgir no dia-a-dia da administração, sendo indispensável que o Chefe do Poder Executivo edite atos normativos para ordenar as atuações dos diversos órgãos, entidades e autoridades que lhes são subordinados.

Autores mais recentes entendem que a capacidade para expedir regulamentos se fundamenta no exercício de competências discricionárias estabelecidas em lei. Essa é a posição de Luciano Ferreira Leite (*O Regulamento no Direito Brasileiro*, Ed. RT, 1986, p. 31) que, entre as diversas hipóteses de exercício de competência regulamentar derivadas da discricionariedade, se refere a uma que se ajusta com precisão ao questionado consórcio em exame:

"Numa segunda hipótese, a discricionariedade decorre de regra de competência que não determina as condições de fato do agir administrativo. Tais condições de fato não estão abstratamente previstas na norma legal, mas nela se encontram tão-somente implícitas. Assim, nas normas que conferem competência, sem estabelecer explicitamente as condições de fato justificadoras do agir administrativo, compete ao órgão regulamentador a determinação do interesse público a ser perseguido especificamente".

Entendemos que a finalidade precípua dos decretos e regulamentos é dispor sobre meios e modos de execução da lei. Quando uma determinada situação jurídica é afirmada ou prevista pela lei, sem que esta estabeleça a forma de sua concretização, está aberto o campo para a atividade regulamentar.

No caso em exame, o art. 201 do Código de Águas prevê expressamente a formação de consórcios para o aproveitamento de recursos hídricos, mas nada prescreve a respeito da concretização dessa possibilidade, atribuindo (em seu § 1º) ao regulamento a ser expedido a disciplina dessa matéria.

O questionado Decreto n. 915, de 6 de setembro de 1993 nada mais fez senão regulamentar o disposto no art. 201 do Código de Águas, conforme, aliás, consta expressamente da invocação de seu fundamento de validade.

V — Situação jurídica da ELETROSUL

Não cabe aqui um exame detalhado de todos os aspectos jurídicos da criação e funcionamento da ELETROSUL, mas, sim, apenas do que pertine à questão em debate.

A ELETROSUL — Centrais Elétricas do Sul do Brasil S.A. é uma empresa estatal federal, integrante do sistema ELETROBRÁS, de quem é subsidiária, e foi criada especificamente para cuidar do serviço público federal de produção e distribuição de energia elétrica, em uma determinada região geográfica.

Ela não disputou qualquer concorrência para obter a prerrogativa de executar os serviços cuja necessidade de atendimento determinou sua criação. Também não contratou com a União a execução desses mesmos serviços.

O Código de Águas estabelece uma série de requisitos para a outorga de concessões, inclusive a lavratura de um instrumento de contrato, mas nada disso foi observado quando a ELETROSUL recebeu a "concessão" para aproveitamento da energia hidráulica de um trecho do Rio Uruguai, onde agora está a usina de Itá.

Tal outorga foi feita por decreto (Decreto n. 88.015, de 3 de janeiro de 1983) que se refere expressamente à figura jurídica da concessão, mas que, na verdade, corresponde a uma simples delegação, unilateral.

Não há mal algum em se chamar de concessão uma simples delegação (afinal, o nome não muda a substância das coisas), desde que não se pretenda aplicar a essa simples delegação normas aplicáveis apenas e tão-somente a verdadeiras concessões.

VI — A licitação questionada

Algumas poucas palavras devem ser ditas a respeito da licitação, apenas para evitar desentendimentos.

Fique perfeitamente claro que o edital aberto pela ELETROSUL nunca teve como objeto a outorga de uma concessão.

No fundo, a ELETROSUL pretendia apenas captar recursos privados, para viabilizar a construção de uma usina, que já lhe incumbia fazer, mas que ela jamais conseguiria realizar apenas com seus próprios recursos.

Para isso, obedecendo ao princípio constitucional da isonomia e à norma que determina a realização de licitação como procedimento preliminar aos contratos celebrados pela administração indireta, a ELETROSUL abriu concorrência, com o objetivo de proceder a uma escolha objetiva entre todos os interessados em com ela formar um consórcio.

Merece especial destaque a lisura do procedimento licitatório. Nada foi feito às escondidas, não houve simulação ou conluio. Houve, sim, uma disputa franca e leal.

38 empresas adquiriram o Edital. Desse total, 21 empresas, reunidas em dois grupos, apresentaram propostas. O julgamento foi objetivo e observou fielmente os critérios previstos no Edital.

Um grupo sagrou-se vencedor, por ter oferecido a proposta objetivamente melhor. Conseqüentemente, o outro grupo disputante foi derrotado.

Nada existe de estranho nessa licitação, salvo a "descoberta" seródia de que ela não poderia ter sido realizada.

Registre-se que o Edital deveras afirma que "a concessão original da ELETROSUL será transferida para o Consórcio, mediante processo junto ao DNAEE". Isso pode aparentar a alguém menos avisado, e menos atento, que, doravante, a União perderia o controle da situação, ficando o interesse público subordinado aos interesses do Consórcio.

Um exame global da situação revela que o resultado é bem outro. O Consórcio terá como empresa líder a ELETROSUL, que nada mais é senão um prolongamento personalizado da Administração Federal, que continua detentora da *delegação* que lhe foi outorgada em 1983, que deverá conduzir-se com estrita observância das normas legais e regulamentares pertinentes, e que estará sob permanente fiscalização e controle do DNAEE.

VII — Convalidação dos atos praticados

O que até agora deu vida à polêmica foi a falta de expressa previsão legal. Conforme já se examinou, as atitudes adotadas e os atos praticados pela ELETROSUL tinham suporte em decreto regulamentar efetivamente supedaneado pelo art. 201 do Código de Águas. Falta de previsão legal expressa não significa falta de previsão legal, pois o que não estava expresso estava implícito no mandamento legal que conferia ao regulamento a prerrogativa de disciplinar os meios e modos de concretizar aquilo que já estava contido na lei.

Não houve qualquer ilicitude original, mas, mesmo que tivesse havido, ainda assim não seria o caso de anulação, dada a edição de legislação superveniente.

Como regra geral, os atos praticados pela Administração devem apoiar-se em lei *previamente* editada, e devem atender, antes de sua prática, a todos os condicionamentos legalmente estabelecidos para sua edição. Como regra geral, ato praticado em desacordo com a lei é nulo.

Mas a doutrina pouco a pouco foi mitigando essa fatalidade.

Um primeiro alerta foi dado pelo insuspeitíssimo mestre dos mestres Seabra Fagundes, em seu notável *O Controle dos Atos Administrativos pelo Poder Judiciário* (Saraiva, 6ª ed., 1984, pp. 39-40), com a seguinte cogitação:

"A infringência legal no ato administrativo, se considerada abstratamente, aparecerá sempre como prejudicial ao interesse público. Mas, por outro lado, vista em face de algum caso concreto, pode acontecer que a situação resultante do ato, embora nascida irregularmente, torne-se útil àquele mesmo interesse".

A aplicação exacerbada e desmedida do princípio da legalidade, sem um contemperamento com outros princípios constitucionais de igual importância, poderia acarretar injustiças e até mesmo levar ao sacrifício do interesse público cuja proteção era objetivada pelo preceito legal desobedecido.

Em tais situações, desapareceria o dever de anular o ato praticado, conforme expõe Almiro do Couto e Silva em admirável trabalho publicado na *RDP* 84/46 sob a denominação de "Princípios da Legalidade da Administração Pública e da Segurança Jurídica no Estado de Direito Contemporâneo", do qual merece transcrição a seguinte passagem, estampada às pp. 61-62:

"É importante que se deixe bem claro, entretanto, que o dever (e não o poder) de anular os atos administrativos inválidos só existe, quando no confronto entre o princípio da legalidade e o da segurança jurídica o interesse público recomende que aquele seja aplicado e este não. Todavia, se a hipótese inversa verificar-se, isto é, se o interesse público maior for de que o princípio aplicável é o da segurança jurídica e não o da legalidade da Administração Pública, então a autoridade competente terá o dever (e não o poder) de não anular, porque se deu a santória do inválido, pela conjunção da boa-fé dos interessados com a tolerância da Administração e com o razoável lapso de tempo transcorrido. Deixando o ato de ser inválido, e dele havendo resultado benefícios e vantagens para os destinatários, não poderá ser mais anulado, porque, para isso, falta precisamente o pressuposto da invalidade".

Mas a sistematização completa e definitiva desse assunto foi feita por Weida Zancaner em sua belíssima monografia *Da Convalidação e da Invalidação dos Atos Administrativos* (Ed., RT, 1990) de onde extraímos os trechos impressos nas pp. 53-54 e 55-56 que são agora transcritos:

"Em tese, poder-se-ia supor que o princípio da legalidade imporia sempre à Administração o dever de invalidar seus atos eivados de vícios, para restaurar a ordem jurídica por ela mesma ferida. A suposição, todavia, não procede, pois a restauração da ordem jurídica tanto se faz pela fulminação de um ato viciado, quanto pela correção de seu vício. Em uma e outra hipótese a legalidade se recompõe.

"O princípio da legalidade visa a que a ordem jurídica seja restaurada, mas não estabelece que a ordem jurídica deva ser restaurada pela extinção do ato inválido.

"Há duas formas de recompor a ordem jurídica violada, em razão dos atos inválidos, quais sejam, a invalidação e a convalidação.

"A Administração deve invalidar quanto o ato não comportar convalidação. Deve convalidar sempre que o ato comportá-la.

"Resta saber o porquê da invalidação e da convalidação nas hipóteses em que, como já mencionamos, cada qual se propõe como obrigatória.

"A invalidação se propõe como obrigatória porque se o ato não comporta convalidação, inexiste outra forma de a Administração Pública restaurar a legalidade violada. Ora, a restauração do Direito é para ela obrigatória por força do princípio da legalidade. Logo, toda vez que o ato não seja convalidável, só lhe resta o dever de invalidar

"Por sua vez, a convalidação se propõe obrigatória quando o ato comportá-la, porque o próprio princípio da legalidade — que predica a restauração da ordem jurídica, inclusive por convalidação —, entendido finalisticamente, demanda respeito ao capital princípio da segurança jurídica."

No caso em exame, conforme já se destacou, a legislação superveniente autoriza tanto a prorrogação do prazo como a transferência da concessão, sem exigir prévia autorização legislativa, bastando apenas a anuência do concedente, que nunca perde a prerrogativa de alterar os termos da concessão original, sempre que isso for necessário à plena satisfação do interesse público.

É irrecusável que os fundamentos da representação formulada à Advocacia Geral da União ficaram prejudicados.

VIII — Conclusões

Em face do exposto, pode-se, agora, responder sintética e objetivamente ao que foi indagado:

1. O certame licitatório questionado estava efetivamente previsto e autorizado pelo Decreto n. 915, de 6.9.93, que foi fielmente observado pela ELETROSUL.

2. Não existe qualquer inconstitucionalidade no Decreto n. 915/93, que apenas cumpriu sua finalidade precípua de apresentar meios e modos para concretizar o disposto no art. 201 do Código de Águas.

3. Embora o Edital fale expressamente em transferência da concessão inicial, é certo que não houve exatamente uma concessão inicial. O que houve, e continua havendo, foi uma delegação à ELETROSUL que, enquanto existir, permanecerá detentora dessa delegação. A celebração do Consórcio, tendo a ELETROSUL como empresa líder, afeta muito levemente essa delegação, pois, de qualquer modo, continuará cabendo à Administração Federal o poder de decisão. De todo modo, mesmo que tivesse havido uma transferência da concessão, isso está agora previsto no art. 27 da Lei n. 8.987/95.

4. A lei não exige autorização legislativa para a prorrogação do prazo da concessão.

5. O consórcio em nada altera a finalidade em função da qual foi criada a ELETROSUL, que continuará atuando revitalizada com o aporte de recursos proporcionados pelos consumidores particulares.

6. Nenhum dano foi apontado em momento algum, nem ao erário, nem aos consumidores em geral.

7. Não existe qualquer empecilho jurídico à assinatura do contrato decorrente da licitação, especialmente após a edição da legislação superveniente.

S.M.J. é o parecer.

São Paulo 16 de março de 1995

ESTUDOS & COMENTÁRIOS

O PROCESSO DO MOLEIRO ARNOLD E SUAS LIÇÕES PARA A ATUALIDADE

CARLOS DAVID S. AARÃO REIS
Juiz Federal

> *"Pode acontecer que a ausência do fabuloso em minha narrativa pareça menos agradável ao ouvido, mas quem quer que deseje ter uma idéia clara tanto dos eventos ocorridos quanto daqueles que algum dia voltarão a ocorrer em circunstâncias idênticas ou semelhantes em conseqüência de seu conteúdo humano, julgará a minha história útil e isto me bastará."*
>
> *Tucídides*[1]

I — Introdução

Desejando aumentar os jardins do palácio Sans Souci, em Potsdam, Frederico II, o Grande, encontrou um obstáculo, impedindo a realização do projeto: um moinho. Assim, exigiu a cessão do terreno, mas o moleiro, obstinado na resistência, respondeu-lhe: "Oui, si nous n'avions pas de juges à Berlin", "Sim, se não tivéssemos juízes em Berlim".

A frase tornou-se famosa, quer nesta versão francesa, quer nas alemãs.[2] E mesmo hoje, quando alguém quer manifestar confiança nos magistrados, especialmente nos conflitos com poderosos e governantes, repete a sentença proverbial: "Ainda há juízes em Berlim!"

No entanto, por mais inspiradora que seja, esta história não passa de lenda.[3]

1. Tucídides. *História da Guerra do Peloponeso.* Trad., introdução e notas Mário da Gama Kury. 2ª ed. Brasília, Ed. Universidade de Brasília, 1986, p. 28, Livro I 22.

2. "Sire, es gibt noch ein Kammergericht in Preussen", "Senhor, ainda há um tribunal supremo na Prússia", *apud* Schoeps, Hans-Joachim. *Preussen — Geschichte eines Staates — Bilder und Zeugnisse.* Frankfurt-am-Main/Berlin, Ullstein, 1992, p. 433. "Ja, wenn das Kammergericht in Berlin nicht wäre!" ("Sim, se não existisse o Supremo Tribunal de Berlim!") é a versão consignada por Câmara José Gomes B. *Subsídios para a História do Direito Pátrio.* 2ª. ed., revista e ampliada. Rio de Janeiro, Liv. Brasiliana ed., 1973, t. I (1500-1769), p. 312 e Radbruch, Gustav. *Einführung in die Rechtswissenschaft.* 7 und 8. durchgearbeitete Afl. Leipzig, Quelle & Meyer, 1929, p. 121.

3. A versão francesa encontra-se em uma peça de Andrieux, *Le Meunier Sans Souci*, da seguinte maneira:

"Frédéric, un moment par l'humeur emporté:
Parbleu! de ton moulin c'est bien, être entêté!
Je suis bon de vouloir t'engager à le vendre!
Sais-tu que sans payer, je pourrais te le prendre?

Verdadeiro foi o processo do moleiro Arnold bem diferente e objeto deste trabalho.

Talvez só atraído pelo título algo insólito deste estudo ao folhear esta coletânea, o leitor paciente, chegando até aqui poderá indagar: que interesse suscitaria um processo ocorrido há mais de dois séculos, em um Estado estrangeiro desaparecido desde a segunda "Guerra do Peloponeso européia"?

Em primeiro lugar, porque a História distrai, escreve Marc Bloch. Como ao grande historiador francês, tão longe quanto minha memória abarca, a História sempre me divertiu muito,[4] tendo despertado minha curiosidade intelectual.

Não bastasse esta razão, em si mesma poderosa, ainda existe outra. Novamente invocando Bloch, "a ignorância do passado não se limita a prejudicar o conhecimento do presente; compromete, no presente, a própria ação".[5] A História inspira, fornece exemplos, ajuda a retificar rumos, ela adverte. Portanto, "os que não se lembram do passado, estão condenados a revivê-lo".[6]

II — O processo do moleiro Arnold e a "catástrofe judicial"[7]

No ano de 1779, ocorreu um dramático conflito entre Frederico, o Grande, e a magistratura prussiana, como resultado do "processo do moleiro Arnold",[8] de Pommerzig em Neumark.[9]

O Conde Schmettau e o moleiro Johann Arnold mantinham uma relação jurídica de enfiteuse, sendo aquele o senhorio direto.[10] Segundo a versão do moleiro, o aristocrata teria desviado a água através de um canal, impossibilitando o funcionamento do moinho. Mesmo assim, Schmettau exigira o pagamento do foro e, como ele não pagasse, perdera o moinho mediante decisão do tribunal de Küstrin. Arnold recorreu ao *Kammergericht*, em Berlim, mas esta corte confirmou a decisão anterior.

Dirigiu-se então o moleiro ao rei, afirmando ter sofrido uma injustiça. Frederico, o Grande, imediatamente tomou o partido de Arnold, renovando-se sua desconfiança em relação ao Judiciário. Para ele, as "decisões judiciais só poderiam ser compreendidas como atitudes injustas dos tribunais, favorecendo atos arbitrários de um nobre e prejudicando um homem comum de posição inferior".[11] Manifestava-se novamente seu arraigado preconceito hereditário contra os profissionais do Di-

Je suis le maître. — Vous? de prende mon moulin? Oui, si nous n'avions pas de juges à Berlin." (*Apud* Fabreguettes, M. P. *La Logique Judiciaire et l'Art de Juger.* Paris, Librairie Générale de Droit et de Jurisprudence, 1914, p. 437, nota 1). François-Guillaume-Jean-Stanilas Andriex, membro de Academia Francesa, nasceu em Estrasburgo em 1759 e faleceu em 1833, sendo contemporâneo do Grande Frederico.

4. Bloch, Marc. *Introdução à História (Apologie pour l'histoire ou Métier de l'historien).* Trad. Maria Manuel Miguel e Rui Grácio. Lisboa, Publicações Europa-América, 1965 p. 13.

5. Bloch, Marc, ob. cit., p. 40.

6. Santayana, *apud* Shirer, William L. *Ascenção e Queda do Terceiro Reich.* Trad. Pedro Pomar. 3ª ed., Rio de Janeiro, Civilização, 1963, v. 1, epígrafe.

7. Como a denominou E. Schmidt *apud* Merten, Detlef. Allgemeines Landrecht. In *Preussens grosser König.* Herausgeben von Wilhelm Treue. Freiburg/Würzburg, Ploetz, 1986, p. 58.

8. Já cuidei deste episódio anteriormente em "Antecedentes e Pressupostos histórico-espirituais do ALR prussiano de 1794: homenagem em seu bicentenário", *Livro de Estudos Jurídicos.* Coordenadores James Tubenchlak e Ricardo Bustamante, Rio de Janeiro, Instituto de Estudos Jurídicos, 1994, v. 9, pp. 385-386, mas apenas de maneira resumida, no contexto geral da elaboração do ALR. Aqui o assunto é tratado de maneira mais adequada.

9. Cidade situada ao norte do Oder, em região parte integrante da Polônia, desde 1945.

10. O vínculo jurídico denominava-se *Erbpacht*, uma relação de origem feudal na qual o Conde era o *Verpächter*, podendo exigir o *Zins.* Dada a semelhança com o instituto da enfiteuse no Direito brasileiro vigente e para facilitar a leitura, foi utilizada a terminologia do Código Civil pátrio.

11. Hattenhauer, Hans. Introdução ao *Allgemeines Landrecht für die Preussischen Staaten von 1794.* Frankfurt-am-Main/Berlin, Alfred Metzner, 1970, p. 14.

reito.[12] Como o *Kammergericht*, depois do exame da questão, não entendesse do mesmo modo que o rei, proferiu este um *Machtspruch*, uma decisão de poder, em favor do moleiro. Determinou, ainda, a demissão e prisão de vários juízes, "mandando-os ao diabo", como gente que "não vale nem mesmo o fuzilamento", "não merecendo o pão".[13] Seu Grão-Chanceler (Ministro da Justiça de toda a monarquia), Barão von Fürst, protestou contra esta decisão, sendo também demitido. "Vá embora, seu cargo já está vago": com essas palavras grosseiras, a 11 de dezembro de 1779, exonerou o Grão-Chanceler.[14]

Em princípio, ambas as resoluções reais estavam fundamentadas no Direito Constitucional Prussiano: tanto a prolatada no processo propriamente dito como a demissão de Fürst. A intenção de Frederico, anteriormente manifestada, de não interferir no curso dos processos, deve ser compreendida conforme as concepções da época do Absolutismo.

Em mais de uma passagem, no seu *Essai de Critique sur Maquiavel*, o Grande Frederico afirmara a posição do monarca de supremo juiz, "chefe da justiça distributiva"; os príncipes seriam "árbitros supremos da justiça".[15]

Em matéria penal, vigia o sistema da denominada *Justice retenue*, ou seja, o rei era o supremo juiz, as sentenças criminais estavam sujeitas à sua confirmação. A justiça pessoal do monarca conservou-se no Direito Penal, a sua direção era reputada pelo Grande Frederico direito e dever do rei, tendo exercido este poder em numerosas decisões.[16] Reservava-se ele o direito não somente de abrandar sentenças criminais, mas também de agravá-las ou anulá-las.[17]

Por *Justiz*,[18] nos séculos XVII e XVIII, entendia-se pura e simplesmente apenas a administração da Justiça cível.[19] Nela, o rei ainda detinha poder disciplinar sobre a magistratura. "Como seu pai, Frederico, o Grande, sentia-se responsável em intervir, quando julgasse notar falta de probidade em um juiz ou prática de injustiças". Tal poder persistiu até o século XIX: Frederico Guilherme II e seu sucessor, Frederico Guilherme III, ocasionalmente proferiram *Machtsprüche*, ou seja, decidiram pessoalmente.[20]

Apesar disso, tratava-se de decisão equivocada — aliás, Frederico, o Grande, não tinha formação jurídica especializada, como já foi notado.[21]

A decisão judicial era legal, os juízes, homens íntegros, tinham apenas cumprido a lei. Além do mais, o rei proferira sua decisão sem maior exame dos fatos, colocando-se afoitamente do lado do moleiro e as alegações deste não correspondiam exatamente à verdade. Desta maneira, para im-

12. A este respeito, com mais detalhes, v. meu trabalho citado na nota 8, p. 378.

13. *Apud* Radbruch, Gustav, ob. cit., p. 121.

14. *Apud* Wolf, Erik. *Grosse Rechtsdenker der deutschen Geistesgeschichte*. 3. neubearbeitete Afl. Tübingen, J. C. B. Mohr, 1951, p. 436.

15. In Maquiavel, *O Príncipe*, "Frederico, O Anti-Maquiavel". Trad. Carlos E. de Soveral. Lisboa, Guimarães ed., 1967, respectivamente pp. 201 e 225; v. também pp. 209 e 260.

16. Dahm, Georg. *Deutsches Recht* — die geschichtlichen und dogmatischen Grundlagen des geltenden Rechts — eine Einführung. 2. neubearbeitete Afl. Stuttgart, Kohlhammer, 1963, p. 332. O *Bestätigunsrecht*, direito de confirmação do soberano, exercia-se principalmente em relação a sentenças, que impunham penas severas e, sobretudo, penas de morte. Só no reinado de Frederico Guilherme IV (iniciado em 1861) converteu-se aquele poder no de indulto ou graça.

17. Hintze. Friedrich der Grosse und die preussischen Justizreform des 18. Jahrhunderts. *Recht und Wirtschaft*. Berlin, Carl Heymann, I. Jahrgang, Heft 5, Februar 1912, p. 134.

18. Por *Justiz*, em alemão, compreende-se concretamente a sua administração, ou seja, o Judiciário. Em abstrato, como valor, utiliza-se a palavra *Gerechtigkeit*.

19. Hintze, ob. cit., p. 130.

20. Dahm, Georg, ob. cit., p. 332.

21. V. a este respeito, meu trabalho citado na nota 8, pp. 377-378.

pedir o que supunha ser uma injustiça subjetiva, praticou uma injustiça objetiva.[22]

Como escreveu Macaulay, ele "opunha à lei, tal como explicam-na unanimemente os mais graves magistrados, suas grosseiras noções pessoais de eqüidade. Jamais lhe ocorreu ao espírito que homens, os quais passam suas vidas decidindo questões de direito civil, seriam mais competentes para formar uma opinião correta sobre tais questões do que um príncipe, cuja atenção se dividia entre mil objetos, jamais tendo lido até o fim um livro de direito (...) Na verdade, ele não tinha a intenção de ser injusto: acreditava firmemente ter razão e defender a causa dos pobres contra os ricos. Entretanto, esta intervenção, ainda que fosse bem intencionada, produziu provavelmente maior mal que todas as explosões de suas más paixões no decorrer de seu longo reinado".[23]

De qualquer forma, Frederico, o Grande, fora infièl ao seu próprio testamento político, de 1752, no qual afirmara: "O soberano não pode intervir nos processos judiciais. Somente as leis devem prevalecer". "Je me suis résolu de ne jamais troubler le cours des procédures; c'est dans les tribunaux où les lois doivent parler et où le souverain doit se taire".[24] Se dispunha do poder constitucional de punir — mesmo injustamente — os magistrados, não deveria imiscuir-se nas causas cíveis — e o fez, ao também determinar que o moleiro não poderia sofrer prejuízo.[25]

O episódio revelou, pela primeira vez, a existência de uma opinião pública na Prússia,[26] a qual nem sempre se curvava aos desejos do monarca. A decisão real foi severamente criticada e "provocou a maior indignação na camada de opinião culta de Berlim (...) Gerou manifestações espontâneas de simpatia a Fürst, tido em grande estima e, entendia-se, alvo de grave injustiça. Na manhã seguinte à sua demissão, berlinenses de todos os estamentos acorreram a sua casa, para expressar seu interesse por ele".[27]

Em suma, o rei, exercendo um controle externo sobre a magistratura, consistente no seu poder disciplinar, com rapidez e açodamento, interferiu na independência judicial, fundado em vagas considerações não jurídicas.

III — As lições para a atualidade

A primeira lição diz respeito à *independência judicial*. Uma magistratura espiritualmente independente tem energia bastante para enfrentar o poder, qualquer que seja, mesmo sem garantias e apesar das conseqüências. Ontem, o do monarca absoluto; hoje, o de seu herdeiro, o Executivo, ou ainda do Legislativo, de outros juízes, das burocracias estatais, das grandes empresas privadas, dos meios de comunicação e até da opinião pública. Antes de tudo, a independência do juiz deve ser uma independência *interior*, baseada na liberdade espiritual,[28] inerente à personalidade do magistrado.

E isto mesmo sem a proteção de quaisquer garantias. Seriam elas inócuas, se o magistrado fosse espiritualmente dependente: não se garante aquilo que não existe.

22. Wolf, Erik, ob. cit., p. 437.

23. Macaulay. "Frédéric le grand". In *Essais Historiques et Biographiques*. Trad. Guillaume Guizot. 3ª ed., Paris, Calman Lévy ed., 1876, 2ª série, pp. 316-317.

24. *Apud* Dahm, Georg, ob. cit., p. 332.

25. Hintze (ob. cit., p. 134) afirma que o rei não interferiu propriamente no processo cível, mas apenas pronunciou uma decisão contra os juízes, com o complemento que o moleiro deveria ser indenizado. E, depois, contraditoriamente, reconheceu que ela afetou a causa por um "rodeio".

26. Coing, Helmut. *Epochen der Rechtsgeschichte in Deutschland*. 2. Afl. München, Bech, 1971, p. 86.

27. Hattenhuer, Hans, ob. cit., p. 15. Posteriormente, já no reinado do sucessor de Frederico, o Grande, os juízes demitidos foram reintegrados em seus cargos.

28. Stammler, Rudolf. *El Juez*. Trad. Emilio F. Camus, México, Ed. Nacional, 1974, p. 100.

Entretanto, não estou sugerindo a desnecessidade das garantias. Os seus titulares, os maiores interessados na independência judicial não são os juízes, mas sim os cidadãos. Para eles, é decisivo não sejam seus julgadores dóceis diante das exigências ou interesses de quaisquer poderes, pois só desta maneira serão asseguradas suas liberdades. Na observação de Seabra Fagundes, entre os magistrados "os que — um ou outro — dizem dispensável o predicamento da vitaliciedade quase sempre não se incluem entre os poucos — muito poucos — que enfrentam, com destemor, as pretensões governamentais e os abusos do poder".[29]

As garantias da magistratura são indispensáveis, mas sob o pressuposto da independência espiritual de cada juiz.

A segunda lição relaciona-se com o *poder disciplinar sobre a magistratura*. Sob este aspecto, a evolução não foi substancial. Constrangido a ceder partes de seu poder, reconhecendo a independência entre os poderes, o monarca absoluto apenas transferiu-as, quase sem modificações, no que concerne à disciplina, para alguns órgãos judiciários. Portanto, como está atualmente estabelecido, aquele poder é resquício do passado absolutista, incompatível com uma verdadeira independência judicial.

Na situação atual, o poder disciplinar pode ser exercido de modo a interferir indiretamente na própria função jurisdicional. Pode ser utilizado como meio de pressão para intimidar juízes, para obter de um ou outro magistrado uma decisão, ou mesmo para punir julgadores porque decidiram contrariamente a este ou aquele interesse.

Supor que o poder disciplinar jamais seria usado com estas finalidades espúrias, consistiria em ilusão funesta. Como todo poder, também este vem acompanhado da possibilidade de abuso.

29. *Jornal do Brasil*, edição de 21 de outubro de 1978.

Não se postula, com esta afirmação, qualquer irresponsabilidade dos magistrados. Apesar das cautelas, apesar do concurso de provas, será sempre possível que espíritos fracos, deformados ou sem vocação ingressem no Judiciário, como em qualquer outra profissão. Se é preciso prever os meios de exclusão daqueles indignos de serem juízes, cuide-se igualmente para que não se convertam em instrumentos de destruição da própria independência judicial, utilizados por outros integrantes do Judiciário, também eles desprovidos das qualidades as mais elementares para serem magistrados.

A terceira lição refere-se ao *controle externo do Judiciário*, discussão recente e desnecessária sobre uma instituição retrógrada e inconveniente.

Debate supérfluo porque modalidades de controle já existem há muito tempo, consistindo a primeira delas na própria separação de poderes: ela repousa exatamente no controle recíproco, visando alcançar um equilíbrio. Por outro lado, também existe outro controle sobre os atos dos juízes, antigo e muito mais eficaz e intenso do que o exercido sobre funcionários administrativos. Ou seja, os atos jurisdicionais são permanente e duplamente fiscalizados pelos advogados, através do sistema de recursos, e pelo Ministério Público. Ainda mais, em matéria financeira, o Judiciário sofre o controle do Tribunal de Contas, órgão auxiliar do Legislativo.

Instituição retrógrada porque significa a transferência do controle outrora exercido pelo monarca absoluto sobre a magistratura para outra entidade. Mesmo sejam os integrantes desta escolhidos por métodos supostamente democráticos, não se altera sua natureza. Tiranias podem ter origem popular, não sendo exclusivas de um déspota ou de um grupo.

Também aqui caberia a famosa indagação de Juvenal: "Sed quis custodiet ipsos custodes?"[30] Serão os membros do ente controlador advogados? Mas eles são interessados nas causas decididas pelos juízes sujeitos ao seu controle. Será o Ministério Público? Mas ele já é o fiscal da lei. Políticos profissionais? Mas sua eleição é fiscalizada pela Justiça Eleitoral, que eles pretendem controlar. Professores de Direito? Mas estes não têm qualquer experiência dos assuntos judiciários. Cidadãos leigos? Mas eles não conhecem a técnica própria do Direito. E quem controlaria o órgão controlador?

Seria uma situação semelhante à de Cartago, lembrada por Benjamin Constant e Condillac. Foram criados os sufetas para limitar a aristocracia do Senado, o tribunal dos cem para reprimir os sufetas, o tribunal dos cinco para conter o dos cem. Enfim, os cartagineses queriam impor um freio à autoridade e estabeleceram uma outra, que igualmente tinha necessidade de ser limitada, deixando subsistir os abusos, os quais acreditavam remediar.[31] Não haveria melhor exemplo de *regressum ad infinitum*.

De qualquer modo, por que só instituir o controle externo do Judiciário? Por que não criar os mesmos mecanismos de controle sobre a Ordem dos Advogados, o Ministério Público e os próprios poderes Executivo e Legislativo? Por que apenas os magistrados seriam distinguidos com esta dispensável e duvidosa honraria?

Nem se argumente que o controle externo limitar-se-á "apenas" a temas administrativos, não se intrometendo no conteúdo da própria decisão judicial. Quem tenha um mínimo de conhecimento da vida judiciária sabe muito bem ser possível, mediante a atividade administrativa, interferir na função jurisdicional, lesando a independência do juiz — como demonstra o exemplo histórico mencionado. A independência judicial, sem o controle pelo magistrado dos meios indispensáveis ao exercício de suas funções, pode transformar-se em conceito vazio de conteúdo.

Tal como ocorre com o poder disciplinar, supor que os organismos de "controle externo" nunca exerceriam suas atribuições com intenções subalternas, seria uma miragem. Também este poder ofereceria o risco do abuso.

A quarta lição é concernente à *rapidez judicial*, um dos monstros sagrados contemporâneos. Tornou-se ela uma obsessão no Judiciário, com magistrados julgando com um olho nos autos e outro na estatística das sentenças. A tão celebrada celeridade (já se falou até em "rapidificação", palavra inexistente em vernáculo) converteu-se em câncer, ameaçando a própria qualidade da prestação jurisdicional.

E, no entanto, antes de discutir os meios de abreviar a duração dos processos, é necessário determinar se em si mesma ela constitui um bem tão importante.

Ora, a natureza do processo judicial não se coaduna com a rapidez. Precisa-se admitir nele o amplo debate das questões pelas partes, a exaustiva produção de provas, a fundamentação correta das decisões judiciais, em ambiente de tranqüilidade e ponderação. Devem elas ser proferidas longe do calor dos acontecimentos e não ao sabor das paixões desenfreadas.

Em muitos casos, e mais uma vez o exemplo histórico mencionado o confirma, o exame dos autos de afogadilho, se traduz celeridade, não representa justiça e a primeira finalidade do Judiciário é a Justiça, não a rapidez ou a economia.[32] Como ensina a sabedoria dos séculos, "há quem

30. Juvenal. *Satires.* Texte établi et traduit par Pierre de Labriolle e François Villeneuve. 5ª ed. revue et corrigée. Paris, Belles Lettres, 1951, pp. 72, VI, 347-348. "Mas quem guardará os próprios guardiães?"

31. Constant, Benjamin. *Cours de Politique Constitutionnelle.* Avec une introduction et notes de Edouard Laboulaye. 2ª ed. Paris, Guillaumin, 1872, v. 1, p. 21.

32. Dahm, Georg, ob. cit., p. 330.

preze a Justiça e tarda em dá-la, por não agir precipitadamente".[33] E *bien juge qui tard juge*.[34]

Lembre-se, também, que a rapidez implica em dispêndio de mais tempo, provoca o efeito oposto ao desejado, pois decisões precipitadas carecem de reexame posterior (os juízes sucessores de magistrados rápidos conhecem bem o problema).

Enfim, só uma época, como a atual, dominada pelo mito da rapidez em todos os setores da vida, poderia esquecer que esta é parente do temor e, a lentidão, mais próxima da firmeza.[35]

A quinta lição é relativa à *atitude perante o Direito*, não só da sociedade como de seus profissionais. Sob este aspecto, a época contemporânea apresenta notável afinidade com a do rei prussiano. "Neste ponto", escrevia Max Weber, "coincidem as tendências de uma democracia soberana com os poderes autoritários da teocracia e do principado patrimonial".[36] Portadores de poderes, como o hierarca, o déspota (precisamente o ilustrado), o demagogo, não se sujeitam a limitações formais de qualquer espécie: todos eles tropeçam com o obstáculo da inevitável contradição entre o formalismo abstrato da lógica jurídica e a necessidade de realizar, através do Direito, certos postulados materiais, observava ainda o sociólogo alemão.[37] E isto porque a Justiça formal reduz a dependência do indivíduo diante do poder das autoridades ou a prática jurídica, e por fim o indivíduo, das decisões dos outros cidadãos, acrescentava Weber.[38]

Todavia, há uma diferença básica entre as duas épocas, caracterizando-se a atual pelo declínio da norma jurídica, pelo crepúsculo da autoridade, pela aurora da anarquia. Em uma palavra, despreza-se o Direito, concebido como mera circunstância ou até um obstáculo à realização das opiniões, caprichos e desvarios individuais ou coletivos.

Nem mesmo o Judiciário está livre desta tendência. Outrora confinados em alguns setores universitários, sem maior influência, atualmente o positivismo material, o sociologismo jurídico e as ideologias extremistas e totalitárias ganham terreno até nele, com graves prejuízos para a certeza do Direito, a segurança jurídica, a confiança na magistratura e a própria estabilidade social.

Alguns se proclamam agentes daquelas ideologias, sob a complacência generalizada; outros querem ser aprendizes de economistas, sociólogos amadores ou aspirantes a médico ou engenheiro social, mesmo sem os indispensáveis conhecimentos sistemáticos extrajurídicos; e não faltam os que padecem de um complexo de paladino da Justiça combinado com mentalidade de delegado, tornando-se meros auxiliares de operações policiais, tão cinematográficas como inócuas, com edições particulares dos códigos e sem qualquer risco pessoal.

Isto acontece porque abandonou-se a vinculação à lei e ao Direito, porque a primeira foi rasgada, ainda que com boas intenções, porque "era-se livre com as leis,

33. Alighieri, Dante. *A Divina Comédia*. Trad., anotada e comentada por Cristiano Martins. Belo Horizonte/São Paulo. Ed. Itatiaia, Ed. da Universidade de São Paulo, 1976, p. 366, Purgatório, Canto VI, 130-131.

34. Loisel, *apud* Fabreguettes, M. P., ob. cit., p. 460, nota 1.

35. *Uelocitas iuxta formidinem, cunctatio proprior constantiae est*, Tácito. *La Germanie*. Texte établi et traduit par Jacques Perret. 3ª tirage, Paris, Belles Lettres, 1967, p. 89, XXX, *in fine*.

36. Weber, Max. *Economia y Sociedad* — esbozo de sociología comprensiva. Trad. José Medina Echevarría *et alii*. 1ª reimpressão argentina, México, Fondo de Cultura Económica, 1992, p. 607, acrescentando: "pois é o mesmo que, contra o Direito formal, os jurados franceses absolvam geralmente o marido que mata o adúltero surpreendido *in fraganti* e que Frederico II exerça sua "justiça de gabinete" no caso do moleiro Arnold".

37. Weber, Max, ob. cit., p. 605.

38. Weber, Max, ob. cit., p. 606.

mas quis-se ser livre contra elas", nas palavras de Montesquieu.[39]

Ora, a submissão à lei e ao Direito exige uma firme disciplina intelectual — às vezes penosa, porque sempre é preciso resistir à tentação de tomar o lugar do legislador. Quem não a suporta foge à sua missão, não exerce a função como se espera. Da mesma maneira, aquela vinculação impede uma "jurisprudência sentimental", pronta a menosprezar os valores jurídicos diante de impressões passageiras como o vento. A alternativa legalidade-justiça (escolhendo-se a segunda, entendida como sentimento subjetivo incontrolável e descontrolado) pode degenerar perigosamente na alternativa legalidade-arbítrio (no sentido pejorativo), como adverte Giuseppe Lumia.[40] A possibilidade de escolher uma suposta justiça, em detrimento do Direito, também implica poder optar pela arbitrariedade, em prejuízo do mesmo Direito.

A penúltima lição relaciona-se com a *opinião pública*. Anteriormente, acreditei no apoio popular aos juízes, enfrentando o poder,[41] mas estava enganado. Levada pela paixão, conduzida pela emoção, não compreendendo a natureza da atividade judicial, ela pode exigir uma decisão em determinado sentido, exercendo as mais variadas pressões para obtê-la (sobretudo se mal informada, deformada e manipulada pelos meios de comunicação).[42] Ocasionalmente, poderá a opinião pública aplaudir uma decisão judicial independente, mas será fortuito sustentá-la por esta qualidade. Fa-lo-á, antes, por coincidir com seu interesse momentâneo — real ou imaginário.

A última lição diz respeito às *interferências do Executivo no Judiciário e as desobediências a decisões judiciais*. Ainda persiste o vezo do Executivo em se intrometer nos assuntos judiciários e negar cumprimento às suas determinações. Um episódio como o do moleiro Arnold dificilmente se repetiria com a mesma dramaticidade, mas nem por isso a herança do Estado absoluto deixou de pesar sobre o Executivo, informando muitos de seus atos. Embora o regime posterior a 1985 se proclame democrático, foram constantes as interferências do Executivo e não raras suas desobediências, seguindo uma antiga tradição brasileira. Basta lembrar acontecimentos há pouco ocorridos. Insatisfeito em ofender o Judiciário, promovendo a histeria na opinião pública, recusando-se a cumprir uma decisão do Supremo Tribunal Federal, o Executivo ainda violou contratos bancários privados, confiscando créditos de magistrados. Imaginar tal poder como modelo de respeito pela independência judicial, seria outra ilusão.

IV — Conclusão

Tal como em 1779, a época atual não favorece a independência judicial. Esta ainda é noção frágil, ameaçada por inúmeros perigos. Se o estudo da História proporciona inspiração para continuar o processo de seu aperfeiçoamento, como dizia Kennedy da coragem,[43] não fornece a própria independência. Ela depende de cada um e, sobretudo, da reforma dos corações e mentes.

39. Montesquieu. *Do Espírito das Leis*. Trad. Fernando Henrique Cardoso e Leôncio Martins Rodrigues. São Paulo, Difusora Européia do Livro, 1962, v. 1, p. 48, I, Livro 3ª, Capítulo III.

40. Lumia, Giuseppe. *Controllo sociale, Giurisdizione e Libertà*. Milano, Giuffrè, 1971, p. 121.

41. "Judiciário e Executivo — interferências e desobediências". *Tribuna da Imprensa*, edição de 17 de junho de 1983, p. 6.

42. V. o meu "'O Juiz', os meios de comunicação e a sociedade de massas". *Revista de Direito do Tribunal de Justiça do Estado do Rio de Janeiro*, n. 13, out./dez. 1992, pp. 33-53.

43. Kennedy, John F. *Política e Coragem*. Trad. Neil R. da Silva. 3ª ed. Belo Horizonte, Difusão Pan Americana do Livro, 1964, p. 226.

A RESPONSABILIDADE CIVIL DO ESTADO PELA INTEGRIDADE FÍSICA E MORAL DOS DETENTOS: UMA ANÁLISE DO EPISÓDIO DA REBELIÃO DO PRESÍDIO DO CARANDIRU

PAULO MAGALHÃES DA COSTA COELHO
Juiz de Direito da 8ª Vara da Fazenda Pública

I — Introdução

São Paulo assistiu há três anos a uma das mais terríveis cenas de sua história, na qual se conjugaram omissão, irresponsabilidade, violência e extermínio.

Decorridos mais de três anos do nefasto e cruel episódio, pode-se afirmar sem temor de injustiças que pouco ou nada se alterou no panorama das condições carcerárias e presidiárias que contribuíram, quando não constituíram, a principal razão dos trágicos acontecimentos daquele ano de 1992.

Mesmo na questão de apuração das responsabilidades, civil, administrativa e penal, quase nada se realizou.

A ação penal — na qual foram denunciados alguns Oficiais e muitos soldados da Polícia Militar — arrastou-se pelos meandros da sistemática processual penal e pelos caminhos tortuosos e injustificados de uma Justiça Militar Estadual, com a remessa há pouco para a Justiça Comum.

De outro lado, salvo em poucos e isolados casos, se intentaram ações civis de indenização, objetivando a responsabilização do Estado por aqueles trágicos acontecimentos.

Esse estudo visa contribuir para a melhor compreensão daquelas terríveis circunstâncias e suas conseqüências no âmbito da responsabilidade estatal.

II — A crônica das mortes anunciadas

Sob todos os aspectos e ângulos que se verifique a questão, não há duvida de que a omissão das autoridades estatais, quando não a arrogância, levaram ao descalabro que cobriu de vergonha a nação brasileira.

Cento e onze mortos, foi o saldo da intervenção trágica da polícia militar na casa de detenção em 2 de outubro de 1992.

Cenas explícitas de violência e barbarismo jamais vistas na historia de São Paulo, com a situação totalmente fora de controle dos Comandantes, Oficiais da Polícia Militar e pelas Autoridades Estaduais.

O resultado que se viu dispensa outras considerações, mas repugna, e de modo veemente, a consciência ética e jurídica dos cidadãos.

Pelos fatos ocorridos atribua-se a menor responsabilidade aos Policiais Militares, também jogados nas cenas de horror do inferno de Dante.

Evidentemente que despreparados para o enfrentamento daquela situação de violência extrema, sem um comando que impusesse a racionalidade, que se exige da ação do Estado se sobrepusesse às emoções mais primárias da natureza humana, o resultado não poderia ser mais mórbido e cruel.

O episódio não ocorreu por um fato isolado, mas inseriu-se induvidosamente na esfera da omissão estatal que não pode mais ser tolerada.

Ainda que se admita que a rebelião iniciou-se com o conflito entre grupos de presos, jamais tomaria a dimensão que tomou, não fosse a omissão, a insensatez, a irresponsabilidade e a arrogância das autoridades a quem incumbiam traçar uma política penitenciária e zelar pela disciplina e a segurança dos presídios.

Autoridades que tinham o poder real de alterar as condições da casa de detenção e preferiram a omissão burocrática e arrogante.

Jamais se viu uma crônica com tantas mortes anunciadas.

O nexo causal da omissão das autoridades e também da ação dos agentes estatais se infere dos próprios acontecimentos, tão evidentes que são.

Se não se querem render à lógica e à evidência dos fatos, leia-se o laudo do Instituto de Criminalística, que se encontra acostado aos autos da ação penal. Ali está consignado que após a análise dos projéteis alojados nas paredes das celas, que os mesmos foram disparados das soleiras das portas e revela que "não se observou quaisquer vestígios que pudessem denotar disparos de arma de fogo realizados em sentidos opostos aos descritos".

Isso revela que não houve confronto armado entre agentes estatais, policiais e os detentos.

Não na proporção e no modo alegado. Confronto houve, é certo, mas não com armas de fogo e a justificar as cento e onze mortes havidas.

Houve em verdade, fuzilamento e extermínio, em razão da situação já estar totalmente fora de controle no interior do presídio.

Se ainda não são convincentes esses argumentos, leia-se da denúncia criminal ofertada pelo Ministério Público, com base nos laudos de exame de corpo de delito:

a) vítima Rogerio — três ferimentos produzidos por projéteis de arma de fogo, um deles com entrada na cabeça, de trás para frente;

b) vítima Vanildo Luiz — dois projéteis com entrada na cabeça de trás para frente;

c) vítima Cosmo — ferimentos na cabeça, pescoço, e costas, todos de trás para frente;

d) vítima Nivaldo — ferimentos de projétil na cabeça, de trás para frente;

e) vítima Elias — vinte e quatro ferimentos produzidos por projéteis de arma de fogo, todos pelas costas;

f) vítima Francisco Antônio — seis ferimentos produzidos com projéteis de arma de fogo, três deles de trás para frente;

g) vítima Lucas de Almeida — treze ferimentos produzidos com projéteis de arma de fogo;

i) vítima Paulo Cesar — dez ferimentos produzidos com projéteis de arma de fogo, alguns deles de trás para frente;

j) vítima Claudio José — oito disparos de arma de fogo efetivos; seis tiros caracterizados como de certa distância. *Alguns de trás para frente e de cima para baixo.*

E poderia se prosseguir com a demonstração objetiva do massacre.

Convenhamos, como se pode falar em legítima defesa, diante de um quadro tão aterrador?

Quem age em legítima defesa não efetua seis, dez, doze, vinte e quatro disparos de arma de fogo.

Não atira pelas costas na cabeça, a curta distância e máxime de cima para baixo.

Esses os fatos.

III — A Responsabilidade Civil do Estado pela integridade física e moral dos detentos

"Todos são iguais perante a lei, sem distinção de qualquer natureza, garantindo-se aos brasileiros e aos estrangeiros residentes no País a inviolabilidade do direito à vida, à liberdade, à igualdade, à segurança e à prosperidade, nos seguintes termos:

"XLIX — é assegurado aos presos o respeito à integridade física e moral" (art. 5º, XLIX, da Constituição Federal).

Esse o texto constitucional.

O art. 5º da Constituição Federal estabelece os direitos fundamentais do homem, seja branco, negro, asiático, abastado ou pobre, livre ou preso.

São direitos que resumem uma concepção de mundo e informam a ideologia de cada ordenamento jurídico e o grau de desenvolvimento ético da sociedade e da nação.

Designa, assim, ao nível da norma constitucional positiva, certos direitos inalienáveis da pessoa humana para garantia de uma convivência digna, livre e igualitária.

Diz-se que tais direitos são fundamentais porque, se suprimidos, a pessoa humana não se realiza e não sobrevive.

Devem, portanto, ser não apenas formalmente reconhecidos, mas concreta e materialmente efetivados.

A inviolabilidade de tais direitos impõe-se a todos, mas notadamente às autoridades e ao Estado.

E a esses se impõe por imperativo constitucional expresso: o dever de propiciar ampla defesa ao acusado; de só prender alguém por ordem escrita da autoridade judiciária competente; o dever de comunicar a prisão de alguém e o local onde se encontra ao Juiz competente e à família do preso; o dever de informar ao preso seus direitos, dentre os quais o de ficar calado; o dever de identificação, ao preso, dos responsáveis por sua prisão ou interrogatório, o dever de respeitar a integridade física do preso.

Ao Estado e às autoridades que o representam por investidura do Poder Estatal, compete tornar efetivo esses preceitos, pena de violação das garantias individuais do cidadão.

Dentre esses direitos individuais, interessa para a análise do tema em julgamento, o que impõe o respeito à integridade física do preso.

O preso é uma pessoa que perdeu um dos valores mais caros à pessoa humana: a liberdade.

E a perdeu por ter ofendido certas regras de convivência social, valoradas como essenciais pela sociedade.

Ao perder sua liberdade, vê-se, portanto, custodiado e tutelado pelo Estado.

A esse cumpre, portanto, zelar para que o preso cumpra a pena que lhe foi imposta, segundo as normas penais em vigência, garantindo-lhe, porém, a dignidade da pessoa humana e sua integridade física.

Trata-se de uma imposição constitucional ao Estado e não mero enunciado retórico.

Bem por isso o Poder Judiciário tem reconhecido a responsabilidade civil do Estado por seus atos omissivos e comissivos de seus agentes, praticados contra pessoas sujeitas a prisão.

Na hipótese em exame, a responsabilidade dada ao Estado se avulta nos dois aspectos.

Houve omissão das autoridades constituídas, no sentido de se evitar a rebelião, absolutamente previsível, em razão do excesso de população carcerária no complexo penitenciário do Carandiru e mercê das péssimas condições a que as prisões foram relegadas.

Omissão ainda houve por parte das autoridades ao verificarem a gravidade da situação, e não terem atuado, como exigia a responsabilidade de suas funções, de modo a não permitir que a situação fugisse de controle, prestando o devido auxílio, orientação e comando para as tropas que invadiram o presídio.

Houve finalmente, culpa por comissão, uma vez que os agentes da autoridade praticaram verdadeiro excesso no controle da rebelião, procedendo execução sumária de presos já inteiramente dominados, como demonstra a análise do laudo do Instituto de Criminalística e os laudos de exame necroscópicos de diversas vítimas.

O nexo causal entre os atos omissivos e comissivos das autoridades é mais do que evidente.

Mas independentemente da existência desse nexo, ao Estado cumpria zelar pela garantia constitucional da inviolabilidade física dos presos, falhando também nesse aspecto.

Daí o porquê, a questão não se esgotar na análise da prova que conclui terem sido os agentes do Estado os responsáveis diretos pelo evento.

A complexidade da matéria autoriza a assertiva segundo a qual, mesmo que os tiros que atingiram as vítimas não fossem provenientes das armas dos policiais, ainda assim, restaria íntegra a responsabilidade civil do Estado.

IV — A responsabilidade objetiva do Estado

Nos dias que correm, no plano da responsabilidade objetiva do direito brasileiro dano ressarcível tanto resulta de ato doloso ou culposo do representante do Estado, como também de ato que, não revelador de culpa do agente ou de falha da máquina administrativa, tenha caracterizado como injusto e gravoso para o particular, ferindo sua esfera de direito subjetivo.

Ora, se num primeiro momento repugna a nossa consciência jurídica pretender responsabilizar a administração pública por atos ou fatos não decorrentes de culpa "lato sensu", é mister que despojemos do raciocínio e lógica privatística, para analisarmos a questão no contexto amplo do direito público.

Os pressupostos da responsabilidade civil no direito privado mostram-se insuficientes para a adequação do problema no âmbito do direito público.

A doutrina da responsabilidade estatal vem ao longo dos séculos em contínua evolução no sentido de ampliar a proteção aos particulares que foram de alguma forma atingidos pela atividade pública.

Na origem do direito público à época dos Estados absolutistas vigia o princípio da irresponsabilidade do Estado que, sendo soberano, não podia causar males. Daí o se afirmar na França "Le Roi ne peut mal faire" ou "The King can do no wrong", na Inglaterra.

Rompendo as amarras da teoria da irresponsabilidade dita pelo Estado absolutista, no famoso caso Blanco, por meio de construção pretoriana, ainda à margem de qualquer texto legislativo, veio a se reconhecer a responsabilidade civil do Estado.

Uma vez admitida essa, a teoria não parou de evoluir, refletindo o amadurecimento, a experiência e o aperfeiçoamento da consciência jurídica dos povos.

Bateram-se a doutrina e a jurisprudência pela fixação da responsabilidade subjetiva do Estado, já contudo, ultrapassando os princípios privatísticos, como o de culpa individual para deflagrar-se a responsabilidade do Estado. Tal noção civilista, como nota Celso Antônio Bandeira de Mello (*Elementos de Direito Administrativo*, p. 257, 1ª edição, Ed. RT São Paulo, 1986) é ultrapassada pela idéia de "faute du service" ou falta de serviço, quando este não funciona, devendo funcionar, funciona mal ou funciona atrasado.

Buscando ampliar a proteção ao administrador, ainda uma vez a construção pretoriana, secundada posteriormente por textos legislativos veio a admitir também hipóteses de responsabilidade objetiva ao Estado, sem necessidade de perquerir-se do dolo ou culpa de seus agentes ou mesmo de "faute du service", fixando-se na teoria do risco administrativo.

Esta sendo a expressão da equilibrada evolução dos conceitos de responsabilidade civil no âmbito do direito público, dispensa a caracterização de iliceidade dos atos da administração, dada a característica especial desta ficção jurídica que é o Estado.

A teoria do risco administrativo faz surgir a obrigação de indenizar o dano tão-só do ato lesivo e injusto causado ao particular. Não se exige culpa nem falta do serviço. Basta a lesão, sem concurso do lesado. Ou na magnífica síntese e Hely Lopes Meirelles:

"Na teoria da culpa administrativa exige-se a falta do serviço, na teoria do risco administrativo exige-se apenas o fato do serviço. Naquela a culpa é presumida de falta administrativa; nesta é indeferida do fato lesivo da administração" (*Direito Administrativo Brasileiro*, p. 550, 10ª ed., Ed. RT, São Paulo 1984).

A teoria do risco administrativo tem conquistado terreno sobre a responsabilidade fundada exclusivamente na culpa, na elaboração normativa e na jurisprudência, vindo a solucionar hipóteses que não poderiam ser, com justiça e eqüidade, no âmbito estreito da culpa.

Assim, como quer Cirne Lima (*Principios de Direito Administrativo*) a culpa e o risco formam as bases essenciais da responsabilidade da administração pública pelo dano decorrente do fato de seus agentes ou do fato das coisas a seu serviço.

Mas enquanto:

"... a culpa supõe que o agente tenha ou deva ter conhecimento pleno de todos os fatores e circunstâncias, suscetíveis de determinar os efeitos e resultados do ato... O risco, pelo contrário, supõe que o agente não possa ter conhecimento pleno de todos os fatores e circunstâncias, suscetíveis de determinar os efeitos e resultados do ato, arcando-se, portanto, com a prática do ato, um risco, quer dizer, a possibilidade de efeitos ou resultados imprevistos" (ob. cit., p. 198, 5ª ed., Ed. RT, 1982).

O risco traduz a necessidade social de paz e progresso da sociedade. As complexas relações sociais modernas exigem a criação de novas situações jurídicas a desafiar e a exigir soluções sem desmantelo da harmonia social. A insegurança material da vida moderna criou a teoria do risco proveito, sem se afastar dos princípios de uma moral elevada, sem postergar a dignidade humana sem deter a marcha das conquistas do homem (Alcino de Lima, *Da culpa do risco*, 1938, p. 288).

Daí o porquê pelo dano decorrente atividade de risco necessária deve responder o agente a quem tal atividade aproveita.

Segundo a erudita pena do grande Pedro Lessa (*Do Poder Judiciário*, 1915, p. 164) repousa a teoria do risco administrativo no princípio da igualdade dos ônus e encargos que se articula no princípio da solidariedade humana.

Os serviços públicos nem sempre funcionam como deveriam. Acarretam, por isso, certas disfunções e certos males que devem ser sofridos por todos, contribuindo cada uma para a indenização do dano que sobre um só incidiu.

E por outro lado, se da solidariedade de todos nasce e floresce a máquina administrativa, do prejuízo ocasionado pelo aparelho público nascerá a obrigação eqüitativa de indenizar, que se difundirá por todos os administradores solidários com aquele que, individualmente, suportou o dano. E a expressão da solidariedade dos administrados outra não é senão o próprio Estado.

V — Conclusão

Aplicando-se, agora, a tese construída ao longo dos anos de experiência jurídica a casuística em análise é de mister que se reconheça:

a) O Estado foi criado e erigido como necessidade do progresso social e humano, para dirigir e harmonizar as complexas relações do mundo moderno visando o bem comum, preservando ao mesmo tempo a vida em sociedade e os direitos do cidadão.

b) Entre os serviços mais relevantes que presta o Estado aos cidadãos está a segurança pública, necessária à paz social, ao progresso e à integridade destes.

c) Ao Estado cumpre garantir a integridade física do preso.

d) Quando a segurança pública ou outro serviço qualquer prestado pelo Estado coletividade apresenta desvios ou disfunções que atinge a esfera de direito individual é o corpo social como um todo que deve arcar com esta responsabilidade.

Há apenas a necessidade de se estabelecer o nexo de causalidade entre este evento e os prepostos do Estado. Estabelecida esta a responsabilidade há de ser imputada ao ente estatal, que é a expressão da sociedade politicamente organizada.

Opera-se, assim, pela mediação do Estado a distribuição do ônus para toda coletividade.

Pois aquele não existe sem povo, que é quem com sua contribuição tributária lhe dá o sopro da vida

No quadro desenhado o nexo de causalidade entre o dano e a ação dos agentes policiais é inequívoca.

Pouco importa saber para o deslinde se os Policias agiram com dolo ou culpa. Parece claro que estes outra coisa não fizeram senão dar cumprimentos à missão que lhes foi ordenada, mas agindo com evidente excesso, acabaram por dar causa a um episódio hediondo.

Ao darem cumprimento a esta missão detonaram o processo que acabou por resultar no evento lesivo, a responsabilidade do Estado é manifesta.

Nessa linha de raciocínio torna-se mesmo despiciendo saber se as balas que atingiram a vítima partiram das armas dos agentes da lei.

E assim é, como observou esta figura extraordinária de magistrado cujas decisões se encontravam à frente de sua época, que foi Pedro Lessa: Desde que o particular sofreu prejuízo, em conseqüência do funcionamento (irregular ou regular, pouco importa) do serviço organizado no interesse de todos, a indenização é devida (*Do Poder Judiciário*, 1915, p. 166).

Em arremate, por todas estas circunstâncias expostas é que a temática da responsabilidade civil no âmbito do direito público diferencia-se profundamente da ótica que lhe empresta o direito privado. Os conceitos e institutos destes são insuficientes para a plena solução do tema na esfera publicística, porque diversos são os interesses e pessoas envolvidas.

Acerca desta temática preferimos ficar com Onofre Mendes Júnior, que considera a responsabilidade do Estado um problema de justiça social, salientando:

"... sendo o objetivo do Estado a realização do bem comum, que é o de todos e o de cada um, assim como não se pode sacrificar o direito da coletividade em benefício do indivíduo, também não é lícito o sacrifício do direito individual, em benefício da coletividade, sem a conseqüente reparação. Se o Estado pudesse impunemente oprimir o indivíduo, prejudicando-o em seu direito ou em seus legítimos interesses, em proveito da coletividade, evidentemente a repetição deste gesto importaria, afinal, em ameaça à própria sobrevivência do regime. É que a repetição do fenômeno, em extensão ilimitada, geraria uma diminuição cada vez maior do patrimônio privado, em benefício do patrimônio público" (*Direito Administrativo*, 2ª edição, 1961, v. 1, p. 314).

Assim, do ponto de vista jurídico a questão tratada, no âmbito do direito público, encontra solução na socialização da responsabilidade do Estado, de forma tal que por intermediação desse todos respondam, proporcionalmente, pelos danos que a Administração Pública venha causar a direito individual.

ESTUDOS & COMENTÁRIOS

REGIMES JURÍDICOS DOS SERVIDORES PÚBLICOS: APLICAÇÃO DO REGIME GERAL DOS EMPREGADOS À ADMINISTRAÇÃO PÚBLICA

MARIA PAULA DALLARI BUCCI

Mestre em Direito pela Universidade de São Paulo e Assistente Jurídica da Consultoria Jurídica da Universidade de São Paulo

Introdução

O direito administrativo é um ramo do direito público, cuja delimitação nem sempre é pacífica. O fato de ter como problema a relação entre liberdade (dos cidadãos)[1] e autoridade (do Estado) não o aparta do direito constitucional, que se desenvolveu em torno do mesmo problema, central para o direito público.[2] A distinção entre os dois ramos se faz a partir do enfoque. Enquanto o direito constitucional "explica, descreve, compreende e critica a organização do poder político"[3] para a realização dos direitos dos cidadãos, o direito administrativo privilegia a ótica da autoridade e da organização interna das instituições do Estado, para a execução dos atos de governo.

Essa distinção, na prática, é pouco operacional, não permitindo, muitas vezes, que se insira determinada questão na órbita do direito constitucional ou do direito administrativo. Essa é uma das razões pelas quais a definição epistemológica de direito administrativo veio sendo construída, desde a sua gênese, em torno do modo peculiar do exercício da autoridade administrativa sob o Estado de direito, o que se conhece como regime jurídico administrativo.[4]

O regime administrativo, segundo a doutrina jurídica nacional, se caracteriza pela presença de dois elementos. De um

1. "Il n'existe pas de libertés publiques illimitées et absolues. Toute liberté se heurte dans son exercise à l'ordre publique" (Colliard, *Libertés Publiques*, 1972, p. 155).

2. Gordillo, Agustín, *Princípios Gerais de Direito Público*, São Paulo, Ed. RT, 1977, p. 49. Também Santi Romano, nos *Princípios de Direito Constitucional Geral*, São Paulo, Ed. RT, p. 11, afirma: "A verdade é que a delimitação das matérias pertencentes ao direito constitucional pode ser praticamente mais difícil em suas linhas de fronteira com o direito administrativo do que com os demais ramos do direito público, mas isso não autoriza de modo algum a fusão". Veja-se, ainda, Paulo Bonavides, *Curso de Direito Constitucional*, São Paulo, Malheiros Editores, 1994, 5ª edição, p. 29.

3. Canotilho, José Joaquim Gomes, *Direito Constitucional*, Coimbra, 1984, 4ª edição, p. 7.

4. Bandeira de Mello, Celso Antônio, *Elementos de Direito Administrativo*, São Paulo, Malheiros Editores, 3ª edição.

lado, as prerrogativas da administração, exorbitantes do direito comum; e de outro, a sujeição ao interesse público, que sempre prevalece sobre o interesse particular.[5] As prerrogativas da administração, contudo, não significam a atuação à margem da lei, mas ao contrário, nos limites da legalidade — dir-se-á melhor, da legalidade material, isto é, visando os fins da lei — segundo os princípios de direito público.

O surgimento do direito administrativo se dá exatamente em torno da institucionalização desse regime administrativo, da disciplina das prerrogativas da administração e da previsão de seus limites, diante da esfera de liberdade dos particulares. Esse fato, contudo, não significa que a administração não possa se valer — e não se valha, efetivamente —, do regime jurídico de direito privado, para reger as relações jurídicas por ela estabelecidas, quando isso lhe pareça mais conveniente e oportuno.

Maria Sylvia Zanella Di Pietro dedicou a esse tema um trabalho aprofundado, no qual, depois de debater a validade da dicotomia direito público/privado, examina a origem do direito público a partir dos institutos do direito privado, fenômeno que Norberto Bobbio chamou de "tecnicização do direito público",[6] ocorrido a partir de meados do século XIX. Em relação às grandes subdivisões do direito administrativo, segundo o objeto de cada uma, as pessoas jurídicas, os contratos e os bens, estuda-se a aplicação do direito privado e diante dele, a preponderância do direito administrativo ou a sua derrogação.

O regime jurídico do pessoal da administração também comporta uma análise específica quando à forma de aplicação do regime de direito privado, quando se o considere mais apto à realização do interesse público.

Isso foi particularmente enfatizado após a edição, no Brasil, do Decreto-lei n. 200/67, quando a grande disseminação das empresas estatais — incluindo-se aí as empresas públicas, as sociedades de economia mista e posteriormente as fundações de direito público e de direito privado —, inserida num movimento de descentralização e desconcentração administrativa, se fez acompanhar da adoção, em grande escala, do regime empregatício, regido pela Consolidação das Leis do Trabalho, na administração.

O recente *Plano Diretor da Reforma do Aparelho do Estado*, editado pela Presidência da República como fonte de subsídios técnicos para a reforma administrativa, contém um breve histórico da evolução do quadro institucional dos servidores públicos no Brasil, no qual se ressalta a importância do Decreto-lei n. 200, como "um primeiro momento na administração gerencial no Brasil".

A administração gerencial, esclareça-se, seria o terceiro momento da evolução administrativa do Estado brasileiro, cujas primeiras fases seriam a "administração patrimonialista" e a "administração burocrática". A administração patrimonialista se caracterizaria pela visão das instituições estatais como extensões do poder do soberano. A administração burocrática, por sua vez, em reação a essa "apropriação" dos negócios públicos pela monarquia e pela nobreza, forma-se na segunda metade do século XIX, com o Estado liberal, em torno das idéias de profissionalização dos servidores públicos, de impessoalidade, de formalismo e de racionalização, segundo

5. Di Pietro, Maria Sylvia Zanella, *Da Aplicação do Direito Privado no Direito Administrativo*, São Paulo, 1988, ed. da autora. Celso Antônio Bandeira de Mello enfatiza ainda mais o papel nuclear da noção de interesse público, identificando como princípios fundamentais e peculiares do direito administrativo "a supremacia do interesse público sobre o privado e a indisponibilidade, pela administração, dos interesses públicos".

6. Bobbio, Norberto, *Estado, Governo e Sociedade. Para uma teoria geral da política*. Rio de Janeiro, Ed. Paz e Terra, 1987, 2ª edição, pp. 56 e 22.

os critérios da lei. Assumem grande importância os controles administrativos e a formalidade dos procedimentos.[7]

Abro aqui um parêntese para registrar que, embora discorde de várias das medidas concretas propostas na reforma administrativa do Ministro Bresser Pereira, reputo como valiosa a análise histórica da administração pública brasileira contida no Plano Diretor. A classificação dos estágios da administração segundo o objetivo predominante em cada fase é útil para destacar a necessidade de adequação dos instrumentos administrativos ao atendimento das necessidades dos cidadãos, em relação aos serviços públicos e demais formas de atuação estatal.

A declaração dos fins visados pela administração gerencial, a partir do diagnóstico apresentado no Plano Diretor, não deverá dar margem a controvérsia, dado o consenso em relação à manifesta insuficiência da atuação administrativa do Estado brasileiro, quanto aos objetivos, e pouca racionalidade, quanto aos meios:

A administração pública gerencial "emerge na segunda metade do século XX, como resposta, de um lado, ao aumento das funções econômicas e sociais do Estado, e, de outro, ao desenvolvimento tecnológico e à globalização da economia mundial, uma vez que ambos deixaram à mostra os problemas associados à adoção do modelo anterior. A eficiência da administração pública — a necessidade de reduzir custos e aumentar a qualidade dos serviços, tendo o cidadão como beneficiário — torna-se então essencial. A reforma do aparelho do Estado passa a ser orientada predominantemente pelos valores da eficiência e qualidade na prestação de serviços públicos e pelo desenvolvimento de uma cultura gerencial das organizações".

É importante notar que um dos pilares da reforma proposta é exatamente a inspiração na administração de empresas, o que é mais uma razão a justificar o estudo acurado das formas de aplicação do direito privado à gestão pública.

Retrospecto histórico: importância do surgimento dos funcionários públicos. A formação da burocracia como condição para o surgimento do Estado moderno

O regime jurídico dos funcionários públicos não é uma peculiaridade nacional do Brasil, mas é o estatuto da burocracia, que Massimo Severo Giannini considera condição indispensável para o surgimento do Estado moderno.[8] Na opinião do ilustre publicista italiano, a evolução do Estado e das administrações públicas passa pelo surgimento de uma burocracia permanente, entendida não como uma organização de cargos públicos, mas como um "aparelho internamente ordenado".

Os ordenamentos jurídicos territoriais gerais, segundo a construção elaborada por Max Weber, podem-se qualificar como Estados quando se dotam de um corpo permanente de pessoal profissional — a burocracia.[9]

Nessa linha, conjectura Giannini que os Estados do terceiro mundo não conseguem avançar por não ter aparelhos burocráticos consistentes, vivendo no nível de um Estado anterior ao século XVIII, "com uns tantos guardas e os favoritos dos poderosos".[10]

Marcello Caetano analisa a perspectiva histórica da profissionalização dos funcionários públicos, derivada da individua-

7. *Plano Diretor da Reforma do Aparelho de Estado*, Presidência da República, Brasília, 1995, versão preliminar, 10.9.95, pp. 7-8.

8. Giannini, Massimo Severo, *El Poder Público. Estados y Administraciones Públicas*, Madrid, Editorial Civitas, p 46.

9. Giannini, ob. cit., p. 41.

10. Giannini, ob. cit., p. 50.

lização dos agentes da administração com o advento do Estado liberal e com a introdução do conceito de separação de poderes. Nos Estados Unidos, vigia o *spoil system*, pelo qual os cargos públicos pertenciam ao partido vencedor das eleições, eram "despojos das batalhas eleitorais", enquanto na Europa o sistema se explicava pela "patrimonialidade dos ofícios",[11] as funções públicas vistas como privilégios da nobreza ou das famílias burguesas.[12]

A evolução das funções do Estado reclamava a profissionalização dos agentes públicos, além de estabilização e neutralidade, para o funcionamento regular e contínuo do serviço público, ao largo das disputas partidárias e das mudanças governamentais. No fim do século XIX e começo do XX, ganha prestígio a função pública, cujo regime jurídico próprio a investia de autoridade e influência, com a organização do serviço e garantias aos servidores.[13]

Posteriormente, no entanto, também a legislação social sofreu progressos, especialmente depois da 1ª a Guerra Mundial, quando foram bastante desenvolvidas as formulações teóricas e legais do direito do trabalho e da previdência social. Em alguns países, verificou-se o gradativo rompimento da dominação do contrato individual do trabalho pelos contratos coletivos do trabalho e pelas convenções coletivas.

11. No mesmo sentido utilizado no Plano Diretor acima referido. Em outra obra, Marcello Caetano registra uma nota histórica, segundo a qual no direito português conheceram-se a venda, a doação e a herança de cargos públicos, com fundamento no direito consuetudinário (*Manual de Direito Administrativo*, v. II, Coimbra, Almedina, 10ª edição, 1991, pp. 659-661).

12. Caetano, Marcello, *Princípios Fundamentais do Direito Administrativo*, Rio de Janeiro, Forense, 1ª edição, 1977, pp. 359-385

13. Bielsa refere que na doutrina alemã em geral o funcionário se caracteriza pelo seu dever de consagração pessoal e pela fidelidade que se lhe exige, como obrigação moral, Derecho Administrativo, Buenos Aires, 1947.

A organização dos servidores públicos num grande número de países, notadamente os da Europa continental — e aqueles cujo direito filia-se à tradição européia, como é o caso do Brasil —, pautou-se pela profissionalização, adotando um regime jurídico próprio para os funcionários públicos, distinto do regime dos empregados.

Esse é o caso da Alemanha, por exemplo, cuja Constituição, a Lei Fundamental da República Federal da Alemanha, contém, no art. 33, a previsão de um funcionalismo de carreira, regido por um estatuto legal do serviço público. Esse estatuto é informado pelos princípios tradicionais do funcionalismo de carreira, sendo "as relações de serviço e fidelidade assentadas no direito público".

No entanto, dada a necessidade de maior agilidade e flexibilidade das entidades da administração pública, até em função da diversidade de tarefas cometidas ao Estado moderno, tem tomado corpo na doutrina a idéia da existência de funcionários públicos em regime de direito público concomitantemente com servidores regidos pela lei geral dos empregados. Aos primeiros caberiam as funções especializadas, tais como a magistratura, a arrecadação e fiscalização tributária e outras que exigissem as garantias de independência funcional e estabilidade. As funções mais simples, ou aquelas especializadas cujo exercício não se vinculasse a injunções políticas dos governos, poderiam ser desempenhadas segundo o regime trabalhista comum.

Nessa linha, anota Marcello Caetano:

"Para os partidários deste critério, a Administração pode e deve, cada vez mais, aproximar-se do setor privado quanto às relações de trabalho com os seus agentes, de tal modo que não haja senão um Direito do Trabalho no País, salvo para alguns casos especiais. Admitir-se-ia, pois, que a massa dos agentes administrativos fosse regida por contratos de trabalho e até que os seus sindicatos negociassem com as pessoas jurídicas de direito público contratos coletivos de trabalho. Ficariam de fora certas funções de soberania que por motivos de segurança e de interesse público exigissem um regime jurídico especial, o regime de direito público, e só os que se achassem a ele subordinados seriam funcionários."[14]

Essa é a posição da Constituição portuguesa de 1976, que embora reconheça um *regime da função pública* (art. 269), dispõe sobre os "trabalhadores da administração pública", referindo-se a cargos e empregos públicos.

Mas, preliminarmente ao exame das implicações dessa idéia, convém que se examinem as linhas gerais de cada um dos regimes jurídicos.

O regime jurídico dos funcionários públicos

A admissão de servidores públicos regidos pela legislação trabalhista aplicável às empresas privadas inovou no direito público brasileiro, que tinha relativamente desenvolvido o regime estatutário dos funcionários públicos.[15]

O regime de contratação de pessoal típico da administração é peculiar em relação ao regime trabalhista, desde o seu fundamento. Enquanto as contratações de empregados se fundam no contrato, a admissão de funcionários se rege pelo estatuto — a lei própria —, criando-se entre o indivíduo e o Estado um vínculo de natureza institucional.

A situação legal dos funcionários é, por isso, "estatutária", não produzida mediante acordo de vontades, mas imposta unilateralmente pelo Estado. Alterando-se a lei, isto é, o estatuto, o funcionário não pode se opor à mudança das regras de prestação do serviço, do sistema de retribuição, e demais alterações que digam respeito tanto aos direitos e vantagens como aos deveres e limitações.[16]

Deve ficar registrado, por ora, que essa liberdade de alteração das condições de trabalho pela administração não é absoluta. Mesmo em se tratando de servidores em regime estatutário, como se discutirá mais adiante, vai se esmaecendo a separação absoluta que o regime legal criava entre os funcionários públicos e os empregados do Estado, em termos de direitos do trabalhador. Aceita-se hoje que há um mínimo de direitos que não podem ser retirados do funcionário, tais como o salário (irredutibilidade de vencimentos), as conquistas da higiene do trabalho (férias) etc.

O regime geral dos empregados

O regime jurídico dos empregados, voltado às relações entre os particulares e seus trabalhadores, é de natureza contratual, baseando-se, em tese, no acordo de vontades entre patrão e empregado e tendo por objeto a venda da força de trabalho deste último. No Brasil, o vínculo empregatício rege-se pela Consolidação das Leis do Trabalho, com as alterações posteriores, observados os direitos previstos no art. 7º da Constituição Federal de 1988.

Mesmo em relação aos empregados da iniciativa privada, cabe ressalvar que a liberdade contratual, em matéria de direito do trabalho, não é absoluta, havendo intensa intervenção do Estado, tanto normativa, como judicial, no sentido da proteção do

14. Caetano, ob. cit. p. 366. Segundo o autor, a legislação espanhola de 1964 adota organicamente essa duplicidade de regimes.

15. O Plano Diretor enfatiza também a importância da criação do Departamento Administrativo do Serviço Público (DASP), em 1936, como impulso para a formação de uma burocracia nos moldes weberianos.

16. Bandeira de Mello, Celso Antônio, *Apontamentos sobre Agentes e Órgãos Públicos*, 1981.

trabalhador, rotulado de "hipossuficiente". A descaracterização da origem privatista do contrato de trabalho — oriundo do contrato de locação de serviços — foi observada por Maria Sylvia:

"É o direito do trabalho, talvez, o ramo em que mais imprecisa se torna a linha divisória entre o direito público e o direito privado: o contrato individual de trabalho estabelece relação jurídica entre particulares, que têm parcial autonomia de vontade para estipularem as condições do ajuste; essa autonomia, no entanto, é, em grande parte, limitada por normas imperativas, inderrogáveis pela vontade das partes. Mas isso não tira a matéria do âmbito do direito privado, da mesma forma, que dele não se exclui, por exemplo, a locação de imóvel, profundamente afetada por normas de ordem pública. Ainda que a intervenção do Estado nessa área atenda ao interesse coletivo na valorização do trabalho, na realidade o seu objeto imediato é o de proteger a parte fraca na relação trabalhista, na tentativa de estabelecer-se o equilíbrio de interesses que deve haver em qualquer tipo de ajuste".[17]

Feita essa ressalva, cumpre assinalar que mesmo o acentuado nível de intervenção estatal sobre as relações trabalhistas, que se dá tanto pela ação do Poder Executivo como do Poder Judiciário (julgamento dos dissídios trabalhistas), não altera o fato de ser um regime atípico de contratação de pessoal pela administração pública. O regime ordinário, no Brasil, ao menos na administração direta, é predominantemente o estatutário.

Essa questão, aliás, ganhou maior relevo diante da previsão, no art. 39 da Constituição Federal de 1988, do *regime jurídico único* para os servidores da administração direta, das autarquias e das fundações públicas.

A interpretação do que seja exatamente o regime jurídico único está longe de ser unânime. Alguns autores entendem *único* como sinônimo de *uniforme*, considerando que pode permanecer a dicotomia entre os regimes estatutário e contratual, desde que ela se faça por critérios uniformes na administração direta, nas autarquias e nas fundações.[18]

Outros autores, contudo, entendem que desde que o governo de cada esfera federativa faça a opção por determinado regime jurídico, este deve ser aplicado uniformemente a todos os servidores públicos daquele ente político.[19]

E há, ainda, uma terceira posição, que entende "que o regime jurídico único a ser utilizado pela administração centralizada e autárquica (compreendida nesta as fundações públicas) para o pessoal permanente, é o regime estatutário, exatamente por ser o regime próprio, típico e adequado para a administração pública, mas que somente pode ser utilizado por pessoas jurídicas de direito público, como é exatamente o caso das entidades referidas no art. 39".[20]

A origem da polêmica evidentemente não está no diletantismo interpretativo dos doutrinadores — todos ocupados com as conseqüências concretas da dicção constitucional — mas encontra-se na imperfeição sistemática do art. 39, cujo laconismo, ao lado do tom "novidadeiro" do regime jurídico único, é bastante inadequado à racionalização da administração de pessoal pelo Estado brasileiro.

17. Ob. cit. pp. 26-27.

18. Bandeira de Mello, Celso Antônio, *Regime Constitucional dos Servidores da Administração Direta e Indireta*, São Paulo, Ed. RT, 2ª edição, p. 104.

19. Di Pietro, Maria Sylvia Zanella, *Direito Administrativo*, São Paulo, Atlas, 1992, 3ª edição, pp. 311-312

20. Dallari, Adílson Abreu, *Regime Constitucional dos Servidores Públicos*, São Paulo, Ed. RT, 1990, 2ª edição, p. 46. Essa também é a posição de Hely Lopes Meirelles, para quem a instituição do regime jurídico único pela Constituição Federal "significa ter afastado o regime trabalhista utilizado por algumas Administrações para a contratação de seu pessoal para certas atividades", *Direito Administrativo Brasileiro*, São Paulo, Malheiros Editores, p. 359.

Problemas na coexistência de dois regimes de trabalho na administração pública

A existência da duplicidade de regimes jurídicos de pessoal na administração pública não acontece sem problemas. Há uma tendência permanente de aproximação dos direitos conferidos por um e por outro, de tal forma que, com o passar do tempo, desfigura-se a função original da especificidade de cada um deles.

Por um lado, verifica-se um movimento, no sentido do que se poderia chamar de "celetização" dos funcionários, com a reivindicação, pelos servidores estatutários, de vantagens asseguradas pelas leis trabalhistas aos empregados.

A extensão do direito ao 13º salário aos funcionários é um dos exemplos desse movimento. Originalmente, pelo regime da Lei estadual n. 10.261/68, os funcionários públicos do Estado de São Paulo não tinham direito a essa vantagem. Posteriormente, instituída a gratificação de Natal no âmbito do funcionalismo estadual pela Lei Complementar n. 180/78, o art. 129 desse diploma facultava ao funcionário a opção pela gratificação, em lugar da licença-prêmio. Finalmente, com a edição da Lei Complementar n. 644/89, permitiu-se a cumulação dos dois benefícios pelos funcionários públicos (retroativamente à data da promulgação da Constituição Federal de 1988), resultando, portanto, na incorporação, pelo "estatuto funcional", de uma das conquistas típicas do regime trabalhista privado.

Dessa tendência fazem parte outros direitos, tais como o de sindicalização dos servidores públicos (art. 37, VI, da Constituição Federal), o direito de greve (art. 37, VII), e a negociação coletiva (art. 240, "d", da Lei n. 8.112/90, para os servidores federais). O § 2º do art. 39 prevê, ainda, a extensão de alguns dos direitos trabalhistas disciplinados no art. 7º à totalidade dos servidores públicos. Entre eles estão o 13º salário, a irredutibilidade de vencimentos (salvo se disposto em contrário em negociação coletiva), jornada de trabalho de 44 horas semanais, acréscimo de 50% nas horas extras, acréscimo de um terço do salário nas férias; licença gestante de 4 meses; licença paternidade etc.).

Alguns desses direitos, contudo, embora tenham sido expressamente estendidos aos servidores públicos, são de aplicação complexa no âmbito da administração pública, conforme se verá.

Há um movimento correspondente, em sentido oposto, que se poderia chamar de "funcionarização" dos empregados em regime celetista. Nota-se que há uma busca, pelos empregados da administração, do *status* típico dos funcionários, ainda que a extensão das prerrogativas funcionais a eles muitas vezes não seja deliberada, mas decorra de imperfeição do texto legal, ou de pequenos casuísmos que vão se inserindo nas normas e que vão minando a organização sistêmica das carreiras públicas.

Exemplo constitucional dessa espécie de casuísmo é o art. 19 das Disposições Transitórias da Constituição de 1988, que conferiu estabilidade aos servidores públicos com mais de cinco anos continuados de exercício, fora das hipóteses previamente estabelecidas em lei, o que consistiu numa vantagem arbitrária e totalmente desvinculada dos critérios vigentes na legislação de pessoal.

Aliás, das prerrogativas do funcionário público, a mais cobiçada pelos empregados públicos é exatamente a estabilidade na função, que significa, nos termos do art. 41, § 1º, da Constituição Federal, a permanência no *cargo*, que só se perde "em virtude de sentença judicial transitada em julgado ou mediante processo administrativo em que lhe seja assegurada ampla defesa".

A interpretação que tem sido dada a esse dispositivo é bastante ilustrativa da hipótese de "imperfeição normativa" da Constituição, em virtude da qual — nesse caso, da contradição sistemática entre os artigos 37, II, e 41, § 1º —, tem sido contrariado o interesse da administração e o interesse público, de maneira geral, em matéria de estabilidade. Pois enquanto o art. 37, II estabelece o concurso público para a investidura em cargo *ou emprego* público, parece evidente que o atributo da estabilidade só será conquistado pelos ocupantes de *cargo*, após o estágio probatório de que trata o *caput* do art. 41, mesmo porque o *emprego público*, regido pela CLT, por definição, carece da vocação de permanência. Contudo, a despeito da clara menção a *cargo* no § 1º do art. 41, tem sido prestigiada a interpretação segundo a qual os titulares de emprego público, já que aprovados em concurso público, também fariam jus à estabilidade, transcorrido o período de estágio.

Essa interpretação choca-se com as definições legais e doutrinárias de cargo e emprego público além de estabelecer um hibridismo entre os regimes jurídicos dos servidores públicos — o regime estatutário e o celetista — cuja racionalização se torna cada vez mais inexeqüível, nos termos do direito positivo em vigor.

Uma questão controvertida: o direito de greve dos servidores públicos

O direito de greve aparentemente não se coadunaria com o conceito de serviço público. Este se define, entre outras características, pela continuidade. Aponta Gordillo, com certo exagero, a continuidade como traço definidor do serviço público e que, por essa razão, a vedação ao direito de greve seria um dos elementos característicos do regime jurídico do serviço público:

"El poder público se hace así presente a través de un regímen jurídico especial que subordina los intereses privados al interés público, fundamentalmente en razón de proteger la *continuidad* del servicio. (...) La característica más específica del regímen jurídico especial de los servicios públicos es que los hombres que trabajan en él carecen del *derecho de huelga*, pues la huelga implica la suspension del servicio y se considera precisamente que el Estado debe asegurar su *continuidad*."[21]

Todavia, essa posição é isolada na doutrina e mesmo na legislação dos diversos países, que vem admitindo, em maior ou menor grau, a existência de um direito de greve dos servidores públicos.

Marcel Waline registra a experiência do direito francês, que previu o direito de greve no preâmbulo da Constituição de 1946, mediante regulamentação em lei. Considerou que como liberdade pública, esse direito não poderia ser negado, de forma absoluta, aos funcionários públicos, embora a sua extensão pudesse ser delimitada pela exigência de certos requisitos, tais como os previstos na lei de greve dos trabalhadores comuns.[22]

O direito de greve foi estendido aos servidores públicos pelo art. 37, VII, da Constituição de 1988, dependendo, no entanto, de regulamentação em lei complementar. Em mandado de injunção impetrado pela Confederação dos Servidores Públicos do Brasil, MI n. 20-4-DF, o Supremo Tribunal Federal decidiu, por maioria de votos, não ser auto-aplicável o dispositivo, à falta da lei regulamentadora. Ficaram vencidos o Ministro Carlos Mário Velloso

21. Gordillo, Agustín, *Tratado de Derecho Administrativo*, parte geral, t. 2, Buenos Aires, Ediciones Macchi, 1991, pp. XIII-4/5.

22. "Quant à la grève proprement dite, le préambule de la Constitution de 1946 déclare que 'le droit de grève s'exerce dans le cadre des lois qui le règlementent'. Il s'ensuit que le droit de grève, assimilé a une liberté publique, ne pourra plus dans l'avenir être dénié absolutment aux fonctionnaires, mais que des lois peuvent en restreindre l'exercice, par exemple en imposant le recours préalable à l'arbitrage comme l'avait fait pour l'ensemble des salariés la loi du 31 décembre 1936." Waline, Michel, *Traité Élémentaire de Droit Administratif*, Paris, Librairie du Recueil Sirey, 5ª edição, 1950, p. 344.

— que entendia que a integração constitucional poderia ser feita pela aplicação analógica da Lei n. 7.783/89 aos servidores públicos — e Sepúlveda Pertence e Marco Aurélio, que sustentaram a auto-aplicabilidade do dispositivo.[23]

No Brasil, há um outro elemento que se acrescenta à complexidade original da questão, que é a regra de definição da competência jurisdicional, para decidir os conflitos laborais. Uma vez que não adota o critério uniforme do serviço público, como se faz na França, atribui-se a competência em função do regime jurídico, estando os servidores estatutários submetidos à justiça comum, enquanto os celetistas estão na órbita da Justiça do Trabalho.

Essa interpretação, contudo, prevaleceu após certa perplexidade quanto ao alcance do art. 114 da Constituição Federal, que deu margem a divergências quanto à competência para o julgamento dos dissídios entre a administração e seus servidores. A ação direta de inconstitucionalidade ADIn n. 492-1-DF julgou inconstitucional a atribuição de competência à Justiça do Trabalho para julgar os dissídios individuais de servidores públicos estatutários (art. 240, "e", do Regime Jurídico dos Servidores Públicos Civis da União, das Autarquias e das Fundações Públicas Federais, Lei n. 8.112/90). Na mesma decisão, foram também julgadas inconstitucionais as alíneas "d" e "e" do mesmo dispositivo, no que diz respeito à negociação coletiva e ação coletiva de servidores estatutários perante a Justiça do Trabalho.[24]

Sobre a questão, observava em artigo Almir Pazzianotto Pinto que a competência da Justiça do Trabalho, em matéria de dissídios coletivos envolvendo a administração pública seria sempre limitada:

"A competência da Justiça do Trabalho para conciliar e julgar dissídios coletivos que envolvam entes da administração pública direta dos Municípios, do Distrito Federal, dos Estados e da União, circunscrevendo-se à eventual condenação em satisfazer direito preexistente ou à declaração de sua existência. Não é fonte constitutiva de direito original, que obrigue a pessoa jurídica de direito público interno a atender reivindicação de conteúdo econômico sem previsão legal anterior. Se assim proceder entrará em choque com as leis constitucionais que estabelecem o orçamento plurianual, as diretrizes orçamentárias, o orçamento anual, afetando as relações estabelecidas entre receitas e despesas (CF, art. 165 e seguintes).

"O Poder Normativo da Justiça do Trabalho não concorre e não se superpõe ao Poder Legislativo do Congresso Nacional, das Assembléias Legislativas nos Estados, das Câmaras de Vereadores nos Municípios."[25]

Essas são apenas duas das questões decorrentes da aproximação e do intercâmbio de elementos dos regimes jurídicos do exercício da função pública no Brasil, o regime estatutário e o da CLT. A organização desses elementos num todo racional é tarefa de imensa complexidade, que ainda não se tentou enfrentar no direito nacional.

Conclusão

O Brasil é um dentre os vários países que mantêm a duplicidade de regimes de função e emprego públicos.

Há, por certo, razões de ordem prática a ditar essa duplicidade, razões que permanecem, a despeito da imposição do regime jurídico único pela Constituição Federal. Um dado a comprovar essa assertiva é o fato de vários entes políticos, entre

23. *Revista LTr*, v. 58, n. 6, junho de 1994.
24. *Lex* 175/49.

25. Pinto, Almir Pazzianotto, "O servidor público civil. Sindicalização. Direito de Greve" in *Revista LTr*, v. 54, n. 2, fevereiro de 1990.

os quais o Estado de São Paulo, não terem, ainda, definido o seu regime único ou manifestado sua opção quanto ao banimento do regime trabalhista na administração pública.

O desafio que se coloca é o de alcançar uma solução racional, provavelmente por meio da cumulação dos dois regimes jurídicos, ou de sua integração num sistema articulado, que permita o desempenho regular, contínuo e de qualidade das funções públicas.

Bibliografia

BANDEIRA DE MELLO, Celso Antônio, *Apontamentos sobre Agentes e Órgãos Públicos*, São Paulo, Ed. RT, 1981.

BANDEIRA DE MELLO, Celso Antônio, *Regime Constitucional dos Servidores da Administração Direta e Indireta*, São Paulo, Ed. RT, 2ª edição, 1991.

BANDEIRA DE MELLO, Celso Antônio, *Elementos de Direito Administrativo*, São Paulo, Malheiros Editores, 3ª edição, 1992.

BOBBIO, Norberto, *Estado, Governo e Sociedade. Para uma teoria geral da política*, Rio de Janeiro, Ed. Paz e Terra, 2ª edição, 1987.

BONAVIDES, Paulo, *Curso de Direito Constitucional*, São Paulo, Malheiros Editores, 5ª edição, 1994.

CAETANO, Marcello, *Princípios Fundamentais do Direito Administrativo*, Rio de Janeiro, Forense, 1ª edição, 1977.

CAETANO, Marcello, *Manual de Direito Administrativo*, v. II, Coimbra, Almedina, 10ª edição, 1991.

CANOTILHO, José Joaquim Gomes, *Direito Constitucional*, Coimbra, Almedina, 4ª edição, 1984.

COLLIARD, *Libertés Publiques*, 1972.

DALLARI, Adílson Abreu, *Regime Constitucional dos Servidores Públicos*, São Paulo, Ed. RT, 2ª edição, 1990.

DI PIETRO, Maria Sylvia Zanella, *Da Aplicação do Direito Privado no Direito Administrativo*, São Paulo, ed. da autora, 1988.

DI PIETRO, Maria Sylvia Zanella, *Direito Administrativo*, São Paulo, Atlas, 3ª edição, 1992.

GIANNINI, Massimo Severo, *El Poder Público. Estados y Administraciones Públicas*, Madrid, Editorial Civitas, 1991.

GORDILLO, Agustín, *Princípios Gerais de Direito Público*, São Paulo, Ed. RT, tradução de Marco Aurélio Greco, 1977.

GORDILLO, Agustín, *Tratado de Derecho Administrativo*, parte geral, t. 2, Buenos Aires, Ediciones Macchi, 1991.

MEIRELLES, Hely Lopes, *Direito Administrativo Brasileiro*, São Paulo, Malheiros Editores.

PINTO, Almir Pazzianotto, "O servidor público civil. Sindicalização. Direito de Greve", in *Revista Ltr*, v. 54, n. 2, fevereiro de 1990.

Plano Diretor da Reforma do Aparelho de Estado, Presidência da República, Brasília, 1995, versão preliminar, 10.9.95.

SANTI ROMANO, nos *Princípios de Direito Constitucional Geral*, São Paulo, Ed. RT, tradução de Maria Helena Diniz, 1977.

WALINE, Michel, *Traité Élémentaire de Droit Administratif*, Paris, Librairie du Recueil Sirey, 5ª edição, 1950.

REGIME JURÍDICO ÚNICO — LEI MUNICIPAL QUE DETERMINA APLICAÇÃO DA CLT — NATUREZA DO VÍNCULO — INCOMPETÊNCIA DA JUSTIÇA DO TRABALHO

CRISTIANO PAIXÃO ARAUJO PINTO
Mestrando em Direito — Universidade Federal de Santa Catarina
Procurador do Trabalho-4ª Região (Porto Alegre-RS)

1. Abordaremos, no presente ensaio, matéria que vem sendo freqüentemente discutida na práxis forense. A controvérsia gira em torno da relação mantida entre a Administração Pública Municipal e aqueles que lhe prestam serviço.

Após a promulgação da Carta Política de 1988, cresceu o número de Municípios que editaram regime jurídico único para seus servidores, em observância ao disposto no art. 39, *caput*, da Constituição.

Ocorre, porém, que alguns destes Municípios optaram por aprovar leis orgânicas municipais, às quais destinaram o *nomen iuris* de regime jurídico único, mas com uma peculiaridade: deliberaram — no bojo da lei que institui o regime único — que *aos servidores públicos municipais aplicar-se-ão os preceitos contidos na CLT*.

Tem-se, portanto, a seguinte situação: o Município institui, mediante lei, regime jurídico para disciplinar as relações entre a Administração e seus servidores; e, por outro lado, este mesmo regime dispõe, expressamente, que os servidores estarão sujeitos às disposições contidas no diploma consolidado.

Esta circunstância conduz a uma indagação: estes servidores são estatutários ou celetistas?

A questão parece ocultar um paradoxo. De início, seria lícito crer que as duas alternativas são igualmente possíveis, pois, por um lado, os servidores municipais em tela estão submetidos a um regime jurídico único, o que, em tese, significaria afirmar que eles são, na verdade, *estatutários*. Mas, de outra parte, as normas que objetivamente incidem na relação de trabalho mantida com o Município são aquelas contidas na CLT, motivo pelo qual — diriam alguns — estes servidores são, efetivamente, *celetistas*.

Esta duplicidade de alternativas não é, contudo, aceitável. É imperioso definir a natureza jurídica da relação havida entre os servidores e o Município, quando a Lei Orgânica vem redigida nos termos acima descritos.

A solução a ser oferecida é indiscutivelmente relevante. Isto porque no interior da pergunta já efetuada esconde-se uma outra dúvida: que ramo do Poder Judiciário é competente para apreciar demanda movida pelo servidor em desfavor do Município, quando se concretizar este regime jurídico que adota as normas da CLT?

2. A questão deverá ser equacionada através do exame do ordenamento constitucional vigente.

Cumpre, de início, transcrever alguns dos dispositivos constitucionais atinentes à matéria ora discutida:

"Art. 37. A administração pública direta, indireta ou fundacional, de qualquer dos Poderes da União, dos Estados, do Distrito Federal e dos Municípios obedecerá aos princípios de legalidade, impessoalidade, moralidade, publicidade e, também, ao seguinte:

"I — os *cargos*, *empregos* e *funções públicas* são acessíveis aos brasileiros que preencham os requisitos estabelecidos em lei;

"II — a investidura em *cargo ou emprego público* depende de aprovação prévia em concurso público de provas ou de provas e títulos, ressalvadas as nomeações para cargo em comissão declarado em lei e de livre nomeação e exoneração;

"Art. 39. A União, os Estados, o Distrito Federal e os *Municípios* instituirão, no âmbito de sua competência, *regime jurídico único* e planos de carreira para os servidores da administração pública direta, das autarquias e das fundações públicas.

"§ 2º. Aplica-se a esses servidores o disposto no art. 7º, IV, VI, VII, VIII, IX, XII, XIII, XV, XVI, XVII, XVIII, XIX, XX, XXII, XXIII e XXX.

"Art. 41. São estáveis, após dois anos de efetivo exercício, os servidores nomeados em virtude de concurso público.

"§ 1º. O servidor público estável só perderá o *cargo* em virtude de sentença judicial transitada em julgado ou mediante processo administrativo em que lhe seja assegurada ampla defesa.

"§ 2º. Invalidada por sentença judicial a demissão do servidor estável, será ele reintegrado, e o eventual ocupante de vaga reconduzido ao *cargo* de origem, sem direito a indenização, aproveitado em outro *cargo* ou posto em disponibilidade.

"§ 3º. Extinto o cargo ou declarada sua desnecessidade, o servidor estável ficará em disponibilidade remunerada, até seu adequado aproveitamento em outro *cargo*" (sem grifo no original).

Constata-se, pelo exame dos dispositivos transcritos, que, no seio do art. 37 da Carta Magna — que trata das disposições gerais aplicáveis à Administração Pública — o constituinte fez expressa menção a *cargos* e *empregos* públicos, enquanto que, nos arts. 39 — que cuida do regime jurídico a ser adotado pela Administração Direta, Autárquica e Fundacional — e 41 — alusivo aos servidores públicos — há referência apenas aos *cargos* públicos.

Do cotejo das normas ora examinadas, podem-se extrair algumas conclusões, assim enumeradas pelo Procurador Regional do Trabalho Eduardo Parmeggiani, em parecer exarado em feito que tramitava perante o egrégio Tribunal Regional do Trabalho da 4ª Região: "a) os *empregos públicos* existem apenas nas empresas públicas; b) o regime jurídico único dos servidores públicos comporta somente *cargos públicos* e a relação entre a administração e os servidores é sempre a *estatutária*" (parecer lançado no MS 94.001630-3).

Vimos, então, que a relação entre a Administração Pública Direta — seja ela Federal, Estadual ou Municipal — e seus servidores será, *obrigatoriamente*, na totalidade dos casos, estatutária, visto que o regime jurídico a ser adotado pelos entes de direito público em tela não comportará a presença de empregos públicos.

Este raciocínio conduz à seguinte conclusão: *sempre* que um determinado Município (ou um Estado da Federação, ou a União) instituir um regime jurídico para disciplinar a relação jurídica com seus servidores, *este regime será estatutário.*

Neste sentido, o entendimento da doutrina mais autorizada (cite-se, *exempli gratia*, Celso Antônio Bandeira de Mello, *Curso de Direito Administrativo*, 4ª ed., revista e ampliada, pp. 140-145, Malheiros Editores, São Paulo, 1993; Hely Lopes Meirelles, *Direito Administrativo Brasileiro*", 16ª ed., p. 355, São Paulo, 1991).

Subsiste, ainda, uma última interrogação: se o Município, ao instituir o regime jurídico para seus servidores, dispõe que as relações de trabalho estarão abrigadas pela CLT, este regime conserva a natureza estatutária?

A resposta é conclusivamente afirmativa.

Segundo restou demonstrado, a Constituição Federal deliberou, *conscientemente*, que a relação dos entes da Administração Pública Direta com seus servidores será, *invariavelmente*, estatutária. As garantias decorrentes desta modalidade de prestação de serviços — acessibilidade por concurso, previsão legal e orçamentária para aumento de vencimento, vedação de acumulação de cargos, estabilidade do servidor público e outras — são irrenunciáveis pela Administração. Cuida-se de normas que disciplinam a própria organização e estrutura administrativa, cujo escopo, por definição, é a defesa do interesse coletivo e do bem comum.

Assim, não pode o legislador infraconstitucional, no âmbito de suas atribuições, contrariar expressa disposição contida no Texto Fundamental.

É permitido, portanto, ao legislador municipal, determinar que os servidores públicos do Município sejam regidos por normas da CLT, mas, mesmo nesta hipótese, o regime jurídico existente é de índole administrativa, e, portanto, estatutária.

Tal circunstância conduz a uma importante conclusão: a Justiça do Trabalho é *incompetente* para apreciar *todas* as postulações formuladas com base na relação estatutária havida entre as partes.

Decidiu o Supremo Tribunal Federal, nos autos da ADIn 492-1-DF, pela inconstitucionalidade das alíneas "d" e "e", do art. 240, da Lei n. 8.112/90, sob o fundamento de que a Justiça do Trabalho detém competência apenas para apreciar as demandas ajuizadas pelos servidores *celetistas* contra a Administração Pública (cf. acórdão publicado na íntegra, in *Síntese Trabalhista* 46/97).

Consoante já ressaltado, o regime jurídico implantado nos moldes ora descritos — mesmo com dispositivo que determina a aplicação de normas celetistas — é de natureza *estatutária*.

Evidenciada, então, a absoluta incompetência — *ex ratione materiae* — da Justiça do Trabalho para apreciar todas as questões vinculadas ao regime jurídico em comento.

Impõe-se, em feitos desta natureza ajuizados perante a Justiça do Trabalho, a declaração de incompetência.

É o que afirma, de forma conclusiva, Arion Sayão Romita: "Cumpre observar que o reconhecimento da incompetência do Judiciário Trabalhista somente se impõe em relação aos direitos assegurados pelo regime estatutário (...) Para os direitos consolidados sob o império da lei anterior (regime trabalhista), competente é a Justiça do Trabalho, pois é a natureza da pretensão que define a competência" (*Regime Jurídico dos Servidores Públicos Civis — Aspectos Trabalhistas e Previdenciários*, p. 89, LTr, São Paulo, 1993).

3. Em pareceres por nós exarados junto ao TRT da 4ª Região, nos quais se verificou a hipótese aqui discutida, argüimos a incompetência da Justiça do Trabalho para apreciar o feito, em face da inafastável índole estatutária da relação travada entre as partes.

O egrégio 4º Regional vem acolhendo tal proposição, como revela o julgado ora reproduzido, oriundo da Seção Especializada do Tribunal, proferido em ação movida contra o Município de Miraguaí:

"... tem-se que o legislador constitucional objetivou afastar definitivamente o regime trabalhista utilizado por algumas Administrações para a contratação de seu pessoal para determinadas atividades. A partir da instituição do regime jurídico único a relação da Administração com seus servidores será sempre de natureza estatutária.

"Equivocou-se, pois, o legislador infraconstitucional ao redigir o art. 2º da Lei n. 094/90 e estabelecer que o pessoal contratado por aquela municipalidade ficará sujeito às normas celetistas.

"Ora, a reclamante pertence ao quadro dos servidores municipais, não mais estando ao abrigo das normas trabalhistas, *eis que passou a manter com o empregador vínculo estatutário*" (sem grifo no original — TRT-4ª R., Seção Especializada, REO/RO 94.002518-3, Rela. Juíza Ester P. Vieira Rosa, acórdão unânime [neste tópico] publicado no *Diário da Justiça do Estado do Rio Grande do Sul* de 22.5.95).

Idêntico posicionamento foi adotado pela egrégia 3ª Turma do TRT da 4ª Região, em feito que envolvia o Município de Marau. Transcreve-se parte da fundamentação do acórdão:

"... a estabilidade pretendida pelos requerentes postulada na inicial é uma relação de natureza estatutária, já que encontra fundamento no art. 20 da Lei n. 1.402/90, regime jurídico único instituído pelo Município de Marau. Entende-se, assim, que esta Justiça Especializada não é competente para julgar o presente feito, pois não se trata de uma relação de trabalho regida pelas leis consolidadas.

"Cabe salientar, que a conclusão supramencionada, a incompetência desta Justiça Especializada, não é elidida em razão do art. 1º, parágrafo único, da citada lei municipal estipular que o regime jurídico será regido pela Consolidação das Leis Trabalhistas, pois quanto a esta questão segue-se os fundamentos do Exmo. Procurador do Trabalho..." (TRT-4ª R., 3ª Turma, REO/RO 94.017919-9, Rel. Juiz José Aury Klein, acórdão unânime publicado no *Diário da Justiça do Estado do Rio Grande do Sul* de 5.6.95).

4. Podem ser sintetizadas, agora, algumas conclusões, relativas ao tema discutido:

(a) nada obsta, *a priori*, que Municípios (ou mesmo Estados, e, em tese, a própria União) estipulem, no interior da lei que institui o regime jurídico único, dispositivo que determina a aplicação, aos servidores, das normas da CLT.

(b) mesmo com expressa deliberação acerca da incidência das regras contidas na CLT, o regime jurídico em questão terá natureza administrativa, e os servidores públicos por ele disciplinados serão *estatutários*.

(c) diante do decidido pelo Supremo Tribunal Federal, nos autos da ADIn 492-1-DF, a Justiça do Trabalho é *incompetente*, em razão da matéria, para apreciar demanda movida por servidor público, quando existente o regime jurídico descrito acima.

(d) quando se tratar de Município ou Estado da Federação, a competência para o deslinde do feito pertencerá à *Justiça Comum Estadual*. Hipoteticamente, se o modelo aqui discutido for implantado na Administração Pública Federal, competente será a *Justiça Federal*.

(e) eventual decisão proferida pela Justiça do Trabalho em feitos movidos por servidores públicos, quando configurada a situação ora tratada, viola frontalmente o art. 114 da Constituição Federal (de acordo com a interpretação concedida pela Corte Suprema), e é passível de rescisão, com fundamento no art. 485, inciso II, do Código de Processo Civil.

MANDADO DE SEGURANÇA, AÇÃO POPULAR E AÇÃO CIVIL PÚBLICA E AS TENDÊNCIAS ATUAIS DO DIREITO ADMINISTRATIVO[1]

MARIA CRISTINA DOURADO

Professora do Curso de Mestrado em Direito do Centro de Ciências Jurídicas da UFPa

Tendo como ponto de referência a questão central das preocupações deste X Congresso, é minha intenção explorar o tema do presente painel "Mandado de Segurança — Ação Popular — Ação Civil Pública", tecendo algumas considerações, não de ordem processual, mas tendo em vista o significado que tais medidas judiciais, pelas características que apresentam, podem representar em face dos novos rumos do Direito Administrativo, num quadro de transformações sócio-econômicas, políticas, jurídicas e culturais, em recíprocas interferências.

Assim, conflitos, como os agrários, gerados por questões de posse da terra; os resultantes da urbanização desordenada e acelerada que vem se processando nas sociedades latino-americanas e, em especial no Brasil, que desorganizando as relações sociais, promovem, além da segregação espacial urbana das populações mais pobres, cada vez mais jogadas para a periferia, conseqüências desastrosas, como a explosão demográfica, a escalada da violência, a poluição ambiental, as deficiências nas áreas da saúde, educação, moradia, transporte que, somados a outros decorrentes de um modelo de "desenvolvimento" imediatista, centrado na produção e no consumo de massa e articulado por parques industriais e conglomerados financeiros, agravam cada vez mais as desigualdades sociais e comprometem a sadia qualidade de vida a que todos temos direito.

De outro lado, essas questões aqui suscitadas, deixam a descoberto a incompetência que tem marcado o Estado brasileiro, relativamente à satisfação das necessidades essenciais da coletividade, impondo-se hoje a este mesmo Estado o desafio de, redefinindo paradigmas, promover reformas estruturais capazes de assegurar a eficiência de suas ações, dentro do quadro de uma administração racional do bem-estar geral, livre de legalismos descontextualizados e burocratismos de estruturas pesadas e obsoletas.

Sobre o tema, o Prof. José Afonso da Silva, alerta que, historicamente, "Interesses privados apoderaram-se de setores da

1. Trabalho apresentado no X Congresso Brasileiro de Direito Administrativo, realizado em Curitiba, no período de 8 a 12 de setembro de 1996.

burocracia, utilizando o aparelho estatal em benefício próprio. A modernização do Estado brasileiro exige a eliminação desse protecionismo a setores privados, por um processo de limpeza que consiste na *desprivatização* do Estado, recolocando-o no exercício de suas funções básicas, quais sejam, a de elaborar e executar políticas públicas no interesse da coletividade como um todo".[2]

O Estado relocalizado deve, pois, reforçar sua ação na direção de atividades consideradas fundamentais à realização das necessidades públicas. Dessa forma, a iniciativa estatal deverá ser diretamente centrada, de um lado, na prestação eficiente de serviços públicos essenciais e, de outro, em funções de regulação, planejamento, orientação, coordenação, fomento, fiscalização e controle das atividades sociais de interesse geral.

Demais disso, deve o Estado intensificar os mecanismos de parceria e cooperação com os indivíduos e os vários grupos sociais, bem como estimular as formas de participação da sociedade civil na gestão pública, promovendo o exercício da cidadania e a garantia dos direitos individuais e sociais, segundo os ditames da justiça social, até porque, situações conflituosas, como as inicialmente referidas, ensejam, no plano jurídico, a emergência de interesses ligados, tanto ao indivíduo atomicamente considerado, quanto a um grupo social ou à coletividade em geral, chamados interesses coletivos e interesses difusos, os quais vêm a demandar meios correlatos de proteção.

O redesenhado perfil do Estado deve radicar, portanto, entre os princípios da liberdade e da igualdade, circundado, ainda, por outros princípios, como os da legalidade, da eficiência, da solidariedade social e da responsabilidade de todos — agentes públicos e privados — protagonistas do processo democrático.

Nesse panorama, é possível observar que as necessidades de implementação de um modelo de Estado voltado, basicamente, à formulação e execução de políticas centradas na efetiva consecução de fins, realmente, públicos essenciais vêm exigir que se abra, ao lado da democracia representativa, cada vez mais espaço, a um processo democrático participativo.

Como afirma Roberto Dromi, "o Estado democrático de direito deve extinguir a indiferença social e a apatia política se quiser viver em um mundo de liberdade. Daí a necessidade de uma democracia mais participativa, porque o pluralismo imposto pela sociedade é pressuposto obrigatório da participação, e a participação é a causa eficiente da democracia. A democracia, como forma civilizada de viver, prossegue Dromi, aspira à realização plena do homem em liberdade, para isso exigindo uma 'participação integral", não somente política, nem simplesmente política eleitoral, senão também administrativa, econômica e social. O homem deve ser 'partícipe' da gestão pública em seus distintos níveis institucionais."[3]

Nesse contexto de transformações voltadas à composição dos conflitos socio-

2. "Perspectivas das formas políticas", Rocha, Cármen Lúcia Antunes (coord.). *Perspectivas do Direito Público*. Belo Horizonte, Del Rey, 1995, pp. 139 e ss.

3. *Derecho Administrativo*. Buenos Aires, Ediciones Ciudad Argentina, 4ª ed., 1995, pp. 81 e ss. "El Estado de derecho democrático debe quebrar insalvablemente la indiferencia social y la apatía política si quire segui viviendo en un mundo de libertad. De allí la necesidad de una democracia más participativa, porque el pluralismo impuesto por la sociedad es presupuesto obligado de la participación, y la participación es la causa eficiente de la democracia... La democracia, como forma civilizada de vivir, aspira a la realización plena del hombre en libertad, para ello exige una "participación integral", no sólo política ni política simplesmente electoralista, sino también administrativa, económica y social. El hombre debe ser "partícipe"de la gestión pública en sus distintos niveles institucionales".

econômicos e à formulação de respostas aptas a promover a superação da crise[4] institucional, surge o direito e, em especial para o direito administrativo, a importante tarefa de redefinir papéis e procedimentos capazes de propiciar as necessárias reformulações socialmente exigidas.

"Assim, lembra Luís Felipe Colaço Antunes, a tendência amplamente advertida de sublinhar os momentos de participação do cidadão na função administrativa pode ser o sinal da definitiva transformação da relação entre a Administração Pública e os cidadãos: este é pelo menos o caminho para uma autêntica 'democracia administrativa', onde o cidadão é cada vez mais o protagonista essencial da vida pública."[5]

Por outro lado, num Estado Democrático é fundamental que se estabeleça um sistema de controles pois, promovendo um balizamento entre o exercício do poder e das liberdades públicas, este desempenha, dentre outras, a importante função de proteger os direitos dos administrados em face de condutas ilegítimas da Administração Pública.

Diante de todos os pontos até aqui suscitados e para efeito de análise neste estudo, de possíveis formas de implementação do processo de democratização da Administração Pública, pode-se, a partir da identificação de duas vias de acesso — *a via administrativa e a via judicial*,[6] visualizar os canais de participação social e os mecanismos de controle dos atos administrativos, acionados pelos administrados, dando-se ênfase, contudo, a uma forma específica de atuação que García de Enterría e Tomás-Ramón Fernández designam de "intervenção cidadã",[7] determinada por uma livre consideração dos interesses gerais.

Como instrumento de penetração na *via administrativa*, deve-se destacar a figura do procedimento administrativo, entendido como um conjunto encadeado de atos administrativos que, embora gozando cada um desses atos de certa autonomia, mantêm entre si uma relação de antecedente e conseqüente necessários, tendo em vista a realização de um resultado final.

Como ensina o Prof. Celso Antônio Bandeira de Mello, o procedimento administrativo permite, de um lado que as manifestações dos administrados sejam consideradas antes da tomada de decisão que os atingirá e, de outro, que a decisão administrativa formulada a partir de subsídios trazidos pelos próprios interessados, seja mais adequada à satisfação dos interesses públicos, em questão.[8]

A ação dos administrados pela via administrativa apresenta, de um modo geral, as seguintes características:

a) visa, em regra, a ações de ordem preventiva, no sentido de ser evitado o dano e garantida, de imediato, a tutela dos interesses juridicamente protegidos.

b) admite a intervenção cidadã sob várias formas. Seguindo Eduardo García de

4. Explica Nelson Saldanha: "Por ser um conceito ambíguo, o termo *crise* pode designar algo por assim dizer definitivo no sentido da "queda" (e em possível conexão com a imagem de um ciclo vital), e pode designar um estágio, algo como um "momento" especificamente difícil, complexo ou pelo menos marcante". Nesse estudo, o sentido de crise "como um período de transformação, não necessariamente negativo; e com idéia de transformação — que pode ou não apresentar-se em forma dialética — têm-se a convivência com a permanência" ("Crises e expectativas: o pensamento jurídico nos finais do século XX". In Rocha, Cármen Lúcia Antunes (coord.). *Perspectivas do Direito Público*. Belo Horizonte, Del Rey, 1995, p. 26.

5. *A Tutela dos Interesses Difusos em Direito Administrativo: Para uma legitimação procedimental*. Coimbra, Almedina, 1989, p. 95.

6. A via administrativa e a via judicial constituem, em última instância, vias de acesso à justiça, no sentido de realização do direito.

7. *Curso de Derecho Administrativo II*. Madrid, Editorial Civitas, 1993, p. 87.

8. *Curso de Direito Administrativo*. São Paulo, Malheiros Editores, 5ª ed., 1994, p. 249.

Enterría e Tomás-Ramón Fernández, essas formas podem ser: orgânica, funcional e cooperativa.[9]

b.1) *orgânica*, em que os cidadãos, como membros da comunidade e não como servidores públicos, participam de certos órgãos. Exemplo: participação de representantes de segmentos da sociedade civil em Conselhos integrados à própria estrutura dos Órgãos da Administração, com funções, inclusive, deliberativa, como os Conselhos de Saúde, Educação, de Meio Ambiente etc.; participação de especialistas para manifestação técnica descomprometida, desvinculada das diretrizes do serviço público ou dos deveres específicos dos servidores;

b.2) *funcional*, pela qual o cidadão, independentemente de sua inserção no aparato administrativo, exerce funções materialmente públicas. Exemplos: impugnação de um edital de licitação por parte de um cidadão; solicitação de audiência pública por 50 ou mais cidadãos em um processo de avaliação de impacto ambiental; denúncia formulada perante os Tribunais de Contas, representação aos Órgãos Públicos nos casos de abuso de autoridade, regulada pelas Leis ns. 4.898/65 e 8.429/92; e,

b.3) *cooperativa*, caracterizada pela realização de ações privadas da forma mais adequada à realização dos fins públicos. A sintonia de interesses surge, muitas vezes, em razão de estímulos ou benefícios criados pelo Estado. Exemplo: concessão de incentivos fiscais para fomento da pecuária.

c) a participação social pode resultar da ação isolada de um membro da coletividade ou de grupos sociais, surgidos segundo um objetivo específico ou não.

d) o controle dos atos da Administração poderá ocorrer, de imediato, por ação dos próprios cidadãos, desde que exista norma legal assim determinando, ou por iniciativa desses junto aos órgãos públicos competentes, na intimidade da Administração.

Via judicial — Entre as vias judiciais específicas, intentáveis para o controle das condutas ilegítimas, comissivas ou omissivas, da Administração pode-se destacar o mandado de segurança, a ação popular e a ação civil pública.

Esses remédios judiciais, além de constituírem eficiente meio de participação cidadã na gestão da coisa pública por meio da provocação da ação do Poder Judiciário, podem, também, funcionar como *pólo catalisador de organização da sociedade civil, em torno de seus próprios interesses*, ao legitimar, por exemplo, intermediários como as organizações não governamentais "não só na representação (= intermediação) de interesses e direitos socialmente fragmentados, mas, ainda, no controle (= fiscalização) da atuação protetória estatal, que nem sempre está, rigorosamente, em sintonia com as determinações constitucionais e legais", como bem observa Antônio Herman Benjamin.[10]

Também, as chamadas ações coletivas, tanto se afiguram como meio idôneo a promover a tutela de interesses transindividuais, quanto podem constituir mecanismo de acesso coletivo à justiça, sendo nota característica de algumas dessas ações, o fato de que a pretensão requerida pelo autor não vir a beneficiar o indivíduo, isoladamente, ou um grupo determinado, mas a coletividade como um todo, como acontece com a ação popular e a ação civil pública para a defesa de interesses difusos, onde no primeiro caso o que se pretende é a anulação do ato administrativo ilegal e, no segundo, o cumprimento da obrigação de fazer ou não fazer, sendo que, havendo condenação em dinheiro, a indenização pelo dano causado reverterá a um fundo de

9. Ob. cit., pp. 85 a 96.

10. "A Insurreição da Aldeia Global", in *Ação Civil Pública (Lei n. 7.347/84 — Reminiscências e Reflexões após 10 anos de aplicação)*, Milaré, Édis (coord.), São Paulo, Ed. RT, 1995, p. 131.

reconstituição dos bens lesados, sendo tal previsão de particular importância nos casos de dano ao meio ambiente ou a bem de valor artístico, histórico ou paisagístico.

O mandado de segurança, nas modalidades individual e coletivo, previsto no art. 5º, incisos LXIX e LXX da Constituição Federal e regulado pela Lei n. 1.533, de 31.12.51 é medida judicial que visa proteger direito líquido e certo quando o responsável pela ilegalidade ou abuso de poder for autoridade pública ou agente de pessoa jurídica no exercício de atribuições do Poder Público.

A figura constitucional do mandado de segurança coletivo, ampliando o leque de legitimidade à tutela jurisdicional, estabelece legitimação coletiva para agir aos partidos políticos com representação no Congresso Nacional; organização sindical, entidade de classe ou associação legalmente constituída e em funcionamento há pelo menos um ano, em defesa dos interesses de seus membros.

Por meio da ação popular constitucional prevista no art. 5º, inciso LXXIII da Carta Magna e regulada na Lei n. 4.717, de 29.6.65, qualquer cidadão é parte legítima para ingressar em juízo pedindo a anulação de ato lesivo ao patrimônio público ou de entidade de que o Estado participe, à moralidade administrativa, ao meio ambiente e ao patrimônio cultural.

A ação popular, segundo a autoridade de Celso Antônio Bandeira de Mello, "é, talvez a única providência judicial realmente temida pelos administradores, porquanto, nos termos do art. 11 da referida lei, se a ação for julgada procedente, vindo a ser decretada a invalidade do ato impugnado, a sentença "condenará ao pagamento de perdas e danos os responsáveis pela sua prática e os beneficiários dele".[11]

A ação civil pública a que se refere o art. 129, III da Constituição brasileira, foi, no campo da defesa do ambiente, inicialmente prevista na Lei n. 6.938/81 e em seguida, disciplinada na Lei n. 7.347, de 24.7.85, que multiplicou as possibilidades das opções coletivas de acesso à justiça.

Assim, com o advento da referida lei, além do Ministério Público, passaram a figurar com legitimação ativa, os entes estatais, as pessoas jurídicas integrantes da Administração Indireta, bem como as associações legalmente instituídas que preencham os requisitos da lei.

Contudo, inobstante tenha a Lei n. 7.347/85 representado incontestável avanço processual, especialmente, no que respeita ao alargamento do rol dos legitimados, sua aplicação foi limitada à tutela dos danos causados ao meio ambiente, ao consumidor, a bens e direitos de valor artístico, estético, turístico e paisagístico, tendo sido vetado o inciso IV, do art. 1º que permitia sua utilização a qualquer outro interesse difuso ou coletivo, o que somente veio a acontecer com a Constituição Federal de 1988.

Com a entrada em vigor do Código de Defesa do Consumidor, Lei n. 8.078/90, a Lei n. 7.347/85 foi alterada, passando a ação civil pública a representar meio hábil de proteção de interesses difusos, interesses coletivos e de interesses individuais homogêneos.[12-13]

11. Ob. cit., p. 119.

12. Nos termos do direito positivo brasileiro, são interesses ou direitos difusos os transindividuais, de natureza indivisível, de que sejam titulares pessoas indeterminadas e ligadas por circunstâncias de fato; interesses ou direitos coletivos, os transindividuais de natureza indivisível de que seja titular grupo, categoria ou classe de pessoas ligadas entre si ou com a parte contrária por um relação jurídica base e, interesses ou direitos individuais homogêneos, os decorrentes de origem comum — Código de Defesa do Consumidor, art. 81, parágrafo único.

13. Doutrinariamente, Roberto Dromi reconduz ao direito subjetivo todas as gradações processuais de situações subjetivas, e afirma: "La legislación suele senãlar un gradación procesal de las situaciones subjetivas. Por la intensidad tutelar se ubica, en primer lugar, el derecho subjetivo, seguido por él interés legítimo y, finalmente, el interés simple.

Traçada em brevíssimas linhas a importância e algumas das possibilidades de participação da sociedade civil na gestão administrativa e no controle dos atos do Poder Público, surge, por fim, a seguinte questão: de fato, as vias de acesso aqui referidas (administrativa e judicial) estão, efetivamente cumprindo o significativo papel que, em tese, se lhes atribui?

Observando *in loco* a participação cidadã pela via administrativa, o que se observa é que a Administração, em regra, ao dar cumprimento aos procedimentos existentes, o faz muito mais para efeito de enquadramento formal aos mandamentos legais, do que para realizar a finalidade normativa de transparência, eficiência e isonomia.

No plano processual, a partir de um exame jurisprudencial, o que se pode observar é que o controle dos atos da administração vem se dando, normalmente, através do mandado de segurança, intentado para a defesa de direito individual líquido e certo. No que respeita às ações popular e civil pública, estas em não muitas ocasiões têm sido utilizadas diretamente pela coletividade.

É forçoso reconhecer, dentro de nossa realidade, que a sociedade civil, sem contar com os clássicos problemas estruturais de acesso ao Poder Judiciário, em muitos casos, não dispõe, ainda, de formas de organização e de recursos humanos e financeiros suficientes para dar plena conseqüência às importantes tarefas que lhe incumbe desempenhar no contexto de uma democracia participativa, ficando, por essas razões, muitas vezes impedida de utilizar as grandes oportunidades que a legislação lhe oferece de fazer valer seus direitos, especialmente os de natureza transindividual. A ação civil pública, por exemplo, de fato, tem sido, geralmente intentada pelo Ministério Público, no exercício de sua função institucional.[14]

Assim, ao se refletir sobre as perspectivas do Direito Administrativo, em um Estado que se pretende Social de Direito, percebe-se que a vocação atual desse direito, manifesta em princípios e regras fundadas na supremacia do interesse público, deverá ser, principalmente, a de oferecer uma nova dimensão jurídica às condutas ligadas à gestão desses interesses, quer no que se refere à estruturação de procedimentos visando, não a mera legitimação das condutas da administração pelos formalismos que prescrevem, mas tendentes a promover, uma responsável e conseqüente participação da sociedade civil, indicando os espaços dessa participação, eliminando as áreas de arbítrio do Estado e simplificando e incentivando os mecanismos efetivos de controle da Administração.

Curitiba, 11.9.96

En rigor, esta división no tiene entidad substantiva. Todas ellas y muchas otras se reconducen con criterio unitario al "derecho subjetivo", omnicomprensivo de los poderes sustantivos y remedios adjetivos de que dispõne el ciudadano. El espectro plural de las situaciones subjetivas sólo sirve para debilitarlas. ... Más que la pura "legitimación" formal interesa la determinación precisa del contenido real del derecho subjetivo, como medio sustantivo, identificado con los derechos de fondo y las libertades públicas". Ob. cit., p. 76.

14. Merece nossa reflexão o fato de que, inobstante a timidez da sociedade civil na defesa dos interesses difusos em face do Poder Judiciário, uma associação ambientalista denominada Grupo de Defesa da Amazônia-GDA, sediada na cidade de Santarém, Estado do Pará, denunciou, formalmente, junto ao Segundo Tribunal Internacional das Águas, realizado em fevereiro de 1992, em Haia, Holanda, a poluição mercurial no vale do rio Tapajós, figurando como acusados a República Federativa do Brasil e o Estado do Pará. Diante dos fartos argumentos e laudos técnicos de alta qualidade apresentados, o GDA obteve a sentença condenatória que peticionou. Sobre o tema, ver nosso *Meio Ambiente no Pará: Fato e Norma*. Belém, UFPa, NUMA, 1993.

ESTUDOS & COMENTÁRIOS

PODER LEGISLATIVO E TRIBUNAL DE CONTAS: NATUREZA DE SUAS RELAÇÕES

HILDA REGINA SILVEIRA ALBANDES DE SOUZA
Procuradora da Assembléia Legislativa do Rio Grande do Sul

Este artigo corresponde ao desdobramento e ao aperfeiçoamento de Parecer emitido na Procuradoria da Assembléia Legislativa do Estado do Rio Grande do Sul. A matéria foi versada a propósito de consulta formulada pela Mesa Diretora.

Na oportunidade, o Tribunal de Contas remetera, ao Presidente da Assembléia, cópias de Relatório de Inspeção sobre alegadas irregularidades na remuneração de servidores, omitindo a identificação destes, sustentando a necessidade de preservação das garantias constitucionais do inciso X do artigo 5º da Constituição Federal ("a intimidade, a vida privada, a honra e a imagem das pessoas").

Nesse contexto foi emitido o Parecer, agora transformado em artigo.

Neste artigo — tal como no Parecer — se sustenta que:

a) o Tribunal de Contas está submisso aos fundamentos da ordem jurídico-constitucional — como qualquer outro órgão público;

b) o Tribunal de Contas examina e presta informações sobre fatos ou atos administrativos;

c) a divulgação nominal dos agentes públicos só pode ocorrer quanto aos ordenadores de despesa e aos responsáveis pela gestão de bens e dinheiros públicos — que precisam ser, personalizadamente, responsabilizados.

1. A natureza jurídica do Tribunal de Contas

A questão levantada, por sua relevância e complexidade, exige esforço no sentido de, por uma parte, determinar a natureza jurídica do Tribunal de Contas e, de outra parte, estabelecer, no ordenamento jurídico brasileiro, o papel e a abrangência dos denominados direitos fundamentais do homem.

A natureza jurídica do Tribunal de Contas, bem como a natureza de suas relações com o três poderes do Estado (especialmente com o Poder Legislativo, com o qual estreitamente colabora), é matéria polêmica, jamais pacificada na doutrina e na jurisprudência, desde o surgimento da primeira Corte de Contas no Brasil.

Interpretar o conteúdo e o alcance das regras constitucionais constantes dos artigos 70 a 75, da Constituição Federal, e dos artigos 70 a 75, da Constituição do Estado do Rio Grande do Sul, no que respeita à natureza jurídica, à natureza das relações, das competências e das atribuições dos Tribunais de Contas convida a estudo sistemático, embora sintético, da história desta corte no direito constitucional brasileiro, e à cuidadosa e atenta análise dos dispositivos supracitados.

O fio condutor de tal histórico tem seu início à época imperial quando, por primeiro, cogitou-se da criação de uma corte de contas para tratar da fiscalização das finanças públicas e da apuração de responsabilidade dos agentes políticos.

Somente após a proclamação da República, entretanto, por iniciativa de Ruy Barbosa, foi instituído o primeiro Tribunal de Contas no Brasil, concebido pelo jurista como "corpo de magistratura intermediária entre a Administração e a Legislatura, entre o Poder que autoriza periodicamente a despesa e o Poder que cotidianamente a executa, auxiliar de um e de outro, que, comunicando com a Legislatura e intervindo na Administração, seja não só vigia, como mão forte da primeira sobre a segunda, obstante à perpetração das infrações orçamentárias por um veto oportuno aos atos do Executivo, que, direta, próxima ou remotamente, discrepem da linha rigorosa das leis de Finanças".

A Constituição republicana de 1891 conferiu-lhe *status* constitucional e cometeu-lhe a competência para liquidar as contas da receita e da despesa e para verificar a sua legalidade, antes do exame destes aspectos serem efetuados pelo Congresso Nacional.

Surgiu constitucionalmente, pois, como órgão auxiliar do Poder Legislativo, compondo sua estrutura técnica, porém com funções judicantes, segundo regulamentação de 1896, a qual definia o Tribunal de Contas como "Tribunal de Justiça com jurisdição contenciosa e graciosa" sem ter, contudo, jurisdição sobre os crimes.

Evolutivamente, a Constituição de 1934 conferiu-lhe garantias assegurando a seus membros as mesmas dos Ministros da Suprema Corte e atribuições e garantias iguais às dadas aos tribunais judiciais, no tocante à organização de sua secretaria e de seu regimento interno.

Na Carta de 1937, na Constituição de 1946 e nas Cartas de 1967 e 1969 consolidou-se como órgão dotado de garantias e prerrogativas asseguradas à magistratura, ampliou suas competências sem, contudo, alçar-se a "Poder do Estado".[1]

Finalmente, na Constituição de 1988, ganhou relevo e quase atinge a estatura que lhe queria dar Ruy. Não é um "corpo de magistratura", mas ocupa situação intermediariamente aos Poderes do Estado, em posição autônoma, com atribuições de revisão e julgamento, em certos casos, cercado de garantias contra quaisquer ameaças e exercendo funções vitais no organismo constitucional.

Continua não sendo um Poder do Estado, mas é certo que não mais pode ser considerado, como o fez Aliomar Baleeiro, como uma instituição jacente abaixo do Parlamento, "em posição ancilar" a este.[2]

Embora, ainda na palavra de Baleeiro, "o Parlamento possa acolher ou desprezar a opinião do Tribunal, porque fala em nome dos contribuintes, do povo, os quais são os donos do negócio"; embora possam "as Câmaras responsabilizar o Executivo, ainda que o Tribunal de Contas tenha opinado pela aprovação das mesmas contas"; embora possa "quitar o Presidente (ou Governador), ainda que Parecer do Tribunal se incline para a desaprovação daquelas contas", o certo é que não é mais possível, ao lume do ordenamento constitucional brasileiro, desprezar as competências próprias do Tribunal — que as exerce sem o concurso do Poder Legislativo — na tarefa de fiscalizar e controlar a Administração Pública.[3]

Bem por isso, é importante atentar para o disposto no artigo 71, inciso II, da Cons-

1. Eduardo Gualazzi, *Natureza Jurídica dos Tribunais de Contas*, 1991, São Paulo, Ed. RT, p. 213.

2. Aliomar Baleeiro, *apud* Wolgran Ferreira, *Comentários à Constituição de 1988*, 1989, Ed. Julex, p. 618.

3. Id. ib., p. 619.

tituição Federal, o qual comete ao Tribunal de Contas a competência para julgar as contas dos administradores e demais responsáveis por dinheiros, bens e valores públicos, para perceber claramente a autonomia da Corte de Contas em relação aos Poderes do Estado, inclusive em relação ao Poder Legislativo que, nestes casos, não tem a palavra final.

Apenas no que respeita as contas do Chefe do Poder Executivo (Presidente da República, Governadores e Prefeitos) está a opinião do Tribunal sujeita à revisão política do Poder Legislativo. Nos demais casos previstos nos desdobramentos do artigo 71, ressalta a autonomia da ação funcional da Corte de Contas.

Os Tribunais de Contas (da União, dos Estados, do Distrito Federal e os remanescentes municipais de São Paulo e Rio de Janeiro) são órgãos prestadores de auxílio ao Poder Legislativo, com este não se confundindo e nem a este se submetendo, ainda que com o mesmo não se ombreiem.

Nos termos do inciso IV, do artigo 71, da Constituição Federal, compete ao Tribunal de Contas realizar, por iniciativa própria, ou a requerimento do Poder Legislativo (Mesa Diretora por seu Presidente) e de suas comissões técnicas ou de Inquérito, inspeções e auditorias de natureza contábil, financeira e orçamentária, operacional e patrimonial, nas unidades administrativas dos Poderes Legislativo, Executivo e Judiciário, e demais entidades referidas no inciso II (do mesmo artigo), isto é, nas fundações e sociedades instituídas e mantidas pelo Poder Público, bem como nas autarquias.

Ainda compete ao Tribunal de Contas, de acordo com o disposto no inciso VI, do citado artigo 71, da Constituição Federal, prestar as informações solicitadas pelo Poder Legislativo, ou por qualquer de suas Comissões sobre a fiscalização e sobre os resultados de auditorias e inspeções realizadas.

Pela letra do inciso X, do mesmo artigo 71, supramencionado, deve o Tribunal de Contas comunicar ao Poder Legislativo a sustação da execução de ato que tenha impugnado e decidir a respeito se (artigo 71, § 2º, da Constituição Federal) o Poder Legislativo, no caso da sustação referir-se a contrato, no prazo de 90 dias, não tiver tomado as medidas cabíveis.

Deve, ainda, o Tribunal de Contas, encaminhar ao Poder Legislativo, trimestral e anualmente, relatório de suas atividades, por força do § 4º, do mesmo artigo 71, da Constituição Federal.

Finalmente, a teor do § 1º, do artigo 72, da Constituição Federal, deve o Tribunal de Contas atender solicitação da Comissão Mista Permanente (no caso do Congresso Nacional) e da Comissão Permanente de Deputados, prevista no § 1º, artigo 152, da Constituição do Estado do Rio Grande do Sul (no caso da Assembléia) para pronunciar-se conclusivamente, no prazo de 30 dias, sobre eventuais irregularidades nas despesas programadas no Orçamento anual. Indispensável observar, neste passo, que todas as competências cometidas ao Tribunal de Contas são exercidas de ofício, com completa autonomia funcional, independentemente da solicitação do Poder Legislativo. Isto significa que o exocontrole, a cargo do Poder Legislativo, não prescinde do auxílio dos Tribunais de Contas, órgãos dotados de autonomia estrutural e funcional para execução de funções técnicas, verificadoras, assessoradoras, opinativas e jurisdicionais administrativas.

Esta situação de autonomia estrutural e funcional dos Tribunais de Contas está taxativamente prevista na Constituição Federal (e Estadual) em Seção própria, a de número IX, no Capítulo I — Do Poder Legislativo, do Título IV — Da Organização dos Poderes, ao longo dos artigos 71 a 75, inclusive.

Porém, se não mais é admissível o exagero doutrinário de considerar os Tribunais de Contas como "mandaletes" do Poder Legislativo, também não é possível tolerar a concepção oposta, encontradiça no outro pólo doutrinário, liderado pela expressão intelectual de Pontes de Miranda, o qual alça as Cortes de Contas à esfera judicante, cujas decisões produzem coisa julgada.

Como efeito, no Brasil, os Tribunais de Contas "emitem veredictos administrativos, mas não exercem jurisdição *stricto sensu*, privativa do Poder Judiciário",[4] sendo, substancialmente, órgãos administrativos, parajudiciais, dotados de autonomia funcional e administrativa, cuja função consiste em exercer, de ofício, o controle externo, fático e jurídico, "sobre a execução financeiro-orçamentária, operacional e patrimonial" e "sobre a legalidade, legitimidade e economicidade" dos atos e contratos da Administração Pública (art. 70, da Constituição Federal) ou "de pessoa física ou entidade pública que utilize, arrecade, guarde, gerencie ou administre recursos públicos" (artigo 70, parágrafo único, da Constituição Federal), e sobre a "moralidade, publicidade, eficiência e eficácia" (artigo 70, da Constituição do Estado do Rio Grande do Sul) da gestão da *res publica*.[5]

Desse modo, diante das atribuições constitucionais conferidas às Cortes de Contas e frente à autonomia funcional destes órgãos, não identifico, na ordem jurídica vigente, hierarquia do Poder Legislativo sobre os Tribunais de Contas. *Estes não são simples auxiliares do Poder Legislativo, mas auxiliares autônomos deste Poder. Antes vejo estes órgãos mais assemelhados a instrumentos do Estado do que a instrumentos de um dos Poderes do Estado.*

Por final, nesta parte, deve-se dizer que se as decisões dos Tribunais de Contas não se constituem em coisa julgada, sendo sempre possível submetê-las ao Poder Judiciário — este sim capaz e apto, constitucionalmente, a fazer a *res judicata* — fazem a *res veredicta*,[6] de modo que, salvo no caso das contas do Presidente da República, Governadores de Estado e do Distrito Federal e de Prefeitos — cujo julgamento é privativo do Poder Legislativo —, as decisões tomadas pelas Cortes de Contas constituem-se em coisa controlada, ou *res veredicta*, isto é, o produto final da função de controle, no âmbito do controle externo.

Destarte, as opiniões doutrinárias que viam nos Tribunais de Contas as figuras dos "prepostos"[7] do Poder Legislativo perderam a atualidade e a pertinência diante do ordenamento jurídico vigente no País. A despeito do controle externo continuar a cargo do Poder Legislativo, com auxílio do Tribunal de Contas, este deixou de ser mero auxiliar, apêndice daquele, para desfrutar de situação funcionalmente autônoma, abarcadora de atividades próprias, inclusive no controle do Poder Legislativo.

Do exposto conclui-se, em síntese, nesta parte, que constitucionalmente:

a) o controle externo é cometido ao Poder Legislativo, que o exerce com o auxílio de órgão administrativo especial e autônomo: o Tribunal de Contas;

b) o Tribunal de Contas é órgão colegiado, ao qual são asseguradas garantias e prerrogativas, iguais às da magistratura, e autonomia funcional em relação aos três poderes do Estado, com o dever de auxiliar o Poder Legislativo, no controle externo;

c) o Tribunal de Contas é órgão especial, funcionalmente autônomo, e exerce atribuições "consultivas, verificadoras, inspetivas, fiscalizatórias, informativas,

4. Eduardo Gualazzi, ob. cit., p. 203.
5. Eduardo Gualazzi, ob. cit., p. 203.
6. Marques Oliveira, *Revista de Informação Legislativa*, n. 75 (jul.-set./82), Brasília, p. 201
7. Cretella Jr., *Comentários à Constituição de 1988*, 1989, SP, p. 126.

coercitivas, reformatórias, suspensivas e declaratórias";[8]

d) as competências funcionais do Tribunal de Contas são exercidas de modo autônomo, permanentemente, de ofício, salvo nos casos constitucionalmente previstos, quando atua instado pelo Poder Legislativo ou por denúncia (Constituição Federal, artigo 74, § 2º);

e) o Tribunal de Contas não é inerte,[9] não é dependente de provocação para agir, não está limitado ao *ne procedat ex officio*, e nem inerme, pois nos casos previstos faz executar as suas decisões, sem qualquer ingerência do Poder a que está a cargo o controle externo, podendo sustar ele mesmo os atos controlados e determinar as reparações, ressarcimentos e punições que entender cabíveis;

f) o Tribunal de Contas está obrigado a oferecer (Constituição Estadual, artigo 71, § 4º), a critério discricionário do Parlamento e das Comissões Técnicas ou de Inquérito que o integram, o resultado de seu desempenho funcional, nos marcos do rol taxativo de competências previstos na Constituição, e a realizar *a priori*, concomitantemente e *a posteriori*, qualquer espécie de controle relativo à legalidade, legitimidade, moralidade, publicidade, eficiência, eficácia e economicidade na Administração Pública;

g) não há hierarquia do Poder Legislativo sobre o Tribunal de Contas posto que este é dotado de autonomia funcional e administrativa, fiscalizando todos os Poderes e órgãos da Administração Pública, no exercício de suas competências próprias e de seus misteres auxiliares ao controle externo, devendo submeter à apreciação do Poder Legislativo matérias de competência deste, e atendê-lo, nos casos dos incisos IV e VII do artigo 71 da Constituição Federal e do § 4º do artigo 71 da Constituição Estadual.

8. Eduardo Gualazzi, ob. cit., p. 217.
9. Marques Ferreira, ob. cit., p. 221.

2. O papel e a abrangência dos direitos fundamentais do homem no sistema jurídico constitucional pátrio

Examinada a questão da natureza jurídica dos Tribunais de Contas e da natureza jurídica das relações que se estabelecem entre eles e os Poderes do Estado, cumpre passar ao estudo do papel e da abrangência dos denominados direitos fundamentais do homem no sistema jurídico-constitucional brasileiro.

Por primeiro faz-se necessário anotar o fato de a Constituição — e de resto todo o sistema jurídico brasileiro —, não filiar-se à corrente jusnaturalista, entendendo como direitos fundamentais do homem apenas aqueles efetiva e objetivamente vigorantes na ordem jurídica de modo que a natureza humana, a condição humana por si só, não garante a titularidade e o exercício de direitos que não estejam insculpidos na ordem jurídica vigente.

Por segundo, e ainda neste tema, deve-se apontar para a impossibilidade de compreender a problemática dos direitos fundamentais e individuais como um sistema jurídico autônomo, ou como um subsistema autônomo, no bojo da Constituição.

Assim como no mundo jurídico não há compartimentos estanques, assim na sociedade a visão correta das conseqüências do reconhecimento dos direitos fundamentais e individuais, pela Constituição, há que levar em conta o modelo sócio-econômico produtor da concretude normativa, a formação social na qual ela nasceu.

Desse modo, é importante constatar que a concepção jurídico-política de inclinação socialista dos direitos fundamentais do homem entende, em grandes linhas, que o ser humano não pode ser tomado na sua personalidade, na sua identidade ou na sua individualidade como esteio do direito. Ao contrário, preconiza que a ordem social deve subordinar o conteúdo das garantias individuais, fazendo com que os direitos sociais sobrepairem os direitos individuais.

Nossa Constituição não acolheu os direitos dos cidadãos, e os do homem em geral, como instrumentos comunitários a serviço do interesse público, o que implicaria na não-disponibilidade integral do exercício dos direitos fundamentais por parte de seus titulares, e no não-reconhecimento integral destes direitos por parte do Estado, quando confrontados com os princípios democráticos genéticos sustentadores do sistema.

Portanto, o ordenamento jurídico brasileiro, "ainda que o interesse público prevaleça sobre o interesse particular, isso nunca poderá se dar em prejuízo dos direitos individuais previstos na Constituição".[10]

Doutra banda, vale registrar a existência de uma espécie de "licença jurídica" no texto magno nacional pois que, ao tratar da questão dos direitos fundamentais engloba direitos e deveres individuais e coletivos, direitos sociais e direitos políticos, tudo sob o título Direitos e Garantias Fundamentais, juspositivando direitos, garantias e liberdades individuais no mesmo plano das sociais e coletivas.

3. *Os limites do princípio da publicidade, ante os direitos e garantias individuais*

Feitos os registros indispensáveis como rotunda da questão em foco, centremos atenção no inciso X do artigo 5º da Constituição Federal, o qual reconhece como direitos fundamentais do homem, entre outros, o da inviolabilidade da intimidade, da vida privada, da honra e da imagem das pessoas.

Esse reconhecimento, evidentemente, há de ter conseqüências no mundo jurídico, sob pena de transformar os direitos fundamentais em "esperanças, aspirações, idéias, impulso, ou, até, mera retórica política".[11]

E, efetivamente, tem. Como vimos, o direito à intimidade e à vida privada está jurídico-positivamente constitucionalizado, juntamente com outros, como os constantes do inciso XXXIII do mesmo artigo 5º da Constituição Federal, referentes ao direito, assegurado a todos, de obter dos órgãos públicos informações de interesse coletivo ou geral, ressalvadas aquelas cujo sigilo seja indispensável à segurança da sociedade e do Estado.

Não se faz necessário incluir aqui a restrição (no âmbito de proteção da norma) relativa a salvaguarda dos direitos fundamentais expressos na dicção do inciso X do artigo 5º da Constituição Federal, por tratar-se de "limite imanente ou implícito (= limites constitucionais não escritos, cuja existência é postulada pela necessidade de resolução de conflitos de direitos e bens). (....). O reconhecimento de limites imanentes ou limites constitucionais não escritos é (....) justificado, no contexto sistemático da Constituição, em nome da salvaguarda de outros direitos ou bens".[12]

Assim, o direito à informação, consagrado no inciso XXXIII do artigo 5º, sofre a restrição, embutida na própria norma que o garantiu (ressalvados os casos de sigilo imprescindível à segurança da sociedade e do Estado) e na norma contida no inciso X do artigo 5º, que assegura a inviolabilidade à vida privada e à intimidade, à imagem e à honra das pessoas.

Também o princípio da publicidade dos atos processuais judiciais, por força constitucional (art. 5º, LX), e na forma da lei, pode sofrer restrições para defender o direito fundamental à intimidade, titulado pelas partes. Ademais, os atributos dos direitos fundamentais, catalogados por San

10. Carlos Ari Sundfeld, *Fundamentos de Direito Público*, 1992, SP, Malheiros Editores, p. 47.

11. Gomes Canotilho, *Direito Constitucional*, 1992, Coimbra, Almedina, p. 507.

12. Id. ib., p. 616.

Tiago Dantas como "absolutos, inestimáveis, inalienáveis e imprescritíveis",[13] conferem ao indivíduo o poder de exigir omissão do Poder Público, quando esta se faz necessária, a fim de evitar lesões e agressões ao direito fundamental.

Tal poder de exigência, no caso brasileiro, incorporou-se à sistemática legal e, exemplo emblemático desta afirmação é a disposição contida no inciso VIII do artigo 41 da Lei n. 7.210/84, da Execuções Penais, a qual diz constituir direito do preso a proteção contra qualquer forma de sensacionalismo, o que significa a subsunção integral, por parte de nosso sistema jurídico, do direito fundamental da pessoas à intimidade, à privacidade, à imagem e à honra.

Porém, como argutamente observa Dalmo de Abreu Dallari, "o grande problema, ainda não resolvido, é a consecução de eficácia das normas de Declaração de Direitos. Proclamados como normas jurídicas, anteriores aos Estados, elas devem ser aplicadas, independentemente de sua inclusão nos direitos dos Estados pela formalização legislativa. Entretanto, inexistindo um órgão que possa impor sua efetiva aplicação ou impor sanções em caso de inobservância, muitas vezes os próprios Estados que subscreveram a declaração agem contra suas normas, sem que nada possa ser feito. Adotou-se a praxe de incluir nas próprias Constituições um capítulo referente aos direitos e garantias individuais justamente porque, dessa forma, incorporadas ao direito positivo dos Estados, aquelas normas adquirem plena eficácia. Entretanto, quando qualquer governo, valendo-se de uma posição de força, ignora a Constituição e desrespeita as normas"[14] desaparece a certeza e a segurança dos direitos fundamentais.

Os direitos fundamentais "não são apenas ameaçados por parte dos seres humanos e, por isso, são protegidos pelo Estado. Eles também são pretensões ameaçadas pelo próprio 'poder de proteção'",[15] ensina Otfried Höffe.

E Ihering aponta para a conclusão inarredável de que "somente onde o Poder Público mesmo observa a ordem por ele traçada é que essa adquire sua plena segurança" (....). Pois "O Direito é a sã política da força — não a política míope do momento, do interesse momentâneo, mas a política de ampla visão, que vislumbra o futuro e mede os extremos".[16]

A questão, sob exame, envolve situação em que órgão do Poder Público absteve-se de fornecer informações relativas à identidade dos titulares de situações jurídicas funcionais investigadas por solicitação de membro do Poder Legislativo, esquivando-se de fazê-lo com amparo no artigo 5º, X, da Constituição Federal.

Como deseja-se demonstrar, estamos diante da ausência dos problemas observados por grandes pensadores da ciência jurídica e da filosofia. No caso em comento, o Tribunal de Contas do Estado do Rio Grande do Sul se autovinculou ao princípio da regularidade da administração, agindo nos estritos limites da legalidade, ao fornecer as informações solicitadas pelo Deputado, sem qualquer identificação pessoal, para respeitar o direito fundamental à intimidade e à privacidade das pessoas cujas situações funcionais foram objeto da inspeção.

A conduta funcional do Tribunal de Contas, neste caso, é explicada pela compreensão de que sendo o Estado "'poder e ação' (*Macht und Handlung*), juridicamente se autovincula e o ponto de partida

13. San Tiago Dantas, *Programa de Direito Civil*, 1979, RJ, Ed. Rio, p. 194.

14. Dalmo de Abreu Dallari, *Elementos de Teoria Geral do Estado*, 1979, SP, Saraiva, p. 187.

15. Otfried Höffe, *Justiça Política — Fundamentação de uma Filosofia Crítica do Direito e do Estado*, 1991, Petrópolis, Ed. Vozes, p. 374.

16. Rudolf Von Ihering, *A Finalidade do Direito*, v. I, 1979, Rio, Ed. Rio, pp. 203-204.

que explica toda a sua dinâmica jurídica advém de outro princípio, chamado da regularidade da administração, segundo o qual esta não pode, eficazmente, agir sem ter um poder legal".[17]

Em outras palavras, se ao particular é lícito atuar livremente, limitado apenas pelas vedações legais, ao administrador público imputa-se ilicitude na ação não autorizada por lei. E mais, "mesmo na esfera das matérias ou atividades consideradas e regulamentadas pela ordenação do Estado, os poderes deste último e aqueles dos sujeitos seus auxiliares são de diversos modos e medidas submetidos aos limites estabelecidos pela própria ordenação e por isso jurídicos".[18] Pois "as liberdades jurídicas, isto é, as atividades que a própria ordenação considera para limitar em relação a elas os poderes do Estado ou de outros sujeitos que exercem funções públicas, de modo que, além desse limite jurídico, há mera esfera igualmente jurídica que se tem querido reservar à iniciativa e vontade de outrem, protegendo-a de vários modos".[19]

Assim, os atos do Estado devem ser públicos e legais "nos estritos termos em que esteja autorizado a fazê-lo"[20] e as conclusões havidas pelo Tribunal de Contas, nas inspeções especialmente realizadas por solicitação de Deputado, são patrimônio da sociedade, porém podem chegar ao conhecimento público ou individual apenas quanto aos conteúdos inofensivos aos direitos fundamentais juspositivados na ordem jurídica brasileira.

O princípio da publicidade, informador da Administração Pública, objetiva a atividade do administrador e do patrimônio jurídico dos servidores públicos, do ponto de vista de sua legalidade e moralidade.

Dessa forma, nas relações estabelecidas entre o Estado e seus servidores, certos atos da vida funcional destes são necessariamente expostos, em razão do princípio da publicidade na Administração Pública.

Estes atos são publicados no *Diário Oficial*, veículo do princípio da publicidade, e a privacidade dos titulares das situações jurídicas tuteladas é, nesse momento, alienada como decorrência do exercício do dito princípio, pela Administração Pública.

Porém, esta alienação se dá nos limites do próprio princípio da publicidade esgotando-se aí os seus efeitos.

O Tribunal de Contas, no exercício de suas funções examina, ou investiga, ou controla os atos, os contratos, as situações jurídicas, impessoalmente. A personalização se faz imperiosa apenas quanto aos responsáveis pelas contas públicas, pelos atos administrativos, pelos contratos administrativos.

Embora todas as situações jurídicas tenham um titular, este não é o núcleo essencial da investigação, mas a própria situação titulada.

Dessa forma, o conjunto dos servidores públicos está, sempre, sob controle do Tribunal de Contas, controle esse exercido de forma impessoal, sobre a situação jurídica, funcional e legal de seus titulares.

O princípio da publicidade, informador da Administração Pública, estaria sendo desrespeitado pelo Tribunal de Contas caso houvesse denunciados ou, ainda, caso as situações jurídicas inspecionadas apresentassem irregularidades ou ilegalidades. Personalizar ou identificar, de alguma maneira, as informações prestadas seria uma forma de invasão indevida na privacidade e na intimidade dos servidores cujas situações funcionais foram investigadas.

Resta, agora, reafirmar que o princípio da publicidade "tem por objeto a atividade

17. Paulo Emílio Ribeiro Vilhena, *Direito Público — Direito Privado sob o Prisma das Relações Jurídicas*, 1972, SP, Saraiva, p. 21.

18. Santi Romano, *Princípios de Direito Constitucional Geral*, 1977, SP, Ed. RT, p. 156.

19. Id. ib., p. 157.

20. Eunice Nequete Machado, Parecer PGERS n. 7.759, datilografado.

do administrador público e não a exposição do patrimônio jurídico individual de seus servidores ou de quaisquer de seus administrados".[21] E, se "de uma parte toda a vantagem funcional decorre da lei e deve ter sua concessão publicada, com indicação expressa de seu fundamento, ou causa, e de seu destinatário, dando a devida publicidade dos atos do administrador público, de outra parte protege a Constituição Federal (art. 5º, X) a privacidade do patrimônio individual de qualquer cidadão, funcionário público ou não, pelo que não autoriza a divulgação não determinada em lei, do somatório das vantagens pecuniárias efetivamente pagas aos funcionários públicos, de forma personalizada, sem que lhe apontem as causas, os suportes fáticos, e fora das oportunidades em que deve ser procedida".[22]

Por derradeiro, cabe repisar a idéia de que, na Administração Pública, em relação aos seus servidores, o que não está sujeito à publicação oficial não pode ser divulgado, exceto quando identificada irregularidade ou ilegalidade, momento em que a identificação do destinatário do ato passa a ser indispensável à tomada de providências sanadoras do vício e, neste caso, perante a autoridade responsável pela correção, ou responsável pela responsabilização do eventual infrator.

Do exposto conclui-se que, em síntese, constitucionalmente:

a) o Tribunal de Contas está, como os poderes ou órgãos públicos, submisso aos fundamentos da República e aos do Estado Democrático de Direito e obediente aos princípios informadores da Administração Pública e dos direitos e garantias fundamentais do homem;

b) o Tribunal de Contas não deve fornecer informações senão sobre fatos ou atos vinculados às funções que desempenha, especialmente se violarem os bens tutelados pelo artigo 5º, inciso X, da Constituição Federal;

c) os agentes responsáveis pela *res pública*, cujas contas são examinadas, controladas e fiscalizadas personalizadamente, não estão ao abrigo da garantia referida no item anterior.

21. Id.Ib.
22. Id.ib.

CONVITE — CARACTERÍSTICAS E PROCEDIMENTO

YARA DARCY POLICE MONTEIRO
Advogada em São Paulo

Convite é a modalidade de licitação destinada a operações de pequeno valor, por isso seu procedimento é simplificado e ágil. De fato, no escalonamento das modalidades de licitação em função do valor estimado para a contratação, vê-se que o convite é a espécie aplicável aos ajustes de valores mais reduzidos (cf. art. 23, I, *a* e II, *a*, da Lei federal n. 8.666/93).

A forma de divulgação — envio de carta convite e afixação — e a exigüidade do prazo a mediar a divulgação e a data fixada para a apresentação das propostas são fatores que conduzem à simplificação e à abreviação do procedimento. Com efeito, a dispensa de publicação pela imprensa é indicativo de que, ante o pequeno valor envolvido, admitiu a lei uma forma de divulgação menos onerosa para a Administração. Igualmente, o prazo mínimo de apenas cinco dias úteis para o preparo dos envelopes, comparados com os previstos para a tomada de preços e a concorrência, evidencia tratar-se de modalidade menos complexa do que aquelas.

O art. 22, § 3º, do Estatuto de Licitações afirma que o "Convite é a modalidade de licitação entre interessados do ramo pertinente ao seu objeto, cadastrados ou não, escolhidos e convidados em número mínimo de 3 (três) pela unidade administrativa, a qual afixará, em local apropriado, cópia do instrumento convocatório e o estenderá aos demais cadastrados na correspondente especialidade que manifestarem seu interesse com antecedência de até 24 (vinte e quatro) horas da apresentação das propostas".

O convite é, pois, disputa entre interessados:

a) escolhidos e convidados pela unidade promotora, a despeito de serem ou não cadastrados; e

b) que, devidamente cadastrados no ramo de atividade pertinente ao objeto licitado, tiveram conhecimento do ato convocatório e manifestaram seu interesse em participar.

É dizer, no primeiro caso, admite a lei a presunção da qualificação dos convidados. Aliás, esse sempre foi o traço distintivo do convite, apontado pela doutrina: modalidade de licitação em que a idoneidade dos convidados é presumida.[1] No segundo, encontram-se empresas do ramo, porém desconhecidas, ou que a seu respeito não reúna a Administração dados sufi-

1. Cf. Hely Lopes Meirelles, in *Licitação e Contrato Administrativo*, SP, 8ª ed., p. 86.

Cf. Adílson Abreu Dallari, in *Aspectos Jurídicos da Licitação*, SP, 3ª ed. Saraiva, p. 84.

cientes para embasar um juízo quanto à respectiva qualificação, impondo-se a comprovação por meio do certificado de registro cadastral. Assim, justifica-se que no mesmo dispositivo legal convivam a dispensa e a exigência de CRC.

Diante do exposto, parece-me lógico reconhecer que o *convite é modalidade de licitação restrita a interessados previamente habilitados, seja por presunção da Administração, seja por comprovação, através do certificado de registro cadastral. De conseqüência, não admite a instauração de uma fase específica para a habilitação, nem tampouco a abertura de prazo para o correspondente recurso.*

Contudo, o que se acaba de firmar não tem merecido o abono incondicional da doutrina que, com respaldo na dicção do disposto no § 1º, do art. 32 do Diploma federal, *in verbis*: "A documentação de que tratam os arts. 28 a 31 desta Lei poderá ser dispensada, no todo ou em parte, nos casos de convite, concurso, fornecimento de bens para pronta entrega e leilão", vem entendendo que é facultado ao órgão administrativo dispensar ou exigir todos os documentos legalmente previstos para fins de habilitação e, por decorrência, instaurar uma fase destinada ao exame e decisão respectiva, e ainda, como não poderia deixar de ser, respeitar o direito dos participantes quanto ao reexame do *decisum* proferido.

Estou convencida de que a expressão *poderá* — que, sem dúvida, traduz uma faculdade e não obrigação — não confere ao Administrador uma margem de discricionariedade tal que lhe permita dela se valer, para exigir toda a documentação e, em decorrência, instalar a fase de habilitação no convite. A regra *sub examine*, na medida em que admite mais de uma alternativa, há de ser interpretada em sintonia com outros preceitos do mesmo diploma, com os princípios norteadores da matéria e, sobretudo, com a finalidade legal a ser satisfeita, para que assim, possa ser escolhida a solução que concretize o interesse público a ser alcançado pela lei.

Com efeito, diante da margem de escolha facultada, impõe-se ao intérprete, no ato de aplicar a disposição ao caso concreto, percuciente exame dos parâmetros que delimitam o seu espaço para decidir. No caso vertente — licitação — os princípios pilares são a igualdade entre os administrados e a satisfação do interesse público, consubstanciado na escolha da proposta mais vantajosa. Como é sabido, subjacente a esses princípios encarta-se o princípio da legalidade, pois que toda a atividade administrativa está subordinada à lei. Por sua vez, o exame da legalidade deve ser iluminado por princípios outros que lhe são inerentes: os da finalidade, da razoabilidade e o da proporcionalidade.[2]

É nesse cenário que se desenvolve a ação de verificar qual o fim visado pela lei ao instituir o convite, como modalidade de licitação com características próprias que o diferencie das demais.[3]

Cogita a lei — repito — de procedimento rápido, ágil, ou seja, simplificado. Daí porque, só podem fazer jus ao convite interessados, em princípio, qualificados por presunção ou por comprovação. Sobremais, presta-se a contratações, em tese, de complexidade reduzida, à vista do pequeno valor envolvido, dos prazos diminutos e da publicidade mais restrita, especialmente no que respeita à convocação. *Tais características são indicativos seguros de que a finalidade da lei, ao instituir o convite, a par de outras modalidades com maior amplitude de convocação e maiores rigores procedimentais, foi a de dotar a Administração de um instrumento mais simples, mais rápido e mais econômico do que os demais.*

2. Sobre os princípios citados ver Celso Antônio Bandeira de Mello, in *Curso de Direito Administrativo*, SP, 6ª ed. Malheiros Editores, pp. 24-28.

3. Cf. Adílson Abreu Dallari, ob. cit., pp. 57-58.

Sendo esse o escopo da lei, não se me afigura como razoável a interpretação segundo a qual a faculdade consignada no § 1º, do art. 32, autoriza a exigência do extenso rol de documentos alinhados nos arts. 28 a 31, porquanto implica a descaracterização do convite como modalidade simplificada e célere, apropriada aos negócios que envolvem valores reduzidos, dispensando, destarte, maiores rigores e complexidade procedimentais. Acresça-se, ainda, que a delimitação da convocação a empresas escolhidas e às cadastradas, ou seja, previamente habilitadas, restaria inócua. Não se perca de vista que no convite, diversamente do que ocorre na tomada de preços, não há previsão a possibilitar a substituição do cadastro pelos documentos correspondentes, diferença essa só justificável pelo fato de não admitir uma fase exclusiva para o exame da documentação.

Ademais — o que vejo como conseqüência de maior gravidade — *tal proceder equipara, em termos procedimentais, o convite à concorrência, modalidade reservada às contratações de maior vulto e complexidade*. Deveras se o instrumento convocatório do convite exigir a documentação prevista para a habilitação em envelope próprio, estabelecer uma sessão exclusiva para a abertura desses envelopes, acompanhada da correspondente fase recursal, em que difere esse procedimento daquele específico para a concorrência?

A diferença reside em dois fatores apenas: a redução de prazos e da amplitude de divulgação. Enquanto os prazos mínimos fixados para a concorrência variam entre 30 e 45 dias quer se trate do tipo menor preço ou melhor técnica e técnica e preço, o previsto para o convite é de 5 dias úteis. De igual forma no que respeita aos recursos: o estabelecido para a concorrência é de 5 dias úteis, enquanto para o convite é de 2 dias úteis.

Portanto, forçoso é concluir que, na verdade, o Poder Público estará realizando uma concorrência rotulada de convite, subtraindo os prazos mínimos, garantidos pela lei aos interessados, para prepararem a documentação exigida, bem assim para formularem suas razões de recurso. Isso sem falar no amesquinhamento da divulgação do ato convocatório. *Não há, pois, como negar que as reduções praticadas acabam por restringir a participação de interessados, em frontal agressão ao disposto no § 1º, inciso I, do art. 3º, do Estatuto Federal, prestando-se ao Administrador inescrupuloso que pretenda direcionar o certame com propósitos de favorecimento.*

Nessa conformidade, sob pena de burla aos princípios de isonomia e competição, para citar apenas os de maior significado, a faculdade prevista no § 1º, do art. 32, não autoriza a exigência de toda a documentação, da mesma forma que não autoriza a dispensa da totalidade de documentos, na medida em que o art. 195, § 3º, da Constituição da República, impõe a comprovação de regularidade junto ao Sistema Nacional de Seguridade Social. Aqui vem a calhar a lição sempre luminar de Celso Antônio Bandeira de Mello no que respeita ao princípio da razoabilidade:

"Com efeito, nos casos em que a Administração dispõe de certa liberdade para eleger o comportamento cabível diante do caso concreto, isto é, quando lhe cabe exercitar certa discrição administrativa, evidentemente tal liberdade não lhe foi concedida pela lei para agir desarrazoadamente, de maneira ilógica, incongruente. Não se poderia supor que a lei encampa, avaliza previamente, condutas insensatas, nem caberia admitir que a finalidade legal se cumpra quando a Administração adota medida discrepante do razoável".[4]

Além do CND, poderá a entidade promotora do certame, em face do objeto, julgar necessário a exigência de documento considerado indispensável para a garantia

4. Ob. cit., p. 27.

do cumprimento das obrigações.[5] O certificado de regularidade junto ao FGTS poderá ser exigido em atenção à legislação específica, ou dispensado, a título de exceção, com fundamento no permissivo do retrocitado art. 32. Observe-se que em se tratando de legislações infraconstitucionais a exceção é admitida.

Como penso, esses seriam exemplos de documentos exigíveis sem risco de descaracterizar o convite como modalidade simplificada de licitação. Sobre a proporcionalidade do ato em relação à situação que exige a sua prática, assevera o jurista supracitado:

"Deveras, a lei outorga competências em vista de certo fim. Toda demasia, todo o excesso desnecessário ao seu atendimento, configura uma superação do escopo normativo. Assim, a providência administrativa mais extensa ou mais intensa do que o requerido para atingir o interesse público insculpido na regra aplicada é inválida por consistir em um transbordamento da finalidade legal".[6]

Por certo, se a despeito do pequeno valor envolvido o objeto encerrar complexidade tal que, a juízo da entidade promotora do certame, não dispense a comprovação plena da capacidade técnica financeira e demais atributos, deverá optar pela tomada de preços ou concorrência, conforme previsto no § 4º do art. 23.

Assentado, pois, que a exigência da documentação arrolada nos arts. 28 a 31 para a modalidade de convite é ilegal, por afrontar os princípios da isonomia, da competição e, pontualmente, a vedação constante do § 1º, do art. 3º, da Lei n. 8.666/93, cumpre verificar se é compatível com essa espécie de licitação a instauração de uma fase de habilitação no próprio procedimento, para análise do CND e de outros poucos documentos eventualmente exigidos, conforme considerações supra.

A meu sentir, o convite não admite fase de habilitação. Não encontro na legislação pertinente disposição expressa ou implícita que autorize a instalação de fase específica para análise e decisão quanto aos parcos documentos que podem ser exigidos na modalidade.

Ora, como se furtar a reconhecer que a instauração de uma fase de habilitação, com a conseqüente abertura de prazo recursal, acaba por apagar os traços distintivos do procedimento do convite, confundindo-o com as demais modalidades de licitação, tornando-o inócuo para alcançar os fins legais que lhe deram origem.

De sorte que, a interpretação que satisfaz a finalidade legal, no caso, é a que limita o procedimento do convite a um único julgamento e respectivo recurso. Para tanto, os documentos exigidos deverão acompanhar a proposta no mesmo envelope. No julgamento, de conformidade da lei, a Comissão iniciará seus trabalhos pelo exame da adequação da proposta com as prescrições da Carta-Convite, de modo que a ausência ou desconformidade do documento exigido resultará a desclassificação da proposta por não atender às exigências do ato convocatório, nos termos do preceituado no art. 48 inciso I, do Estatuto Federal.[7]

Da decisão caberá o recurso previsto no inciso I, alínea *b*, do art. 109, no prazo de dois dias úteis, consoante disposto no § 6º. Não se argumente que a regra desse parágrafo ao mencionar genericamente os prazos estabelecidos no inciso I do art. 109 estaria a respaldar o cabimento da fase de habilitação, vez que a alínea *a* a ela se refere. Por evidente, trata-se dos prazos relativos aos recursos que couberem ao convite. A prova de que nem todos cabem

5. No mesmo sentido Adílson Abreu Dallari, ob. cit., p. 85.

6. Ob. cit., p. 28.

7. No mesmo sentido Diógenes Gasparini, in *Direito Administrativo*, SP, 4ª ed., Saraiva, p. 333.

está no previsto na alínea *d*, concernente ao registro cadastral.

O art. 43 do Diploma Federal detalha o itínere do procedimento seletivo aplicável à concorrência e, no que couber, às demais modalidades de licitação inclusive ao convite (cf. § 4º). Logo, disciplinou a lei, pontualmente, o procedimento específico para a modalidade de licitação mais complexa e completa, deixando ao intérprete a tarefa de adequá-lo às peculiaridades das modalidades restantes, adotando-o no que lhes for pertinente.

O § 5º do art. 43, sob análise, proíbe a desclassificação por motivos relacionados com a habilitação, após o encerramento dessa fase e abertura das propostas, ressalvada a constatação de fatos supervenientes ou só conhecidos na fase do julgamento. Ou seja, veda o preceito o retorno às questões de idoneidade e capacitação do concorrente para efeitos de alijamento de sua proposta, uma vez que a fase de habilitação é preclusiva.

Observe-se, contudo, que no convite a fase de habilitação é externa e preliminar ao procedimento. Demais disso, especialmente no caso dos escolhidos e convidados em que a habilitação é presumida, não se cogita de reexame de documentos, mas da confirmação daquela presunção através da apresentação de alguns poucos documentos julgados indispensáveis, a exemplo do CND, que vem sendo exigido até dos interessados cadastrados, eis que tem prazo de validade inferior ao do cadastro. Donde se pode sustentar que no convite, em que apenas são admitidos participantes habilitados, a eventual desclassificação por motivo relacionado com a habilitação seria motivada por fatos só conhecidos após o encerramento dessa fase, encontrando respaldo na ressalva consignada na parte final do dispositivo em apreço.[8]

8. Ver posição contrária de Carlos Ari Sundfeld, in *Licitação e Contrato Administrativo*, SP, Malheiros Editores.

Para finalizar, resta examinar os preceitos dos §§ 6º e 7º, do art. 22. O § 6º, não traz qualquer dificuldade, pois abriga determinação no sentido de ampliar o universo dos convidados, com vistas a garantir iguais oportunidades de acesso às empresas do ramo pertinente ao objeto licitado.

Já a regra contida no § 7º, continua merecendo interpretação restritiva por parte do TCU.[9] Trata-se, ainda, do problema do não comparecimento de interessados. Qual a conseqüência da ausência total, ou seja, da licitação deserta, e da ausência parcial de interessados? O convite não pode prosperar, impondo-se a sua repetição?

Parece-me, com todo o respeito, que esse problema foi superado com a edição da vigente Lei n. 8.666/93 que introduziu sensíveis alterações no conceito de convite. Vejamos. O Dec.-Lei n. 2.330/86 estabelecia: "Convite é a modalidade de licitação entre, no mínimo, três interessados...". O diploma ora em vigor registra: "Convite é a modalidade de licitação entre interessados do ramo pertinente ao seu objeto, cadastrados ou não, escolhidos e convidados em número mínimo de 3 (três) pela unidade administrativa...". Assim, o convite deixou de ser licitação entre, no mínimo, três interessados, passando a se constituir em certame entre interessados — independente do número. Exige a lei, como requisito de validade, a convocação de, no mínimo, três interessados, mas deixou de ter como pressuposto para realização a presença de três participantes.[10]

Em sintonia com a nova dicção do § 3º, do art. 22, o § 7º explicitou que se a ausência do mínimo legal de licitantes for

9. Carlos Pinto Coelho Motta, in *Eficácia nas Licitações e Contratos*, BH, Del Rey, p. 120.

10 Nesse sentido Adílson Abreu Dallari, ob. cit. p. 61; Toshio Mukai, in *O Novo Estatuto Jurídico das Licitações e Contratos Públicos*, SP, 3ª ed., Ed. RT, p. 42; Marçal Justen Filho, in *Comentários à Lei de Licitações e Contratos Administrativos*, RJ, 2ª ed. Aide, p. 120; Diógenes Gasparini, ob. cit., p. 333.

motivada por limitações do mercado, ou desinteresse dos convidados não obriga a repetição do convite, desde que devidamente justificado. É dizer, se a unidade administrativa demonstrar que cumpriu as exigências legais pertinentes à divulgação do procedimento, poderá dar prosseguimento ao certame em que comparecerem dois ou até mesmo um único licitante. Isso porque, quando suficientemente divulgado o instrumento convocatório, o não comparecimento de interessados é indicativo do desinteresse dos fornecedores, ou da ausência da mercadoria no mercado.

Já o não comparecimento de interessados torna a licitação deserta, podendo ser aplicada a regra do art. 24, inciso V, que permite a dispensa de novo convite, desde que a repetição redunde em prejuízo para a Administração.

REFORMA ADMINISTRATIVA E DIREITO ADQUIRIDO AO REGIME DA FUNÇÃO PÚBLICA

PAULO MODESTO
Assessor Especial do Ministério da Administração Federal e Reforma do Estado. — Professor da Faculdade de Direito da Universidade Federal da Bahia. Membro do Instituto Brasileiro de Direito Administrativo

I — Introdução

O direito adquirido tem sido argumento freqüentemente invocado pelos opositores da reforma constitucional do aparelho administrativo do Estado. Nesse debate, entretanto, este argumento é completamente destituído de validade técnica. Dizer que a reforma constitucional não pode alterar o regime jurídico de servidores públicos (o estatuto jurídico da estabilidade, disponibilidade, remuneração etc.) é incorrer em completo equívoco. As razões dessa incompreensão decorrem do desconhecimento de no mínimo dois tópicos relevantes encartados no tema, a saber: (a) a natureza do regime jurídico que vincula o servidor público civil à Administração; (b) a distinção entre eficácia imediata e eficácia retroativa das normas constitucionais.

II — Regime estatutário da função pública

Houve tempo em que a função pública era objeto de contrato, o *contrato da função pública*, tempo em que os postos públicos eram comprados por particulares, doados pela nobreza decadente, transferidos por herança ou negócio privado, eram bens integrados no patrimônio econômico e jurídico dos indivíduos, que gozavam por isso de direitos subjetivos às competências e prerrogativas do cargo, e, conseqüentemente, de garantias especiais contra a alteração ou supressão unilateral desses postos pelo Estado. Os agentes públicos eram então vistos como *proprietários* dos respectivos cargos (cf. Oswaldo Aranha Bandeira de Mello, *Princípios Gerais de Direito Administrativo*, v. II, Forense, 1969, pp. 357-358).

No presente, no entanto, o regime jurídico dos servidores públicos é *legal*, vale dizer, objetivo e impessoal, e não garantia subjetiva, individual, apropriável pelo servidor público e integrante de seu patrimônio jurídico. No *regime legal ou público da função pública*, ao contrário do que ocorria na *concepção patrimonial da função*, as alterações normativas têm aplicação imediata, alcançando de forma geral e impessoal os servidores em atividade, ficando ressalvados os atos, direitos e fatos consumados no tempo (os denominados *facta praeterita*, como as gratificações devidas *pro labore facto*). Esse limite decorre do princípio da irretroatividade das leis, não do princípio do direito adquirido — garantias distintas e inconfundíveis. É dizer: as leis administrativas não podem retroagir, para desconstituir *no passado* vantagens, prerrogativas e direitos exercitados pelos servidores estatutários; mas podem alterar, com eficácia imediata, *no presente e para o futuro*, quando couber, a situação jurídica geral e impessoal, estatutária, dos servidores públicos civis.

O servidor ocupante de cargo público não se apropria do seu regime jurídico, este não lhe pertence, não é incorporado ao seu patrimônio jurídico, não é *adquirido* como qualquer outra comodidade, prestação de ordem patrimonial ou vantagem individual. A disciplina jurídica do seu cargo encontra a definição de seus limites e condições fixada pela Lei e pela Constituição e não por contrato individual personalíssimo. Com efeito, o regime jurídico dos servidores não é algo consumado e intangível no tempo, mas conjunto de normas mutável, impessoal, objetivo, definido e alterado *unilateralmente* pelo Estado em vista do interesse público. Por isso também a sentença tantas vezes repetida na jurisprudência dos tribunais: *não há direito adquirido ao regime jurídico para os servidores públicos* ("Lei nova, ao criar direito novo para o servidor público, pode estabelecer, para o cômputo do tempo de serviço, critério diferente daquele determinado no regime jurídico anterior. *Não há direito adquirido a regime jurídico*" (STF, RE n. 99.522, Rel. Min. Moreira Alves, in *RDA* 153/110-113); "O funcionário tem direito adquirido a, quando se aposentar, ter seus proventos calculados em conformidade com a lei vigente ao tempo em que preencheu os requisitos para a aposentadoria. *Não possui, contudo, direito adquirido ao regime jurídico relativo ao cargo, o qual pode ser modificado por lei posterior* (...)." (STF, RE n. 92.638, Rel. Min. Moreira Alves, in *RDA* 145/56-61); e *recentemente*, após a promulgação da Constituição Federal de 1988: "Vencimentos: reajuste: direito adquirido. Inexistência. Segundo a jurisprudência do STF — que reduz a questão à inexistência de direito adquirido a regime jurídico —, as leis ainda quando posteriores à norma constitucional de sua irredutibilidade — que modificam sistemática de reajuste de vencimentos ou proventos são aplicáveis desde o início de sua vigência. Ressalva do entendimento do relator, expresso no julgamento do MS 21.216 (Gallotti, *RTJ* 134/1.112)" (RE n. 185.966-1, Rel. Min. Sepúlveda Pertence, in *DJU* de 22.9.95, Seção I, p. 30.632); "(...) Recentemente, o Plenário desta Corte, ao julgar o RE n. 146.749, *decidiu que, não havendo direito adquirido a vencimentos nem a regime jurídico*, o art. 1º *caput*, do Decreto-lei n. 2.425/88 é de aplicação imediata, tendo os funcionários direito apenas ao reajuste, calculado pelo sistema do art. 8º, §1º, do Decreto-lei 2.335, com relação aos dias do mês de abril anteriores ao da publicação daquele Decreto-lei (...)" (RE n. 179.956-1, Rel. Min. Moreira Alves, *DJU* de 22.9.95, Seção I, p. 30.633).

No Supremo Tribunal Federal, em voto proferido no RE n. 82.881, em 5 de maio de 1976 (*RDA* 130, out./dez. 1977, p. 156), o Ministro Bilac Pinto teve oportunidade de afirmar:

"O reconhecimento de direito adquirido em matéria estatutária contraria a sistemática de direito administrativo. Tenho sido intransigente na inadmissão do direito adquirido nas relações estatutárias entre o servidor — ativo e inativo — e as pessoas jurídicas de direito público interno, porque a extensão desse instituto ao regime estatutário colocará a administração pública na impossibilidade de empreender reformas nos seus quadros".

A aplicação imediata da lei nova às relações jurídicas continuadas, no entanto, não é fenômeno restrito à regulamentação da situação jurídica dos servidores públicos estatutários. De regra tampouco existe direito adquirido à aplicação de regra processual, inexistindo direito de quem quer que seja à permanência de certo rito processual ou à inalterância de normas de competência de órgãos e juízos, salvo disposição expressa em contrário. Aqui também, como noutras matérias de *ordem pública*, o princípio da imediatidade eficacial incide. Nessas hipóteses, a regra nova aplica-se de imediato, alterando a situação jurídica regente até então, mas não desfaz os "efeitos passados de fatos passados", alterando apenas os direitos e as obrigações existentes para o presente (*facta pendentia*) e para o futuro (*facta futura*). Nessas hipóteses, descabe falar em *direito adquirido*, pois este existe apenas quando se coloca o tema da ultratividade da norma revogada, isto é, a "sobrevivência", no presente e no futuro, de efeitos jurídicos desencadeados por norma suprimida.

Questão diversa impõe o princípio da irretroatividade das leis. Retroagir (*retro agere*) é incidir sobre o passado, é atribuir nova valoração jurídica a fatos resolvidos no tempo. É verdade que, no Brasil, a Constituição não proíbe de forma absoluta e genérica a retroeficácia da *lei*. Proíbe a retroatividade da lei penal incriminadora (art. 5º, XL) e prescreve que *a lei* não poderá retroagir para ferir o direito adquirido, o ato jurídico perfeito ou a coisa julgada (art. 5º, XXXVI). Não impede a retroação feita para beneficiar, mas, ao contrário, a admite expressamente ("A lei penal não retroagirá, salvo para *beneficiar* o réu" — art. 5º, XL) e implicitamente ("Sem prejuízo de outras garantias asseguradas ao contribuinte, é vedado à União, aos Estados, ao Distrito Federal e aos Municípios: (...) III — cobrar tributos: a) em relação a fatos geradores ocorridos antes do início da vigência da lei que os instituiu ou *aumentou*; b) no mesmo exercício financeiro em que haja sido publicada a lei que os instituiu ou *aumentou* — art. 150, III, "a" e "b"). Tampouco repele a retroação de lei quando não estiver em causa *dano* a direito adquirido, ato jurídico perfeito ou coisa julgada. Ressalte-se ainda que a Constituição abre autorização expressa à retroação, quando se tratar de inovação jurídica promovida por medida provisória não convertida em lei, pois neste caso a alteração promovida com força de lei perde a eficácia, desde a edição da medida provisória, devendo o Congresso Nacional *disciplinar as relações jurídicas delas decorrentes* (art. 62, § único). E, ademais, para algumas questões, permitiu a retroação inclusive para prejudicar o beneficiário de direito (art. 51, do ADCT: "Serão revistos pelo Congresso Nacional, através de Comissão mista, nos três anos a contar da data da promulgação da Constituição, todas as doações, vendas e concessões de terras públicas com área superior a três mil hectares, realizadas no período de 1º de janeiro de 1962 a 31 de dezembro de 1987"). Essas disposições deixam claro, porém, que a vedação à retroeficácia da lei é princípio diverso em substância e alcance do princípio da garantia do direito adquirido, inexistindo coincidência ou superposição dos referidos princípios.

III — Eficácia imediata e eficácia retroativa das normas constitucionais

Se inexiste direito adquirido à persistência de regime jurídico da função pública em face da lei, muito menor razão assiste aos que afirmam direito adquirido a regime jurídico em face da Constituição.

Contra a Constituição inexiste o princípio do direito adquirido e, tampouco, o princípio da irretroatividade. As normas constitucionais não apenas incidem imediatamente (o que se presume, salvo inequívoca disposição em contrário), como é-lhes permitido retroagir, para alcançar "efeitos passados de fatos passados", nesse último caso desde que se faça a ressalva mediante declaração expressa. A regra é a imediatidade eficacial das normas jurídicas constitucionais. Se se deseja manter no tempo, ou por certo tempo, a aplicação de normas anteriores contrárias a novo mandamento constitucional, exige-se norma de transição expressa. Se o objetivo é a aplicação do novo dispositivo constitucional também para alterar no passado efeitos jurídicos já consolidados, a mesma exigência de explicitude é feita.

Essas conclusões são quase um truísmo, quando observados princípios elementares do direito. Se a Constituição é a norma fundamental do sistema jurídico, base de validade de todas as demais normas, é evidente que não pode admitir a existência de qualquer direito sobranceiro, anterior ou superior a ela mesma, sob pena de perder a condição de norma inicial e fundante do sistema jurídico nacional. A legislação infraconstitucional permanece válida apenas se não confronta com o estatuto constitucional (princípio da recepção). Se a legislação conflita, prevalece a Constituição, norma hierárquica superior do sistema jurídico (princípio da supremacia). Por isso a eficácia da Constituição é imediata, e se presume tal, salvo disposição expressa em contrário constante da própria Constituição (princípio da eficácia imediata da Constituição).

Contra a Constituição inexiste a garantia de imutabilidade de direitos adquiridos específicos, concretos, em face do princípio da supremacia e da eficácia imediata das normas constitucionais. Nisso é concorde amplamente tanto a *doutrina especializada* (Carlos Maximiliano, *Direito Intertemporal ou Teoria da Retroatividade das Leis*, Rio de Janeiro, p. 325, item 280; Bento de Faria, *Aplicação e Retroatividade da Lei*, Rio de Janeiro, 1934, n. 8, pp. 25 e ss.; Wilson de Souza Campos Batalha, *Direito Intertemporal*, Rio de Janeiro, Forense, 1980, p. 438; Cármem Lúcia Antunes Rocha, "O Princípio do Direito Adquirido no Direito Constitucional", separata da *Revista de Informação Legislativa*, a.26, n. 103, jul./set. 1989, p. 156; Celso Ribeiro Bastos, *Comentários à Constituição do Brasil*, Saraiva, v. 2, p. 191; Pinto Ferreira, *Comentários à Constituição do Brasil*, Saraiva, 1989, v. 1, pp. 148-149, entre outros) quanto à *jurisprudência dos Tribunais*, especialmente do Egrégio Supremo Tribunal Federal — "*... Não há direito adquirido contra texto constitucional, resulte ele do Poder Constituinte Originário, ou do Poder Constituinte Derivado. Precedentes no STF*" (STF, Pleno, RE n. 94.414, Rel. Min. Moreira Alves, in *RDA* 160/144-151); "(...) *O direito adquirido, garantido no § 3º do art. 153 da Constituição Federal, somente é oponivel à lei. Contra a própria Constituição não há direito adquirido* (...)" (STF, Pleno, Representação n. 895, Rel. Ministro Djaci Falcão, in *RTJ* 67/327)"; "(...) Contra preceito constitucional não é invocável o direito adquirido" (STF, 2ª T., RE n. 14.360, Rel. Ministro Edgar Costa, in *Rev. Forense*, abril, 1951, p. 423); "(...) O § 3º do art. 153 da CF impede que a lei prejudique o direito adquirido, mas não que a própria Constituição regule, como lhe parecer, a eficácia temporal de concursos futuros ou já realizados, inclusive mediante *emenda*, como aconteceu, no caso, a de n. 8, de 1977, ao acrescentar o § 3º do art. 97" (STF, Pleno, Ação Rescisória n. 1.212, Rel. Ministro Sydney Sanches, in *RDA* 174/183); "Acumulação de cargos públicos. Proibição. *Não há direito adquirido contra o disposto na Constituição*" (STF, 1ª T., RE n. 35.491, Rel. Ministro Luis Galotti, in *RTJ* 05/194). Confira-se, ainda no âmbito do Supremo Tribunal Federal, os acórdãos publicados em *RDA* 24/57, *RDA* 34/205, *RDA* 38/259, *RDA* 54/215, *RDA* 108/65, *RF* 134/423, *RTJ* 68/9-15, referidos *recentemente* no Mandado de Segurança n. 22.332-DF, Rel. Ministro Celso Mello (*DJU* 147, de 2 de agosto de 1995). Após o advento da Constituição de 1988, confira-se ainda a decisão unânime do Tribunal Pleno na ADIn n. 248-RJ, Rel. Min. Celso de Mello, in *RTJ* 152, mai./95, pp. 341-352 ("*... A supremacia jurídica das normas inscritas na Carta Federal não* *permite, ressalvadas as eventuais exceções proclamadas no próprio texto constitucional, que contra elas seja invocado o direito adquirido. Doutrina e Jurisprudência*"), e a decisão da 1ª Turma no RE n. 157.538-RJ, Rel. Min. Moreira Alves, in *RTJ* 151, mar./95, pp. 992-996 ("...Não há direito adquirido contra a Constituição").

A Constituição muitas vezes faz retrotrair suas normas, para alcançar relações jurídicas no passado (conferir, na atual Constituição, por exemplo, o art. 18 do ADCT: "Ficam extintos os efeitos jurídicos de qualquer ato legislativo ou administrativo, lavrado a partir da instalação da Assembléia Nacional Constituinte, que tenha por objeto a concessão de estabilidade a servidor admitido sem concurso público, da administração direta ou indireta, inclusive das fundações instituídas e mantidas pelo Poder Público"). Outras vezes autoriza inclusive a *repulsa expressa à invocação de direito adquirido* quanto a certa matéria na esfera administrativa e judicial (assim o fez, por exemplo, no art. 17, *caput*, do ADCT: "Os vencimentos, a remuneração, as vantagens e os adicionais, bem como os proventos de aposentadoria que estejam sendo percebidos em desacordo com a Constituição serão imediatamente reduzidos aos limites dela decorrentes, não se admitindo, neste caso, invocação de direito adquirido ou percepção de excesso a qualquer título").

Na matéria, doutrina o mestre Pontes de Miranda: "As Constituições não têm, de ordinário, retroeficácia, porque estejam adstritas a isso. O respeito dos direitos adquiridos, da coisa julgada e dos negócios jurídicos perfeitos resulta de regra jurídica constitucional, que o estabelece, e não de princípio a que a Constituição tenha de atender. As Constituições têm incidência imediata, ou desde o momento em que ela mesma fixou como aquele em que começaria a incidir. Para as Constituições, o passado só importa naquilo que ela aponta ou menciona. Fora daí, não"(...)

E, adiante, acrescenta:

"As Constituições podem retirar direitos, pretensões e ações que, no momento da sua incidência, existam; mas, para que isso se dê, é preciso que a regra jurídica constitucional, de que resulte tal retroeficácia, colida com regra jurídica que no passado incidiu" (*Comentários à Constituição de 1967, com a Emenda n. 1*, de 1969, 3ª ed., Rio de Janeiro, Forense, 1967, pp. 392 e 394).

Estão em tela, assim, em resumo, duas questões distintas: (a) a *aplicação direta e imediata da norma constitucional* sobre relações jurídicas nascidas no regime anterior e que permanecem sob a vigência da nova Constituição e (b) a *aplicação da nova disposição constitucional a fatos e relações jurídicas resolvidas ou consumadas antes da vigência da nova disposição*. Na primeira questão trata-se de indagar sobre a manutenção no novo regime constitucional de direitos adquiridos no regime anterior. Na segunda, interroga-se pela aplicação retroativa da norma constitucional. As soluções técnicas, vimos, são distintas. Para a primeira indagação, basta apurar a *compatibilidade* da regra precedente infraconstitucional com a nova regra constitucional. Havendo compatibilidade, o direito precedente é recepcionado pela nova ordem constitucional. Havendo contrariedade lógica, prevalece a norma constitucional, pois trata-se de norma que ocupa posição hierárquica superior e, ademais, inaugural do sistema jurídico. A revogação, a supressão do direito precedente, nesse caso, independe de declaração expressa da norma constitucional. A revogação pode ser implícita, por simples constatação do conflito lógico das referidas normas na regulação do mesmo instituto. Na segunda questão, de revés, a solução depende de existir ou inexistir *declaração expressa* na norma constitucional autorizando a retroeficácia do preceito constitucional. Havendo a autorização, a retroação é possível; não havendo, deve ser recusada, pois não se presume e é medida excepcional.

Do exposto deflui, pois, que a garantia da proteção ao direito adquirido, ao ato jurídico perfeito e à coisa julgada cumpre uma *função de bloqueio* em face do *legislador infraconstitucional*. O texto constitucional é claríssimo a este respeito: art. 5º, XXXVI — "a *lei* não prejudicará o direito adquirido, o ato jurídico perfeito e a coisa julgada". Na mesma senda, com precisão, dispõe o art. 6º da Lei de Introdução ao Código Civil (Decreto-lei n. 4.657, de 4 de setembro de 1942): "Art. 6º. A *lei* em vigor terá efeito imediato e geral, respeitados o ato jurídico perfeito, o direito adquirido e a coisa julgada"). O direito adquirido, assim, ao contrário do que equivocamente tem-se sustentado, não é garantia dirigida ao poder constituinte, originário ou reformador. É garantia do cidadão frente ao *legislador infraconstitucional*, e utilizável apenas para conter a *eficácia derrogatória* da lei nova para *situações jurídicas constituídas no passado por leis ordinárias ou leis complementares e garantidas a determinado e concreto grupo de indivíduos*. Nesta medida, não é garantia individual utilizável para impedir a modificação de institutos jurídicos pela lei, menos ainda pela Constituição, mas instrumento apto tão-somente a barrar, bloquear ou refrear a aplicação, os *efeitos da lei nova*, no presente e para o futuro, em relação a fatos, situações ou atos cobertos por disposições legais anteriores mais favoráveis para certo e determinado grupo de pessoas.

É logicamente incompatível com a própria concepção do direito adquirido a tese de que esta garantia constitui um dique absoluto para a reforma legislativa (ou, ainda, por equívoco maior, para qualquer reforma constitucional). O direito adquirido, mesmo quando reconhecido em face da lei ordinária, *não impede a modificação abstrata de institutos jurídicos*, pois é garantia de permanência de situação jurídica pessoal de certo e determinado grupo de indivíduos exatamente em face de *alteração legislativa posterior*. A reforma legislativa, a modificação da norma jurídica, ocorre no *plano abstrato da normatividade* — plano lógico distinto e inconfundível com as situações jurídicas concretas individuais. *Ao se alterar a norma abstrata não se fere direito adquirido*, menos ainda a norma de sua garantia, salvo se a nova norma abstrata recusa *expressamente* a garantia do direito adquirido a certo grupo de indivíduos que a titularizem na espécie. O direito adquirido apenas se manifesta no plano concreto, pois, e em face da interferência inovadora do legislador. E garantia que prolonga no tempo a eficácia de certa regulamentação, não em abstrato, mas para certos indivíduos. É garantia tutelar de situação jurídica individualizada, instituída para preservar no tempo *direito subjetivo individual*, não o direito objetivo, pois não se presta a manter intocada a ordem jurídica vigente. Por isso, como bem acentuou o eminente Min. Sepúlveda Pertence na ADIn 1161-8-DF, a questão posta por esta garantia "não é suscetível de deslinde na via do controle abstrato: salvo quando a própria lei determina sua incidência sobre situações anteriores" (*DJ* de 2.1.95, p. 446). Assim, bem vistas as suas conseqüências, a garantia do direito adquirido não atende à função conservadora e imobilizante que lhe querem atribuir. *A garantia do direito adquirido não se opõe a idéia de mudança normativa; pelo contrário, supõe logicamente a mudança, pressupõe necessariamente a existência de alteração normativa para incidir*. Em resumo, para frisar o óbvio: função específica do princípio do direito adquirido é protrair no tempo o regramento favorável anterior, já revogado por lei sucessiva, para certo e determinado grupo de indivíduos, e não bloquear a própria alteração normativa, aprisionar o legislador, ou o poder constituinte, originário ou reformador.

O poder constituinte reformador está, é certo, impedido de suprimir a garantia do direito adquirido, ou alterá-la, por força do § 4º, inciso IV, do art. 60 da Constituição. E-lhe vedado suprimir ou modificar o dispositivo grafado no inciso XXXVI do art. 5º da Constituição. Não detém competência, ainda, para autorizar ao legislador infraconstitucional a desconsiderar a referida garantia, como modo oblíquo ou indireto de esvaziamento desse preceito constitucional. Nada obstante, a referida garantia não impede o poder reformador de impor, por si, e diretamente, alterações em direitos e obrigações constitucionais, pois a garantia visa a obstar a eficácia imediata de inovação introduzida pelo legislador infraconstitucional, não pelo Constituinte, originário ou derivado (no mesmo sentido, cf. José Eduardo Martins Cardozo, *Da Retroatividade da Lei*, São Paulo, Ed. RT, 1995, pp. 313-314). Entendimento diverso, admita-se por absurdo, importaria em deferir ao *legislador ordinário* a competência para estabelecer "cláusulas pétreas" para certo grupo de situações e indivíduos, regras imodificáveis pelo próprio poder reformador e, ademais, sem número certo e sem limitação material definida — forma indireta de tornar completamente inútil a delimitação das cláusulas pétreas constantes do § 4º do art. 60 e inverter completamente a hierarquia das normas no sistema jurídico nacional. Não se presume, no entanto, que o constituinte estabeleça absurdos, dislates, ou regras inúteis. Nem tampouco que tenha aderido ao delírio autoritário de estabelecer um sistema jurídico tendente ao imobilismo, à inércia, à fixidez, apoiado em direitos adquiridos irreformáveis, e alheio ao dinamismo da história e às urgências sem conta do mundo da vida.

A COMPETÊNCIA EM MATÉRIA URBANÍSTICA NA CONSTITUIÇÃO FEDERAL DE 1988

UBIRAJARA COSTÓDIO FILHO
Mestrando em Direito Urbanístico

1. Apresentação e delimitação do tema. 2. A teoria do ordenamento jurídico: 2.1 Introdução; 2.2 O conceito de ordenamento jurídico; 2.2.1 A unidade interna; 2.2.2 A construção escalonada do ordenamento jurídico e a hierarquia das normas; 2.2.3 Os aspectos de validade das normas jurídicas; 2.3 Formas de organização interna do ordenamento jurídico; 2.3.1 Centralização e descentralização; 2.3.2 As técnicas de repartição de competências nos Estados federais. 3. A Federação brasileira e a repartição de competências. 4. A competência em matéria urbanística na Constituição Federal de 1988: conclusões.

1. Apresentação e delimitação do tema

A proposta desta monografia é a de examinar, dogmaticamente, a maneira como se encontra partilhada a competência em matéria urbanística na Constituição Federal de 1988.

Ao contrário do que pode parecer, à primeira vista, a tarefa não é simples, pois no interior do ordenamento jurídico pátrio existe não apenas um, mas diversos centros produtores de normas urbanísticas[1] (União, Estados-membros, Distrito Federal e Municípios) e, ademais, a atividade de urbanificação[2] empreendida pelo Poder Público comporta abordagem sob dois enfoques distintos, aos quais designamos, um, executivo ou material, e, outro, normativo, conforme será visto no decorrer deste trabalho. Acrescente-se a isso, ain-

1. Por norma urbanística, entenda-se toda aquela que trate de matéria urbanística, aí incluída a ordenação do uso e da ocupação do solo, os planos urbanísticos as limitações ao direito de propriedade e ao direito de construir, entre outras.

2. José Afonso da Silva, em seu *Direito Urbanístico Brasileiro* (2ª ed., p. 21, Malheiros Editores), chama a atenção para a distinção semântica entre os vocábulos "urbanização" e "urbanificação". Explica o autor: "Emprega-se o termo *urbanização* para designar o processo pelo qual a população urbana cresce em proporção superior à população rural. Não se trata de mero crescimento das cidades, mas de um fenômeno de concentração urbana". "A urbanização gera problemas. Deteriora o ambiente urbano". "A solução desses problemas obtém-se pela intervenção do poder público, que procura transformar o meio ambiente e criar novas formas urbanas. Dá-se então a *urbanificação*, processo deliberado de correção da urbanização." "O termo *urbanificação* foi cunhado por Gaston Bardet, para designar a aplicação dos princípios do *urbanismo*, advertindo que a *urbanização* é o mal, a *urbanificação* é o remédio" (grifos no original). Considerando-se que se pretende usar, na presente monografia, uma terminologia rigorosa e precisa, guarde-se a distinção aqui registrada.

da, o fato de a matéria não ter recebido adequado tratamento no texto do Diploma de 1988, apresentando deficiências tanto em nível de redação, quanto no que concerne à sua sistematização, em nossa opinião. Dentro desse contexto, por exemplo, depara-se com o problema de se determinar o conteúdo das denominadas "normas gerais", previstas no art. 24, § 1º da Carta vigente, e o da sua harmonização com as normas urbanísticas estaduais, distritais e municipais.

Dessarte, ao exame específico do tema ora sugerido, antecederá uma incursão, breve, pela seara da Teoria Geral do Direito e da Teoria Geral do Estado, a fim de ser travado um contato preliminar com as noções básicas relativas ao ordenamento jurídico e, especialmente, aquele ordenamento organizado sob o modelo federativo. Oportuna, outrossim, à proficiência deste estudo, uma revista prévia ao modo como se acha estruturado o ordenamento jurídico da Federação brasileira.

Assim é que principiaremos a exposição pela teoria do ordenamento jurídico, da qual destacaremos a questão da unidade interna e da hierarquia das normas. Em seguida, adentraremos, propriamente, o texto positivado pelo Constituinte de 1988, e, aí, ocupar-nos-emos, em um primeiro momento, com a moldura constitucional da Federação brasileira e o aspecto da sua repartição de competências; e, por derradeiro, enfrentaremos o objetivo central do presente trabalho: a competência dos entes federados em matéria urbanística.

2. *A teoria do ordenamento jurídico*

2.1 Introdução

Partindo-se da idéia de que o direito, enquanto conjunto de normas, existe para regulamentar as ações dos homens no convívio social; considerando-se que, dentre tais relações intersubjetivas, encontram-se aquelas ligadas à aquisição e ao exercício do poder; e, levando-se em conta, igualmente, que esse poder se acha distribuído, juridicamente, em medidas ou núcleos a que chamamos competências; é bastante proveitoso que se tenha uma visão global do ordenamento jurídico, ao se tratar da temática da competência urbanística das pessoas políticas que integram a Federação brasileira, pois tal competência nada mais representa do que uma parcela do poder normativo existente na ordem jurídica. Acontece, contudo, que o ordenamento jurídico enseja análise sob perspectivas várias. Assim, há: *a uma*, a discussão em torno da unidade do ordenamento e da hierarquia das normas; *a duas*, a questão das antinomias jurídicas e do caráter sistemático, ou não, do ordenamento jurídico; *a três*, a temática da completude do ordenamento e das chamadas lacunas do Direito; e, finalmente, *a quatro*, o aspecto das relações entre os vários ordenamentos jurídicos.

Diante disso, e com vistas a não ampliar demais o objeto de estudo, extrapolando-se os limites da presente monografia, enfocar-se-á o ordenamento jurídico tão-somente sob o prisma da sua unidade, examinando-se, por conseguinte, o problema da hierarquia das normas. É o que se vai fazer, então.

2.2 O conceito de ordenamento jurídico

Aos olhos da Ciência do Direito, o Estado é uma ordem jurídica soberana, i. e., que não encontra outra que lhe seja hierarquicamente superior, possuidora de unidade interna e constituída, escalonadamente, por normas que contêm, cada qual, aspectos de validade material, pessoal, espacial e temporal, e que prescrevem condutas que devem ser observadas pelos seus destinatários, sob pena de sanção, nos casos de descumprimento.

Da conceituação aqui sugerida, interessa destacar três pontos, a saber: *I)* a unidade do ordenamento jurídico; *II)* a sua construção escalonada; *III)* os aspectos de validade da norma jurídica. Examine-se-os em apartado, pela ordem.

2.2.1 A unidade do ordenamento jurídico

O tópico da unidade interna do ordenamento jurídico é determinante para que se estabeleça o discrímen entre um ordenamento jurídico e um mero agregado de normas jurídicas. Somente aos conjuntos de normas que apresentem unidade interna é correto, rigorosamente, conferir-se o *status* de ordenamento jurídico. E unidade interna significa que, entre as normas componentes de dado conjunto, há um denominador comum, ou seja, um ponto originário do qual todas advêm, mediata ou imediatamente, e ao qual Kelsen designou norma fundamental.

A título ilustrativo, suponha-se a seguinte situação: tome-se dois conjuntos de normas, "A" e "B", composto, o primeiro, por enunciados normativos do direito chileno, do direito argentino, do direito uruguaio e do direito paraguaio; e, o segundo, formado tão-somente por dispositivos do direito brasileiro.

Pergunta-se: ambos os conjuntos, "A" e "B", podem ser considerados ordenamentos jurídicos? A resposta é negativa. Veja-se por que.

No conjunto "A", não se verifica a possibilidade de *reductio ad unum*, pois as normas podem derivar de até quatro origens diferentes (chilena, argentina, paraguaia ou uruguaia), o que impede a obtenção de uma unidade. Diversamente, no conjunto "B", há, de fato, o vínculo, mediato ou imediato, de todas as normas a uma mesma norma fundamental: aquela, pressuposta, que prescreve a obrigatoriedade de todos os brasileiros respeitarem os dispositivos da nossa Constituição Federal.[3] Daí por que afirmarmos que o conjunto "A" é um mero agregado de normas e o conjunto "B" é um ordenamento jurídico, propriamente dito.

Fixada, assim, a noção da unidade interna do ordenamento jurídico, percorra-se, agora, a teoria de sua construção escalonada.

2.2.2 A construção escalonada do ordenamento jurídico e a hierarquia das normas

É de Kelsen, originariamente, a compreensão do ordenamento jurídico como um conjunto de normas distribuídas em estratos desnivelados e convivendo numa relação constante de hierarquia. São suas palavras:[4] "A ordem jurídica não é um sistema de normas jurídicas ordenadas no mesmo plano, situadas umas ao lado das outras, mas é uma construção escalonada de diferentes camadas ou níveis de normas jurídicas".

No cerne dessa formulação teórica reside a idéia da hierarquia entre as normas de certo ordenamento jurídico, a suscitar duas questões principais: a) o que se deve entender por hierarquia entre normas jurídicas?; b) que critério, ou critérios, há de se empregar para determinar, dentre duas normas, qual a de grau superior e qual a de grau inferior? Responda-se.

Hierarquia, grosso modo, é o nome que se dá à relação havida entre dois elementos de um mesmo conjunto, na qual um deles ocupa posição de superioridade diante do outro. Nesse sentido, é lícito afirmar-se que, para que se possa falar em hierarquia entre dois entes, é preciso que ambos pertençam a domínio idêntico e que um deles esteja subordinado ao outro.

3. Foge ao interesse do presente trabalho a discussão acerca da procedência, ou não, da concepção kelseniana de norma fundamental, bastando-nos, por ora, admiti-la como sendo aquela norma acima e além da qual outra não há, em um ordenamento jurídico.

4. *Teoria Geral do Direito*, 4ª ed., trad. João Baptista Machado, Martins Fontes, São Paulo, 1994, p. 247.

Dessarte, por exemplo, é correto dizer-se que há hierarquia entre o Papa e um Bispo, no âmbito da Igreja; ou entre um Coronel e um Sargento, na esfera militar; mas é incorreto proclamar-se a superioridade hierárquica do Presidente dos Estados Unidos da América face ao Primeiro-Ministro da França (pois cada qual integra um domínio/conjunto distinto); ou, ainda, pretender-se defender dita primazia do falcão em relação ao beija-flor, vez que, a despeito de ambos pertencerem à classe das aves, não existe vínculo de subordinação.

Transportando-se esse raciocínio para o campo do direito, tem-se que duas normas jurídicas se inter-relacionam hierarquicamente nos casos em que, integrando igual domínio (ordenamento positivo), uma determine à outra limites formais e/ou materiais de validade. Os limites ditos materiais referem-se ao conteúdo que a norma inferior pode versar, enquanto os limites formais dizem respeito ao procedimento, mediante o qual deve ser produzida a norma inferior.

Quando a CF/88 estabelece, no seu art. 60, § 2º, que a proposta de emenda constitucional será discutida e votada em cada Casa do Congresso Nacional, em dois turnos, considerando-se aprovada se obtiver, em ambos, três quintos dos votos dos respectivos membros, impõe ao legislador ordinário um limite formal. Ao dispor, contudo, no § 4º do mesmo artigo, que não será objeto de deliberação a proposta tendente a abolir a forma federativa de Estado; o voto direto, secreto, universal e periódico; a separação dos Poderes; e os direitos e garantias individuais, traça a Carta limites materiais às normas infraconstitucionais.

2.2.3 Os aspectos de validade das normas jurídicas

Para encerrar este item, cabe comentar o último do três pontos destacados do conceito de ordenamento jurídico, formulado no início.

A validade de uma norma jurídica, assim entendida a sua pertinência a um dado ordenamento jurídico, comporta quatro ângulos diferentes de exame: material, espacial, pessoal e temporal.

O aspecto material da validade de uma norma jurídica é aquele comportamento intersubjetivo ou aquela situação que pode vir prevista, *in abstracto*, no comando normativo. O aspecto espacial corresponde ao território ao longo do qual a norma vigora. O aspecto pessoal diz com o conjunto dos indivíduos que podem ser alcançados pelo mandamento da norma. O aspecto temporal, por fim, consiste no período de tempo durante o qual a norma terá força para produzir seus efeitos jurídicos.

2.3 Formas de organização interna do ordenamento jurídico

Viu-se, até aqui, em resumo: *I)* o Estado é uma ordem jurídica; *II)* suas normas se encontram acomodadas escalonadamente, numa relação hierárquica de ordenação; *III)* o ordenamento jurídico, não obstante acolher várias fontes produtoras de normas, mantém uma unidade interna, que o diferencia de um mero agregado de normas. Isto posto, trate-se, agora, de averiguar, sob o ângulo jurídico, as formas de organização interna que pode assumir o *ordo iuris* de um Estado.

2.3.1 Centralização e descentralização

Os ordenamentos jurídicos podem organizar-se entre dois pólos ideais, quais sejam a centralização e a descentralização, ambos apresentando uma face estática e outra dinâmica.

Sob o ângulo estático, toma-se por critério distintivo o âmbito espacial ou o pessoal de validade das normas, dizendo-se que um ordenamento é centralizado quando todas as normas vigoram em toda a extensão territorial ou para todas as pessoas, indistintamente; enquanto, descentralizado, diz-se do ordenamento jurídico quando nesse, ao lado das normas centrais, com validade em todo o território ou a todos os indivíduos, existem normas locais, que contêm comandos diferenciados, conforme a região ou o grupo populacional. É descentralizado territorialmente, por exemplo, o ordenamento jurídico dos Estados federais, em que o território nacional é dividido em regiões menores (Províncias, Cantões, Estados-membros) e a cada uma delas correspondem duas legislações: uma federal, oriunda do poder central, e outra própria, editada pelo poder local. De outro modo, será descentralizado por um critério pessoal, *exempli gratia*, nos Estados em que for dispensado um tratamento normativo diverso para cada tribo ou etnia que habite o país.

Sob o prisma dinâmico, de outro turno, adota-se o critério do órgão editor das normas, falando-se em ordenamento centralizado, quando um único órgão edita todas as normas jurídicas vigentes no ordenamento; e, em ordenamento descentralizado, quando há um órgão que edita as normas centrais e outro ou outros que editam as normas locais.

Num ordenamento jurídico territorialmente descentralizado, como o do Estado federal, que aqui interessa mais de perto por ser o modelo consagrado pelo direito positivo brasileiro, costuma-se distinguir entre os seguintes conceitos: ordenamento jurídico total, ordenamento jurídico parcial, ordenamento jurídico central e ordenamento jurídico local. O ordenamento jurídico central é aquele cujas normas têm âmbito de validade espacial abrangendo todo o território nacional; em contrapartida aos ordenamentos jurídicos locais, que contêm normas com âmbito espacial de validade restrito a uma dada região. Ambos esses tipos de ordenamentos, central e locais, são ditos parciais e, ao seu conjunto, central mais locais, denomina-se ordenamento jurídico total. O que sói acontecer nesse padrão federativo de organização é que, ao ordenamento central, comete-se a atribuição de editar normas mais genéricas, definidoras de princípios, diretrizes, objetivos, com alcance em todo o território nacional; reservando-se às ordens locais um papel de adaptação daquelas às peculiaridades e às necessidades de cada região. Assim, verifica-se uma "divisão de tarefas" no interior da Federação e essa distribuição se opera no próprio texto da Constituição Federal, recebendo o nome de "repartição de competências", na terminologia jurídica.

2.3.2 As técnicas de repartição de competências nos Estados federais

A doutrina costuma apresentar três técnicas tradicionais de repartição de competências entre os membros da Federação, a saber: *I)* enumeram-se as competências do poder central (União) e se atribuem aos poderes locais (Estados-membros) as competências remanescentes; *II) a contrario sensu*, formula-se o rol completo das competências das entidades locais, reservando-se ao poder central as competências restantes; *III)* procede-se à indicação exaustiva do elenco de competências, tanto do poder central quanto dos entes locais.

No caso do Estado brasileiro, todavia, não se adotou, com exclusividade, nenhuma das técnicas tradicionais de repartição de competências, vez que, no modelo pátrio, além do ordenamento central, que corresponde ao da União Federal, há três ordens distintas de ordenamentos locais, que são a dos Estados-membros, a do Distrito Federal e a dos Municípios. Todas as quais são consideradas autônomas pela Constituição de 1988. Disso decorre que, a fim de se alcançar uma interpretação sistemática da Lei Maior, há de se atentar para essa particularidade de nosso ordenamento, o qual abriga leis federais, leis estaduais, leis distritais e leis municipais.[5]

5. Empregamos o vocábulo "lei", neste trabalho, na sua acepção lata, compreendendo todas as espécies

3. *A Federação brasileira e a repartição de competências*

A Constituição Federal de 1988 dispõe, no *caput* do seu art. 18, que "a organização político-administrativa da República Federativa do Brasil compreende a União, os Estados, o Distrito Federal e os Municípios, todos autônomos, nos termos desta Constituição". Estabelece, com isso, um modelo federativo de organização do Estado brasileiro e define as pessoas políticas integrantes deste, quais sejam a União, os Estados, o Distrito Federal e os Municípios. É, pois, entre esses entes federados, que o Diploma Magno distribui o poder (as competências) originariamente concentrado nas mãos do legislador constituinte.

Tal repartição de competências entre as pessoas políticas, porém, e como já foi dito, não seguiu as técnicas tradicionais. Assim é que a Carta vigente distingue, quanto à participação das entidades federadas, entre: *I)* competência exclusiva (art. 21), que é cometida a dado ente federado com exclusão dos demais, vedada a delegação de poderes; *II)* competência privativa (art. 22), aquela atribuída expressamente a um ente federado, mas com possibilidade de delegação; *III)* competência comum (art. 23), a prevista para ser exercida, cumulativamente, por União, Estados-membros, Distrito Federal e Municípios, em regime de coordenação; *IV)* competência concorrente (art. 24), na qual à União cabe editar normas gerais e aos Estados-membros e ao Distrito Federal compete conformar ditas diretrizes federais às suas peculiaridades locais; *V)* competência suplementar (art. 24, § 2º), que se refere à competência destinada aos Estados-membros e ao Distrito Federal no âmbito da competência concorrente.

Diante desse quadro, as normas jurídicas das ordens parciais do ordenamento brasileiro correlacionam-se ora em regime de subordinação ora em regime de coordenação. Há subordinação, e, conseqüentemente, hierarquia, na hipótese de competência concorrente, em que os Estados-membros e o Distrito Federal devem respeitar os limites formais e/ou materiais traçados pelas normas gerais editadas pela União. De maneira inversa, tem-se o regime de coordenação nos demais casos. Tal distinção importa sobremodo, pois, na circunstância de um conflito entre dada norma federal e outra estadual, por exemplo, de duas uma: *I)* se presente o regime de subordinação, a norma federal prevalecerá em face da estadual; *II)* sendo o caso do regime de coordenação, o critério hierárquico deixa de ser aplicável, e o impasse será resolvido em desfavor daquela que houver ultrapassado a esfera de sua competência.

4. *A competência em matéria urbanística na Constituição Federal de 1988: conclusões*

4.1 De posse das noções e dos conceitos até aqui desenvolvidos, acreditamos encontrar-se bem pavimentado o caminho para, agora, avançarmos em direção ao seu ponto final, vale dizer, ao problema da competência urbanística dos entes da Federação brasileira, tal qual distribuída pelo Constituinte de 1988. Frise-se, desde logo, em reforço do exposto no item "A Federação brasileira e a repartição de competências" retro, que não há uma hierarquia natural entre União, Estados-membros, Distrito Federal e Municípios, acontecendo, isto sim, casos em que a norma federal prefere à estadual, à distrital e à municipal (CF/88, art. 24, §§ 1º e 4º), sendo indevido, porém, estender-se essa superioridade hierárquica a toda e qualquer situação de conflito entre normas de ordens parciais distintas.

4.2 A competência em matéria urbanística, como foi dito anteriormente no item 1, compreende poderes normativos e po-

normativas conhecidas no direito brasileiro, e, inclusive, como sinônimo de norma jurídica.

deres executivos, referíveis, respectivamente, à atuação legiferante de ordenação dos espaços urbanos e à realização *in concreto* das metas e diretrizes fixadas em lei.

Tendo em vista que a atividade urbanística é função pública, exercida com o fito de promover a conciliação do interesse coletivo à adequada organização espacial das cidades com os interesses particulares dos proprietários de parcelas desse espaço urbano; e, atentando-se, ainda, para as circunstâncias de que ninguém está obrigado a fazer ou deixar de fazer algo, senão em virtude de lei (CF/88, art. 5º, II) e de que a Administração Pública é regida, entre outros, pelo princípio da legalidade (CF/88, art. 37, *caput*); é correto afirmar-se que os poderes executivos acima mencionados representam o estádio final do *iter* trilhado pelo Poder Público em suas intervenções urbanificadoras. O que se quer dizer, em outras palavras, é que o Poder Público somente pode exercitar sua competência executiva em matéria urbanística, validamente, se antes houver feito uso dos seus respectivos poderes normativos. Isto assentado, debrucemo-nos sobre o texto da Carta vigente.[6]

4.3 A Constituição Federal de 1988 comete a todas as pessoas políticas do Estado brasileiro, em alguma medida, o encargo de cuidar da urbanificação do território nacional. Quanto aos poderes que chamamos executivos ou materiais, *I)* compete à União elaborar e executar planos nacionais e regionais de ordenação do território (art. 21, IX), bem como instituir diretrizes para o desenvolvimento urbano, inclusive habitação, saneamento básico e transportes urbanos (art. 21, XX); *II)* faculta-se aos Estados-membros integrar a organização, o planejamento e a execução de funções públicas de interesse comum entre Municípios limítrofes, instituindo, nos limites do seu território, regiões metropolitanas, aglomerações urbanas e microrregiões (art. 25, § 3º); e *III)* cabe aos Municípios e ao Distrito Federal[7] promover, no que couber, adequado ordenamento territorial, mediante planejamento e controle do uso, do parcelamento e da ocupação do solo urbano (art. 30, VIII). Nesse contexto, fica claro que o Poder Público há de atuar urbanisticamente em qualquer uma de suas esferas, seja federal, seja estadual, seja distrital, seja municipal, variando, conforme o caso, apenas a extensão dessa intervenção. Levando-se em conta, porém, que dita ingerência estatal executiva há de estar, obrigatoriamente, amparada na lei, importa sobremaneira abordar-se a forma como o Texto Magno reparte as competências/poderes normativos nessa matéria. Veja-se, então.

4.4 O art. 24 da CF/88 determina que compete à União, aos Estados e ao Distrito Federal legislar concorrentemente sobre direito urbanístico (inciso I) e que, no exercício dessa competência concorrente, a União se limitará a editar normas gerais (§ 1º), enquanto aos Estados e ao Distrito

6. A Constituição Federal de 1988 trata de matéria urbanística, direta ou indiretamente, em um número demasiado de dispositivos, cuja redação e sistematização não nos agrada. Assim, por exemplo, reputamos imprópria a inclusão do capítulo "Da política urbana" (arts. 182 e 183) no título "Da ordem econômica e financeira" (art. 170 e ss) inexistindo, em nossa opinião, afinidade entre ambas as matérias que justificasse tal acomodação. De outro lado, quantitativamente, faltou ao Constituinte de 1988 uma maior concisão na hora de reduzir por escrito os comandos normativos, o que acabou produzindo um amplo elenco de artigos, incisos, parágrafos e alíneas, a propósito do assunto: art. 21, IX e XX; art. 23, III e IX; art. 24, I; art. 25, § 3º, art. 30, I, II e VIII; art. 32, § 1º; art. 182, art. 183 e art. 225, § 1º, III. Em razão disso, decidimos, neste estudo, a bem da sua objetividade, destacar do texto constitucional aqueles enunciados que, sob nossa ótica, são suficientes e necessários para outorgar competência urbanística aos entes federados.

7. Embora o art. 30, VIII da CF/88 não mencione expressamente o Distrito Federal, julgamos correto estender-lhe o dever contido naquele dispositivo uma vez que, sendo-lhe vedado dividir-se em Municípios (art. 32. *caput*), é o próprio Governo do Distrito Federal que haverá de responder pela urbanificação da sua área territorial.

Federal cumpre atuar suplementarmente (§ 2º),[8] obedecendo as diretrizes daquelas primeiras (§ 4º).

O art. 25, § 3º dispõe que os Estados-membros poderão, mediante lei complementar, instituir regiões metropolitanas, aglomerações urbanas e microrregiões, constituídas por agrupamentos de Municípios limítrofes, para integrar a organização, o planejamento e a execução de funções públicas de interesse comum.

O art. 30 prescreve que compete aos Municípios legislar sobre assuntos de interesse local (inciso I) e suplementar a legislação federal e a estadual no que couber (inciso II), enquanto o art. 182, § 1º estatui que o plano diretor, aprovado pela Câmara Municipal, obrigatório para cidades com mais de vinte mil habitantes, é o instrumento básico da política de desenvolvimento e de expansão urbana.

Conjugando-se o disposto nesses enunciados constitucionais e o teor daqueles preceitos pertinentes aos denominados poderes executivos ou materiais (item 4.3), conclui-se:

I) a União exerce sua competência urbanística em duas frentes: uma, no âmbito das atribuições materiais que lhe são conferidas pelo art. 21, IX e XX da CF/88; outra, no campo legislativo, ora tratando de planos nacionais e regionais de urbanificação, ora editando normas gerais de direito urbanístico, na conformidade do art. 24, § 1º da CF/88;

II) aos Estados-membros, faculta-se legislar no caso do art. 25, § 3º da CF/88, tomando, por conseguinte, as devidas providências de caráter executivo; e, eventualmente, ao lado do Distrito Federal, cabe-lhe suplementar as normas gerais de direito urbanístico emanadas da União, no que couber (art. 24, § 2º);

III) os Municípios e o Distrito Federal, por sua vez, também deverão legislar em matéria urbanística, nos limites de seu território, mas não sobre o direito urbanístico e seus institutos, senão naquilo que for necessário à consecução da tarefa urbanificadora que lhes é destinada pelo art. 30, VIII da CF/88.

4.5 Em vista disso, e antes de encerrarmos a exposição, desejamos, a esta altura, aproximarmo-nos do conteúdo jurídico da expressão "normas gerais de direito urbanístico".

Em relação ao aspecto espacial de validade, tais normas valem em toda a extensão do ordenamento federal, que coincide com o nacional. Daí decorre que, no que respeita ao seu pessoal de validade, devem obediência às normas gerais todos aqueles que estejam sujeitos à autoridade do *ordo iuris* brasileiro. Quanto ao aspecto temporal de validade, considere-se o período desde a data de sua publicação até aquela do ingresso, no sistema, de norma posterior revogadora. A questão mais difícil, em nossa opinião, está ligada ao seu aspecto material.

O aspecto material de validade das normas jurídicas, consoante visto anteriormente (item 2.2.3.), refere-se às condutas e situações fáticas passíveis de regulamentação normativa. Ocorre que, ao dispor, no art. 24, § 1º, que, no âmbito da legislação concorrente, a União deve limitar-se a estabelecer normas gerais, o Constituinte de 1988 deixou espaço para controvérsias. O que, afinal, poderiam conter tais normas gerais?

O problema, ao que parece, e com base no que está posto na Carta vigente, há de ser resolvido pelo critério do interesse predominante, em virtude do qual as normas gerais deveriam regulamentar apenas ma-

8. Apesar do § 2º do art. 24 da CF/88 omitir o Distrito Federal, considera-se que a este também é reservada a competência suplementar ali referida, em função da sua inclusão no *caput* do artigo, ao lado da União e dos Estados.

téria urbanística de predominante interesse nacional, além de tratar dos institutos de direito urbanístico, sem, no entanto, imiscuir-se naquilo que fosse do interesse particular de um Estado-membro ou de um Município.

4.6 Em síntese, por fim, pensamos, com Celso Bastos,[9] que o Município deve preferir ao Estado-membro e este, à União. Sendo certo que todos eles dispõem de poderes normativos e executivos em matéria urbanística; que os cidadãos vivem no Município (não no Estado ou na União); e devido à conhecida morosidade legislativa do governo federal, apresenta-se-nos pouco razoável defender-se uma ordem de preferência inversa, ou seja, deixar-se os Municípios à mercê da "boa vontade" do legislador federal. Evidente, contudo, que as ações urbanificadoras dos Municípios não devem ser individualizadas a ponto de prejudicarem uns aos outros, decorrendo daí a relevância da atuação coordenadora de Estados-membros e União.

9. Recomenda Celso Bastos em seu *Curso de Direito Constitucional* (12ª ed., p. 249, Saraiva): "A regra de ouro poderia ser a seguinte: nada será exercido por um poder de nível superior desde que possa ser cumprido pelo inferior".

BIBLIOGRAFIA

I — LIVROS

BASTOS, Celso Ribeiro. *Curso de Direito Constitucional,* 12ª ed., Saraiva, São Paulo, 1990.

BOBBIO, Norberto. *Teoria do Ordenamento Jurídico*, 5ª ed., Editora Universidade de Brasília, Brasília, 1994.

KELSEN, Hans. *General Theory of Law and State*. Harvard University Press, Cambridge, Massachusetts-USA, 1949.

————. *Teoria Pura do Direito.* Trad. João Baptista Machado. Martins Fontes, São Paulo, 1994.

SILVA, José Afonso da. *Direito Urbanístico Brasileiro*, 2ª ed, Malheiros Editores, São Paulo, 1995.

II — ARTIGOS EM REVISTAS JURÍDICAS

CORRÊA, Antônio Celso Di Munno. "Planejamento urbano: competência para legislar dos Estados e Municípios", *RDP* 98/256.

DALLARI, Adílson de Abreu. "Autonomia municipal na Constituição Federal de 1988", *RDP* 97/231.

MOREIRA NETO, Diogo de Figueiredo. "Competência concorrente limitada: o problema da conceituação das normas gerais", *Rev. Inf. Legislativa* 100/127.

CONFERÊNCIAS & DEBATES

A DEMORA NA ENTREGA DA PRESTAÇÃO JURISDICIONAL — RESPONSABILIDADE DO ESTADO — INDENIZAÇÃO[1]

JOSÉ AUGUSTO DELGADO

Juiz do TRF-5ª Região — Prof. Adjunto UFRN (Aposentado) –
Membro Honorário da Academia Brasileira de Direito Tributário e
Prof. de Direito da Universidade Católica de Pernambuco

1. A denominação do tema: responsabilidade do Estado, responsabilidade civil do Estado ou responsabilidade da administração

A doutrina contemporânea reconhece complexo o exame do tema relativo à responsabilidade do Estado como tendo a obrigação legal de indenizar os danos causados por suas atividades a terceiros.

O avanço alcançado pela ciência jurídica, a respeito da matéria, não afastou as dificuldades remanescentes, em razão de muitos aspectos controvertidos não se apresentarem solucionados.

Um deles, embora não se apresente como de muita relevância, é o referente a denominação a ser dada a tal obrigação.

Para uma corrente não há incorreção em ser a mesma tratada como "Responsabilidade Civil do Estado". A ela se incorporaram, entre outros, os seguintes doutrinadores:

a) Amaro Cavalcanti, in *Responsabilidade Civil do Estado*, Rio, Borsoy, 1957.

b) Gilberti Messina, in *Responsabilità civile dello Stato e dele Altre Persone Giuridiche*, Palermo, Foro Siciliano, 1909.

c) João Sento Sé, in *Responsabilidade Civil do Estado por Atos Judiciais*, S. Paulo, Bushatisky, 1976.

d) Yussef Said Cahali, in *Responsabilidade Civil do Estado*, 1982.

Uma segunda corrente entende que a denominação correta é "Responsabilidade do Estado", por ter como pleonástica a enunciação "Responsabilidade Civil do Estado", tendo em vista que "no tocante ao Estado, por ser pessoa jurídica, só há de se cogitar de responsabilidade civil, nunca da penal".[2]

1. Conferência pronunciada na Ordem dos Advogados do Brasil, seção do Distrito Federal, e no Centro de Estudos Judiciários da Seção Judiciária da Justiça Federal, no Distrito Federal, Brasília, no dia 27 de maio de 1994.

2. In *A Responsabilidade do Estado por Atos Judiciários e Legislativos*, de Juracy C. Silva, Saraiva, 1985, p. 72.

Podem ser identificados como seguidores desse posicionamento os autores:

a) Juracy C. Silva, com a obra *A Responsabilidade do Estado por Atos Judiciários e Legislativos*, Saraiva, 1985.

b) Edmir Netto de Araújo, em *Responsabilidade do Estado por Ato Jurisdicional*, Ed. RT, 1981.

c) Roger Brulle, tese denominada de "De la responsabilité de l'État à raison des ates législatifs", Bordeaux, 1946, conforme citação feita por Juracy C. Silva, na bibliografia apresentada em obra de sua autoria já citada, na letra "a".

A terceira corrente aplica, ao mesmo fenômeno obrigacional, a nomenclatura de "Responsabilidade Pública da Administração ou Responsabilidade da Administração". A crítica lançada aos que assim compreendem o título da matéria é que determina uma visão estreita da responsabilidade apreciada, por possibilitar a visualização de que se está tratando, apenas, dos atos praticados pelo Poder Executivo, cuja função precípua é a de administrar.

Do grupo de doutrinadores filiados a essa posição, destacam-se:

a) Renato Alessi, com obra intitulada *La Responsabilità Della Pubblica Amministrazione*, 2ª edição, 1951.

b) A. Torrente, in "La responsabilità indireta della pubblica amministrazione", *Riv. Diritto Civile*, 1958, 278, conforme consta na bibliografia levantada por Yussef Said Cahali, ob. cit., *Responsabilidade Civil do Estado*, Ed. RT, 1982.

c) Francesco Garri, in *La Responsabilità della Pubblica Amministrazione*, Turim, 1975, também constante na bibliografia apresentada por Yussef Said, in obra mencionada.

A título de conclusão, Juracy C. Silva, no estudo comentado antes, p. 74, após analisar as diversas modalidades de ser chamada essa responsabilidade do Poder Público, opta pela nomenclatura "Responsabilidade do Estado". Apresenta os seguintes fundamentos na defesa da posição assumida:

"De onde se conclui ser preferível continuar empregando a expressão Responsabilidade do Estado. Nessa, o único defeito que notamos é certa ambigüidade entre o conceito genérico de Estado, supradefinido, e o específico, respeitante aos entes que integram a Federação Brasileira: desse ângulo restrito, tal locução seria imprópria, por não abranger a União, o Distrito Federal e os Municípios. Dogmaticamente, porém, a confrontação não procede. Não há ciência senão do geral, e por conseguinte inexiste razão para modificar essa expressão, que resulta de longa tradição histórica, apenas porque o legislador brasileiro, na esteira dos constituintes norte-americanos, designou com o nome de Estados as antigas Províncias do Império".

Emprestando a minha adesão a esse posicionamento, aboli o vocábulo "civil" do título do presente trabalho, retificando, assim, posição anteriormente assumida.

2. *A responsabilidade do Estado por atos judiciais no Direito comparado*

Não se desconhece a complexidade enfrentada quando se aborda o tema Responsabilidade do Estado por Atos Judiciais.

Por mais que tenha evoluído os direitos do cidadão, quando o Estado lhe provoca danos, não se apresenta, ainda, consolidada na era contemporânea, entre todos os povos, a convicção de que o Estado, por provocar prejuízos às partes pelo retardamento da entrega da prestação jurisdicional, assume o dever de indenizar.

Ao lado da crítica que se faz, e com absoluta razão, a respeito das deficiências apresentadas pelo Judiciário no desenvolvimento da missão constitucional de solucionar os conflitos, há de se defender o surgimento de mecanismos profundos e produtores de frutos efetivos e eficazes que imponham aquele, que é o maior responsável pela demora na consolidação do direito à jurisdição, o Estado, uma responsabilidade concreta, imediata e capaz de recompor o patrimônio moral e econômico do cidadão atingido por tal conduta.

O final do Século XX testemunha a exclusão, por inteiro, do princípio da irresponsabilidade do Estado no trato das funções que lhe são inerentes.

Os últimos países que adotavam essa posição, a Inglaterra e os EUA, já a abandonaram, conforme depoimento de Yussef Said Cahali.[3]

Embora sem maior importância o registro da evolução da responsabilidade do Estado por Atos Judiciais, no Direito Comparado, apresento, com base em Trabalho[4] de João Sento Sé, Professor Adjunto de Direito Administrativo da Universidade Federal da Bahia, um quadro sinótico sobre o assunto.

No referido estudo, que teve o ano de 1974 como seu marco final, quando o Prof. João Sento Sé o apresentou à Faculdade de Direito da Universidade Federal da Bahia, está assinalado que o princípio da irresponsabilidade do Estado-juiz prevalecia na Grã-Bretanha, Israel e Estados Unidos da América.

Não se conflita essa afirmação com a feita pelo Prof. Yussef Said Cahali, acima assinalada. Na verdade, como bem informado pelo Prof. João Sento Sé, o Crown Proceedings Act, de 1947, contempla a imunidade da Coroa Britânica quando se defronta com danos praticados por qualquer agente público no desempenho das funções judiciais.

Esse entendimento demonstra que só quando se trata da prática de atos judiciais é que a Coroa Britânica se torna irresponsável. Nos demais relacionamentos com o Estado, prevalece o princípio da responsabilidade estatal.

Registra, ainda, o Prof. João Sento Sé, que em Israel, a partir de 1952, não obstante tendência em sentido contrário, subsiste a irresponsabilidade do Estado por atos judiciais. Reconhece que igual entendimento prevalece nos Estados Unidos da América, muito embora, a partir de 1957, tenha-se intensificado o movimento para abolir essa imunidade estatal, colaborando, para tanto, decisões dos tribunais.

Em outra parte do trabalho que se analisa, o seu autor faz os destaques que anuncio de forma resumida:

a) nos Estados Unidos da América é forte o entendimento de que o juiz é irresponsável pessoalmente pela prática dos atos judiciais;

b) a reparação da vítima, em decorrência de "erro judiciário" criminal, é nota constante na Alemanha, Bélgica, Tchecoslováquia, Polônia, Chile e Argentina;

c) o Uruguai, Colômbia, Espanha, França e Itália admitem a responsabilidade estatal em qualquer espécie de erro judiciário, não havendo a limitação posta no parágrafo anterior.

A evolução da tese da responsabilidade do Estado por atos judiciais tem sido enfrentada pelo Direito Constitucional, conforme assinala João Sento Sé, na obra multicitada.

Registra que a Constituição Espanhola de 1978, no art. 121, dispõe expressamente:

"Los daños causados por error judicial, así como los que sean consecuencia del funcionamiento anormal de la Administración de Justicia, daran derecho a una indemnización a cargo del Estado, conforme a la ley".

3. In "Responsabilidade Civil do Estado", trabalho integrante da obra *Responsabilidade Civil — Doutrina e Jurisprudência*, Saraiva, vários autores, 1984.

4. Trabalho sob o título "Responsabilidade Civil do Estado-Juiz", publicado na *RDP* 82, abr.-jun. 1987, pp. 132 a 140.

A responsabilidade do Estado-juiz foi enfocada por J. J. Gomes Canotilho,[5] à luz do Direito Constitucional português. A respeito, anunciou que:

"Além da responsabilidade da administração, a norma constitucional está aberta à responsabilidade por facto das leis (responsabilidade do Estado-legislador) e à responsabilidade por facto da função jurisdicional (responsabilidade do Estado-juiz). Relativamente a esta última, a Constituição consagra expressamente o dever de indenização nos casos de privação inconstitucional ou ilegal da liberdade (CRP, artigo 27º/5) e nos casos de erro judiciário (CRP, artigo 29º/6), mas a responsabilidade do Estado-juiz pode e deve estender-se a outros casos de "culpa grave" de que resultam danos de especial gravidade para o particular (cf. arts. 225º e 226º do Cód. de Processo Penal)".

A seguir, em nota aos comentários acima, assinala o mesmo autor:

"Não obstante as reticências da jurisprudência portuguesa, a orientação mais recente de alguns países vai no sentido de consagrar a responsabilidade dos magistrados (de tribunais individuais e coletivos) quando a sua actividade dolosa ou gravemente negligente provoca um dano injusto aos particulares, sob pena de se paralisar o funcionamento da justiça e perturbar a independência dos juízes, impõe-se aqui um regime particularmente cauteloso, afastando, desde logo, qualquer hipótese de responsabilidade por actos de interpretação das normas de direito e pela valoração dos factos e da prova. Por outro lado, é duvidoso que, fora dos casos de responsabilidade penal e disciplinar do juiz, possa se admitir a responsabilidade civil do juiz com a conseqüente possibilidade de direito de regresso por parte do Estado.

"No entanto, podem descortinar-se hipóteses de responsabilidade do Estado por actos ilícitos dos juízes e outros magistrados, quando: (1) houver grave violação da lei resultante de 'negligência grosseira'; (2) afirmação de factos cuja inexistência é manifestamente comprovada pelo processo; (3) negação de factos, cuja existência resulta indesmentivelmente dos actos do processo; (4) adopção de medidas privativas da liberdade fora dos casos previstos na lei; (5) denegação da Justiça resultante da recusa, omissão ou atraso do magistrado no cumprimento dos seus deveres funcionais. Foi nesse sentido que se orientou a lei italiana de 13 de abril de 1988, n. 117, depois de uma consulta referendária. Cf., por exemplo, Pinius, *Responsabilitá del Giudice*, Enc. Diritto, XXXIX, 1471; Cicala, *La Responsabilitá Civile del Magistrato*, Milão, 1988; Giuliani/Piccardi, *La Responsabilitá del Giudice*, Milão, 1987; Cirillo/Sorrentino, *La Responsabilitá del Giudice*, Nápoles, 1988; M. Capelletti, "Qui custodes custodiet", in Cappelletti, *Le Pouvoir des Juges*, Paris, 1990, pp. 115 e ss; J. Mas, "La responsabilidad patrimonal del Estado por el funcionamento de la administración de justicia", in *REDC* 13 (1985).

"No mesmo sentido, pode-se ver a lei francesa de 5 de julho de 1972, artigo 11º, relativa à reparação de danos provocados pelo funcionamento 'defeituoso' do serviço de justiça, existindo 'falta grave' (culpa) ou denegação da justiça. Cf. Lombard, "La responsabilité de l'État du fait de la fonction juridictionelle et la loi du 5 juillet 1972", *RDP*, 1975, p. 585. O Arrêt Durmont torna extensiva esta disciplina à responsabilidade por facto da justiça administrativa. Exemplo notável de previsível evolução do direito português é o recente Ac. do STA, de 7/389, in *Acórdãos Doutrinais*, 344/5 (1990), onde se afirma que 'o nosso ordenamento jurídico prevê a responsabilidade civil extracontratual do Estado por danos provenientes por factos ilícitos culposos resultantes da função jurisdicional'. Cf. também AC TC 90/84, in *DR* II, n. 31 de 6.2.85,

5. In *Direito Constitucional*, Livraria Almedina, Coimbra, 1991, pp. 674 e 675.

referente ao direito de indenização por prisão preventiva ilegal."

A parcial visão do Direito comparado a respeito do tema evidencia a evolução alcançada no sentido de prestigiar o direito subjetivo do cidadão de ter reparado, pelo Estado, o dano sofrido em razão da demora na entrega da prestação jurisdicional.

3. *Direito público subjetivo à jurisdição*

O Direito Constitucional Contemporâneo tem destacado o prestígio alcançado pelo denominado direito subjetivo à jurisdição, como conquista mais recente do cidadão.

A respeito, a doutrina brasileira foi brindada, há pouco tempo, com trabalho da autoria da Profa. Cármen Lúcia Antunes Rocha,[6] onde está afirmado que "O direito à jurisdição é o direito público subjetivo constitucionalmente assegurado ao cidadão de exigir do Estado a prestação daquela atividade. A jurisdição é, então, de uma parte, direito fundamental do cidadão, e, de outro, dever do Estado".

Sendo a jurisdição, também, dever do Estado, no instante em que ela é tardiamente entregue ao cidadão, gera a responsabilidade do causador do dano imposto a quem dela necessita, pela demora.

A análise dessa responsabilidade foi fixada com absoluto rigor pela Profa. Cármen Lúcia, no trabalho assinalado, quando, no desenvolvimento do subtítulo "A eficiência da prestação jurisdicional",[7] afirma:

"Não basta, contudo, que se assegure o acesso aos órgãos prestadores da jurisdição para que se tenha por certo que haverá estabelecimento da situação de justiça na hipótese concretamente posta a exame. Para tanto, é necessário que a jurisdição seja prestada — como os demais serviços públicos — com a presteza que a situação impõe. Afinal, às vezes, a justiça que tarda, falha. E falha exatamente porque tarda.

"Não se quer a justiça do amanhã. Quer-se a justiça de hoje. Logo, a presteza da resposta jurisdicional pleiteada contém-se no próprio conceito do direito-garantia que a jurisdição representa.

"A liberdade não pode esperar, porque, enquanto a jurisdição não é prestada, ela pode estar sendo afrontada de maneira irreversível; a vida não pode esperar, porque a agressão ao direito à vida pode fazê-la perder-se; a igualdade não pode aguardar, porque a ofensa a este princípio pode garantir a discriminação e o preconceito; a segurança não espera, pois a tardia garantia que lhe seja prestada pelo Estado terá concretizado o risco por vezes com a só ameaça que torna incertos todos os direitos.

"Esta é a primeira abordagem que se faz presente quando se tecem observações sobre a eficiência da prestação jurisdicional: a melancólica lentidão que a tem marcado. A morosidade da prestação jurisdicional tem frustrado direitos, desacreditado o Poder Público, especialmente o Poder Judiciário, e afrontado os indivíduos."

A Constituição Federal de 1988 se apresenta com objetivo voltado para o fortalecimento da cidadania. O seu fundamento nuclear é o de tornar realidade os princípios fundamentais postos no Título I, destacando-se os enunciados no art. 1º e incisos (A República Federativa do Brasil, formada pela união indissolúvel dos Estados e Municípios e do Distrito Federal, constitui-se em Estado Democrático de Direito e tem como fundamentos: I — soberania; II — a cidadania; III — a dignidade da pessoa humana; IV — os valores

6. Profa. Titular de Direito Constitucional da Faculdade de Direito da PUC/MG. Procuradora do Estado de Minas Gerais. O trabalho referido foi publicado na obra *As Garantias do Cidadão na Justiça*, pp. 31-51, sob o título de "O Direito Constitucional à Jurisdição".

7. P. 37, ob. já citada.

sociais do trabalho e da livre iniciativa; V — o pluralismo político), bem como, aqueles que "condensam, no afirmar de Cármen Lúcia (p. 50, ob. cit.), os princípios que conformam o direito à jurisdição, tais como o que garante o direito a ser processado e julgado somente pela autoridade competente (LIII); o direito ao devido processo legal (LIV); a garantia do contraditório e ampla defesa (LV); a garantia de assistência jurídica integral e gratuita aos que comprovarem insuficiência de recursos (LXXIV), dentre outros".

A nova ordem constitucional, por se encontrar voltada inteiramente para o cidadão, faz imperar, entre outras características, a de que "As pessoas jurídicas de direito público e as de direito privado prestadoras de serviços públicos responderão pelos danos que seus agentes, nessa qualidade, causarem a terceiros, assegurado o direito de regresso contra o responsável nos casos de dolo ou culpa" (art. 37, § 6º, CF).

Lucia Valle Figueiredo, com a costumeira postura científica com que apresenta os seus trabalhos e com visão da aplicação de um direito constitucional que alcance às ansiedades e necessidades do cidadão no Século XXI, ensina, em seu *Curso de Direito Administrativo*, Malheiros Editores, 1994, 1ª edição, p. 181, ao abordar o tema "Responsabilidade Extracontratual do Estado", o seguinte:

"Quanto a nós, não vemos empeços para responsabilizar o Estado por atos praticados por uma de suas funções, a judiciária. Efetivamente, encarna o Judiciário também a figura do agente público, de alguém que diz o direito em normas concretas e por conta do Estado. Se assim é, dentro de certas comportas, que o regime jurídico da função postula, há de ser também responsabilizado na hipótese de lesão".

Com a prudência e profundidade que retratam as suas conclusões, afirma, em seqüência, que "É evidente que se hão de colocar *standards* e critérios de razoabilidade para decisões judiciárias. Entretanto, se houver decisões lesivas, desconcertadas do Direito, certamente responderá por elas".

É evidente que o atual ordenamento jurídico brasileiro, apoiado nos princípios adotados pela nossa Carta Magna, especialmente o que caracteriza a existência plena de um direito subjetivo do cidadão à jurisdição, agasalha o entendimento supramanifestado de que a responsabilidade do Estado pode ser detectada até quando o juiz, ultrapassando os limites da razoabilidade na interpretação e aplicação das leis, profira decisões que causem danos injustificáveis às partes.

Lucia Valle Figueiredo, na trilha da sua exposição, cita, como possível de se inserir no campo de responsabilidade do Estado, por exemplo, o caso de liminar em mandado de segurança, quando, não obstante presentes os pressupostos legais para a sua concessão, ela for negada e, em razão desse ato judicial, provoque danos à parte impetrante. Em caso inverso, também, admite a caracterização da responsabilidade do Estado. Aceita, também, que o Estado responde pelos danos provocados pela prestação jurisdicional retardada, entendendo que tal hipótese configura pura denegação de Justiça.

Não se pode deixar de se reconhecer que, ao lado das inúmeras manifestações doutrinárias em prol da responsabilidade do Estado pelos danos causados em razão da entrega deficiente da prestação jurisdicional, há uma inquietude jurisprudencial e uma ausência de confiabilidade no sistema.

Essa realidade, contudo, não conduz a um estado de apatia a respeito do problema, não só por ele existir, mas, também, porque a sociedade está a exigir que seja tomada uma solução capaz de atingir a necessidade, em tal campo, do cidadão.

Por maiores que sejam as dificuldades apresentadas, especialmente, a da não credibilidade do atuar do Poder Judiciário em tornar concreta essa pretensão, há do homem se conduzir apoiado na crença da efetividade do Direito.

Certo é que, na atualidade, no campo da ciência jurídica, nos deparamos com alguns cérebros bem comportados, que nos levam a deduzir que o bom é se adotar atitudes moderadas e esperar que os fatos, pela expressão de seus próprios efeitos, encontrem solução adequada.

Penso, porém, não deve ser esse o comportamento do jurista, especialmente, quando, conforme já foi perguntado pelo filósofo Roberto Romano, in artigo publicado na *Folha de S. Paulo*, de 16.4.92, Caderno I, p. 3, sob o título "O Perigo Fascista", obra já citada, "...e se esta lógica intacta destruir liberdades, garantias jurídicas, formas vitais de expressão?"

Reafirmo pensamento já exposto em trabalhos outros de que o jurista nunca erra quando se põe na defesa da liberdade; nunca frustra as esperanças da Nação quando prega a aplicação dos princípios da democracia: foi, é e será sempre o bendito mensageiro do combate ao desrespeito à dignidade humana.

Acrescento, agora, que o mesmo acontece, também, quando não se coloca em sentido contrário aos anseios do cidadão, por interpretar o direito com o objetivo de criar mecanismos capazes de fazer com que o Estado seja responsável, quando violar qualquer direito, por mais insignificante que seja, do jurisdicionado. Realça, portanto, a assunção de posição em prol da fixação da responsabilidade do Estado pela demora na entrega da prestação jurisdicional.

Oportuno repetir, renovando minhas meditações sobre a responsabilidade do Estado pela lentidão na entrega da prestação jurisdicional, o que afirmei para os mestrandos da Universidade de Fortaleza, ao ter a honra de, em 1992, abrir o Curso de Mestrado daquele ano letivo e apresentar-lhes o trabalho intitulado "A Evolução do Direito na Era Contemporânea". Naquela oportunidade, muito embora tratando de tema diferente, porém com conteúdo de esperança idêntica, escrevi:

"A reflexão que ora se faz neste trabalho nos conduz a um pensamento exposto por Ariano Suassuna, ao ser entrevistado por Wellington Faria, conforme noticiado em jornais paraibanos. O entrevistador quis saber de Ariano Suassuna qual será a utopia universal deste final de século, sobretudo no sentido político. O ilustre escritor nordestino, demonstrando a sua visão cosmopolita dos acontecimentos culturais e sociais da nossa época, respondeu:

"'Se não existisse, deveria existir. Teria que ser criada, porque o homem não pode viver sem um sonho. O homem não pode viver sem um sonho de melhoria, e este sonho para mim existe, de uma sociedade justa e fraterna, como até hoje não foi feita. Veja você que os regimes ditos liberais, burgueses, privilegiaram a liberdade em detrimento da justiça. O socialismo marxista que, no meu entender, é uma deturpação do socialismo, privilegiou a justiça e a igualdade em detrimento da liberdade. Mas, infelizmente, em ambos os casos foi sempre a liberdade para uma minoria e justiça para a minoria. Até hoje não se conseguiu fazer organizar uma sociedade na qual a liberdade e a justiça tivessem o mesmo valor para a esmagadora maioria. Esse sonho é tão velho quanto o homem e será ele quem tem de nos guiar nessa abertura do terceiro milênio'.

"As afirmações de Ariano Suassuna representam o sentimento nacional, vontade querida de uma coletividade, desejada e longe, porém, de ser alcançada. Por essa razão, é que se põe como meta primordial da ciência jurídica se impor, cada vez de modo mais forte, como um dos instrumentos de pressão para que haja a pregada transformação que a sociedade está a exigir e que se constituirá numa das facetas da quarta onda já discorrida por Toflen, em sua obra as *Transformações do Poder*.

"Não posso deixar de ser conduzido, no instante em que me detenho sobre tema de Direito, a buscar, com maior profundidade, o equilíbrio social, fazendo uso do seu instrumento científico. Por isso, examino a Carta Magna de 1988 e deparo-me com a mensagem nela contida da necessidade das conquistas sociais ali postas se transformarem em realidades. A partir do próprio preâmbulo da Carta Maior, se pretende, de modo solene e imperativo, se homenagear o cidadão.

"A seguir, sou tentado a cantar louvores aos princípios fundamentais registrados entres os artigos 1º e 4º, sem deixar de ressaltar o nível das conquistas enunciadas pelo Título II, comandado pela denominação Dos Direitos e Garantias Fundamentais."

4. O Estado na época contemporânea e a natureza da função jurisdicional

Em 1983, em palestra pronunciada na Ordem dos Advogados do Brasil, Subseção de Mossoró, RN, sob o título "Responsabilidade Civil do Estado pela Demora na Prestação Jurisdicional", afirmei, a respeito do título dado ao parágrafo, o seguinte:

"A doutrina apresenta, tradicionalmente, desde o período aristotélico, o Estado considerado como entidade abstrata, desempenhando três funções básicas: deliberação, comando e justiça. Estas, como efeito do fenômeno "Separação de Poderes" do Estado, são, hoje, exercidas pelo Legislativo, Executivo e Judiciário.

"A concentração da atividade estatal nos poderes mencionados visa dificultar sobremodo o arbítrio, por estabelecer um "sistema de freios e contrapesos, sob o qual pode vicejar a liberdade individual" (Manoel Gonçalves Ferreira Filho, *Curso de Direito Constitucional*, Ed. Saraiva, 1975, p. 76).

"O estudo das atividades administrativas, sociais e jurídicas, exercidas pelos Poderes do Estado, há de se vincular à investigação sobre os fins da entidade estatal. Para tanto, verifica-se que, após as influências das pregações de Kant, Humboldt e Fichte (defensores do Estado Jurídico), de Leon Bourgeois e Gide (propugnadores do solidarismo), de Thomas Morus e Campanello (adeptos do comunismo), de Marx, Engels e Saint Simon (idealizadores do coletivismo integral), de Wagner (fundador do socialismo de cátedra), de Lenin (criador do Bolchevismo) e de outros pensadores de maior repercussão, chega-se, na visualização moderna, a se considerar que o Estado é meio para que a coletividade possa atingir os seus fins, pelo que está, conseqüentemente, obrigado a prestar serviço que concretize o bem comum. Dentro de tal ótica, é conveniente lembrar a posição de Mário Masagão, em sua obra *Curso de Direito Administrativo*, 3ª ed., Max Limonad Ed., pp. 44-45, ao afirmar "que o Estado possui, ao lado da atividade jurídica, uma atividade social que poderá exercer dentro de certos princípios básicos: a ação social deve ser supletiva da atividade individual; deve ter em mira o bem comum e não o interesse individual ou de grupos, e não deve ocasionar o sacrifício do direito de quem quer que seja".

"Não há, portanto, que se polemizar, na atualidade, sobre a responsabilidade potencializada do Estado em assegurar aos indivíduos as condições necessárias para a consecução do bem comum. Para tanto, entre outras atividades que desenvolve, há de ser elencada a de entregar a prestação jurisdicional dentro dos prazos e limites que o sistema jurídico positivo instituiu. No particular, destaque-se que tal dever surge como conseqüência do princípio de legalidade, dogma a que está vinculada toda a ação estatal, por ser certo o axioma de direito de que a lei deve ser suportada, em primeiro plano, por aquele que a fez. Sendo a lei uma regra de conduta genérica oriunda do Estado, a este é do dever o seu integral cumprimento.

"É tempo, portanto, de se localizar a natureza da atividade jurisdicional na concepção do Estado contemporâneo, a fim de que fique definitivamente caracterizado o seu alto grau de participação na realização dos fins que hoje dele são exigidos.

"A essência da atividade jurisdicional é "aplicar contenciosamente a lei a casos particulares", no dizer conhecido de Pedro Lessa. Acrescento, apenas: visando estabilizar o conflito através de uma solução de efeito pacificador. No contexto do que seja bem comum, não é possível afastar a exigência de uma convivência pacífica entre os indivíduos, situação a que o Estado está obrigado a garantir, quer aplicando fisicamente a lei, sem o contraditório jurisdicional, função do Executivo, quer contenciosamente, modo pelo qual atua o Poder Judiciário.

"Diante do visto, a atividade jurisdicional é desenvolvida ao nível de função estatal de grau essencial, não se diferenciando da executiva: em qualquer ângulo que seja analisada, cumpre-lhe aplicar a lei, o direito, ao caso concreto.

"Em conclusão, tenha-se como incontroverso o fato de que o exercício da função jurisdicional do Estado é desempenhado sob os mesmos efeitos das demais (a legislativa e a executiva), gerando direitos e obrigações de igual categoria."

5. *Evolução da responsabilidade civil do Estado*

Não há utilidade maior o desenvolvimento do tema acima anunciado, senão o de contribuir para uma visão seqüencial do assunto explorado.

Com o sentido único de ordenar a meditação ora feita, é que se passa, de modo resumido, a enfocar a evolução da responsabilidade civil do Estado, aproveitando o que antes escrevi a respeito.[8]

"Sem divergir da doutrina dominante, podem ser elencados em três sistemas principais as teorias a respeito:

"a) teoria da irresponsabilidade ou regaliana;

"b) teorias civilísticas ou mistas; e

"c) teorias publicísticas.

"A primeira, teoria regaliana ou da irresponsabilidade, marca a época negra dos Estados despóticos e absolutistas, quando se impôs a "irresponsabilidade do Poder Público".

"Os princípios informadores de tal teoria eram:

"a) o Rei não erra, ou não pode errar;

"b) o Príncipe sempre tem razão;

"c) os agentes do Estado, quando faltam ao dever ou violam a lei, serão pessoalmente responsáveis pelos danos, nunca o Estado.

"Hoje, a teoria da irresponsabilidade do Estado é incompatível com a sua concepção moderna, não obstante encontrar-se parcialmente aplicada numa ou noutra legislação, como, por exemplo, a mexicana, que consagra a responsabilidade direta de funcionário, e só subsidiariamente, a do Estado.

"As teorias civilísticas ou mistas estão resumidas nos seguintes campos:

"a) dos atos de império e atos de gestão:

"a.1) os atos de império praticados pelo Estado escapariam ao domínio do direito privado, não sendo, portanto, responsabilizado o Estado por prejuízos causados por seus agentes ao atuarem invocando essa qualidade;

"a.2) os atos de gestão, desde que praticados pelo Estado, se regeriam pelo direito comum, pelo que haveria a responsabilidade do Poder Estatal todas as vezes

8. In "Responsabilidade Civil do Estado pela Demora na Prestação Jurisdicional", de José Augusto Delgado, in *Revista da Faculdade de Direito da Universidade de Fortaleza*, 24, jul.-dez. 1983.

que, por culpa do funcionário, fosse ferido direito de alguém;

"b) da Culpa Civil.

"Só haveria responsabilidade civil do Estado quando, na prática de algum ato lesivo a outrem, ficasse comprovada a culpa do agente que o executou. Na configuração da culpa, nenhuma valia teriam as distinções entre as suas modalidades. Haveria responsabilidade civil do Estado, desde que ficasse caracterizada a "culpa de serviço" (ato danoso impessoal, imperícia do agente), ou a "culpa pessoal" (negligência ou imprudência do agente), ou a *culpa in elegendo*, ou a *culpa in vigilando*.

"No cume da evolução da responsabilidade civil do Estado estão as Teorias Publicísticas. Estas surgiram em face do abandono gradativo da responsabilidade do Estado com base na culpa de direito civil.

"Inicialmente, a teoria da responsabilidade por culpa administrativa dominava a matéria. Consistia em que só havia responsabilidade do Poder Público quando ficasse provado que os seus órgãos ou representantes agissem culposamente, por ação ou omissão, ofendendo terceiros. Esta teoria era chamada, também, de subjetiva, uma vez que era baseada no elemento humano.

"A seguir, sucedeu-lhe a teoria do acidente administrativo. Por ela, o agente público deixou de ser julgado, passando a sê-lo o serviço. Os franceses contribuíram fortemente para a sua construção, sob o fundamento da "faute du service publique" (Louis Rolland, *Précis de Droit Administratif*, 6ª ed., 1937, p. 312). Constata-se que ela marca originalmente o princípio geral da perfeição e da continuidade do serviço público, erigindo essa qualidade como uma das obrigações do Estado. Em resumo, se o serviço é realizado e disso resultar dano para o administrado, está configurada a responsabilidade do Estado, independentemente da apuração da culpa e da distinção entre atos de império e atos de gestão.

"Essa teoria, considerada a primeira com caracteres objetivos, evoluiu para a teoria do risco ou teoria objetiva. Segundo sua pregação, o Estado é a síntese patrimonial de todos os contribuintes, pelo que deve resguardar a absoluta igualdade dos administrados diante dos ônus e encargos públicos. Por a atividade pública possibilitar danos ao administrado, cria para este um Estado de desigualdade quando a ação estatal produzir lesão e de modo concreto atingir o patrimônio ou o direito do particular. Inspirado, portanto, no risco e na solidariedade social, essa teoria aponta a responsabilidade do Estado por atos de omissões prejudiciais de seus agentes, ou por fatos ocorridos em conseqüência de o administrado demonstrar a culpa da Administração."

No atual ordenamento jurídico positivo brasileiro, essa teoria se encontra prestigiada pela Carta Magna, ao dispor no art. 37, § 6º:

"As pessoas jurídicas de direito público e as de direito privado prestadoras de serviços públicos responderão pelos danos que seus agentes, nessa qualidade, causarem a terceiros, assegurado o direito de regresso contra o responsável nos casos de dolo ou culpa".

É de ser registrado, por último, que a corrente objetiva evolui para prestigiar a denominada teoria do risco integral. Por esta, havendo dano ao particular, e presente o nexo causal (Estado-omissão ou ação do agente-dano ao administrado), haverá responsabilidade, sem campo para a indagação a respeito da ausência de culpa da administração ou mesmo culpa concorrente.

6. *Situações excludentes da responsabilidade do Estado*

É conveniente que se examine, embora em rápida passagem, as situações que excluem a responsabilidade do Estado, quando cuida do executar das suas funções essenciais, para que fique demonstrado que, em tal campo, não se enquadra a demora na entrega da prestação jurisdicional.

A doutrina e a jurisprudência vêm construindo o entendimento de que, havendo, em tese, dano ao particular, provocado por qualquer ato comissivo ou omissivo dos agentes públicos (servidores públicos, agentes políticos e particulares em ação colaborando com o serviço público) do Poder Estatal, surge a possibilidade de indenização patrimonial.

Há, entretanto, que se excepcionar as situações que excluem tal responsabilidade. Entre as hipóteses que constroem a isenção assinalada podem ser destacadas as seguintes:

a) culpa da vítima;

b) culpa de terceiro;

c) força maior; e

d) estado de necessidade.

Existindo culpa da vítima, concorrendo unicamente para o dano contra si produzido, responsabilidade do Estado não há. Destaque-se, apenas, que ao Estado cabe provar a ocorrência da ação culposa de quem sofreu a lesão. Se a culpa não for exclusiva da vítima, dando lugar ao tipo concorrente, o Estado responderá pela metade dos prejuízos havidos.

Tratando-se de culpa de terceiro, o fundamento da excludente da responsabilidade segue o mesmo caminho anterior. Havendo ação direta de terceiro, interferindo danosamente na relação jurídica entre particulares e Poder Público, este, após demonstrar haver tomado os cuidados usuais, fica isento da responsabilidade. Destaco que a excludente só prevalece se ficar provado que o Estado não concorreu, de nenhum modo, para a existência do fato lesivo.

Por força maior, fato da natureza, também não responde o Estado quando há prejuízo. Exige-se, contudo, que seja comprovadamente irresistível, inevitável e imprevisível. É necessário que fique bem caracterizada a imputabilidade da causa ao ente público e que lhe era impossível prever a ocorrência.

Não responderá, portanto, o Estado, quando, ao atuar por estado de necessidade, provocar danos. Há, aí, a preponderância de interesses gerais públicos sobre conveniências, bens ou direitos dos particulares, ou na defesa da soberania nacional, da ordem interna e da tranqüilidade pública.

7. *Responsabilidade do Estado por ato jurisdicional*

No ângulo agora construído, cabe analisar o tema central, após fixação de princípios e regras gerais acerca da responsabilidade do Estado.

Entre os melhores doutrinadores sobre o assunto, destaco o pensamento do Professor Mário Moacyr Porto, no artigo intitulado "Responsabilidade do Estado pelos atos de seus juízes" (*RT*, vol. 563, set./1982, pp. 9-14). Em síntese, o consagrado jurista potiguar expõe que:

"Há, nos dias de hoje, várias correntes doutrinárias disputando o achado da solução mais correta para a fixação da responsabilidade do Estado pelos atos dos seus juízes. Entre elas, estão:

"1. O ato do juiz é uma manifestação da soberania nacional, pelo que, em nenhuma hipótese, poderá acarretar responsabilidade civil do Estado.

"2. O juiz é um funcionário público de natureza especial. Os seus atos são iniludíveis manifestações do Estado, pelo que não devem ficar submetidos à disciplina estabelecida para os demais servidores públicos. Se ocorrer dano ao particular, a ação de indenização será proposta contra o Juiz ou contra a pessoa de direito público, conforme o caso.

"3. O juiz é um funcionário na expressão estrita do termo. Assim sendo, quando os seus atos ocasionarem danos, devem ser indenizados diretamente pelo Estado, só pelo Estado, de conformidade com o art. 107, da CF."

Há, não resta dúvida, discrepância doutrinária sobre o assunto. Não parece, porém, segundo penso, que o tema esteja a exigir excesso de prudência. Existem, no atual sistema positivo brasileiro, condições de imperar, sem nenhum ataque ao ordenamento jurídico, o princípio de que deve o Estado responder pela demora na prestação jurisdicional, desde que fique demonstrada a ocorrência de lesão ao particular. Em defesa do afirmado, podem ser elencados os seguintes fundamentos:

a) o sistema jurídico sobre responsabilidade do Estado está vinculado à teoria objetiva;

b) o juiz, mesmo fazendo parte de uma categoria especial de funcionários, por ser agente político, age em nome do Estado e atua como membro de um dos seus poderes;

c) Estado e juiz formam um todo indissociável, pelo que, se o magistrado causa dano ao particular, por demora na prestação jurisdicional, cabe ao Poder Público responder patrimonialmente;

d) o artigo 5º, XXXV, da CF, não permite que a lei exclua da apreciação do Poder Judiciário qualquer lesão de direito individual. É o Estado assegurando o pronunciamento judicial como único meio de estabilizar definitivamente os conflitos. Responderá, portanto, pelos prejuízos resultantes da sua má atuação em fazer aplicar tal dogma constitucional;

e) a finalidade da tutela jurisdicional é garantir que o direito objetivo material seja obedecido. Para tanto, estabelece a obrigatoriedade de o Juiz cumprir determinados prazos fixados pelo direito formal, a exemplificar:

e.1) os artigos 280 e 281, do CPC, que cuidam do tempo para ser prolatada a sentença no procedimento sumaríssimo e para ser o mesmo ultimado;

e.2) a determinação pelo art. 261, CPC, de prazo para o Juiz decidir a impugnação ao valor da causa;

e.3) os prazos fixados para: decidir o pedido de assistência (art. 51, III, CPC); o pedido de insolvência (arts. 755 e 758, CPC); a liberação da partilha, em inventário (art. 1.032, CPC); para determinar emenda ou aditamento à inicial (art. 284, CPC); para tomar providências preliminares (art. 323, CPC);

e.4) a determinação dos prazos para julgar: a divisão não contestada (art. 971, § único, CPC); os embargos à execução (art. 740, § único, CPC); as exceções processuais (arts. 308 e 309); a prestação de contas (art. 916, § 1º, CPC); os procedimentos de jurisdição voluntária (art. 1.109, CPC); o processo cautelar não contestado (art. 803, CPC); o prazo para proferir sentença após audiência (art. 456, CPC); e outros mais existentes no Código de Processo Civil e no Código de Processo Penal;

f) constitui garantia individual implícita (art. 5º, § 2º, CF) a prestação jurisdicional dentro dos prazos fixados pela legislação ordinária, não só com apoio no princípio da legalidade, quando o Estado deve suportar a lei que ele próprio fez, como também por ser inconciliável com o sistema democrático o fato de não gerar responsabilidade o descumprimento do direito positivado.

8. *A demora em decidir a ação constitui prestação jurisdicional imperfeita*

A doutrina caracteriza a atividade jurisdicional defeituosa quando:

a) o Juiz, dolosamente, recusa ou omite decisões, causando prejuízo às partes;

b) o Juiz não conhece, ou conhece mal, o direito aplicável, recusando ou omitindo o que é de direito;

c) o atuar do Poder Judiciário é vagaroso, por indolência do Juiz ou por lentidão determinada por insuficiência ou falta de Juízes ou funcionários, obrigando ao acúmulo de processos, o que impossibilita o julgamento dentro dos prazos fixados pela lei.

"O serviço público, em tese, tem de apresentar-se perfeito, sem a menor falha, para que a coletividade se beneficie no mais alto grau com seu funcionamento". Esta é a expressão de José Cretella Júnior, em seu *Tratado de Direito Administrativo*, vol. III, ed. Forense, 1970, p. 61.

A demora na prestação jurisdicional cai no conceito de serviço público imperfeito. Quer ela seja por indolência do Juiz, quer seja por o Estado não prover adequadamente o bom funcionamento da Justiça.

A doutrina e a jurisprudência têm posição pacífica na defesa da responsabilidade do Estado pela chamada falta anônima do serviço ou, em conseqüência, do não bem atuar dos seus agentes, mesmo que estes não pratiquem a omissão dolosamente.

É oportuno se rememorar o julgamento proferido pelo STF, em 21.6.66, no Recurso Extraordinário n. 32.518, quando, embora vencido, o Ministro Aliomar Baleeiro expôs de forma brilhante:

"Dou provimento ao recurso, porque me parece subsistir, no caso, responsabilidade do Estado em não prover adequadamente o bom funcionamento da Justiça, ocasionando, por sua omissão de recursos materiais e pessoais adequados, os esforços ao pontual cumprimento dos deveres dos Juízes. Nem poderia ignorar essas dificuldades, porque, como consta das duas decisões contrárias ao recorrente, estando uma das Comarcas acéfala, o que obrigou o Juiz a atendê-la, sem prejuízo da sua própria — ambas constitucionais de serviço — a Comissão de Disciplina declarou-se em regime de exceção, ampliando os prazos" (*RDA*, 90/141).

No mesmo julgamento, o Ministro Odalício Nogueira acompanhou o voto do Ministro Aliomar Baleeiro. Destaca-se, em sua manifestação, a parte seguinte:

"O Estado não acionou, convenientemente, a engrenagem do serviço público judiciário. Não proporcionou à parte a prestação jurisdicional a que estava obrigado. Houve falta de serviço público. Não preciso atingir as alturas do risco, que é o ponto culminante da doutrina objetiva, para decretar-lhe a responsabilidade. Basta-me invocar o princípio da culpa administrativa, ocorrente na espécie e que não se confunde com a culpa civil, porque procede, precisamente, do mau funcionamento de um serviço" (Aguiar Dias, ob. cit., vol. II. pp. 156-160 e Orosimbo Nonato, acórdão citado, in *RT* 147/333).

Tenha-se como meditação que a resistência, ainda havida, no campo jurisprudencial, em alguns setores, para aceitação da responsabilidade do Estado pela demora na prestação jurisdicional, não se coaduna com os princípios defendidos pela Ciência Jurídica contemporânea, que se encontra atenta na elevação do posicionamento exigido, pelo cidadão, do Poder Público ser obrigado a garantir efetivamente a aplicação dos direitos subjetivos dos administrados.

Ao se defender tal posição, está a se ampliar o que a doutrina do Direito Administrativo já construiu sobre a demorada atuação da administração, especialmente, na prática de atos administrativos.

Seabra Fagundes, em parecer publicado na *RDP* 57/58, jan./jun. 1981, pp. 7-17, defendeu a imputação da responsabilidade do Estado por retardada decisão administrativa. E, por serem idênticos os princípios a serem seguidos, quando se trata de demora da prestação jurisdicional, a doutrina conferida pelo mestre Seabra Fagundes merece ser destacada. Cito, portanto, o que está no item 2, p. 12, rev. cit.:

"O administrado quando solicita qualquer manifestação (no caso vertente aprovação de projeto de loteamento) da Administração Pública, o faz tendo em vista as leis vigentes no momento em que requer, e tem o direito de ver a sua pretenção apreciada com base nessas leis e dentro dos prazos nela fixados, ou, na ausência de determinação de prazos, dentro de lapso de tempo razoável".

Mais adiante, no item 3, p. 13, fundamenta:

"No Estado de Direito vige o princípio de legalidade, segundo o qual todas as atividades do Poder Público são submissas à Constituição e às leis. E essa submissão significa o dever de acatar o direito escrito, quer para agir sem base nele, quer para agir sempre que lhe cumpra dar execução a quaisquer textos de lei. Assim sendo, o administrador nem pode obrigar a procedimento que a lei não impõe, nem pode negar direito que nela se acha enunciado. O não fazer o que deve ser feito por força de lei é tão violador do princípio da legalidade quanto dizer aquilo que a lei proíbe".

Uma análise, embora superficial, da jurisprudência sobre a responsabilidade do Estado, mostra a tendência de ser aceita a posição que se defende. Tanto o é que a *RDA* 20/45 publica emenda de julgamento do STF com a afirmação de que "Ao Estado cabe velar pela regularidade dos serviços públicos respondendo pelos resultados de seu mau funcionamento".

Na *RTJ* 64/698 está transcrito outro voto vencido do Ministro Aliomar Baleeiro, com a doutrinação convencedora assim exposta:

"Responsável é a pessoa de direito público pela falta de seus agentes em serviço ou por extensão deste, resguardando seu direito de regresso contra os mesmos, se pessoalmente culpados. Claro que pode haver falta anônima do serviço, por fato inerente a este, objetivamente considerado, sem culpa específica do agente público. Assim, a meu ver o art. 105 (hoje 107) da Constituição Federal de 1967 abarca em sua aplicação os órgãos e agentes do Estado, como os chefes do Poder Executivo, os Ministros e Secretários de Estado, os Prefeitos, ainda que não sejam funcionários no sentido do direito administrativo. E, com maior razão, também os juízes, como agentes do Estado para a função jurisdicional deste, que os coloca sob regime especial de garantias no interesse de tal função. Esse regime especial e a natureza específica de sua atividade não lhes tiram o caráter de funcionário, *lato sensu*".

Há uma decisão do STF publicada na *RDA* 20/42 que, a meu pensar, representa um marco decisivo para se consagrar a responsabilidade do Estado pela demora na prestação jurisdicional. Essa decisão não se compatibiliza com os fundamentos da teoria que defende a não responsabilidade do Poder Público pelos prejuízos decorrentes de atos judiciais, sob a idéia de que a entrega da prestação jurisdicional pelo Poder Judiciário se constitui em um dos privilégios da soberania.

A hipótese assinalada trata do reconhecimento da responsabilidade do Estado por ato legislativo. A ementa da decisão é de conteúdo incisivo:

"O Estado responde civilmente pelo dano causado em virtude do ato praticado com fundamento em lei declarada inconstitucional".

Ora, se o STF já reconheceu a responsabilidade do Estado por ato legislativo, não há mais razão de recusa da aplicação do mesmo princípio quando se tratar de ato judicial. Não se queira, a esta altura, invocar que o Poder Legislativo não seja, também, um dos privilégios da soberania.

Não é demais relembrar que "A culpa do serviço público não se identifica através da conduta do servidor público, ou do agente, mas através do próprio serviço público".

Não se pretenda solucionar a questão com idéias reinantes no Direito Civil. A responsabilidade do Estado por culpa do serviço público é uma concepção original do próprio Direito Administrativo. Com base em tais conceitos, a vítima do dano deve agir, desde logo e diretamente, contra a Administração, sem acionar o agente, cuja responsabilidade não aparece.

A culpa do serviço público não tem caráter identificador. Ela surge anonimamente, sem permitir a investigação sobre quem seja o autor do dano. Julga-se o serviço, a sua qualidade, nos modos seguintes:

a) o serviço funcionou mal;

b) o serviço não funcionou;

c) o serviço funcionou, mas tardiamente.

Um aprofundamento sobre a questão mostra que a jurisprudência, em várias ocasiões, vem reconhecendo a responsabilidade do Estado por o serviço público não haver funcionado, ou haver funcionado mal ou tardiamente. No âmbito das decisões proferidas pelos Tribunais brasileiros, temos as seguintes, em que foram concedidas indenizações aos particulares, com base no anonimato do serviço público:

"Provando-se que o Poder Público omitiu providências a seu alcance para evitar o dano, o Estado é responsável por depredações causadas a particulares em movimentos revolucionários" (STF, em *RDA* 7/111).

"É dever do Estado coibir a exaltação popular e as suas depredações dela conseqüentes. Se a omissão é causa do dano, o Estado responde patrimonialmente" (TJSP, em *RDA* 49/198).

"Desde que o Estado falhe em sua missão de garantir a propriedade particular, não empregando os meios a seu alcance para obstar os assaltos do povo, torna-se, por omissão, responsável pelos danos causados" (TJSP, em *RT* 178/123).

"Por omissão de serviços públicos — culpa *in omittendo* —, causa que determinou moléstia infecciosa grave, responde civilmente o Estado" (TAPELSP, em *RF* 89/169).

"Responde o Estado por danos decorrentes de ponte em ruínas existente em estrada pública, aberta ao tráfego" (TJMG, em *RDA* 31/289).

"O Estado responde por explosão de petardos (TFP, em *RDA* 77/268), por substâncias nocivas à saúde, como tóxicos ou gases lacrimogênicos" (TA-PELDF, em *RF* 91/437).

"Responde o Estado por indenização pelo falecimento de colegial atingido pela queda de beiral do grupo escolar onde ele estudava" (TJSP, em *RT* 407/6).

"Responde civilmente o Município por culpa no caso de prejuízos causados por inundações" (STF, em *RDA* 122/169).

Na jurisprudência francesa, podem ser encontrados os seguintes casos de responsabilidade do Estado:

a) explosão de granada alemã que, manejada sem cuidado, determinou a morte de uma pessoa;

b) manifestante ferido por soldado no interior do quartel, para o qual fora levado preso;

c) recebimento de pensão do Estado com atraso de 10 (dez) anos;

d) agricultor impedido de utilizar seu pessoal por ocasião da colheita, em virtude de medidas excepcionais;

e) homicídio cometido por alienado mental, não obstante reiterados pedidos de medidas acautelatórias.

9. *Da jurisprudência sobre responsabilidade do Estado pela demora na entrega da prestação jurisdicional*

A corrente jurisprudencial que nega a existência da responsabilidade do Estado por ato judicial sustenta, entre outros menos significativos, os seguintes fundamentos:

a) o Estado não é responsável por atos judiciais, senão em casos expressamente declarados em lei;

b) os magistrados integram órgãos da soberania nacional, pelo que os atos judiciais praticados estão imunes à responsabilidade do Estado;

c) a independência do Poder Judiciário não pode conviver com a responsabilidade do Estado em decorrência da prática de danos aos jurisdicionados, por atos judiciais.

A corrente contrária tem defendido que:

a) há um direito subjetivo à jurisdição, pelo que qualquer dano praticado pelo Estado-juiz há de ser indenizado;

b) não há necessidade de texto expresso para o reconhecimento da responsabilidade do Estado por danos decorrentes da sua atividade judiciária, haja vista que isso decorre do regime democrático;

c) o fato das leis processuais, em algumas situações, reconhecer a responsabilidade pessoal dos magistrados, não provoca a exclusão da responsabilidade do Estado, antes a consagra;

d) do mesmo modo que pode haver responsabilidade do Estado pela prática dos atos do Executivo e do Legislativo, sob o mesmo fundamento há de se considerar essa responsabilidade pela prática de atos judiciais danosos.

A respeito da demora na entrega da prestação jurisdicional, além dos votos vencidos já citados anteriormente, merece registro a pesquisa que a respeito fez o Prof. João Sento Sé, in obra já citada, p. 138, e passo a reproduzi-la:

"Sobre a responsabilidade pela demora do julgamento de uma causa, assim se pronunciou o TJSP:

"Pela demora na decisão dos feitos responde o juiz correcionalmente, se causada por dolo, culpa ou desídia" (ac. de 26.8.57, *RDA* 53/183).

"Numa ação em que se pedia indenização em virtude da morosidade do serviço judiciário, responsável pela prescrição de queixa-crime oferecida contra um jornalista, decidiu o STF que a atividade jurisdicional do Estado só pode gerar a responsabilidade civil quando efetuada com culpa, em detrimento dos preceitos legais reguladores da espécie' (ac. de 21.6.66, *RTJ* 39/190 e *RF* 220/105).

"A indenização foi negada pelo voto de desempate do Min. Hermes Lima, segundo o qual "o fundamento da ação — culpa exclusiva do Poder Judiciário — não se configura de modo algum na matéria em debate". Mas é evidente a importância da decisão: porque o STF nela admitiu que a atividade jurisdicional pode gerar a responsabilidade civil do Estado quando efetuada com culpa. Tratava-se, no caso, de culpa anônima do serviço judiciário gaúcho.

"A tese, todavia, não medrou, consoante revela a leitura de decisão posterior do STF, em sessão plenária (ac. de 13.10.71, *RTJ* 64/689), na qual, num caso relativo à culpa do juiz, considerou-se necessário um texto expresso prevendo a responsabilidade civil do Estado por atos do Poder Judiciário, vencidos os Mins. Aliomar Baleeiro, Bilac Pinto e Adalício Nogueira.

"Outros julgados acolheram também a responsabilidade civil do magistrado (STF, ac. de 27.6.50, *RF* 133/415, TJSP, ac. de 2.2.67, *RF* 225/154)."

As investigações feitas pelo Prof. João Sento Sé revelam a tendência majoritária da Corte Suprema, nos últimos decênios, de não aceitar a responsabilidade do Estado pela prática de atos judiciais, salvo nos casos expressamente determinados em lei, a exemplificar o erro judiciário criminal.

Ao lado desse posicionamento, com tendência a ser modificado, merece conferência o decidido pelo então e egrégio Tribunal Federal de Recursos, ao apreciar a AC n. 7.243, 1ª. T., em 23.7.57, relatada pelo Min. Henrique D'Avila (*RDA* 54/188), e que mereceu profunda análise por Juracy C. Silva, em obra já citada.[9] Naque-

9. *A Responsabilidade do Estado por Atos Judiciários e Legislativos*, Saraiva, 1985, pp. 228 e ss.

la oportunidade, a União Federal foi condenada a ressarcir os prejuízos causados a suplente de deputado em razão do mau funcionamento da Justiça Eleitoral. O recorrente, por não haver concordado com decisão do Tribunal Superior Eleitoral que o despojou do seu mandato, interpôs embargos que foram tidos como procedentes, com efeitos modificativos, quando o período do mandato já havia terminado.

O Recurso Extraordinário interposto contra essa decisão não foi conhecido, por maioria, em acórdão da lavra do Min. Afrânio Costa, assim ementado.[10]

"Sendo a função parlamentar remunerada, quem dela é desapossado injustamente, tem direito inequívoco a ressarcimento. Todavia, destinando-se o subsídio parlamentar a beneficiar o titular das perdas sofridas com o abandono de suas atividades costumeiras, do ressarcimento devido se subtraem os ganhos realmente auferidos naquelas atividades".

Demonstrada está a timidez com que a jurisprudência vem tratando a responsabilidade do Estado pela demora na prestação jurisdicional.

O reconhecimento dessa responsabilidade não afeta, ao meu entender, a soberania do Judiciário, nem provoca qualquer afronta ao princípio da autoridade da coisa julgada.

A melhor doutrina a respeito defende que "a pretensão indenizatória se legitima naqueles casos de culpa anônima do serviço judiciário, de falhas do aparelhamento encarregado da distribuição da Justiça, envolvendo, inclusive, as deficiências pessoais dos magistrados recrutados; assim, nos casos de morosidade excessiva da prestação jurisdicional com equivalência à própria denegação da Justiça, de erros grosseiros dos juízes, relevados sob o pálio candente da falibilidade humana" (Yussef Said Cahali).[11]

10. Conclusões

O Direito não deve ser um mero esquema de organização social, conforme defendeu Kelsen e seus adeptos. Ele deve atingir os anseios dos homens que estão tutelados por seus princípios, disciplinando o agir humano no âmbito da sociedade e resolvendo todas as questões conflitantes que envolvem problemas legais.

Assim, no caso da demora na prestação jurisdicional, configura-se, pois, de maneira insofismável, a necessidade de criação jurisprudencial do direito, assegurando ao particular prejudicado a indenização cabível a ser paga pelo Estado.

A realidade mostra que não é mais possível a sociedade suportar a morosidade da justiça, quer pela ineficiência dos serviços forenses, quer pela indolência dos seus Juízes. É tempo de se exigir uma tomada de posição do Estado para solucionar a negação da Justiça por retardamento da entrega da prestação jurisdicional. Outro caminho não tem o administrado, senão o de voltar-se contra o próprio Estado que lhe retardou Justiça, e exigir-lhe reparação civil pelo dano, pouco importando que por tal via também enfrente idêntica dificuldade.

Só o acionar já representa uma forma de pressão legítima e publicização do seu inconformismo contra a Justiça emperrada, desvirtuada e burocratizada, que mereceu do Padre Antonio Vieira a observação a seguir:

"Vede um homem desses que andam perseguidos de pleitos ou acusados de crimes e olhai quantos o estão comendo. Come-o o meirinho, come-o o carcereiro, come-o o inquiridor, come-o a testemunha,

10. RE 38.529, STF, 2ª T., 14.7. 59, *RF* 199/15, cit. por Juracy C. Silva, na obra já indicada, p. 230.

11. In *Responsabilidade Civil do Estado*, Ed. RT, 1982, p. 222-223.

come-o o julgador e ainda não está sentenciado, já está comido. São piores os homens que os corvos. O triste que foi à forca, não o comem os corvos senão depois de executado e morto; e o que ainda anda em juízo, ainda não está executado e morto; e o que em juízo, ainda não está executado nem sentenciado, e já está comido" (*Sermões Pregados no Brasil*, 1940, vol. 3, pp. 207-208).

É momento de se exigir do Estado a reparação patrimonial pelo atuar danoso dos que não são abutres. Não olhar com timidez a expressão gramatical do direito positivo, para se concluir que "A lei não esgota o Direito, como a partitura não exaure a música", conforme feliz expressão de Mário Moacyr Porto, em "Estética do Direito", in *RT*, vol. 511, novembro, 1980.

Na verdade, há necessidade de se dar vida e calor humano ao ordenamento jurídico dos nossos dias. Esta tarefa cabe aos juízes através de uma aplicação progressista da norma.

É confortável, por exemplo, se saber que há juízes se incorporando à corrente em prol do reconhecimento da responsabilidade do Estado pela demora na prestação jurisdicional. Entre tantos, cito Ney Magno Valadares, Juiz do Tribunal Regional Federal, sediado no Rio de Janeiro, que, em conferência pronunciada na Seção Judiciária daquele Estado, sob o título "A Ética do Magistrado",[12] assim se pronunciou:

"Como a jurisdição é indeclinável, a recusa da prestação jurisdicional somente é admissível e, mesmo obrigatória, quando o juiz tiver o dever de abstenção, por ser suspeito ou impedido.

"A demora na administração da Justiça somente constitui quebra do dever funcional quando o juiz negligenciar qualquer ato ou decisão para prejudicar ou favorecer qualquer das partes em litígio, ou por mera desídia."

A seguir, evoca Rui Barbosa, na *Oração aos Moços*, quando disse:

"Ponho exemplo, Senhores. Nada se leva em menos conta, na judicatura, a uma boa fé de ofício que o vezo da tardança nos despachos e sentenças. Os códigos se cansam debalde em o punir. Mas a geral habitualidade e a conivência geral o entretém, inocentam e universalizam. Destarte se incrementa e demanda ele em proporções incalculáveis, chegando as causas a contar a idade por lustros, ou décadas, em vez de anos.

"Mas justiça atrasada não é justiça, senão injustiça qualificada e manifesta. Porque a dilação ilegal nas mãos do julgador contrário ao direito escrito das partes, e, assim, as lesa no patrimônio, honra e liberdade. Os juízes tardinheiros são culpados, que a lassidão comum vai tolerando. Mas sua culpa tresdobra com a terrível agravante de que o lesado não tem medo de reagir contra o delinqüente poderoso, em cujas mãos faz a sorte do litígio pendente."

Conclui Ney Magno Valadares:

"No momento atual, o atraso na prestação jurisdicional se deve mais à sobrecarga ou acúmulo de trabalho do que à negligência de nossos juízes. O único conselho que poderia dar é para que o magistrado, ao invés de observar cegamente a ordem cronológica das conclusões para proferir despacho ou sentença, faça primeiro uma triagem nos processos, decidindo, desde logo, aqueles que por sua simplicidade, demandam apenas alguns minutos para ter uma solução adequada. Apesar da notória sobrecarga de trabalho na Justiça

12. "A Ética do Magistrado", trabalho da autoria do Juiz Ney Magno Valadares, do Tribunal Regional Federal, sediado no Estado do Rio de Janeiro, foi apresentado aos Juízes Federais de 1º grau, em conclave realizado no primeiro semestre de 1994, sob a coordenação da eminente Juíza Dra. Maria Tereza Cárcomo Lobo, Diretora do Foro daquela Seção Judiciária. A referida conferência ainda não foi publicada. Cópia da mesma me foi enviada, por gentileza, pelo autor. Encontra-se no meu arquivo à disposição dos interessados.

Federal de primeira instância, não seria perdoável a omissão do juiz que para seguir rigorosamente a ordem cronológica das conclusões, retardasse, por um ano ou mais, a execução de uma sentença, apenas porque o andamento do processo depende de um simples despacho de expediente: 'Expeça-se o precatório'."

Por fim, a mensagem contida na meditação feita pelo jurista potiguar Mário Moacyr Porto, in trabalho já citado,[13] quando afirmou não ser necessário somente para "êxito da tarefa de recriar o Direito, o domínio da técnica jurídica e a imparcial consciência dos nossos deveres, pois, para o trabalho de restauração do Direito na confiança e na estima dos homens, mais vale o arrojo dos insurgentes do que a paciência dos glosadores, mais frutifica o idealismo temerário de D. Quixote do que o álgido bom senso de Sancho Pança".

E finaliza:

"A Magistratura — como toda atividade artística — não é uma profissão que se escolhe, mas uma predestinação que se aceita. Vivemos uma quadra histórica em que a formulação e as aplicações dos ideais de justiça dilargam o cômodo e estreito território das verdades formais, dos juízos apriorísticos, das parêmias afonsinas. O juiz de hoje — partícipe atuante e não testemunho indiferente da evolução sócio-política do seu meio — não é mais um exilado da vida ou álgido locatário de torres de marfim. Apeado do pedestal a que se alçara não para a preservação de virtudes essenciais, mas por exigência de convenções secundárias, passou, hoje, a viver e participar dos conflitos e sofrimentos de seus iguais, para que os sentindo e vivendo pudesse resolvê-los, não como um orago a quem um carisma iluminara, mas como um artista a quem a experiência esclareceu.

"Do diuturno contato com as lutas e querelas entre os homens, vim a capacitar-me de que o Direito é algo mais que a norma e que, muitas vezes, há uma inconciliável contradição entre a servil aplicação da lei e a real distribuição de justiça, entre o que é certo, em face da lógica formal, e o que é verdadeiro, à luz dos reclamos da eqüidade. Mas a cisão entre o certo e o texto não cava um abismo entre o magistrado e a justiça e quanto mais cresce, no mundo contemporâneo, a impiedade, a iniqüidade entre os homens, mais avulta, na consciência do intérprete, a magnitude e a excelência do Direito, que, em sua formulação positiva, não é um catecismo dos justos, mas uma disciplina de pecadores.

"É, assim, o Direito algo mais para se sentir do que para se dizer, pois a verdade jurídica, como toda verdade, é mais uma certeza da alma do que uma conquista do conhecimento.

"A casa do Direito, como a casa de Deus, tem muitas moradas. Mas não há lugar, em nenhuma delas, para os medíocres de vontade e fracos de coração."

13 "Estética do Direito", in *RT*, vol. 511, nov. 1980.

CARTA DE CURITIBA — X CONGRESSO BRASILEIRO DE DIREITO ADMINISTRATIVO

Preâmbulo

Os publicistas, reunidos em Curitiba, de 8 a 12 de Setembro de 1996, no X Congresso Brasileiro de Direito Administrativo reafirmam a supremacia da Constituição Federal e a plena eficácia de suas normas e princípios como instrumentos hábeis para assegurar a satisfação dos interesses públicos, a probidade administrativa e a justiça social.

Antes de reformar a Constituição, melhor será cumprir seus mandamentos, inclusive editando a legislação complementar e ordinária nela prevista. São totalmente inaceitáveis as alegações de ingovernabilidade e de necessidade de reduzir o tamanho do aparelho do Estado, pois as gravíssimas desigualdades sociais e regionais requerem a presença firme e atuante da Administração Pública, cuja inoperância se deve à falta de vontade política e à inapetência para o exercício democrático do Poder.

A verdadeira reforma de que o Brasil necessita é a reforma moral, ética e de posicionamento diante dos verdadeiros problemas que afligem a coletividade e que encontram efetiva solução nos preceitos e princípios constitucionais.

(Síntese das principais conclusões dos painéis do X Congresso Brasileiro de Direito Administrativo — Curitiba)

O regime jurídico do funcionário público e a reforma do Estado

A par da mantença da natureza estatutária do regime dos servidores públicos, impõe-se, neste momento histórico, evitar qualquer abalo à exigibilidade do concurso público e à prerrogativa da estabilidade, condições indispensáveis à plena eficácia dos princípios constitucionais da impessoalidade e da moralidade, norteadores da ação administrativa do Estado.

Inadmite-se, portanto, Emenda à Constituição que, além de lhe lanhar a alma e o espírito, promova, num retrocesso digno de repúdio, a aniquilação de históricas conquistas pelas quais lutaram os administrativistas brasileiros.

Finalmente, impende notar que contra as Emendas Constitucionais, de todo modo, prevalecerá o direito adquirido, manifestação do superprincípio da segurança jurídica, sem o qual não há falar em Estado democrático de Direito.

Contratos entre órgãos e entidades públicas

Os princípios e normas que disciplinam as licitações estão dirigidos aos contratos celebrados entre a Administração Pública e os particulares. Os ajustes travados entre órgãos e entidades da própria Administração Pública, inclusive empresas criadas para desempenhar atividades instrumentais ou auxiliares da atuação governamental se enquadram entre os casos de inexigilidade de licitação, autorizando, portanto, a contratação direta, sendo presumida a regularidade de seus valores, sem embargo da possibilidade de controle pelos Tribunais de Contas e pela via judicial, quando houver abuso ou desvio de poder.

Entretanto, a contratação de empresas estatais que exercem atividade econômica, atuando no mercado em condições de igualdade com os particulares, deve ser precedida de licitação.

Licitação para contratação de serviços profissionais de advocacia

Serviços profissionais de advocacia podem ser prestados à Administração Pública de três formas: a) por servidores advogados, integrantes do quadro de pessoal permanente do ente governamental, sob relação de emprego de natureza estatutária, ou contratual; b) por pessoal contratado por tempo determinado, sob relação de emprego, nos termos do art. 37, IX da CF; c) mediante contratação de serviços de terceiros, pessoa física ou jurídica, sem relação de emprego, sob o regime da Lei n. 8.666/93.

Os serviços de representação judicial e extrajudicial, defensoria pública, consultoria e assessoria jurídica para atendimento de necessidades permanentes da Administração Pública, devem ser prestados por pessoal integrante do quadro de servidores do ente governamental, admitidos mediante concurso público, em decorrência no disposto nos artigos 131 a 135 da CF. Somente em caráter excepcional, mediante suficiente motivação poderá haver alguma contratação.

A contratação de serviços de advocacia sem licitação só pode dar-se em caráter eventual, esporádico, contingencial e somente nos casos de dispensa, inexigibilidade, hipóteses que reclamem notória especialização nos termos da lei. Não se tratam de serviços inéditos, cabendo a Administração escolher aquele em que, dada a natureza e característica do serviço, deposita a necessária confiança.

Regime jurídico das concessões de serviço público

O regime de concessões e permissões de serviço púbico deve ser interpretado à luz dos princípios superiores do Estado de Direito, notadamente os protetivos dos direitos dos usuários ou consumidores dos serviços públicos.

Aspectos polêmicos da responsabilidade patrimonial da administração pública

A responsabilidade patrimonial da Administração Pública pode decorrer tanto de atos lícitos quanto ilícitos, como decorrência do princípio da distribuição eqüitativa dos benefícios e cargas públicas.

É absolutamente indispensável a efetiva interposição da ação regressiva contra autoridades ou servidores que tenham atuado com culpa ou dolo.

Probidade e razoabilidade administrativa

A razoabilidade e a moralidade são essenciais à concreção e a persistência do Estado de Direito ou do Estado Social e Democrático de Direito, entendido este como aprimoramento daquele e não como categoria distinta.

O Estado Social e Democrático de Direito não pode ser concebido à margem dos princípios da razoabilidade e da moralidade, pois ambos são seus elementos caracterizadores. Assumem primordial importância quando da análise de um Estado em concreto e da efetivação do disposto em seu perfil constitucional, já que, sem o atendimento destes princípios não se realiza efetivamente a concepção teórica informadora deste tipo de Estado.

A probidade na Administração é imperativo constitucional devendo o Poder Público atender aos princípios da moralidade administrativa, prevenindo e punindo ações contrárias a tais comandos, notadamente por meio da Lei de Improbidade (Lei n. 8.429/92), instrumento apto a coartar abusos do Administrador Público.

Motivos e condições do ato expropriatório

Os artigos 9º e 20 do DL n. 3.365/41 não foram recepcionados pela CF atual, pela impossibilidade de convivência com os incisos XXXV, e LV de seu artigo 5º, que estabelecem a obrigatoriedade do devido processo legal e a garantia da ampla defesa, até mesmo para a mera ameaça de lesão a direito.

A necessidade pública, utilidade pública e o interesse social não são motivos ou condições do ato expropriatório, mas espécies de fins de interesse público, enquanto a justa e prévia indenização em dinheiro são condições da desapropriação.

Mandado de segurança: ação civil pública — ação popular

Os tratadistas em geral consideram que o cabimento do Mandado de Segurança contra Ato Judicial é condicionado, além dos requisitos normais de impetração, à perspectiva da ocorrência de lesão grave ou de difícil reparação.

Quando o Mandado de Segurança se preordena a ser meramente instrumental, a suspender a executoriedade de uma decisão judicial de primeira ou segunda instância isso é exato. Contudo, quando o *mandamus* se volta contra ato do magistrado, na qualidade de parte da relação processual, que nega às partes o devido processo legal, em sentido formal ou material, nessas hipóteses, o *mandamus* tem os mesmos pressupostos do mandado de segurança contra ato administrativo.

A ação popular e a ação civil pública como instrumentos de defesa dos administrados devem ser aperfeiçoadas de modo a atenderem plenamente os reclamos da cidadania.

Relação de palestrantes do Congresso

Manoel de Oliveira Franco Sobrinho
Romeu Felipe Bacellar Filho
Fernando Andrade de Oliveira
Caio Tácito
Roberto Linhares da Costa
Maria Sylvia Zanella Di Pietro
Paulo Eduardo Garrido Modesto
Valmir Pontes Filho
Angela Cássia Costaldello
Adílson Abreu Dallari
Carlos Ayres Britto
Marçal Justen Filho
João Feder
Alice Maria Gonzales Borges
Carlos Ari Sundfeld
Márcio Cammarosano
Regina Macedo Nery Ferrari
Juarez Freitas
Pedro Paulo de Almeida Dutra
Sérgio Ferraz
Pedro Henrique Xavier
Jessé Torres Pereira Júnior
Maria Emília Mendes Alcantara
Sérgio d'Andréa Ferreira
Luiz Roberto Werner Rocha
Marcelo Figueiredo

Luís Otávio Rodrigues Coelho
Weida Zancaner
Paulo Roberto Ferreira Motta
Diógenes Gasparini
José Eduardo Martins Cardoso
Lucia Valle Figueiredo

Oto Luiz Sponholz
Clèmerson Merlin Clève
Clóvis Beznos
Maria Cristina Cascaes Dourado
José Carlos Abraão
Celso Antônio Bandeira de Mello

JURISPRUDÊNCIA ANOTADA

LIMITE DE IDADE EM CONCURSO PÚBLICO

JACINTHO DE ARRUDA CÂMARA
Advogado e Auxiliar de Ensino da Faculdade de Direito da Pontifícia Universidade Católica de São Paulo

Recurso em Mandado de Segurança n. 5.151-0 RS — (9.0038262-6)

Relator: O Exmo. Sr. Ministro Luiz Vicente Cernicchiaro

Recorrente: Rui Nei Daniel

Recorrido: Estado do Rio Grande do Sul

Impetrado: Secretário do Planejamento e da Administração do Estado do Rio Grande do Sul

T. Origem: Tribunal de Justiça do Estado do Rio Grande do Sul

Advs.: Drs. Ernani Luiz Daniel e outros e Silva Opitz e outros

Ementa: RMS — Constitucional — Concurso — Idade-limite. A Constituição, como todo conjunto de normas jurídicas, deve ser interpretada de maneira sistemática. O comando do art. 7º, XXX, coordena-se com todos os princípios acolhidos pela Carta Magna. Dentre eles, pela importância, avultam o princípio da igualdade e o princípio da legalidade. Ao contrário do narrado (liberalmente), no art. 7º, XXX, a regra é — diferença de salários. Haverá igualdade desde que o trabalho seja igual. Não se pode distinguir pessoas por motivo de sexo, idade, cor ou estado civil. Todavia, se a função pública, por exemplo, for recomendada, por particularidade, ser exercida só por pessoas do sexo masculino, nenhuma censura. O raciocínio é válido também para as mulheres. Ocorre o mesmo com a idade. Daí, na hipótese prevalecer o princípio da legalidade. Em não havendo discriminação (sentido jurídico do termo) nenhuma censura ao limite de idade.

ACÓRDÃO

Vistos, relatados e discutidos estes autos, acordam os Ministros da Sexta Turma do Superior Tribunal de Justiça, na conformidade dos votos e das notas taquigráficas constantes dos autos, por maioria, negar provimento ao recurso, vencidos os Srs. Ministros Pedro Acioli e Vicente Leal. Votaram com o relator os Srs. Ministros Adhemar Maciel e Anselmo Santiago.

Brasília, 7 de fevereiro de 1995 (data do julgamento). Ministro Luiz Vicente Cernicchiaro (Presidente e Relator).

RELATÓRIO

O Exmo. Sr. Ministro Vicente Cernicchiaro (Relator): Recurso Ordinário em Mandado de Segurança interposto por Rui Nei Daniel contra v. acórdão, majoritário, do 2º Grupo de Câmaras Cíveis do Tribunal de Justiça do Rio Grande do Sul, denegatório de mandado de segurança.

Narram os autos que o Recorrente interpôs mandado de segurança contra ato do Sr. Secretário de Estado do Planejamento e da Administração do Estado do Rio Grande do Sul, que assinou edital impondo limite de idade para participação no Concurso Público para Fiscal de Tributos Estaduais.

O v. aresto recorrido restou assim ementado: "Funcionalismo. Concurso Público. Limite de idade. Constitucionalidade da legislação local que estabelece limite. Denegaram por maioria" (fls. 105).

Alega o Recorrente que a referida limitação fere frontalmente o art. 7º, inc. XXX, da Constituição Federal.

Parecer do MPF às fls. 210-211 pelo provimento do recurso.

É o relatório.

VOTO

O Exmo. Sr. Ministro Luiz Vicente Cernicchiaro (Relator): A Secretaria do Planejamento e da Administração do Estado do Rio Grande do Sul fez publicar o Edital 1.984/93 para abertura de Concurso Público para ingresso na carreira de Fiscal de Tributos Estaduais. Indica, como esteio normativo, a Lei n. 8.118, de 30 de dezembro de 1985 e Decreto n. 34.032, de 28 de agosto de 1991, alterado pelos Decretos ns. 34.750, 34.032, de 15 de abril de 1993 (fls. 10-14). Estabeleceu, como requisito para inscrição, o candidato "ter idade não superior a trinta e cinco anos em 28.5.93" (2.1.b).

Debate-se a constitucionalidade dessa norma.

O v. acórdão recorrido, Relator o ilustre Desembargador Nelson Oscar de Souza, por maioria, denegou a segurança. A ementa sintetiza o julgado:

"Funcionalismo. Concurso Público. Limite de idade. Constitucionalidade da legislação local que estabelece limite" (fls. 105).

A Constituição, como todo conjunto de normas jurídicas, deve ser interpretada de maneira sistemática. Não vale, por isso, restringir-se a um artigo de lei.

A Constituição da República estatui no art. 7º, XXX: "proibição de diferença de salários, de exercício de funções, de critério de admissão por motivo de sexo, idade, cor ou estado civil".

Esse dispositivo, é lógico, não está isolado. Coordena-se com todos os princípios acolhidos pela Carta Magna. Dentre eles, pela importância, avultam o princípio da igualdade (art. 5º, I) e o princípio da legalidade (art. 5º, II).

Logo, o art. 7º, XXX, a eles está vinculado.

De outro lado, inadequada a interpretação meramente literal. Análise sistemática evidencia, data venia, com facilidade, a mensagem do dispositivo está vinculada à igualdade e à legalidade.

Aliás, ao contrário do narrado (literalmente) no art. 7º, XXX, a regra é a diferença de salário. Entenda-se, então. Haverá igualdade entre dois salários — desde que o trabalho seja igual. Assim, a atividade *x* é remunerada diferentemente da atividade *y*. Aliás, a diferença de remuneração é a regra jurídica.

De outro lado, não se pode distinguir pessoas "por motivo de sexo, idade, cor ou estado civil".

A regra procede desde que tais pessoas estejam na mesma situação jurídica. Assim, inviável conceder acesso ao serviço público porque o candidato é homem. Tão só por isso, haverá ilegalidade. Contudo, se a função pública for recomendada, por particularidade, ser exercida só por pessoas do sexo masculino, nenhuma censura. O raciocínio é válido também para mulheres. Exemplificativamente: se carcereiro de estabelecimento penal, cujos internos sejam apenas homens. De outro lado, preferir-se-á, sem censura, a mulher se o serviço se destinar a cuidar de parturientes ou de laboratório ginecológico.

Projetem-se estas considerações para o ingresso no serviço público. A idade pode ser elemento relevante para o exercício da atividade funcional. Lanço uma ilustração. Restringir o acesso a pessoas, por exemplo, do sexo feminino até 25 anos para atividade em Escola Maternal.

Lógico, parece evidente, não se recomendaria, sequer didaticamente, o acesso a uma pessoa de 65 anos de idade. Notadamente, do sexo masculino.

Nesse nível, antes de tudo, o afeto (por isso, a paciência) é fundamental no relacionamento.

O Supremo Tribunal Federal, sabido, entende ser impossível promover distinções, consoante estatui o art. 7º, XXX.

A Colenda Corte, no entanto, substancialmente, não destoa do entendimento aqui lançado. No RMS n. 21.046-0-RJ, Relator o Ministro Sepúlveda Pertence, restou decidido:

"Ementa. Concurso público: indeferimento de inscrição fundada em imposição legal de limite de idade, que configura, nas circunstâncias do caso, discriminação inconstitucional (CF, arts. 5º e 7º, XXX): segurança concedida.

"A vedação constitucional de diferença de critério de admissão por motivo de idade (CF, art. 7º, XXX) é corolário, na esfera das relações de trabalho, do princípio fundamental de igualdade (CF, art. 5º, *caput*), que se estende, à falta de exclusão constitucional inequívoca (como ocorre em relação aos militares — CF, art. 42, § 11), a todo o sistema do pessoal civil.

"É ponderável, não obstante, a ressalva das hipóteses em que a limitação de idade se possa legitimar como imposição da natureza e das atribuições do cargo a preencher.

"Esse não é o caso, porém, quando, como se dá na espécie, a lei dispensa do limite os que já sejam servidores públicos, a evidenciar que não se cuida de discriminação ditada por exigências etárias das funções do cargo considerado."

Impõe-se, pois, como reclamo, análise da natureza e das atribuições de cargo a preencher.

Na hipótese dos autos, relembre-se, o concurso é para ingresso na carreira — Fiscal de Tributos Estaduais.

Esse servidor, sabe-se, não exerce atividade meramente burocrática. Ao contrário, ao lado do conhecimento técnico reclama-se saúde e boa disposição física.

Notório e conhecido, esses fiscais atuam também em estradas e povoados. O serviço se desenvolve, ininterruptamente, durante vinte e quatro horas. Muitas vezes, em condições climáticas desfavoráveis.

Razoável, portanto, o ingresso buscar pessoas em idade ainda de plenitude das forças físicas. Não faz sentido, recrutar aposentados ou pessoas em idade avançada. De um lado, não satisfazem às exigências físicas. De outro, nenhuma boa perspectiva projetam para a carreira.

Reedito entendimento anterior.

Constitucional, legal, razoável, evidente o bom senso da limitação de idade, na espécie *sub judice*.

Nego provimento ao recurso.

Ministro Luiz Vicente Cernicchiaro

VOTO-VENCIDO

Exmo. Sr. Ministro Pedro Acioli: Senhor Presidente, baseado no princípio da razoabilidade, entendo que a limitação de idade admite-se em determinados casos. No caso concreto, no meu sentir, a decisão está incorreta, razão pela qual dou provimento ao recurso.

VOTO

O Sr. Ministro Adhemar Maciel: Sr. Presidente, penso que, no caso, a lei está agindo dentro do princípio da razoabilidade e exigiu uma idade menor para o fiscal, porque a atividade física dele será muito grande.

Por tais razões, dentro do meu ponto de vista, acompanho o voto de V. Exa.

VOTO VENCIDO

O Sr. Ministro Vicente Leal: Sr. Presidente, peço vênia a V. Exa. para acompanhar a divergência inaugurada pelo Sr. Ministro Pedro Acioli.

Dentro da linha da razoabilidade, entendo que o cargo de Agente Fiscal de Tributos não pode ter uma limitação tão baixa de idade.

N. Registro: 94/0038262-6

Pauta: 7.2.1995

Julgado: 7.2.1995

Relator: Exmo. Sr. Ministro Luiz Vicente Cernicchiaro

Presidente da Sessão: Exmo. Sr. Ministro Luiz Vicente Cernicchiaro

Subprocurador Geral da República: Exmo. Sr. Dr. Wagner Natal Batista

Secretário: Noel Carvalho de Andrade Filho

Autuação

Recte.: Rui Nei Daniel

Adv.: Ernani Luiz Daniel e outros

T. Origem: Tribunal de Justiça do Estado do Rio Grande do Sul

Impdo.: Secretário do Planejamento e da Administração do Estado do Rio Grande do Sul

Recdo.: Estado do Rio Grande do Sul

Adv.: Silvia Opitz e outros

Certidão

Certifico que a Egrégia Sexta Turma ao apreciar o processo em epígrafe, em sessão realizada nesta data, proferiu a seguinte decisão:

A Turma, por maioria, negou provimento ao recurso, vencidos os Srs. Ministros Pedro Acioli e Vicente Leal.

Os Srs. Ministros Adhemar Maciel e Anselmo Santiago votaram com o Sr. Ministro Relator.

O referido é verdade. Dou fé.

Brasília, 7 de fevereiro de 1995

Comentário:

O acórdão sob comento versa sobre a estipulação de limite máximo de idade para ingresso na carreira de Fiscal de Tributos do Estado do Rio Grande do Sul. O edital deste concurso estabeleceu, com base em legislação estadual, que os candidatos deveriam "ter idade não superior a trinta e cinco anos em 28.5.93".

Alegando afronta ao art. 7º, XXX, da Constituição Federal (que veda a "diferença de salários, de exercício de funções e de critério de admissão por motivo de sexo, idade, cor ou estado civil"), o recorrente impetrou mandado de segurança contra o ato do sr. Secretário de Estado do Planejamento e da Administração do Estado do Rio Grande do Sul. Sua pretensão não foi acolhida em primeira instância, o que deu azo ao recurso objeto deste acórdão.

A decisão recorrida foi mantida pela Sexta Turma do Superior Tribunal de Justiça.[1]

1. As Primeira e Segunda Turmas do Superior Tribunal de Justiça têm apresentado posicionamento diverso deste julgado da Sexta Turma, no sentido de proclamar a impossibilidade jurídica de impedir-se a inscrição de candidatos a concurso público para o

Os fundamentos da tese encampada no acórdão fazem referência ao caráter não absoluto do art. 7º, XXX, da Constituição Federal. Respaldando-se em uma interpretação sistemática da Constituição no princípio da razoabilidade, sustenta-se que a proibição constitucional não alcança o exercício de funções logicamente incompatíveis com os critérios apontados como fator de discrime. O caso *sub examine* seria um exemplo disto. A atividade a ser exercida no cargo de Fiscal de Tributos exige do agente "saúde e boa disposição física", o que tornaria razoável a exclusão de candidatos com idade superior a trinta e cinco anos que presumidamente não atenderiam às exigências que o exercício da função reclama.

O tema não é novo na jurisprudência. A flexibilização na interpretação do art. 7º, XXX, da CF também não é novidade. Decisões do Supremo Tribunal Federal[2] revelam esta tendência. A linha seguida indica que quando houver nexo lógico entre a discriminação feita e a função que se vai exercer, esta última se torna válida, apesar do disposto na Constituição.

Assim, a exclusão de homens estatuída num concurso para o preenchimento de vagas da policia feminina não constitui inconstitucionalidade. A discriminação que se fez em razão do sexo guarda conexão lógica com a função a ser exercida, a de policial feminina.

Porém, repitamos, para que seja válida a discriminação há, necessariamente, que existir o referido nexo lógico. Neste sentido, há julgamentos do Supremo em que a discriminação em razão da idade é abolida em virtude da mesma (discriminação) não relacionar-se com o bom cumprimento da função a ser exercida.[3]

Esta averiguação da validade ou não do critério discriminador se faz objetiva-

preenchimento de cargos da Administração Pública Civil em face das regras constitucionais do art. 7º, XXX e 39, § 2º. As únicas exigências possíveis relativas a idade, seriam aquelas estabelecidas pela Constituição, direta ou indiretamente.

Conferir as seguintes decisões:

1ª Turma: Recurso em MS n. 675, relator Sr. Ministro Gomes de Barros (in, *RDA* 191/146-8). Recurso em MS n. 1.651-1-RS (in, *Diário da Justiça*, n. 188, 30.9.94, p. 26.209/10). Recurso Especial n. 10.927, relator Sr. Ministro Garcia Vieira (in, *RDA* 184/131-3). Recurso em MS n. 1.835-0-RS, relator Sr. Ministro Demócrito Reinaldo, j. em 8.3.93 (in, *Boletim AASP* n. 1.792, p. 163).

2ª Turma: Recurso Especial n. 9.894-0-MG, relator Sr. Ministro Américo Luz, j. 4.5.92 (in, *Boletim AASP* n. 1749, p. 228). Recurso Especial n. 27.725-9-DF, relator Sr. Ministro José de Jesus Filho, j. 15.3.93 (in, *Diário da Justiça* n. 72, 19.4.93, p. 6.673). Recurso Especial n. 9.889, relator Sr. Ministro Peçanha Martins, j. 2.12.91 (in, *RDA* 191/143-6).

2. Em decisão proferida no Recurso Extraordinário n. 157.863, de 31 de agosto de 1993, tendo como relator o Sr. Ministro Moreira Alves (in, *RDA* 193/65-8), o Supremo Tribunal Federal admitiu que a limitação de idade possa ser justificada pela natureza das atribuições do cargo a ser preenchido, vedando à lei a imposição de tal limite donde não houver tal justificativa. No mesmo sentido já decidira o STF em 1990, quando do Recurso em Mandado de Segurança n. 21.046, relator o Sr. Ministro Sepúlveda Pertence (in, *RDA* 189/222 e s.).

Exemplo desta permissividade encontra-se no acórdão que decidiu o Recurso Extraordinário n. 174.548, em 15 de março de 1994, do qual foi relator o Sr. Ministro Carlos Velloso (in, *RDA* 196/103-7). A ementa do acórdão é esclarecedora: "Pode a lei, desde que faça de modo razoável, estabelecer limites mínimo e máximo de idade para o ingresso em funções, emprego e cargos públicos. Interpretação harmônica dos artigos 7º, 39, § 2º, 37, I, da Constituição Federal. O auditor é substituto, no TCU, do Ministro, certo que é requisito para ingresso neste cargo a idade mínima de trinta e cinco anos. Desta forma, é razoável que a lei estadual exija o limite mínimo de trinta e cinco anos para o ingresso no cargo de auditor do Tribunal de Contas Estadual, dado que as normas estabelecidas para o TCU, na Constituição, aplicam-se, de regra, à organização, composição e fiscalização dos Tribunais de Contas dos Estados (CF, art. 75)".

3. Como se deu no acórdão supra-citado (RE n. 157.863/*RDA* 193), no qual, muito embora tenha sido admitida a discriminação justificada pela natureza das atribuições do cargo a ser preenchido, não constatou-se esse nexo lógico no caso concreto. "No caso, a lei em causa — Lei 6.334, de 31 de maio de 1976 — dispensa do limite de idade nela previsto os candidatos que já sejam servidores público, o que demonstra, à evidência, que a limitação da idade não é devida à natureza das atribuições dos cargos a cujo preenchimento se destina o concurso".

mente. Objetivo é o nexo lógico entre a discriminação feita e a função a ser exercida. O nexo se dá ou não se dá, não há meio termo, não há campo para apreciações subjetivas.

Outras discriminações efetuadas sem a observância desse pressuposto lógico caem na vala da inconstitucionalidade. Há, porém, exceções.

Quando a Constituição estabelece um limite mínimo de idade para o exercício de determinadas funções está fazendo uma discriminação que não guarda nexo lógico algum com a função a ser exercida. A idade, que é o fator de discrime, é guindada à condição de elemento estipulatório de uma presunção, de uma presunção constitucional, *jure et de jure*. Presume-se, por exemplo, que pessoas com idades inferiores àquelas marcadas na Constituição não exerceriam as funções especificadas com a responsabilidade e vivência que tais cargos exigem. A idade não é impedimento para o exercício da função. A idade é indício de elementos que, estes sim, prejudicam o bom desempenho da função pública. É um indício prestigiado pela Constituição, transformado em elemento bastante e suficiente para que se dê a exclusão daqueles que o não satisfaçam.

O fato de serem encontrados exemplos como estes na Constituição[4] não indica que presunções semelhantes formadas com base na idade (ou noutro critério discriminatório proibido no art. 7º, XXX) sejam validamente realizadas por lei. Estes exemplos dizem o oposto.

A estipulação de presunções é um recurso que detém o legislador. Tais presunções são criadas com base em critérios de avaliação axiológicos dos próprios legisladores. Tome-se o seguinte exemplo: querendo reservar o atendimento médico gratuito apenas às pessoas que não possuam condições financeiras para arcar com as despesas de uma consulta particular, o legislador poderia estipular como critério a percepção de renda igual a um salário mínimo. Este critério atua como presunção do estado de pobreza, não é o próprio estado de pobreza. Criando esta presunção o legislador assumiria o risco de privar pessoas pobres ao extremo do atendimento médico gratuito (como seria o caso de pai de extensa prole que percebesse um salário-mínimo e meio), como o de pô-lo à disposição de quem não precisa (filho de pais abastados que trabalhe numa das empresas de sua família percebendo um salário mínimo, por exemplo). O risco é valorado e assumido pelo legislador no momento em que se estabelece a presunção.

Com a idade, tida como índice qualificatório da aptidão física, psicológica, etc., ocorreria o mesmo. No entanto, a Constituição veda o estabelecimento de presunções que tomem por base o critério idade, bem como o sexo, a religião, a cor e o estado civil. Assim valorou o legislador constituinte. As presunções que existem na Constituição são exceções previstas por esse mesmo legislador, e param por aí. Qualquer presunção formada em nível infraconstitucional e que tome como base a idade ou qualquer dos critérios excluídos pelo texto constitucional, deve ser considerada inválida.

Isto não colide com a interpretação que vem dando o Supremo Tribunal Federal ao art. 7º, XXX, da Constituição. Uma coisa é a idade, posta como critério de discrime, guardar relação direta e lógica com a função a ser desempenhada; outra coisa, completamente diferente, é estabelecer por intermédio desse critério uma presunção.

No primeiro caso há uma discriminação justificada por sua relação lógica com

4. Além da idade mínima para o exercício de cargos e funções públicas (arts. 14, § 3º, IV; 73, § 1º, I; 87, *caput*; 89, VI; 101, *caput*; 104, parágrafo único; 107, *caput*; 111, § 1º; 123, parágrafo único; 128, § 1º), pode-se encontrar exigências relativas à idade tais como as referentes à limitação quanto a idade dos militares (art. 42, §§ 9º e 11º), fixação de limite máximo de permanência no serviço público (arts. 40, II; 93, II; 129, § 4º), entre outras.

a função a ser desempenhada (causa da discriminação). No segundo, o verdadeiro motivo de discriminação não é o critério discriminador. Este serve de índice, presumido, para aquilo que justificaria uma discriminação (algo que impedisse o desempenho desejável da função exercida).

A lei gaúcha examinada no acórdão inclui-se na segunda classe de possibilidades. A idade, tomada como critério de exclusão de candidatos possuidores de mais de trinta e cinco anos, não impediria o bom cumprimento das atividades correspondentes ao cargo de Fiscal de Tributos. O que realmente afetaria o bom desempenho da função é a falta de aptidão física, como inclusive se extrai do acórdão. Não há nexo lógico entre o fator de discrime: idade acima de trinta e cinco anos; e a função a ser exercida: Fiscal de Tributos. O que há é presunção, um pré-conceito estabelecido em lei, segundo o qual pessoas com mais de trinta e cinco anos não guardam condições físicas suficientes para o exercício de uma função que, se não é "meramente burocrática", está longe de ser atribuição reservada a super-atletas.

Se é para o bem do serviço público que aqueles que devam ingressar na carreira possuam condicionamento físico compatível com o desempenho da função a ser exercida, que goze de boa saúde, então institua-se provas de aptidão física e exames médicos condicionantes do ingresso na carreira. O que se não pode fazer é estabelecer pré-conceitos, presunções legais, onde a Constituição veda.

A orientação jurisprudencial emanada do Supremo só permite a estipulação de discriminação em razão da idade quando esta (idade apontada como fator de discrime) for incompatível com o exercício do cargo que se quer preencher. Na idade é que deve situar-se o impedimento ao pleno exercício do cargo, não em outro fator, de existência não comprovada, apenas presumida por imputação legal. Se a idade é o fator de discrime, é a idade que deve ser o estorvo ao bom cumprimento da função. Se outro fator o é (a aptidão física, como se deu no caso em tela) a discriminação feita com base na idade é inválida por inconstitucional.

Em suma, a jurisprudência não avançou no sentido de permitir presunções, pré-conceitos a serem cometidos por meio de lei.

JURISPRUDÊNCIA

SUPREMO TRIBUNAL FEDERAL

CONCURSO PÚBLICO — EDITAL — NOMEAÇÃO

Segunda Turma

Recurso Extraordinário n. 192568-0-Piauí

Relator: Ministro Marco Aurélio

Recorrentes: Virgílio Madeira Martins Filho e outros

Recorrido: Tribunal de Justiça do Estado do Piauí

Concurso público — Edital — Parâmetros — Observação. As cláusulas constantes do edital de concurso obrigam candidatos e Administração Pública. Na feliz dicção de Hely Lopes Meirelles, o edital é lei interna da concorrência.

Concurso Público — Vagas — Nomeação. O princípio da razoabilidade é conducente a presumir-se, como objeto do concurso, o preenchimento das vagas existentes. Exsurge configurador de desvio de poder, ato da Administração Pública que implique nomeação parcial de candidatos, indeferimento da prorrogação do prazo do concurso sem justificativa socialmente aceitável e publicação de novo edital com idêntica finalidade. "Como o inciso IV (do artigo 37 da Constituição Federal) tem o objetivo manifesto de resguardar precedências na seqüência dos concursos, segue-se que a Administração não poderá, sem burlar o dispositivo e sem incorrer em desvio de poder, deixar escoar deliberadamente o período de validade de concurso anterior para nomear os aprovados em certames subseqüentes. Fora isto possível e o inciso IV tornar-se-ia letra morta, constituindo-se na mais rúptil das garantias" (Celso Antônio Bandeira de Mello, *Regime Constitucional dos Servidores da Administração Direta e Indireta*, p. 56).

ACORDÃO

Vistos, relatados e discutidos estes autos, acordam os Ministros do Supremo Tribunal Federal, em Segunda Turma, na conformidade da ata do julgamento e das notas taquigráficas, por maioria de votos, em conhecer do recurso extraordinário e lhe dar provimento, para assegurar aos recorrentes a imediata nomeação pelo Tribunal de Justiça do Estado do Piauí, para os cargos de Juiz de Direito Adjunto, vencidos, em parte, o Senhor Ministro Carlos Velloso que conhecia do recurso extraordinário e lhe dava provimento para garantir aos recorrentes o direito de preferência à nomeação, e, integralmente, o Presidente que não conhecia do recurso.

Brasília, 23 de abril de 1996. Néri da Silveira (Presidente) Marco Aurélio (Relator).

RELATÓRIO

O Senhor Ministro Marco Aurélio: O Superior Tribunal de Justiça negou acolhida ao pedido formulado em recurso ordinário em mandado de segurança, sufragando tese assim sintetizada na ementa do acórdão de folhas 152 a 165:

"Administrativo. Mandado de segurança. Concurso público. Prazo de validade. Candidatos. Aprovação. Nomeação. Expectativa de direito.

"Consoante iterativa jurisprudência deste colendo STJ, o candidato aprovado em concurso público não tem direito adquirido a ser nomeado, gerando a sua aprovação, durante o prazo de validade do certame, mera expectativa de direito à nomeação.

"Recurso desprovido, por maioria" (folha 165).

No extraordinário, questiona-se a constitucionalidade de ato do Tribunal de Justiça do Estado do Piauí que, após publicar edital para concurso, em que revelado o objetivo de preencher as vagas existentes, apenas convocou um certo número de candidatos aprovados e, com isso, deu ensejo ao escoamento do prazo de validade do concurso sem nomeação dos demais. Articula-se com a melhor doutrina — Celso Antônio Bandeira de Mello — no que adverte para a impropriedade de a administração pública deliberadamente deixar esgotar o período de validade do concurso realizado, e viabilizar, assim, a nomeação de aprovados em certame subseqüente (*Regime Constitucional dos Servidores da Administração Direta e Indireta*, 1ª ed., Ed. RT, p. 56).

Não foram apresentadas contra-razões (certidão de folha 191-verso).

O Juízo primeiro de admissibilidade obstou o trânsito do recurso (folhas 192 e 193), que foi processado em razão do provimento dado ao agravo em apenso, quando tive oportunidade de consignar:

"A matéria está a exigir o crivo de Colegiado desta Corte, a fim de que se defina se a prática adotada pelo Tribunal de Justiça do Estado do Piauí está, ou não, em harmonia com os princípios democráticos da Carta de 1988."

Encaminhados os autos à Procuradoria-Geral da República, foi exarado o parecer de folhas 202 a 204, no sentido do não-conhecimento do extraordinário.

Recebi o processo no dia 8 de fevereiro de 1996 e os liberei, para inclusão em pauta, em 10 do mês seguinte.

Em 26 de março de 1996, determinei a juntada aos autos de petição dos Recorrentes acompanhada de avisos expedidos pelo Tribunal de Justiça do Estado do Piauí, alterando as disposições do edital de concurso para o cargo de Juiz-Substituto do Estado do Piauí.

É o relatório.

VOTO

O Senhor Ministro Marco Aurélio (Relator): Os pressupostos gerais de recorribilidade foram observados. Os documentos de folhas 22 a 34 revelam a regularidade da representação processual, sendo certo que este recurso extraordinário subiu em virtude do provimento do agravo em apenso. Por outro lado, conforme consta da Resolução desta Corte de número 84, não se pode, na espécie, cogitar do preparo, que ocorreu quando da interposição do próprio agravo. Sob o ângulo da oportunidade, constato que a decisão atacada foi publicada no *Diário* de 13 de setembro de 1993 — segunda-feira (folha

166), vindo à balha a manifestação do inconformismo em 23 imediato — quinta-feira (folha 167).

Resta o exame do pressuposto específico de recorribilidade, que é a violência à Carta Política da República. São fatos incontroversos:

a) os Recorrentes, em número de treze, inscreveram-se no concurso para o preenchimento do cargo de Juiz de Direito Adjunto, o hoje Juiz de Direito Substituto. Atenderam a edital, publicado em 26 de agosto de 1988, em que prevista, de forma específica, a destinação do certame: "o preenchimento das vagas atualmente existentes e para as que ocorrerem no prazo de validade do mencionado concurso";

b) lograram aprovação e classificação para as vagas previamente anunciadas;

c) o Tribunal de Justiça houve por bem proceder a nomeação parcial, deixando assim sem preenchimento um bom número de vagas, ao todo, dezoito;

d) a passagem do tempo e a previsão de validade do concurso, considerado o biênio, levaram os Recorrentes a requererem, ainda na vigência do prazo inicialmente assinado, a prorrogação.

Todos nós sabemos as dificuldades enfrentadas quando da feitura de qualquer concurso, a exacerbarem-se quanto maior for a escolaridade exigida. Os candidatos, almejando a melhoria quer sob o ângulo profissional, quer sob o ângulo econômico, quase sempre dedicam-se com exclusividade aos estudos, especialmente quando em jogo cargos de difícil acesso como são os compreendidos no âmbito da magistratura, do Ministério Público e das Procuradorias Estaduais. Desligam-se das atividades que viabilizam o próprio sustento, passando a depender dos familiares, cuja convivência, ainda que de forma momentânea, sacrificam, em face da eleição de um objetivo maior. Por outro lado, conforme ressaltado na inicial de folhas 2 a 21, confiam nos parâmetros constantes das normas regedoras do concurso, procedimento que é antecedido da análise das chances havidas.

Na hipótese vertente, a Administração Pública veiculou edital revelador de que o certame teria como objetivo "o preenchimento das vagas atualmente existentes e para as que ocorrerem no prazo de validade do mencionado concurso". Ao assim proceder, sem nenhum condicionamento no tocante a possível gradação a ser observada no ato de nomear, obrigou-se, estabelecendo relação jurídica com tantos quantos acorreram ao edital. Em um Estado Democrático de Direito, exsurge a constância na manutenção da dignidade do homem, exigindo-se, por isso mesmo, postura exemplar. O caso dos autos é típico, no que o Tribunal de Justiça do Estado do Piauí, o Poder Judiciário desse Estado, acabou por tripudiar, colocando em plano secundário condições divulgadas. Em área onde notada a carência de órgãos, reclamando-se a todo momento da ausência de valores, proclamou a realização de concurso para o preenchimento de vagas não só já existentes à época da abertura, como também de outras que, nos dois anos de validade, viessem a ser abertas. Aprovados os candidatos em número suficiente a se ter as vagas por preenchidas, deliberou convocar — já aqui, sim, no campo não da livre discrição, mas do arbítrio — apenas trinta e três candidatos. A um só tempo, acabou por introduzir discriminação contrária aos termos do edital, fazendo-o quando já conhecidos os aprovados e a classificação de cada qual. Não parou por aí. É de praxe, no âmbito da administração, acionar-se o disposto na Carta Política da República no que viabiliza a prorrogação dos prazos dos concursos. Assim o é tendo em conta que à administração pública somente interessa a arregimentação de candidatos. Tantas e quantas vezes o concurso é prorrogado sem que haja, sequer, na oportunidade, vagas, isso objetivando a economia, bem como evitar reiterado desgaste para aqueles que se habilitam ao cargo.

Pois bem, em que pese a previsão explícita constante do edital, o Recorrido não procedeu à nomeação de candidatos para as vagas existentes. Partiu para o desprezo à impessoalidade, considerados candidatos na mesma situação, porque aprovados e classificados tendo em vista as vagas existentes, convocando alguns e deixando outros em situação de absoluta insegurança. Avizinhando-se o término da valia do concurso, ou seja, dos dois anos, esses últimos, perplexos, até mesmo pela atitude do Recorrido em não convocá-los, em que pese — repito — a existência das vagas, requereram fosse acionado, ao menos, o disposto no artigo 37, inciso III, da Carta Política da República, não logrando sensibilizar o Recorrido, muito embora afeito à implementação da almejada justiça. Indeferido o requerimento, deixou escoar o prazo de validade do concurso. Indaga-se: O que se pode depreender dessa atitude? A desnecessidade do preenchimento das vagas? A resposta é desenganadamente negativa. A uma, tendo em vista que a deficiência do número de órgãos do Judiciário é proclamada diariamente. A duas, porquanto o próprio edital de concurso sinalizou não apenas para o preenchimento das vagas existentes, como também das que surgissem no prazo de validade e aproveitamento dos candidatos.

Senhor Presidente, desde cedo percebi que cada processo é uma lide individualizada, com aspectos e portanto parâmetros objetivos e subjetivos próprios, a obstaculizar a observância automática de precedentes. Se de um lado é certo que, realizado o concurso, preserva a Carta da República, acima de tudo, o chamamento de acordo com a ordem de classificação, proibindo, assim, que se venha a ter a preterição de candidatos, de outro não menos correto é que o edital de concurso, na feliz dicção de Hely Lopes Meirelles, citado na inicial, revela-se uma lei interna da concorrência.

Cabe ressaltar também que não pode subsistir o resultado até aqui prevalente, porquanto, conforme salientado pelo ilustre Ministro Milton Pereira no voto vencido, acabou por haver, na espécie, a quebra da impessoalidade, princípio básico a ser respeitado pela administração pública. O Recorrido, diante de listagem de candidatos que, consoante a previsão do edital, estavam habilitados ao preenchimento das vagas previamente anunciadas, deliberou, já conhecidos os nomes, nomear apenas alguns, fazendo-o, considerado o número máximo — cinqüenta —, em relação a trinta e três. Indaga-se mais uma vez: por que trinta e três, diante das necessidades maiores do Judiciário? Por que indeferiu a prorrogação do concurso, tão adotada em geral, quando verificada listagem de remanescentes aprovados? É certo que devemos presumir o que normalmente ocorre. Todavia, os aspectos envolvidos na hipótese em tela indicam, a menos que se coloquem em segundo plano as necessidades da magistratura, para a realização de um novo concurso, quando então novos candidatos poderiam inscrever-se. Há de tirar-se da Carta Política da República, principalmente no embate entre o Estado e o cidadão, a maior eficácia possível. Por isso mesmo é que, a par dos direitos e garantias nela expressos, existem outros decorrentes do próprio regime e dos princípios adotados. Vivemos em um Estado Democrático de Direito, cuja preservação é também de responsabilidade do Judiciário, que deve sempre corroborar os procedimentos que o homenageiam, glosando aqueles que acabam por fulminá-lo. O artigo 37 da Carta de 1988 é categórico ao revelar que a administração pública observará os princípios da legalidade, impessoalidade, moralidade e publicidade. Nos caso dos autos, o da legalidade foi menosprezado, já que olvidados os parâmetros do edital de concurso e o resultado deste último; o da impessoalidade, no que, conhecidos os aprovados e classificados para as vagas, resolveu-se partir para a nomeação parcial, colocando-se em plano secundário, até mesmo, as necessidades existentes; o da moralidade, no que, espezinhado o primeiro, deixou-se de proceder, até mesmo, à prorrogação do concurso, abrindo-se margem à convocação de outro tão logo esgotado o prazo de dois anos; por último, o da publicidade, no que as regras insculpidas no edital serviram de estímulo à inscrição de candidatos, restando ignoradas.

A persistir o quadro até aqui delineado, ter-se-á verdadeiro incentivo ao arbítrio, procedendo a administração pública de maneira condenável e com isto perdendo o respeito dos cidadãos. Esvaziado far-se-á o disposto no inciso IV do artigo 37 em comento, segundo o qual durante o prazo improrrogável previsto no edital de convocação, aquele aprovado em concurso público de provas ou de provas e títulos será convocado com prioridade, sobre novos concursados, para assumir cargo ou emprego na carreira. Manobra aparentemente legal da administração pública poderá implicar o afastamento do preceito. Para tanto, bastará que deixe escoar o prazo estabelecido no edital do concurso, desconhecendo não só a existência de vagas, mas também de classificados, para, a seguir, realizar novo concurso.

A interpretação de dispositivo legal ou constitucional há de fazer-se de modo sistemático e teleológico, métodos aos quais não se sobrepõe o alusivo à interpretação verbal. Se a Carta assegura, no prazo de validade do concurso, a convocação de candidatos nele aprovados com prioridade sobre novos concursados, ou seja, candidatos aprovados em concurso posterior, é de concluir-se que a inércia, intencional, ou não, da administração pública, deixando de preencher cargos existentes, leva à convicção sobre a titularidade do direito subjetivo de ser nomeado. No campo da atuação administrativa, não se pode admitir atos que consubstanciem tergiversação, verdadeiro drible a normas imperativas como são as constantes da Carta de 1988. Em boa hora os Impetrantes trouxeram à balha lição do inigualável Celso Antônio Bandeira de Mello ao comentar o teor do inciso IV do artigo 37 referido:

"Como o texto correlacionou tal prioridade ao mero fato de estar em vigor o prazo de validade, segue-se que, a partir da Constituição, em qualquer concurso os candidatos estarão disputando tanto as vagas existentes quando de sua abertura quanto as que venham a ocorrer ao longo do seu período de validade, pois, durante essa dilação, novos concursados não poderiam ocupá-las com postergação dos aprovados em concurso anterior. Além disso, como o inciso IV tem o objetivo manifesto de resguardar precedências na seqüência dos concursos, segue-se que a administração não poderá, sem burlar o dispositivo e sem incorrer em desvio de poder, deixar escoar deliberadamente o período de validade de concurso anterior para nomear os aprovados em certames subseqüentes. Fora isto possível e o inciso IV tornar-se-ia letra morta, constituindo-se na mais rúptil das garantias" (*Regime Constitucional dos Servidores da Administração Direta e Indireta*, p. 56).

Repita-se: o edital de concurso revelou que estariam em jogo o preenchimento das vagas existentes e das que surgissem no prazo assinado. Os Recorrentes, tais como os colegas já aproveitados, foram classificados para essas vagas. O Recorrido recusou-se, em área tão sensível e deficiente como é a da magistratura e considerada a existência de candidatos aprovados e classificados, a prorrogar o biênio, sequer justificando a decisão, exceto no que articulado o envolvimento de faculdade e a ausência de obrigação de nomear, porque jungida a conveniência e oportunidade.

A hipótese vertente não pode ficar na vala comum da jurisprudência engessada na máxima de que os concursados têm simples expectativa e não o direito à nomeação. As singularidades que acabo de ressaltar, fazendo-o até mesmo com tintas um pouco fortes, porquanto presente o sentido pedagógico, conduzem a postura diversa, restabelecendo-se a confiança dos Recorrentes, no que resolveram abraçar carreira em que tal predicado exsurge, com insuplantável valia. Ressalto que a presunção de que estaria havendo uma manobra visando à realização de novo concurso restou confirmada pela publicação nos *Diários* de 29 de janeiro, 13 de março e 15 de março de 1996, de avisos alterando o edital publicado em 25 de novembro de 1993 e a ele conferindo as conseqüências próprias — folhas 208 a 225.

Precedente do próprio Superior Tribunal de Justiça, considerada a premissa básica, deve ser homenageado:

"Administrativo — Concurso público — Direito à nomeação — Fraude ao direito de prioridade — Ré.

"É defeso ao Estado retardar a nomeação de aprovados em concurso público com o propósito de, ultrapassando o prazo de eficácia do certame, fraudar o direito de preferência assegurado pelo art. 37, IV, da Constituição Federal.

"Não se pode afirmar tal propósito fraudulento, quando a eficácia do concurso foi objeto de duas prorrogações" (recurso em mandado de segurança n. 1.301-0/SP, relatado pelo Ministro Humberto Gomes de Barros, com aresto veiculado no *Diário da Justiça* de 22 de março de 1993).

Por tudo, conheço deste extraordinário, por violência ao artigo 37, *caput*, e aos incisos III, IV, da Constituição Federal de 1988, a Carta Cidadã, para, reformando o acórdão prolatado pela Corte de origem, conceder a segurança nos termos em que pleiteados, assegurando, assim, aos Recorrentes, a nomeação para o cargo de Juiz de Direito Substituto.

É como voto na espécie dos autos.

JURISPRUDÊNCIA

TRIBUNAL DE JUSTIÇA DO ESTADO DE SÃO PAULO

DIREITO À OBTENÇÃO DE CERTIDÕES

ACÓRDÃO

Vistos, relatados e discutidos estes autos de Apelação Cível n. 233.267-1/6, da comarca de Assis, em que é apelante a Fazenda do Estado de São Paulo, sendo apelado Wilson Mendes de Oliveira:

Acordam, em Sexta Câmara Civil do Tribunal de Justiça do Estado de São Paulo, por votação unânime, negar provimento ao recurso.

Ementa: Direito à obtenção de certidões — Previsão constitucional que não exige demonstração ampla do interesse perseguido pelo solicitante — Certidões que, no caso examinado, dizem respeito a informações não sigilosas e que poderiam ser obtidas em repartição não fiscal — Sentença concessiva de segurança que fica confirmada.

1. Cuida-se de reexame obrigatório e de apelação interposta pela Fazenda do Estado, admitida como litisconsorte da r. sentença que concedeu segurança impetrada por Wílson Mendes de Oliveira, reconhecendo seu direito de obter certidões do posto de fiscalização estadual de Assis. A autoridade coatora, chefe daquele Posto, havia negado tais certidões sob o fundamento de que tais certidões dizem respeito a terceiro; o art. 198 do Código Tributário Nacional veda preste a Fazenda Pública qualquer informação sob situação econômica ou financeira dos contribuintes bem como sobre a natureza e estado de seus negócios e atividades, ressalvando o parágrafo único daquela norma, exclusivamente, as hipóteses de requisição de autoridade judiciária. O art. 5º, XXXIV da Constituição Federal assegura, apensas, certidões relativas aos interesses próprios do postulante, e não de terceiros — prosseguem as informações de fls. 22 e ss., invocados ainda os incisos X e XII da mesma Lei Maior.

A r. sentença, contudo, afirmou legítimo o direito postulado, lembrando, mais, que as certidões não se referem a dados sigilosos.

Apelação tempestiva da Fazenda do Estado insistindo nos fundamentos já ofertados. O Ministério Público, em ambos os graus de jurisdição, sustenta deva ser mantida a r. sentença.

2. A r. sentença de primeiro grau comporta ser mantida, pois apreciou corretamente o problema posto em Juízo. A Constituição Federal, com efeito, assegura a todos o direito de obter certidões "para defesa de direitos e esclarecimentos de situações de interesse pessoal".

O impetrante justificou esse seu interesse, pois está impugnando posse de juiz classista temporário da 1ª Junta de Conciliação e Julgamento de Assis, cidade onde reside.

A condição prevista na Lei Maior é ampla: o interesse há de ser do solicitante mas as situações que caberão no documento não serão necessariamente relativas a esse solicitante, uma vez, por óbvio, a defesa dos interesses de alguém poderá dizer respeito a situações outras relativas a algum terceiro, de uma forma ou outra relacionado com esse solicitante. Nem a norma constitucional exige — bom que se acentue, desde logo — justificação ampla desse interesse, pois tal exigência, corretamente não inserida na norma pelo legislador constitucional serviria na grande maioria dos casos a negativa da outorga daquele direito.

3. O impetrante esclareceu o motivo que o levou a solicitar as certidões: está impugnando posse de juiz classista em Junta de Conciliação e Julgamento da cidade em que reside. Admitindo-se legítimo o direito de impugnar, dever-se-á admitir também, como corolário indispensável, o direito de obter provas para a instrução de tal impugnação.

4. Acresce lembrar, mais, que as informações que seriam objeto das certidões não são sigilosas. A constituição de pessoa jurídica de direito privado constará, certamente, também, do registro comercial. A inscrição de alguém como produtor rural, da mesma forma, nada indica sobre situação econômico-financeira ou natureza e estado dos negócios desse alguém.

A recusa, também examinada por esse prisma não se justifica.

5. Por tais razões, às quais se acrescem os fundamentos da r. sentença e dos pareceres ministeriais, negam provimento à apelação.

O julgamento teve a participação dos Desembargadores Ernani de Paiva (Presidente) e Sena Rebouças, com votos vencedores.

São Paulo, 9 de novembro de 1995

Paulo Costa Manso (Relator).

TRIBUNAL DE JUSTIÇA DO ESTADO DE MATO GROSSO DO SUL

MANDADO DE SEGURANÇA — AGENTE DE POLÍCIA — ALTURA IGUAL OU SUPERIOR A 1,60M — DISCRÍMEN INCONSTITUCIONAL — RECURSO IMPROVIDO

Terceira Turma Cível
Apelação Cível-Classe B-XXI — n. 27.207-3-Campo Grande
Relator: Exmo. Sr. Des. Claudionor Miguel Abss Duarte
Apelante: Estado de Mato Grosso do Sul (Dra. Carina Souza Cardoso)
Apelada: Solange de Oliveira (Dr. Carlos Gilberto Gonzales)

Ementa: Mandado de Segurança — Agente De Polícia — Altura Igual ou Superior a 1,60m — Discrímen Inconstitucional — Recurso Improvido.

O requisito referente à altura poderá ser ou não constitucional, caso respeite ou transgrida o princípio da isonomia, isto é, caso seja ou não pertinente, o que se verificará em cada caso concreto.

A altura em nada influirá no exercício das funções de agente de polícia, razão por que é inconstitucional o critério de seleção que tem como alijado o candidato com estatura inferior a 1,60m.

ACÓRDÃO

Vistos, relatados e discutidos estes autos, acordam os juízes da Terceira Turma Cível do Tribunal de Justiça, na conformidade da ata de julgamentos e das notas taquigráficas, conhecer e negar provimento a ambos os recursos. Votação unânime e contra o parecer da Procuradoria-Geral da Justiça.

Campo Grande, 12 de junho de 1991
Marco Antônio Cândia (Presidente). Claudionor Miguel Abss Duarte (Relator).

RELATÓRIO

O Sr. Des. Claudionor Miguel Abss Duarte: O Estado de Mato Grosso do Sul, nos autos do mandado de segurança impetrado por Solange de Oliveira contra ato do Diretor-Geral da Academia de Segurança Pública de Mato Grosso do Sul, inconformado com a sentença concessiva, devolve a matéria a esta Corte, aduzindo nas razões de apelação, em síntese, o seguinte:

a) opõe-se o apelante quanto à fundamentação principal da motivação da sentença recorrida, quando esta entende injurídica a proibição do ingresso na Polícia Civil de pessoa com altura inferior a 1,60 m;

b) a legalidade da exigência encontra-se no inciso VI do art. 13 da Lei Complementar n. 38, de 13 de janeiro de 1989, que estabelece os requisitos e exigências para o ingresso em diversas categorias funcionais do Grupo Polícia Civil do Estado de Mato Grosso do Sul;

c) ademais, a exigência do preenchimento do requisito da altura mínima não constitui uma discriminação inconstitucional, como, inclusive, vem decidindo o Egrégio Tribunal de Justiça do Estado;

d) assim, a determinação da Lei Complementar n. 38/89 encontra respaldo no art. 37 da Constituição federal, artigo este que condiciona o acesso exclusivamente aos brasileiros que preencham os requisitos estabelecidos em lei.

Em contra-razões, a apelada sublinha o acerto da sentença concessiva de segurança.

O Ministério Público, em primeira instância, entendendo que o requisito da Lei Complementar n. 38/89 referente à altura mínima constitui um discrímen que fere o princípio da isonomia, recomenda a manutenção da sentença. Em segunda instância, o parecer, ao argumento de que na espécie não tem aplicação o artigo 3º, IV, da Constituição federal, propugna pela reforma da decisão, com a conseqüente denegação da segurança.

VOTO

O Sr. Des. Claudionor Miguel Abss Duarte (Relator): Cuidam os autos de mandado de segurança impetrado por Solange de Oliveira contra ato do diretor-geral da Academia Estadual de Segurança Pública, o qual indeferiu seu pedido de matrícula no curso de formação de agentes de polícia, sob o argumento de que a impetrante possui apenas 1,57m de altura.

Inconformado com a sentença singular que concedeu a segurança, o Estado de Mato Grosso do Sul, litisconsorte passivo, apelou a esta Corte.

O cerne da questão restringe-se a saber se é constitucional ou não a exigência de que o candidato para ser admitido no cargo de agente de polícia deva ter altura igual ou superior a 1,60m.

Entendo que não.

O inciso I do art. 37 da Constituição federal estabelece que lei infraconstitucional poderá fixar requisitos para a admissão a cargo, emprego ou função pública.

É natural, e até bastante salutar, que o Estado queira ter em seu quadro funcional os elementos mais capacitados para o exercício de cada função. Justamente por isso, a regra de que o acesso aos cargos públicos está aberto a todos os brasileiros, contida no início do inciso I do referido art. 37, foi abrandada pelo legislador constitucional, que permitiu à administração a imposição de requisitos a serem observados quando do provimento de tais cargos.

O estabelecimento destes requisitos, porém, não pode ser arbitrário. Ao fixá-los, o administrador deverá ter em vista a capacitação dos postulantes ao cargo e a sua adequação à natureza da função a ser exercida. A não-observância destes critérios implicará inevitavelmente na inconstitucionalidade do requisito estabelecido, por atentar contra o princípio da isonomia, consagrado pelo texto constitucional.

Assim, a regra geral é a proibição de qualquer distinção puramente discriminatória, devendo as condições fixadas guardarem total pertinência com o trabalho que vier a ser executado, sob pena de nulidade. Os requisitos referentes à altura, à idade e ao sexo poderão ser constitucionais ou não, caso respeitem ou transgridam o princípio da isonomia, isto é, caso sejam ou não pertinentes, o que se verificará em cada caso concreto. E condição pertinente será aquela imposta pela natureza da função a ser exercida, ou seja, será a circunstância, fator ou requisito indispensável ao bom exercício da função.

Transcrevo, por oportuno, ensinamento de Celso Ribeiro Bastos:

"Acontece, entretanto, que no mais das vezes, requisitos são exigidos que não guardam consonância com nenhuma conveniência objetivamente aferível decorrente da própria natureza da função a ser provida."

E completa o autor: "É necessário que os critérios encampados pela lei sejam postos sob o crivo de um exame lógico para aferir-se da exata correlação que deve existir entre a exigência feita e a natureza do cargo, emprego ou função" (in "Acessibilidade aos cargos, empregos e funções públicas", artigo publicado na *Revista da Procuradoria-Geral do Estado de São Paulo*, n. 34, pp. 76-77).

Mesmo a vedação constitucional de certos critérios pode ter que sofrer ressalvas, segundo ainda o mesmo jurista, mas "o que é importante é que estas (ressalvas) hão de encontrar sobejas razões na ordem natural das coisas" (ob. cit., p. 78).

Celso Antônio Bandeira de Mello, em seu clássico *O Conteúdo Jurídico do Princípio da Igualdade*, p. 49, leciona:

"Então, no que atina ao ponto central da matéria abordada procede afirmar: é agredida a igualdade quando o fator diferencial adotado para qualificar os atingidos pela regra não guarda relação de pertinência lógica com a inclusão ou exclusão no benefício deferido ou com a inserção ou arredamento do gravame imposto.

"Cabe, por isso mesmo, quanto a este aspecto, concluir: o critério especificador escolhido pela lei, a fim de circunscrever os atingidos por uma situação jurídica — a dizer: o fator de discriminação — pode ser qualquer elemento radicado neles, todavia, necessita inarredavelmente guardar relação de pertinência lógica com a diferenciação que dele resulta. Em outras palavras: a discriminação não pode ser gratuita ou fortuita. Impede que exista uma adequação racional entre o tratamento diferençado construído e a razão diferencial que lhe serviu de supedâneo. Segue-se que se o fator diferencial não guardar conexão lógica com a disparidade de tratamentos jurídicos dispensados a distinção estabelecida afronta o princípio da isonomia."

No caso presente, a altura da impetrante em nada influirá no exercício das funções de agente de polícia. Neste sentido, são muito convincentes os argumentos lançados pelo ilustre representante do Ministério Público de primeira instância, às f. 36-37. Realmente, não são alguns centímetros a mais na altura que permitirão ao policial impor mais respeito no exercício de suas atividades.

É importante que se observe, finalmente, que a impetrante, ao final do curso de formação para agentes de polícia, foi considerada apta para ocupar o cargo, com muito bom aproveitamento, tendo obtido a sétima melhor nota final em sua turma.

Diante do exposto, em face da flagrante inconstitucionalidade do critério da estatura física adotado para seleção de candidato ao cargo de agente de polícia, nego provimento ao presente recurso, para confirmar integralmente a bem lançada sentença *a quo*.

DECISÃO

Como consta na ata, a decisão foi a seguinte:

Conheceram e negaram provimento a ambos os recursos. Votação unânime e contra o parecer da Procuradoria-Geral de Justiça.

Presidência do Exmo. Sr. Desembargador Marco Antônio Cândia.

Relator, o Exmo. Sr. Desembargador Claudionor Miguel Abss Duarte.

Tomaram parte no julgamento os Exmos. Srs. Desembargadores Claudionor Miguel Abss Duarte, João Carlos Brandes Garcia e Hamilton Carli.

Campo Grande, 12 de junho de 1991

Bel. Maria Ozória Ribeiro (Diretora-Adjunta do Departamento Judiciário Cível).

REVISTA
TRIMESTRAL DE
DIREITO PÚBLICO

DOUTRINA: **REGIME CONSTITUCIONAL DA CORREÇÃO MONETÁRIA** — Carlos Ayres Britto • **SOBRE A SÚMULA VINCULANTE** — Cármen Lúcia Antunes Rocha • **MEDIDAS CAUTELARES E MEDIDAS ANTECIPATÓRIAS: TÉCNICAS DIFERENTES, FUNÇÃO CONSTITUCIONAL SEMELHANTE** — Teori Albino Zavascki • **INTERVENÇÃO DO ESTADO NA ECONOMIA** — Dinorá Adelaide Musetti Grotti • **AÇÃO CIVIL PÚBLICA, CONSTITUIÇÃO FEDERAL E LEGITIMIDADE PARA AGIR** — Sérgio Monte Alegre • **CONCEITOS JURÍDICOS INDETERMINADOS** — Celso Luiz Moresco • ***PARECERES***: **EXIGIBILIDADE DE ATESTADOS DE CAPACIDADE TÉCNICO-OPERACIONAL** — Toshio Mukai • **EXONERAÇÃO OU DEMISSÃO DE SERVIDOR INDICIADO EM PROCESSO ADMINISTRATIVO DISCIPLINAR** — Maria Lúcia Jordão Ortega • **CONTRIBUIÇÕES PREVIDENCIÁRIAS — NÃO-RECOLHIMENTO — ART. 95, "D", DA LEI N. 8.212/91 — INCONSTITUCIONALIDADE** — Clèmerson Merlin Clève • **PROGRAMA DE ASSENTAMENTO DO DISTRITO FEDERAL** — Sérgio Carvalho • **INCONSTITUCIONALIDADE DA ATUALIZAÇÃO DO VALOR DE PRECATÓRIOS JUDICIAIS** — Eros Roberto Grau • **CONSTRUÇÃO E OPERAÇÃO DO GASODUTO PARA IMPORTAÇÃO DO GÁS BOLIVIANO: O EXERCÍCIO DO MONOPÓLIO DO GÁS PELA UNIÃO** — Luiz Gastão Paes de Barros Leães • **CONSÓRCIO PARA CONSTRUÇÃO E EXPLORAÇÃO DE USINA ELÉTRICA** — Adílson Abreu Dallari • ***ESTUDOS E COMENTÁRIOS***: **O PROCESSO DO MOLEIRO ARNOLD E SUAS LIÇÕES PARA A ATUALIDADE** — Carlos David S. Aarão Reis • **A RESPONSABILIDADE CIVIL DO ESTADO PELA INTEGRIDADE FÍSICA E MORAL DOS DETENTOS: UMA ANÁLISE DO EPISÓDIO DA REBELIÃO DO PRESÍDIO DO CARANDIRU** — Paulo Magalhães da Costa Coelho • **REGIMES JURÍDICOS DOS SERVIDORES PÚBLICOS: APLICAÇÃO DO REGIME GERAL DOS EMPREGADOS À ADMINISTRAÇÃO PÚBLICA** — Maria Paula Dallari Bucci • **REGIME JURÍDICO ÚNICO — LEI MUNICIPAL QUE DETERMINA APLICAÇÃO DA CLT — NATUREZA DO VÍNCULO — INCOMPETÊNCIA DA JUSTIÇA DO TRABALHO** — Cristiano Paixão Araujo Pinto • **MANDADO DE SEGURANÇA, AÇÃO POPULAR E AÇÃO CIVIL PÚBLICA E AS TENDÊNCIAS ATUAIS DO DIREITO ADMINISTRATIVO** — Maria Cristina Dourado • **PODER LEGISLATIVO E TRIBUNAL DE CONTAS: NATUREZA DE SUAS RELAÇÕES** — Hilda Regina Silveira Albandes de Souza • **CONVITE — CARACTERÍSTICAS E PROCEDIMENTO** — Yara Darcy Police Monteiro • **REFORMA ADMINISTRATIVA E DIREITO ADQUIRIDO AO REGIME DA FUNÇÃO PÚBLICA** — Paulo Modesto • **A COMPETÊNCIA EM MATÉRIA URBANÍSTICA NA CONSTITUIÇÃO FEDERAL DE 1988** — Ubirajara Costódio Filho • ***CONFERÊNCIAS E DEBATES***: **A DEMORA NA ENTREGA DA PRESTAÇÃO JURISDICIONAL — RESPONSABILIDADE DO ESTADO — INDENIZAÇÃO** — José Augusto Delgado • **CARTA DE CURITIBA — X CONGRESSO BRASILEIRO DE DIREITO ADMINISTRATIVO** • ***JURISPRUDÊNCIA ANOTADA***: **LIMITE DE IDADE EM CONCURSO PÚBLICO** — Jacintho de Arruda Câmara • ***JURISPRUDÊNCIA***

MALHEIROS EDITORES

REVISTA TRIMESTRAL DE DIREITO PÚBLICO

31/2000

M